Wilhelm Müller
Eine Lebensreise

Zum 200. Geburtstag des Dichters

Eine Ausstellung der Anhaltischen Gemäldegalerie Dessau
in Zusammenarbeit mit der Anhaltischen Landesbücherei Dessau,
dem Museum Schloß Mosigkau, dem Museum für Stadtgeschichte
und dem Stadtarchiv Dessau

Anhaltische Gemäldegalerie Dessau
2. Oktober bis 20. November 1994

Kataloge der Anhaltischen Gemäldegalerie Dessau

Band 1

Herausgegeben im Auftrag der Stadt Dessau
von Norbert Michels

Wilhelm Müller

Eine Lebensreise

Zum 200. Geburtstag des Dichters

Herausgegeben von Norbert Michels

Mit Beiträgen von Gerd Brüne,
Barbara Czerannowski, Hildegard Eilert,
Annette Gerlach, Helga Heise,
Ulla Jablonowski, Andreas Klenner,
Hans-Udo Kreuels, Bernd Leistner,
Maria-Verena Leistner, Reinhard Melzer,
Margit Schermuck-Ziesché,
Roswitha Schieb und Günter Ziegler

Verlag Hermann Böhlaus Nachfolger Weimar

Ausstellungskonzeption

Norbert Michels

Autoren des Katalogs

Gerd Brüne (G. B.)
Barbara Czerannowski (B. C.)
Annette Gerlach (A. G.)
Helga Heise (H. H.)
Ulla Jablonowski (U. J.)
Andreas Klenner (A. K.)
Maria-Verena Leistner (M.-V. L.)
Norbert Michels (N. M.)
Reinhard Melzer (R. M.)
Margit Schermuck-Ziesché (M. Sch.-Z.)
Roswitha Schieb (R. S.)
Günter Ziegler (G. Z.)

Katalogredaktion

Gerd Brüne, Norbert Michels

Plakat

Helmut Brade

Umschlag

Arnold Buck

Ausstellungsbüro

Helga Heise, Edeltraut Dettmar

Ausstellungsaufbau

Reinhard Gajewski, Günter Hauschild, Rolf Hillmer,
Helga Schwan, Manfred Steg, Dietrich Wiechert

Restaurierungen

Daniel Ziesché

Abkürzungen

Abb.	=	Abbildung
bez.	=	bezeichnet
Kat. Nr.	=	Katalognummer
ebd.	=	ebenda
o. Sign.	=	ohne Signatur
Inv. Nr.	=	Inventarnummer

Die Maßangaben im Katalog beziehen sich, wenn nicht anders angegeben, auf Plattenmaße der Blätter; Höhe geht vor Breite.

Die Deutsche Bibliothek – CIP-Einheitsaufnahme

Wilhelm Müller, eine Lebensreise: zum 200. Geburtstag des Dichters; [eine Ausstellung der Anhaltischen Gemäldegalerie Dessau in Zusammenarbeit mit der Anhaltischen Landesbücherei Dessau, dem Museum Schloß Mosigkau, dem Museum für Stadtgeschichte und dem Stadtarchiv Dessau; Anhaltische Gemäldegalerie Dessau, 2. Oktober bis 20. November 1994] / hrsg. von Norbert Michels. Mit Beitr. von Gerd Brüne... – Weimar: Verlag Hermann Böhlaus Nachfolger Weimar, 1994
    (Kataloge der Anhaltischen Gemäldegalerie Dessau; Bd. 1)
    ISBN 3-7400-0960-8
NE: Michels, Norbert [Hrsg.]; Brüne, Gerd; Anhaltische Gemäldegalerie ⟨Dessau⟩: Kataloge der Anhaltischen...

Umschlagabbildung: Carl Georg Adolph Hasenpflug, Klosterruine im Schnee, 1849 (Kat. Nr. 123) und Hermann Schubert, Müller-Denkmal, 1891 (zu Kat. Nr. 2)

Dieses Buch ist aus säurefreiem Papier hergestellt und entspricht den Frankfurter Forderungen zur Verwendung alterungsbeständiger Papiere für die Buchherstellung.

Gesamtherstellung: Verlag Hermann Böhlaus Nachfolger Weimar GmbH & Co.
Printed in Germany · ISBN 3-7400-0960-8 · L.-Nr. 2802

Inhaltsverzeichnis

Verzeichnis der Leihgeber

Berlin: Archiv für Kunst und Geschichte; Berlin-Brandenburgische Akademie der Wissenschaften, Akademiearchiv; Berlin-Museum; Staatsbibliothek zu Berlin, Preußischer Kulturbesitz, Abteilung Historische Drucke; Staatliche Museen zu Berlin, Preußischer Kulturbesitz, Kupferstichkabinett

Dessau: Stadtarchiv; Museum für Stadtgeschichte; Anhaltische Landesbücherei

Dortmund: Bibliotheken der Stadt Dortmund, Handschriftenabteilung; Museum für Kunst und Kulturgeschichte

Dresden: Sächsische Landesbibliothek; Staatliche Kunstsammlungen Dresden, Kupferstich-Kabinett; Stadtmuseum

Frankfurt am Main: Museum für Kunsthandwerk

Freital: Haus der Heimat

Halle: Martin-Luther-Universität Halle-Wittenberg, Universitäts- und Landesbibliothek Sachsen-Anhalt, Abteilung Sondersammlungen

Karlsruhe: Badisches Generallandesarchiv; Stadtarchiv

Kassel: Staatliche Museen Kassel, Neue Galerie

Leimen: Prof. Dr. Lothar Schuckert

Leipzig: Stadtgeschichtliches Museum Leipzig; Universität Leipzig, Universitätsbibliothek

Ludwigsburg: Städtisches Museum

Marbach am Neckar: Schiller-Nationalmuseum, Deutsches Literaturarchiv

München: Bayerische Staatsbibliothek

Norddeutschland: Privatsammlung

Oranienbaum: Landesarchiv Oranienbaum

Schweinfurt: Sammlung Georg Schäfer

Tübingen: Graphische Sammlung am Kunsthistorischen Institut der Universität; Gemäldesammlung der Eberhard-Karls-Universität (Sammlung Kölle)

Wuppertal: Von der Heydt-Museum

Besonderer Dank für Rat und Tat gilt:

Herrn Peter Böhme, Leipzig
Frau Dr. Brigitte Buberl, Dortmund
Herrn Dr. Michael Davidis, Marbach
Herrn Heinz Fräßdorf, Dessau
Fa. Hasenkamp, Köln
Herrn Sebastian Kaps, Dessau
Herrn Karl-Heinz Mehnert, Leipzig
Frau Dr. Anette Michels, Tübingen
Frau Marlies Ross, Oranienbaum
Herrn Arno Winterberg, Heidelberg

Zum Geleit

Trotz weltweiter Verbreitung seiner Lieder und Gedichte in der Vertonung Schuberts ist Wilhelm Müller weithin unbekannt geblieben – seine Texte scheinen, auch der bewußt volksliedhaften Form geschuldet, gleichsam anonym.

So ist auch das in zahlreichen seiner Lieder offensichtliche Spiel mit persönlicher Namensidentität und literarischer Verkörperung des Müllerberufs heute kaum noch deutlich: Sein bekanntes »Das Wandern ist des Müllers Lust« wird überwiegend als Reflexion zunftgemäßer Walz der Müllerburschen verstanden. Überhöhung reduziert sich auf den Wortinhalt, Lust, Drang und Muß des Wanderns als Motiv menschlichen Lebens bleiben weitgehend unerkannt.

Ungeachtet dessen zeigt sich Wilhelm Müller, der mit seinen Griechenliedern auch wirkungsvolle, wortgewaltige politische »Leitartikel« in Versform schrieb und »in dem kleinsten Vaterlande... die Welt verstehen« konnte, mit der Relation seiner Gedichte zur Musik der Romantik als einer ihrer bedeutendsten Vertreter.

Das beinahe Verdrängen in die Namenslosigkeit hat aber zugleich dazu beigetragen, ihn vor dem Vergessen in einer unromantischen Zeit zu bewahren.

Seine Person und seine Texte in ihrer Eigenständigkeit und Bedeutung auszuweisen, wird deshalb auch Anliegen der Ehrung zum 200. Geburtstag des Dichters sein.

Hans-Georg Otto
Oberbürgermeister
der Stadt Dessau

Zur Ausstellung

Viele Lieder Wilhelm Müllers und seine vertonte Lyrik, insbesondere die eindrucksvolle Schubertsche Fassung der »Winterreise« und der »Schönen Müllerin«, sind noch heute – 200 Jahre nach der Geburt des Dichters – populär und bekannt, weitaus bekannter als der mit ihnen zu verbindende Dichtername. Wenn von Wilhelm Müller die Rede ist, so behilft man sich in der Regel des erläuternden Kompositums vom »Griechen-Müller« oder man spricht gleichsam anonym vom Dichter der Schubertlieder. Der 200. Geburtstag Wilhelm Müllers ist Anlaß genug, den hochtalentierten und leider viel zu früh verstorbenen Dichter aus dem Schatten Schuberts zu lösen und sein facettenreiches Werk, das allenfalls wissenschaftlich zur Kenntnis genommen wurde, einem breiteren Publikum bekannt zu machen. Dem können neben der glücklicherweise ebenfalls in diesem Jahr erscheinenden großen Werkausgabe Wilhelm Müllers – ein lange bestehendes Desiderat – die Dessauer Jubiläumsausstellung und der vorliegende Katalog, aber auch die zahlreichen Veranstaltungen der Wilhelm-Müller-Festwoche dienen.

Die erste und letzte größere Gedenkausstellung zu Ehren Wilhelm Müllers mit Leihgaben aus mehreren deutschen Sammlungen liegt fast 70 Jahre zurück; sie wurde 1927 von Ludwig Grote organisiert, zu jener Zeit freilich noch ohne in einem Ausstellungskatalog dokumentiert zu werden. Eine weitere größere Ehrung erfuhr Wilhelm Müller im Jahre 1884 als man – förmlich aufgeweckt durch den 1883 erfolgten Tod der Witwe Wilhelm Müllers – in einer weite Kreise ziehenden Spendenaktion daran ging, dem Dichter ein großes Denkmal zu setzen. Die damals aus griechischem Marmor geschaffene überlebensgroße Büste, die noch heute den Stadtpark von Dessau ziert, hob den Dichter in ganz klassischem Sinne in den Parnaß. Wilhelm Müller avancierte, freilich ohne daß manche kritische Züge und bürgerliches Bewußtsein unterwandernde Elemente in seinem Werk wahrgenommen wurden, zum Schöpfer nationalen Kulturgutes, zum Künstlerfürsten, wie er im wilhelminischen Zeitalter gerne gesehen und verehrt wurde.

Dem Schaffen eines Dichters durch ein Bildwerk oder überhaupt bildlich in einer Ausstellung gerecht zu werden, ist damals wie heute ein schwieriges Unterfangen. Lyrik und Literatur leben in der Imagination des Lesers. In bloßer Schriftform, als Manuskript oder als gedrucktes Buch, sind sie wenig anschaulich und wirken zu größerer Zahl angehäuft nicht selten spröde und ermüdend. Dies besonders wenn sie gut gesichert, verschlossen in Vitrinen liegen und vom Ausstellungsbesucher nicht in die Hand genommen und gelesen werden können. Allenfalls der Reiz des Originalen, um nicht zu sagen des Reliquiaren geht von Autographen und Erstausgaben aus. Zuviel Papier und »Augenpulver« sollte daher in unserer Ausstellung vermieden werden, dies zumal sie in einer Gemäldegalerie stattfindet. Daß »Poesis« auch »Pictura« sein sollen, ist ein alter Lehrsatz der Poetik des Horaz, den man sich gerade für Literaturausstellungen zu eigen machen kann. Es gilt also, Leben und Werk Wilhelm Müllers abgesehen von schriftlichen Zeugnissen auch bildlich erfahrbar zu machen, um so zu einem intensiveren Eindruck zu gelangen.

Eine solche Ausstellung kann den historischen Kontext zum Werk eines Dichters liefern, wichtige Ereignisse und Rahmenbedingungen der Epoche oder Lebensumstände vor Augen treten lassen, die wesentlichen Lebensstationen und einflußreichen Bekanntschaften des Dichters dokumentieren und im Idealfall Werke der bildenden Kunst präsentieren, die in ihrer Bildsprache und Aussage dem Werk des Dichters gleichkommen. Letzteres ist allerdings im Falle Müllers nur eingeschränkt möglich. Die Metaphorik seiner Dichtung sprengt nicht selten den Rahmen der zeitgenössischen bildenden Kunst.

Allenfalls das Wanderermotiv der Romantik, dem im Schloß Mosigkau eine eigene Ausstellung gewidmet ist, ist in beiden Gattungen gleich geläufig. Die romantische Naturschilderung der bildenden Kunst steht vielleicht hinter den Schöpfungen Wilhelm Müllers zurück, weil ihr die Ausdrucksmöglichkeiten eines lyrischen Ich und die Möglichkeit zur Selbstreflexion nur indirekt gegeben sind. Es ist vielleicht nicht übertrieben zu sagen, daß die Bildlichkeit der Werke Müllers von der bildenden Kunst erst im Symbolismus oder gar im Surrealismus eingeholt und weitergetrieben wurde. Überhaupt scheint das Werk Wilhelm Müllers über die Romantik hinauszuweisen und hierin liegt die noch heute in einigen seiner Gedichte zu empfindende Modernität begründet.

Die zu Lebenszeit Müllers in Dessau entstandene Naturschilderung der bildenden Kunst steht hingegen – abgesehen von dem allenthalben anzutreffenden Interesse an der »freien Natur« – hinter dem Werk des Dichters zurück. Auch konnte die beschauliche, aber kleine und im Grunde enge Residenzstadt Wilhelm Müller keine geistige Heimat sein. Der Dichter strebte schon früh über Dessau hinaus, um nicht zu sagen von Dessau weg, um außerhalb seiner Heimatstadt intellektuelle Impulse und Anregungen zu suchen.

So war ihm das Reisen wichtig und Voraussetzung für sein künstlerisches und allgemein schriftstellerisches Schaffen: Die Studienjahre in Berlin, die Reise nach Wien mit der geplanten Griechenlandexkursion, die Italienreise und die Reise zum Rhein und Neckar waren verbunden mit einer Vielzahl von Begegnungen mit literarischen und künstlerischen Kreisen. Der auf diesen Reisen zustande gekommene Gedankenaustausch, aber auch die Vielzahl der Eindrücke vom kulturellen Leben prägten ganz erheblich Müllers schriftstellerisches Werk. So lag es nahe, mit unserer Ausstellung den Blick auf die wichtigsten Orte der vielen Reisen Wilhelm Müllers zu richten. Einen Exkurs auf der somit in unserer Ausstellung nachvollzogenen »Lebensreise« Wilhelm Müllers stellen zwei Orte seiner Dichtung dar, die keine Reiseziele sind, sondern eher als Entstehungsorte Müllerscher Dichtung Bedeutung haben: Es handelt sich um die »freie Natur«, den Aufenthaltsort vieler lyrischer Gestalten im Werk des Dichters, und dann um die Liedertafel, jenen Dessauer Männerzirkel, dem Müller angehörte und für den und dessen Sanges- und Trinkfreuden er manches Lied dichtete. Unberücksichtigt bleiben hingegen jene Orte der »Müllerschen Lebensreise«, die für sein schriftstellerisches Schaffen nicht unmittelbar von Bedeutung waren – gemeint sind etwa die Insel Rügen oder der Kurort Franzensbad, die Müller in erster Linie zum Zwecke der Erholung aufgesucht hat. Eine weitere Konsequenz des Ausstellungskonzeptes bestand darin, Zeugnisse der Wirkungsgeschichte des Müllerschen Werks weitgehend unberücksichtigt zu lassen. Eine Vernachlässigung des Nachlebens Müllerscher Lyrik erscheint nicht zuletzt auch deshalb als legitim, weil hinsichtlich des primären Anliegens, dem Kennenlernen von Leben und Werk Wilhelm Müllers noch immer ein großer Nachholbedarf besteht.

Da eine Ausstellung in ihrer Darstellungsabsicht zwangsläufig auf Bilder, Bücher oder Dokumente und auf deren Kommentierung eingeschränkt ist, bleibt die eigentliche Auseinandersetzung mit Inhalt und Form des Müllerschen Werks den wissenschaftlichen Beiträgen in diesem Katalog vorbehalten. Mit den wissenschaftlichen Beiträgen ist es gelungen, bestehende Forschung über Leben und Werk des Dichters nicht nur zusammenzufassen, sondern in Einzelfällen auch neu zu bewerten und voranzutreiben. Ein besonderes Anliegen war es, Eigenheiten der romantischen Sprache Müllerscher Lyrik zu analysieren und die Eigenständigkeit des Dichters insbesondere gegenüber den populären Vertonungen seiner Lyrik durch Schubert herauszuarbeiten. Auch galt es, das Interesse der Forschung auf bislang wenig beachtete Seiten des Müllerschen Wirkens, etwa seine Tätigkeit als Bibliothekar und Rezensent zu lenken.

Für das mit Katalog und Ausstellung Bewältigte ist vielen Personen und Institutionen zu danken: zunächst den Autoren des Katalogs, die uns Früchte ihrer Forschungsenergie bereitwillig und entgegenkommend zur Verfügung gestellt haben; besondere Erwähnung verdient dabei die generöse Haltung von Herrn Matthias Gatza, der uns den Nachdruck der Einleitung Professor Leistners zur neu erschienenen Wilhelm-Müller-Ausgabe gewährt hat. Unser Dank richtet sich auch an die Damen und Herren Direktoren und wissenschaftlichen Mitarbeiter der Anhaltischen Landesbücherei Dessau, des Museums Schloß Mosigkau, des Museums für Stadtgeschichte und des Stadtarchivs Dessau, ohne deren kooperative Mitarbeit an Katalog und Ausstellung das für unsere Verhältnisse große Projekt nicht hätte bewältigt werden können. Besonderer Dank gebührt in diesem Zusammenhang der gewissenhaften und sorgfältigen Unterstützung durch Herrn Gerd Brüne bei den umfangreichen Redaktionsarbeiten. Unvergessen sind die engagierten Bemühungen von Herrn Dr. Andreas Heissler (†) in der Anfangsphase unseres Müller-Projektes. Die Größe der Ausstellung verdankt sich nicht zuletzt einer Vielzahl von Leihgaben, die aus deutschen Museen, Bibliotheken, Archiven und Privatsammlungen bereitwillig zur Verfügung gestellt wurden – den Leihgebern sei hierfür herzlich gedankt. Dem Stadtparlament Dessau und dem Kultusministerium des Landes Sachsen-Anhalt, die unserem Projekt mit der vertrauensvollen Bereitstellung der nötigen finanziellen Mittel überhaupt erst auf die Beine geholfen haben, danken wir ebenfalls sehr herzlich – ein Dank, der in der Hoffnung ausgesprochen sei, daß diese Ausstellung und ihr Katalog Auftakt zu einer Reihe regelmäßig stattfindender Ausstellungen ist, die den reichen Dessauer Sammlungsbeständen die ihnen angemessene Aufmerksamkeit verschaffen mögen.

Dr. Norbert Michels
Anhaltische Gemäldegalerie Dessau

Franz Kühlen, Portrait Wilhelm Müllers, 1826 (Kat. Nr. 2)

Wilhelm Müller. Leben und Werk

Von Bernd Leistner

Es war selten der Fall, daß sich ein deutscher literarischer Autor so umfassend mit Sympathie bedacht wissen konnte wie Wilhelm Müller. Gewiß, Goethe blieb reserviert; und überliefert ist seine Bemerkung: »... unangenehme Personnage, suffisant, überdies B rillen tragend.« Doch ein solches Wort stellt die Ausnahme dar. Allenthalben fand man Müller schätzenswert und liebenswürdig; man rühmte seine Geradheit, seine strebsame Wahrhaftigkeit, sah in ihm einen reich Begabten, der von seinen Fähigkeiten den ersprießlichsten Gebrauch mache. Man warb um seine Bekanntschaft, suchte das Gespräch mit ihm; und was ihm, zumal auf Reisen, an freundlichen und auch freundschaftlichen Gesten begegnete, war beträchtlich.

Oskar Ludwig Bernhard Wolff, er hatte Wilhelm Müller 1825 in Berlin kennengelernt, beschrieb ihn im dritten Teil seiner »Portraits und Genrebilder« (1839) als einen »langen, schlanken, ganz blonden Mann mit blauen Augen und sehr ruhigem Wesen, aus welchem aber das innigste Wohlwollen an jedem Talent und die herzlichste Gutmütigkeit durchleuchtete«; »etwas« habe er den »Eindruck eines höheren Pädagogen« gemacht, »ohne indessen weder das Eckige noch das Salbungsreiche, das diese Herren gewöhnlich zeigen, zu besitzen«. Und in Rudolf Köpkes Tieck-Buch (»Erinnerungen aus dem Leben des Dichters nach dessen mündlichen und schriftlichen Mitteilungen«; 1855) heißt es: »Die Verständigung mit ihm [Müller] war leicht. Er war gesund, frisch, wahr, von allem Grillenwesen entfernt, und für die einfache Liederpoesie in hohem Grade begabt.« Selbst Fouqué, von dem sich der einstige Bewunderer sichtlich abgestoßen hatte, brachte es, ihn unsympathisch zu finden, nicht über sich. »Ich müßte ihn hassen, aber ich kann ihn nur lieben. Er ist der einzige liberale Dichter, dem ich es nicht vergebe, daß er es ist, nein, von dem es mir lieb ist, daß er es ist.« Festgehalten finden sich diese von Fouqué im Gespräch geäußerten Sätze in den »Erinnerungen« (postum 1899) von Willibald Alexis – und in denen auch steht die bündige Aussage ihres Verfassers: »Er [Müller] war der erste Lyriker seiner Zeit.« Kaum so formuliert hätte es Heinrich Heine. Doch nicht zuletzt er bezeugte dem als bedeutend erkannten Kollegen seinerseits seine Reverenz. Im Juni 1826 schrieb er ihm: »... ich glaube erst in Ihren Liedern den reinen Klang und die wahre Einfachheit, wonach ich immer strebte, gefunden zu haben. Wie rein, wie klar sind Ihre Lieder, und sämtlich sind es Volkslieder. In meinen Gedichten hingegen ist nur die Form einigermaßen volkstümlich, der Inhalt gehört der konventionellen Gesellschaft. Ja, ich bin groß genug, es sogar bestimmt zu wiederholen, und Sie werden es mal öffentlich ausgesprochen finden, daß mir durch die Lektüre Ihrer 77 Gedichte zuerst klar geworden, wie man aus den alten vorhandenen Volksliedformen neue Formen bilden kann, die ebenfalls volkstümlich sind, ohne daß man nötig hat, die alten Sprachholperigkeiten und Unbeholfenheiten nachzuahmen. Im zweiten Teile Ihrer Gedichte fand ich die Form noch reiner, noch durchsichtig klarer – doch was spreche ich viel von Formwesen, es drängt mich mehr, Ihnen zu sagen, daß ich keinen Liederdichter außer Goethe so sehr liebe wie Sie.« Und später dann, in der »Reise von München nach Genua«, dieser Ausrufesatz: »... ach, er war ein deutscher Dichter!«

Geliebt und verehrt als Mensch und als Dichter, im übrigen hoch anerkannt und gefragt als Gelehrter, als Publizist und Kritiker: Der vielfältige Wilhelm Müller brachte das Kunststück fertig, in schwieriger Zeit eine Ausstrahlungskraft zu gewinnen, die ihm die unterschiedlichsten Köpfe der geistig-literarischen Welt geneigt machte und ihn trotz seiner Jugend zu einer vielbeachteten Autorität werden ließ. Dabei war er keiner, den das Streben nach purer Gefälligkeit gelenkt hätte. Müller hielt auf sich; es gab Maßstäbe für ihn, Ansprüche und Leitvorstellungen, von denen er nicht abrückte. Zugleich indessen eignete ihm ein Zug zum Verbindlichen. Er hatte nichts Schroffes, nichts Rigoristisches in seiner Wesensart; er besaß die Fähigkeit, sich auf Bedingungen einzustellen; und sein persönliches wie auch schriftstellerisches Betragen gemahnte immer wieder an jenes Postulat der »Urbanität«, das der aufklärerischen Tradition entstammte. Überhaupt mag man bei Müller weit mehr an Bezügen zu dieser Tradition entdecken, als ein erster, flüchtiger Blick wahrnehmbar macht. Und sowenig zu bestreiten sein dürfte, daß Romantisches an seiner Prägung beträchtlichen Anteil hatte, sowenig sollte man auch jenes Aufklärerische verkennen, auf dessen Vermittlung mit Romantischem Müller sichtlich bedacht war. Vielleicht, daß gerade dies zu der allgemeinen Reputation, die er genoß, entscheidend beigetragen hat.

Geboren wurde Johann Ludwig Wilhelm Müller am 7. Oktober 1794 in Dessau. Sein Vater, Christian Heinrich

Leopold Müller, war, wie schon der Großvater, Schneidermeister; 1780 hatte er die Tochter des Hofschlossermeisters Johann Ephraim Cellarius, Marie Leopoldine, geheiratet. Wilhelm war das sechste Kind, das sie zur Welt brachte: das vorletzte. Zwei der Kinder waren bereits vor seiner Geburt gestorben – noch bevor er dreijährig wurde, lebte keines seiner Geschwister mehr. Das Unglück verfolgte die Familie aber auch insofern, als längere Krankheit des Vaters eine finanzielle Notsituation herbeiführte. Vordem war die materielle Lage befriedigend gewesen; 1788 hatte der Vater für 1450 Taler jenes Haus gekauft (nachmals: Steinstraße 53, im Zweiten Weltkrieg zerstört), in dem die Familie fortan wohnte, und lediglich 300 Taler hatte er sich hinzuborgen müssen. Nun jedoch sah er sich gar veranlaßt, Unterstützungsgesuche an den Landesherrn zu richten: Zweimal fünf Taler ließ Leopold Friedrich Franz ihm anweisen.

Der Vater überwand schließlich seine Krankheit; und die ökonomische Lage konsolidierte sich. So wuchs im weiteren das einzig verbliebene Kind zumindest nicht im Zeichen der nackten Not auf. Nur wenig weiß man über die inneren Verhältnisse im Elternhaus. In Müllers Tagebuch des Jahres 1815 findet sich lediglich die Erinnerung notiert, daß sonntägliche Hausandachten stattfanden: Nach Tisch las der Vater »die Sonntags-Epistel und das Sonntags-Evangelium« vor. Man wird auf einen schlicht verinnerlichten Protestantismus schließen dürfen, der im Elternhaus vorwaltete. Im übrigen aber ist jene elterliche Entscheidung signifikant, die die schulische Bildung des Sohnes betraf. Nicht auf die Volks-, sondern auf die »Hauptschule« wurde er geschickt; deren Oberklassen bereiteten aufs Universitätsstudium vor; die Eltern also strebten ihm einen Weg zu eröffnen, der über die Herkunftsverhältnisse hinausführen sollte. Dabei scheinen die Eltern im Hinblick auf den Sohn zwar ehrgeizig, doch nicht gängelnd gewesen zu sein. Man wandte ihm, diesem einzigen Kind, alles zu, was man ihm zuwenden konnte. Daß man es aber mit fürsorgender Strenge verbunden hätte, dafür fehlt jegliches Anzeichen. Eher gibt es Anzeichen für mancherlei Freiheiten, die dem Knaben gewährt wurden.

1808, Wilhelm Müller war im 14. Lebensjahr, starb die Mutter. Kurz danach hatte der Vater Geburtstag; das Gratulationsschreiben des Jungen ist von den überkommenen Brieftexten der früheste: »Was mich betrifft, so werde ich immer suchen, Ihnen Ihren Verlust zu erleichtern, indem ich Ihnen durch meine Aufführung Freude zu machen mich unaufhörlich bestreben werde, und mich immer so betrage, daß ich nicht unwürdig bin, mich zu nennen / Ihr / Sie liebender Sohn / Wilhelm.« Die syntaktische Architektur beweist, daß der Schüler gut gelernt hatte, was er sollte. Namentlich in den sprachlichen Fächern leistete er Vorzügliches. Und für die glänzende Sprachenbeherrschung, die ihn schließlich auszeichnete,

hat die Dessauer Schulzeit den Grund gelegt. Ein Musterschüler war er dennoch nicht. Erstmals dem Obertertianer wurden einige Ermahnungen aufs Zeugnis geschrieben; und der Fleiß wie vor allem das Betragen gaben nun wie auch fürderhin zu Tadel Anlaß. An der Schule wirkte noch immer der Basedowsche Philanthropismus nach; das erzieherische Regiment war vergleichsweise freundlich. Um Ermahnungen, die allzu stupiden Maßstäben entsprangen, wird es sich kaum gehandelt haben.

Der Vater indessen, dem der halbwüchsige Sohn wohl nicht von ungefähr jenes »Aufführungs«-Versprechen gab, ließ von seiner zuwendenden Bereitschaft nicht ab. Und unter rein finanziellem Betracht fiel es ihm, ihr Genüge zu tun, ab 1808 sogar leichter. Noch im Todesjahr seiner Frau hatte er wieder geheiratet; die Stiefmutter, die Wilhelm damit bekam, war die Witwe eines nicht unvermögenden Fleischermeisters; sie brachte ein Haus im Werte von 1100 Talern in die Ehe ein und nicht nur das Haus. Anstandslos (und vertrauensvoll) hat der Vater dann auch des Sohnes Studium finanziert. Es spricht einiges für die Vermutung, daß er dies vor allem auf Grund des angeheirateten Vermögens durchhalten konnte.

Anhalt-Dessau verfügte nicht über eine Landesuniversität. Nach bestandener Reifeprüfung (Frühjahr 1812) mußte Müller daher, um studieren zu können, außer Landes gehen; die Entscheidung fiel für Berlin. Seine Einschreibung an der noch jungen Berliner Universität erfolgte am 3. Juli – es scheint, als sei er, die Vaterstadt zu verlassen, sehr ungeduldig gewesen. Bis zum Beginn des Wintersemesters war noch viel Zeit: Die Lust dürfte ihn getrieben haben, frei und ungebunden sich umzutun. Im Tagebuch von 1815 findet sich die Erinnerung vermerkt, daß er mit anderen zusammen regelmäßig das Vergnügungsetablissement »Unter den Zelten« aufgesucht habe, wo er durch die »Säle stutzerte und lorgnierte«. Und zumal durch seine Bindung an die Landsmannschaft bot sich ihm sehr rasch die Gelegenheit, das studentische Dasein als ein »nicht philiströses« halbwegs auszukosten. Als es dann aber mit dem Studieren ernstlich beginnen sollte, prädominierte bald schon das politische Interesse. Die Nachrichten von Napoleons russischem Debakel kamen an; von einer Studienatmosphäre, die Konzentration erleichtert hätte, konnte keine Rede sein; gerade an der Berliner Universität schlugen die Wellen der Erregtheit hoch. Und nicht zuletzt etliche der Professoren taten das Ihre, die antinapoleonische Stimmung kräftig anzufeuern.

Zählte der achtzehnjährige Wilhelm Müller zu den kampfbegierigen Enthusiasten oder eher zu den weniger Kriegslustigen, die aber schließlich mitgerissen wurden? Vor Jahren, nach der Doppelschlacht bei Jena und Auerstedt, hatte Napoleon in Dessau Station gemacht; und er hatte Leopold Friedrich Franz zur Rede gestellt: Ob er wohl mit einem Kontingent den Preußen Unterstützung geleistet habe? Der Dessauer konnte verneinen – als hochfahrender Sieger führte Napoleon sich dennoch auf. Und am 18. April 1807 sah sich der Landesvater genötigt, dem Rheinbund beizutreten. Der an der Schwelle zum Greisenalter stehende Leopold Friedrich Franz, an der Regierung seit mehr als 50 Jahren, war kein ungeliebter Fürst; im sehr kleinen Anhalt-Dessau herrschten patriarchalische Verhältnisse, die durchaus etwas Trauliches hatten. So auch richtete sich der Unwille des Landes kaum gegen den, der, an dessen Spitze stehend, den Bündnisverpflichtungen nolens volens nachkommen mußte; Unwille aber war es, was sich geltend machte. Und jedenfalls brauchte Wilhelm Müller, als er im Winterhalbjahr 1812/13 auf preußisch-hauptstädtischem Boden in den Strudel der Ereignisse geriet, für antinapoleonische Gesinnung nicht erst gewonnen zu werden. Weshalb jedoch zögerte er, sich unverzüglich als Freiwilliger zu melden?

Am 10. Februar 1813 war in Berlin der einschlägige Aufruf des preußischen Königs veröffentlicht worden. Noch am gleichen Tage hatte es eine den gemeinsamen Kampfeswillen bekräftigende Studentenversammlung gegeben; und sogleich auch war es zu einem Ansturm beim Rektor gekommen, wo die Abmeldung erfolgen mußte. Müller meldete sich erst zwei Wochen später, am 24. Februar, ab. Gewiß spricht diese Verzögerung nicht schlechthin für sich. Es ließe sich vermuten, daß Müller vorab sich umtat, Geld für die Ausrüstung zu beschaffen; zudem könnte er als Anhaltiner, der in preußische Kriegsdienste treten wollte, zunächst bedenklich gewesen sein und sich verpflichtet gesehen haben, in Dessau um Billigung nachzusuchen. Indessen erweist die verspätete Meldung, daß Müller gar nicht etwa spontan und nach Maßgabe eines puren Begeisterungsaffektes reagierte. Wenn im übrigen aber Genaueres kaum in Erfahrung zu bringen ist, so trifft dieser Befund auch auf die Müllersche Kriegszeit selbst zu. Man weiß, daß er einige Schlachten miterlebt hat: die bei Großgörschen (2. Mai), die am Bautzener Spreeübergang (20./21. Mai), die kleinere unweit des schlesischen Städtchens Hainau (26. Mai), schließlich die beim nordböhmischen Dorf Kulm (29./30. August). Gleichermaßen weiß man, daß er Leutnant wurde. Und man weiß, daß er ab Herbst 1813 an die Front nicht mehr gekommen ist: Eingesetzt wurde er im Depot zu Prag, hernach im Brüsseler Kommandanturbüro. Fast gar nichts dagegen weiß man darüber, was ihm im einzelnen widerfuhr, in welche Situationen er kam und wie er sich in ihnen verhielt.

Gedichte hatte schon der Schüler verfaßt. Und Müllers erster Biograph, Gustav Schwab, konnte sich immerhin auf die Aussage von »Bekannten« berufen, wenn er mitteilte, in den Pausen habe der Primaner des öfteren die »ganze Tafel« mit seinen Versen vollgeschrieben. Nur selbstverständlich also auch, daß der in den Krieg Zie-

hende und in ihm Kämpfende vom Verseschreiben nicht abließ. In den »Bundesblüten« von 1816 hat Müller einiges von dem, was 1813 hervorgebracht wurde, veröffentlicht: kurrenter patriotischer Furor; und auf »Herrmanns Riesenschatten« verzichtete der Barde ebensowenig wie auf die »Franzosenschädel«, aus denen man nach dem Siege den »deutschen Trank« trinken werde (»Morgenlied am Tage der ersten Schlacht«). Um so bemerkenswerter freilich, daß sich einige Gedichte, die im Lauf des Jahres 1814 entstanden sind, ganz anders gestalteten. Publiziert hat Müller diese neun Sonette zeit seines Lebens nicht; sie fanden sich im Nachlaß. War es Entblößungsfurcht, die ihn zurückhielt? Jedenfalls handelt es sich um lyrische Texte, die klar als Reflexe einer offenbar ernstlichen individuellen Krisensituation erkennbar sind. Der hier spricht, ist ein Vereinzelter; erstmals taucht in diesen Sonetten das Fremdlingsmotiv auf; artikuliert wird der aufwühlende Verlust umfangenen Daseins. Gleichwohl sind die Texte entblößend und verhüllend zugleich. Das konkrete Erlebnis, das ihnen zugrunde lag, blieb verdeckt. In Brüssel, nur dies läßt das spätere Tagebuch wissen, hat es eine Liebesbeziehung gegeben; der Name Therese fällt. Es ließe sich fragen, ob Müller womöglich »Thérèse« hätte schreiben sollen. Nicht minder aber ließe sich fragen, ob er den Namen gar dem Mädchen gegeben haben könnte. Jahre später schrieb Müller den denkwürdigen, thematisch aus der zeitgenössischen Lyrik schroff ausbrechenden Zyklus »Johannes und Esther«: »Maria möcht ich dich begrüßen, / Mein Herz hat stets dich so genannt.« Die Liebe zu einer Jüdin schließlich bestimmte noch entscheidend das Handlungsgeschehen der Novelle »Debora«. Und war es wohl so, daß Müllers deutschkeusche Kriegermoral den Reizen eines Mädchens nicht standhielt, dem er sich strikt hätte verweigern sollen? Und die »Affäre« wäre bekanntgeworden? Er hätte sich angeprangert, aus den christlich-deutschen Kriegerreihen ausgestoßen sehen müssen? Als einen schimpflich Entlassenen, verwiesen auf eine trostlos winterliche Heimreise? Es war der 18. November, als Müller der Stadt Brüssel den Rücken kehrte.

Die Fragezeichen bleiben. Daß Müller die Brüsseler Liebesgeschichte jedoch arg hat büßen müssen, dürfte sicher sein. Wahrscheinlich Anfang des Jahres 1815 schrieb er das Gedicht »Leichenstein meines Freundes Ludwig Bornemann«. Es ist der Erinnerung an den im Mai 1813 gefallenen Ludwig Bornemann gewidmet – der gleichaltrige Lehrerssohn war Mitschüler Müllers in Dessau gewesen; in Berlin sowie in Kriegsdiensten hatte sich die freundschaftliche Beziehung fortgesetzt. Und als sein besseres Ich apostrophiert der Sprecher des Gedichts nun den Erinnerten, als denjenigen, der ihm seinerzeit die rechte, die »heil'ge« vaterländische (Kampf-)Moral vermittelt habe. Eben gegen deren Gebot freilich habe sich in ihm schließlich Teuflisches geregt: Wofür der Freund ihm noch immer stehe, es sei von ihm verraten worden. Von »Satans Übermacht« ist im Gedicht die Rede – und hernach heißt es: »Wohl hab ich schnell zerbrochen / Sein eisenfestes Band, / Doch hat sich schwer gerochen / An mir die Gotteshand«.

Von Brüssel aus ist Wilhelm Müller zunächst nach Dessau gegangen. Dann aber tauchte er wieder in Berlin auf, sein Studium fortzuführen. Genaueres erfährt man für die Zeit ab Oktober 1815: Beginnend mit seinem 21. Geburtstag, schrieb Müller Tagebuch. Da lagen die Brüsseler Geschehnisse bereits ein knappes Jahr zurück; schon die erste Notiz jedoch spielt auf sie an. Ein Brief findet sich erinnert, den der Diarist am 7. Oktober des Vorjahres geschrieben und der ihm sowie seinem Vater »manche Träne gekostet« habe. Dann heißt es: »Gottlob, daß alles überstanden ist!« Und hernach noch gibt es die Aussage, daß es ihm, dem Notierenden, vorkomme, als sei er während des vergangenen Lebensjahres »von einem Kinde zum Greise oder von einem Greise zum Kinde geworden«.

Tatsächlich aber, und das Tagebuch selbst macht dies deutlich, war nichts »überstanden«. Bereits in seiner ersten Berliner Zeit hatte Müller den jungen Maler Wilhelm Hensel kennengelernt. Während des Krieges war er neuerlich mit ihm zusammengetroffen – erst 1815 indes ergab sich eine engere, freundschaftliche Beziehung. Die wiederum brachte es mit sich, daß Müller im Hause der gutsituierten Hensels ein und aus ging; so begegnete er auch der Schwester des Freundes; und was mit dieser Begegnung anfing, war die Geschichte einer Anbetung. Luise selbst, sie soll schön gewesen sein, hatte sich ganz und gar von der neupietistischen Erweckungsbewegung des Berliner Spittelkirchenpastors Georg Hermes ergreifen lassen; das Leiden und die Erlösungstat Christi bestimmte ihr den Horizont einer verinnerlichten Glaubenswelt, in der sie lebte – später trat sie zum Katholizismus über. Müller liebte sie. Und zugleich aber kasteite er sich und diese Liebe; er zwang sich, in Luise die Idealgestalt einer keuschen christlich-deutschen Jungfrau zu sehen, deren Nähe läuternd auf ihn wirken müsse; er stilisierte sie sich zur Heiligen. Sie in reinster Reinheit lieben zu können, redete sich der Tagebuchschreiber als das Ziel ein, dem er nachzustreben habe; und erst wenn es erreicht sein würde, wäre er denn auch entsühnt. »Heute morgen hatte ich wieder einen Kampf mit der bösen Erdenlust in mir, den ich nicht ohne Wunden bestand.« Die Notiz findet sich unter dem 28. Dezember 1815; es gibt deren Art noch weitere. Müller muß sich, seinen »sündhaften« Trieb zu unterdrücken, entsetzlich gequält haben.

Gleichzeitig zeigte sich Müller geradezu übereifrig darauf bedacht, auf tätige, engagierte Weise den Forderungen einer entschiedenen deutsch-vaterlandsfrommen Gesinnung Genüge zu tun. Vordem hatte sich der Student von

Friedrich August Wolf begeistern lassen, dem großen klassischen Philologen, der an der Universität als lesendes Akademiemitglied Kolleg hielt. Nun indessen sprach er in einem Brief an Fouqué (5. August 1815) von einer Verführung, der er erlegen gewesen sei, von einer Verstrickung (»im Leben wie im Gesange«) ins Heidnische; und er offenbarte dem Adressaten, daß er gerade ihm für seine Selbstrettung beträchtlichen Dank schulde. Mit dem »hochzuverehrenden Herrn Baron« verband sich dem Gewandelten der Inbegriff eines »deutschen Herzens« und eines »deutschen Geschmacks«; er kündigte ihm jene »Blumenlese aus den Minnesingern« an, die er zu publizieren plante; und die vorgreifliche Bitte ging dahin, daß der Autor der »Undine« und des »Zauberrings« ihm ein »aufrichtiges deutsches Ritterurteil« zukommen lassen möge. Entsprechend schloß sich Müller nun enger an die entschiedenen Vaterlandsromantiker unter den Professoren an; und wenngleich die klassische Philologie das Hauptfach blieb, so wandte er doch sein Interesse zumindest zeitweilig vor allem den vaterländisch-deutschen Gegenständen zu. Bezeichnend auch, daß er sich von der »Berlinischen Gesellschaft für deutsche Sprache« angezogen fühlte; seit Juni 1815 nahm er an deren (allwöchentlichen) Sitzungen als Gast teil; kurze Zeit später wurde er als Mitglied aufgenommen. Und bereits im Oktober hatte er sich durch seinen Eifer so weit hervorgetan, daß man ihn zum »älteren Schaffner« der Gesellschaft wählte.

Einer der in der Gesellschaft den Ton Angebenden war Friedrich Ludwig Jahn. Müller ließ sich faszinieren von ihm; unter dem 15. November 1815 heißt es im Tagebuch: »Des Abends war Deutsche Gesellschaft u ich blieb zum Abendessen, wo besonders Jahn uns alle recht fröhlich unterhielt. Es war da besonders von der Einseitigkeit der Franzosen, von der Nichtswürdigkeit des Kosmopolitismus pp die Rede. Jahn hat eine herrliche, echt deutsche Beredsamkeit . . .«. »Echt deutsch« war denn auch all das, was in den Sitzungen betrieben wurde. Müller bot auf der vom 11. Oktober 1815 einen Teil jener »Vorrede« dar, die er für seine »Blumenlese aus den Minnesingern« geschrieben hatte. Das Tagebuch vermerkt, er habe Beifall gefunden. Im übrigen kleidete er »altdeutsch« auch seinen Leib ein. In diesem Gewand präsentierte er sich im Hause Hensel; Luise ließ ihn wissen, daß es ihm stehe (Tagebuch-Notiz vom 10. Dezember 1815).

Und der zum frommen deutschen Jüngling sich Disziplinierende fühlte sich nicht zuletzt veranlaßt, in Goethe ein »Chamäleon« zu sehen und ihm die »Römischen Elegien« sowie die »Venetianischen Epigramme« als Zeugnisse zu verübeln, die der Widerstandslosigkeit gegenüber dem unkeusch Welschen geschuldet seien (Tagebuch-Notiz vom 5. November 1815). Was aber die Beziehung zu Friedrich August Wolf anging, so empfand er sich hin und her gerissen. Nach wie vor zählte er zu den Vorzugsstudenten Wolfs; und der sich ihm zuwendende Lehrer war

und blieb eine imponierende und Gegenliebe erheischende Gestalt. Ebendieser Lehrer freilich mit seiner Begeisterung fürs Heidnisch-Antike und antik Sinnenfrohe stand ihm nun geradezu als undeutscher Amoralist vor Augen; und durch die höchst ketzerischen Bemerkungen, die Wolf über das Neue Testament machte, zudem über den gesamten en vogue gewordenen Deutschtumsenthusiasmus, fühlte sich Müller ebenso beunruhigt wie brüskiert. Wolfs Fachkollege Böckh hatte es sich angelegen sein lassen, im Februar 1813 gar vormilitärische Übungen mit den Studenten durchzuführen: ein klassischer Philologe, den der gewandelte Zeitgeist sehr wohl zu affizieren vermochte. Und Böckh erwies sich damit auch als der Typ eines deutschen Antikeprofessors, dem die Zukunft gehören sollte. Wolf aber hatte in Kauf zu nehmen, daß er in die Isolierung geriet – ohne es in Kauf nehmen zu wollen: Ließ er auch deswegen nicht ab, den hochtalentierten Studenten Müller an sich heranzuziehen und vor ihm die »Gegenpartei« nach Kräften zu beschimpfen? Und wie hätte er sich enttäuscht geschüttelt, wenn ihm zu Gesicht gekommen wäre, was dieser Student zum Jahresabschluß 1815 in sein Tagebuch schrieb: »Wofür ich Gott vor allem danke, ist, daß er mich abgewandt hat von dem Wege der Sinnlichkeit und des Unglaubens und mich erleuchtet hat durch sein Wort u durch seine Liebe, indem er mir das Herz erfüllte mit dem Feuer einer reinen Frauenliebe und es durch ihre Flammen läuterte zu seiner göttlichen Liebe.«
Immerhin hat sich Müller, soweit dies verfolgbar ist, von Wolf nie ernstlich zurückzuziehen versucht: Er hielt ihn, glücklicherweise, aus. Und auch durch die Nähe, die der seinerseits werbende Böckh ihm gewährte, ließ er sich zu einer Abwendung nicht bewegen. Dabei lud ihn Böckh zu prominent besetzter Tafel; im Tagebuch finden sich die Namen Süvern, de Wette, Hirt, Buttmann, Rühs, Schneider vermerkt. Mit etlichen dieser Namen wiederum stellte sich die Verbindung zur »Gesellschaft für deutsche Sprache« her; besonders Friedrich Rühs ist hier hervorzuheben. Er war einer der Männer, die der berühmt-berüchtigten Enthüllungsschrift des Universitätsrektors Schmalz »Über politische Vereine« (1815) markig entgegneten; für die Gesellschaft, die er angegriffen sah, machte er geltend, daß einzig »deutsche Liebe und Treue« in ihr vorwalteten; wenige Monate später dann legte er ein Pamphlet vor unter dem Titel: »Die Rechte des Christentums und des deutschen Volkes gegen die Ansprüche der Juden und ihrer Verfechter«. (Und 1819 forderte er schließlich die äußerliche Kennzeichnung der Juden durch eine »Juden-Schleife«.) Wenn aber, eine Enttäuschung für Wolf, Müllers Debüt als philologischer Autor eben nicht auf klassischem, sondern auf dem konkurrierenden germanistischen Gebiet erfolgte, so dürfte dafür vor allem der Einfluß Johann August Zeunes ausschlaggebend gewesen sein. Zeune war der Stifter (1814) der »Gesellschaft für

deutsche Sprache«; 1813 hatte er eine Übersetzung des Nibelungenliedes veröffentlicht (»Der Nibelungen Not und Klage«). Als Vortragender auf dem Universitätskatheder wirkte Zeune eher matt – Müller indes zählte zu den Getreuen. Wann er damit anfing, sich den Minnesängern zuzuwenden und (sehr freie) Übertragungen anzufertigen, weiß man nicht genau; die ambitionierte philologische »Vorrede« jedoch, mit der er seine Sammlung versah, ist sichtlich durch die »Gesellschaft« und namentlich durch Zeune stimuliert worden. Und nicht nur dem Minnesang galt die Abhandlung: In sie eingeschlossen finden sich Ausführungen auch zum Nibelungenlied. Im Juni 1816 hat Müller dann diese einschlägigen Ausführungen in erweiterter Gestalt an zwei aufeinanderfolgenden »Gesellschafts«-Sitzungen zum Vortrag gebracht.
Noch bevor jedoch der Philologe debütierte, hatte es bereits der Lyriker getan. In der Maurerschen Buchhandlung zu Berlin erschienen im Januar 1816 die »Bundesblüten«; der Band vereinte Gedichte von fünf Autoren; Georg von Blankensee, Wilhelm Hensel, Friedrich Graf von Kalckreuth, Wilhelm von Studnitz waren die weiteren Beiträger. Zusammengetan hatte man sich in Erinnerung an die zum Teil gemeinsam verbrachte Kriegszeit – in dem von Müller stammenden Ankündigungsgedicht für den Band heißt es:

> »Fünf Sänger reichten einstens sich die Hand
> Zu ew'gen Bundes heil'gem Unterpfand.
> Sie hatten lang in frommer Glut gefochten
> Für Gott, die Freiheit, Frauenlieb und Sang,
> Und Eichengrün um ihre Stirn geflochten,
> Errungen in der Waffen wildem Drang,
> Und da sie nun die Freiheit siegen machten,
> Verbanden sie sich treu zu heitrem Klang:
> Und von den Blüten, so der Bund getragen,
> Will euch dies Buch die erste Kunde sagen.«

Die freundlichste der Rezensionen, die der Hallenser »Allgemeinen Literatur-Zeitung«, konzedierte den »vaterländischen Jünglingen« samt und sonders »wirkliches dichterisches Talent«, die unfreundlichste, die der »Jenaischen Allgemeinen Literatur-Zeitung«, sprach dagegen davon, daß die »Bundesbrüder« wohl »besser zusammen gestritten, als zusammen gesungen haben« mögen. Es war aber die durchaus auf Differenzierung bedachte der »Leipziger Literatur-Zeitung«, die ausgerechnet den Müllerschen Stücken die mit Abstand übelste Note gab: Sie empfahl ihm, in Zukunft nur »mit denjenigen Musen, welche nicht singen, in Unterhandlung« zu treten. Tatsächlich waren diese Müllerschen Stücke gewiß nicht schlechter als die der anderen Beiträger, sehr viel besser freilich waren sie auch nicht. Sie hielten sich an die gängigen Muster, die in der Lyrik der Befreiungskriege allenthalben anzutreffen waren, lehnten sich an die antike Dithyramben-Tradition an, an die durch Fouqué geprägte Romanzen-Mode, auch an jenes Volksliedhafte, das durch die Sammlung der Wunderhornisten Verbreitung gefunden hatte. Hinzu traten Verse in anakreontischer Manier sowie Versuche im Epigrammatischen. Eine diffuse Konventionalität machte sich geltend; und zumal neben den Brüsseler Sonetten nehmen sich diese Texte ziemlich belanglos aus. Was jedoch das zitierte Ankündigungsgedicht betrifft, so verursachte es den ersten Ärger mit der Zensur, den Müller hatte. In Berlin durfte es nicht gedruckt werden: weil zweimal das Wort »Freiheit« in ihm vorkam.

Entstanden waren Müllers »Bundesblüten«-Gedichte zwischen 1813 und 1815. Noch in Berlin aber, und zwar 1816, geschah es, daß ihm mit seinen lyrischen Versuchen ein wirklicher Durchbruch gelang und er zu Versen fand, deren Ansatz sich schließlich als äußerst ergiebig herausstellen sollte. Dabei war es ein Gelegenheitsunterfangen, das ihm die Richtung wies. Luise und Wilhelm Hensel hatten ihn ins Haus des preußischen Staatsrates und vaterländischen Barden Friedrich August von Stägemann eingeführt; dort bildete sich um dessen sechzehnjährige Tochter Hedwig ein Kreis, zu dem neben den Hensels und Wilhelm Müller unter anderen noch Friedrich Förster und der Komponist Ludwig Berger zählten; und im Spätherbst 1816 kam hier die Idee eines gesellig-poetischen Liederspiels auf: Angeregt durch die Paisiello-Oper »La Molinara« sowie durch Goethes Müller-Romanzen, nahm man sich ein lyrisches Spiel mit verteilten Rollen vor, für das man sich auf eine einschlägige Fabel verständigte. Und jene sehr »schöne Müllerin« sollte im Mittelpunkt stehen, die neben anderen vom Junkersmann, vom Gärtnerknaben, vom Jäger und vom Müllerburschen umworben wird und den letzteren, weil sie sich für den Grünberockten entscheidet, am Ende in den Tod treibt. Dabei nun schien für die Müller-Rolle einer der Beteiligten von vornherein prädisponiert zu sein: derjenige, dessen Name ihn gleichsam festlegte. Mit den Texten aber, die er für diese seine Rolle schrieb, entstand zugleich der Grundstock jenes spielerisch-lyrischen Monodramas, an dem Müller dann über Jahre hinweg immer weiterarbeitete und das als Zyklus »Die schöne Müllerin« schließlich Eingang fand in seinen ersten selbständigen Gedichtband: »Sieben und siebzig Gedichte aus den hinterlassenen Papieren eines reisenden Waldhornisten«.

Eine spielerische volksliedhafte Simplizität war gefordert. Müller bediente die Forderung. Und wenn Ludwig Berger, der einige der im Stägemannschen Haus vorgetragenen Stücke vertonte, energisch darauf drängte, daß den Versen ein hohes Maß an Musikalität eignen sollte, so wußte Müller auch diesem Verlangen Rechnung zu tragen. Mit alledem aber gewann er sich eine Gedichtsprache, die noch und gerade in der Weise ihres Verstellspiels eine unverlogene lyrische Ausdrucksmöglichkeit eröffnete. Ein intellektuell Unentfalteter figuriert als Sprecher; seine Welt ist eine geschichtslos in sich geschlossene ländliche Naturwelt; seine Empfindungen bleiben reduziert auf die des Liebesverlangens und die der Liebesenttäuschung. Und damit am Spielcharakter des lyrischen Monodramas keinerlei Zweifel aufkomme, hat Müller es schließlich mit einem Prolog versehen:

>»Ich lad euch, schöne Damen, kluge Herrn,
Und die ihr hört und schaut was Gutes gern,
Zu einem funkelnagelneuen Spiel
Im allerfunkelnagelneusten Stil . . .«.

Als Lesepublikum steht die konventionelle Gesellschaft vor Augen; und der ihr sein Spiel unterbreitet, läßt sie vorab seine Absicht wissen, daß er sie mit dem, was er »Schlicht ausgedrechselt, kunstlos zugestutzt, / Mit edler deutscher Rohheit aufgeputzt« habe, geflissentlich »amüsieren« wolle. Der Lyriker als Alleinunterhalter, der seine Kunstfertigkeit in den Dienst modisch gerichteter Geselligkeitsbedürfnisse stellt: Müller kehrte diese Bewandtnis seines Spiels unmißverständlich hervor; und daß er sich dabei den »Damen« und »Herren« gegenüber keineswegs entäußere, ließ er sie mithin nachdrücklich wissen. Belangvoll indes ist Müllers lyrisches Monodrama eben dadurch geblieben, daß sich in ihm ein ernstlicher Untertext verbirgt. Und es ist, wovon er handelt, die Erfahrung von Liebesentzug und existentieller Vereinsamung. So auch zeigt er auf seine Weise an, wie sehr die germanomanische Emsigkeit Wilhelm Müllers kompensatorisch bedingt war. Als Movens wirkte Verlorenheitsnot, jenes auf Brüssel zurückgehende Stigma, das ihm offenbar nach wie vor schwer zu schaffen machte. »Wohlauf zum fröhlichen Jagen!« (»Die liebe Farbe«) Hier gar findet sich in bitter sarkastischer Art auf Fouqué Bezug genommen: auf dessen »Kriegslied für die Freiwilligen Jäger«. Und der allenthalben vorwaltenden Jägerfarbe Grün kontrastiert bezeichnend jenes Weiß, das als Farbe des Sprechers benannt wird (»Die böse Farbe«). Demgemäß das Jagdhorn, stereotypes poetisches Hauptrequisit der deutschen Vaterlandsromantik, als ein diesen Sprecher quälendes Instrument: Der es bläst, treibt ihn in die Verzweiflung, in den Tod.

Volksliedhaft-lyrisches Salontheaterspiel: Der geselligkeitsbeflissene Wilhelm Müller übernahm die Rolle, die sich für ihn ergab – die Rollengedichte aber, die er hervorbrachte, wurden ihm zu einem verfremdenden Medium, das es ihm gleichwohl ermöglichte, kryptisch von ureigener Noterfahrung zu sprechen. Im Typ des Müllerschen Rollengedichtes ist der Autor damit auf zwiefache Weise präsent: als einer, der sich gesellschaftsinnig verhält, und als einer zugleich, der in der Kälte des Fremdseins, in trostloser Einsamkeit existiert. So freilich ist es eben diese Differenz, wodurch sich die Gedichte wesentlich bestimmen; ihre (verhüllte) Modernität besteht darin, daß auch nur der Ansatz zu einem Vermittlungsversuch in ihnen unauffindbar bleibt; diese Gedichte kennen keine Hoffnung. Und lyrische Einzeltexte, noch in Berlin entstanden oder auch hernach, später zu Zyklen zusammengefügt oder auch nicht, lassen das nämliche hervortreten. Gewiß ist nicht jedes Gedicht hier zuzuordnen. Müller ließ nicht ab, sich auf mancherlei Weise zu erproben; und fortdauernd war er nicht davor gefeit, ins gefällig Banale abzugleiten. Wo immer aber das Gedicht als Rollengedicht ausgestellt wird und in ihm die bezeichnete Differenz sich geltend macht, gewinnt es Belang und nicht selten etwas ausgesprochen Unheimliches. Dabei wurde es vor allem die Spielfigur des Wanderers, mit der sich fortan die betreffenden lyrischen Texte Wilhelm Müllers verbanden. Dieser Wandersmann ist ein trivialromantisch sich produzierender Teilnehmer an schöngeistig-sentimentaler Salongeselligkeit; seine Lieder präsentieren sich als Stücke, die nachahmendes Talent bezeugen; des modisch gewordenen Volksliedstils wissen sie sich geschickt und konvenierend zu bedienen. Und es ist aber, wovon sie singen, höchst desperat; ein zum Wandern Genötigter tritt aus ihnen hervor; der Wanderer als Ahasver. So auch liegen zwischen den Eichendorffschen und den Müllerschen Wanderliedern nachgerade Welten. »Brüderschaft« heißt eines dieser Müllerschen Lieder: »Im Krug zum grünen Kranze / Da kehrt' ich durstig ein . . .« Welch eine »Einkehr« freilich! Der Wanderer begegnet einem »fremden« anderen; im Zeichen der Trostlosigkeit nehmen sie sich als Brüder wahr. Schlechthin gespenstisch aber der Schluß des Gedichts: »Hei, was die Becher klangen . . .« Und die Entwurzelten lassen die »Liebste . . . im Vaterland« hochleben – es ist das für beide nicht Existente, auf das sie in grausig-trunkener Aufgeräumtheit anstoßen.

Noch in Berlin wußte sich Müller für etliche seiner Gedichte Publikationsmöglichkeiten zu erschließen. Sein hernach so kräftig in Erscheinung tretender Publiziereifer trat hervor. Und namentlich war Müller darauf bedacht, sich als Stammautor von Gubitzens »Gesellschafter« anzuempfehlen. In ihm auch erschienen erste Prosaversuche: ein romantisch inspiriertes Feenmärchen sowie einige Blumendeutungen. Zudem erprobte er sich hier als ambitionierter Kulturjournalist. Und mit Geringem mochte sich Müller dabei nicht abgeben. »Oper und Schauspiel, nebst einigen Bemerkungen über das Theater im Allgemeinen und das Berliner im Besonderen«. So lautete der Titel jenes umfangreichen Fortsetzungsartikels, der im »Gesellschafter« vom 12. bis 26. April 1817 erschien – und der zumindest insofern ein Aufsehen erregte, als er den reizbaren Adolf Müllner auf den Plan rief und ein polemisches Hin und Her auslöste, welches sich über einen Zeitraum von immerhin drei Monaten erstreckte. Im übrigen aber bezeugte sich die Vielfalt von Müllers schriftstellerischer Betriebsamkeit noch darin, daß er im Frühsommer 1817 Christopher Marlowes »The Tragical History of the Life and Death of Doctor Faustus« ins Deutsche übertrug. Den Kontakt zum Englischen und zur englischen Literatur hatte der Universitätslektor Dr. Beresford gestiftet – der welterfahrene Mann war vor seiner Berliner Lehrtätigkeit am Petersburger Hof beschäftigt gewesen; Müller fühlte sich stark zu ihm hingezogen.

Es war jedoch, daß ihn mitten in solcher Betriebsamkeit eine Offerte erreichte. Der preußische Kammerherr Baron Albert von Sack hatte sich eine etwa zweijährige Reise nach Griechenland und in den Orient vorgenommen; und er hatte sich, damit man ihm einen wissenschaftlichen Begleiter vermittle, an die Königliche Akademie der Wissenschaften gewandt. Hier nun votierte Wolf ebenso für Wilhelm Müller wie Böckh, der seit längerem bereits mit der Sammlung altgriechischer Denkmalinschriften befaßt war und der seinem befähigten Studenten es zutraute, daß der gelegentlich einer solchen Reise einiges beizubringen in der Lage sei. Müller wiederum hatte sich inzwischen von jener Bindung gelöst, die ihn, auf das Angebot einzugehen, vor einiger Zeit wohl am stärksten hätte hindern können; im Herbst 1816 war in nähere Beziehung zu Luise Hensel der »passendere« Clemens Brentano getreten; und wenn die Fixierung, wie sie im Winterhalbjahr 1815/16 bestand, ohnedies schon nachgelassen hatte, so gewann es der im tiefsten Grunde Areligiöse nun über sich, sie durchaus außer Kraft zu setzen. Friedrich August Wolf indessen dürfte vor allem gehofft haben, die Reise werde Müller vom Bann der Germanomanie befreien. Es war keine trügerische Hoffnung.

Die Abreise erfolgte am 20. August 1817; der Weg führte zunächst nach Wien. Von da aus sollte, nach einigem Aufenthalt, Kurs auf Konstantinopel genommen werden. Wien aber war deswegen als eine nicht nur kurze Zwischenstation geplant worden, weil hier eine größere Zahl griechischer Intellektueller lebte. An etliche von ihnen hatte Müller Empfehlungsschreiben in der Tasche; in Hinblick auf das Reiseprojekt sollte einschlägiger Expertenrat eingeholt werden. Und in der Tat öffneten sich dem Kontakt Suchenden alle Türen: Als Sendbote zumal des hochangesehenen Friedrich August Wolf wurde Müller überaus freundlich empfangen – und zweckdienliche Hinweise, auch »Empfehlungsbriefe nach allen Gegenden Griechenlands und Kleinasiens« (12. Oktober 1817 an Wolf) erhielt er in Fülle. Im übrigen wurde ihm bedeutet, daß er sich Kenntnisse im Neugriechischen erwerben müsse; unverzüglich ließ man ihm entsprechenden Unterricht zuteil werden. Indem nun aber Müller mit vielen der Wiener Exilgriechen in engere Verbindung kam, vermittelten sich ihm zugleich deren politisch-ideelle Bestrebungen; was sich auf ihn übertrug, war der gegen die türkische Herrschaft gerichtete Emanzipationsimpuls. Und jene lebhafte Sympathie bildete sich aus, die später dann in den Griechenliedern kräftigen Niederschlag finden sollte.

Die Weiterreise freilich, zu der man am 6. November endlich in die Kutsche stieg, führte nicht auf Konstantinopel zu, sondern nach Italien. In der Stadt am Bosporus, dies hatte man in Wien erfahren müssen, war die Pest ausgebrochen; und der ursprüngliche Plan, über Italien zurückzureisen, wurde nun dahin gehend verändert, daß man sich entschied, die Tour in entgegengesetzter Richtung zu unternehmen. Mit in der Kutsche saß übrigens Julius Schnorr von Carolsfeld; in Wien war die Bekanntschaft zustande gekommen; der junge Maler, den es mit aller Macht nach Rom zog, wurde zum Mitfahren eingeladen. Triest, Venedig, Ferrara, Bologna. Und Mitte Dezember, sechs Wochen nach der Wiener Abreise, wurde Florenz erreicht. In Rom schließlich traf man am 4. Januar ein, allerdings zu zweit nur: Schnorr von Carolsfeld hatte in Florenz, wo er länger zu bleiben wünschte, sich verabschiedet. Als aber Schnorr dann seinerseits in Rom ankam, dauerte es nicht mehr lange bis zu einem anderen Abschied. Er vollzog sich zwischen dem Baron, der nach vierteljährigem Rom-Aufenthalt weiterreiste, und einem Wilhelm Müller, der in der Stadt am Tiber verblieb. Man weiß nichts Näheres über diese Trennung. Von Schnorr stammt die Briefaussage (5. Januar 1818 an den Vater), daß der Baron »ein alter unerträglicher Sack« sei. Wohl möglich, daß sich Müller mit dem gleichaltrigen Schnorr in solcher Charakterisierung einig war; es ließe sich also denken, ein nicht mehr zu beherrschender Überdruß habe sich Geltung verschafft. Nicht ganz von der Hand zu weisen ist aber auch die konkretere Vermutung, daß ein Verhältnis auseinanderbrach, mit dem sich Homoerotisches verbunden hatte. Ein verfremdender Reflex von Müllers Beziehung zu Sack findet sich in der 1826/27 entstandenen Novelle »Debora«. Auch hier begleitet ein junger, in akademischer Ausbildung stehender Mann einen reichen alten nach Italien; und was das Verhältnis zwischen beiden angeht, so ist ausgiebig von »kleinen Händeln und Zwistigkeiten« die Rede. Freilich ist in diesem fiktionalen Text die Rede zugleich davon, daß das »Äußerste eines feindlichen Bruches« stets vermieden worden sei – und weiter heißt es: »Ihre beiden Köpfe rieben und stießen sich so lange aneinander, bis einer von ihnen die Herzen zur Entscheidung rief, welche dann alsbald statt der Stirnen ihre Lippen zusammenführten.« Dem Eros wird hier ein überbrückendes Vermögen zugeschrieben. Münzte Müller damit eine erinnerte Beziehungsgeschichte um, bei der sich die Kraft eines solchen Vermögens gerade nicht erwiesen hatte?

Falls es jedoch so war, daß sich Müller und der Baron im Zeichen eines Zerwürfnisses voneinander trennten, in das durchaus Erotisches hineinwirkte, dann würde sich auch Weiteres erklären. Nichts von dem, was die Selbstzeugnisse enthalten, deutet darauf hin, daß Müller wegen seiner Pflichtvergessenheit ein unangenehmes Nachspiel befürchtete. Und tatsächlich scheint es auch, nach Mül-

lers Rückkehr, nichts dergleichen gegeben zu haben. Hat er sich seinen akademischen Protektoren gegenüber mit dem Argument gerechtfertigt, er sei von dem Alten unzumutbar belästigt worden? Es wäre ein schlagendes Argument gewesen. In der Novelle »Debora« aber ruft Arthur nach dem Tod des Marquis den Satz aus: »O Gott, warum bist du gestorben, und ich habe dich nicht geliebt!« Gleichwohl spielte natürlich für den, der mit dem Baron nicht weiterreisen mochte, die Faszination des Ortes eine Rolle. Und in die wiederum wirkte hinein, daß er sehr bald schon Kontakt zur deutschen Künstlerkolonie gefunden hatte und in solcher Gesellschaft sich angeregt und gelöst fühlte. Das einschlägige Kommunikationszentrum war das »Caffè Greco« beziehungsweise »Caffè Tedesco«; man verkehrte miteinander auf die zwanglosefte Weise; älteren deutschen Wahlrömern, dem Idyllendichter Friedrich Müller (»Maler Müller«) etwa oder den Landschaftern Johann Christian Reinhart und Joseph Anton Koch, ließ sich hier ebenso begegnen wie jenen vielen Jüngeren, zu denen Peter von Cornelius und Ludwig Vogel, Johann Friedrich Overbeck und Friedrich Wilhelm von Schadow, Philipp Veit und Karl Philipp Fohr zählten. Von letzterem stammt ein Porträt Wilhelm Müllers; der Zweiundzwanzigjährige zeichnete es, bevor er wenige Tage später beim Baden im Tiber ertrank. Auch Schnorr von Carolsfeld hat Müller porträtiert – und wie andere, genau weiß man es von Karl von Rumohr, dem Kunsthistoriker, hat er ihm Geld geliehen. Müller war, nachdem er sich von Sack getrennt hatte, aufs Borgen angewiesen. Dabei drückten ihn ohnehin Schulden: Für zu schreibende Reiseimpressionen hatte er sich von Friedrich Wilhelm Gubitz mehrere Vorschußzahlungen erbeten. Die erste hatte er noch in Berlin in Empfang genommen; zwei weitere waren ihm nach Wien geleistet worden. Und gerade weil sich Müller der Eindrucksfülle, der er sich konfrontiert sah, ganz und gar hingab, fiel es ihm vorerst sehr schwer, diese durch schriftstellerische Arbeit zu begleichenden Schulden auch nur halbwegs abzutragen.

Erhalten geblieben ist ein an Gubitz gerichteter Vertröstungsbrief vom 31. Mai 1818. Zuvor war Müller für sechs Wochen in Neapel gewesen; ein neuerlicher Rom-Aufenthalt schloß sich an, während bis Anfang Juli. Erst danach aber, so läßt sich rekonstruieren, vermochte sich Müller auf eine Weise zu konzentrieren, daß nicht mehr nur materialsammelnde Notizen zustande kamen. Von der Art solcher Notizen war das, was er als »Pfänder« dem Brief an Gubitz denn doch beigefügt hatte – und dem war es immerhin brauchbar erschienen: Unter der »Gesellschafter«-Rubrik »Zeitung der Ereignisse und Ansichten« veröffentlichte er dieses vorab Gelieferte am 27. Juni sowie am 4. Juli 1818. Wenn er in den »Gesellschafter« des nachfolgenden Jahrgangs indes durchgearbeitete Müllersche »Briefe aus Albano« einrücken konnte, so gehen die betreffenden Texte auf eben die Phase des Italien-Aufenthalts zurück, die auf den Juli und die erste Augusthälfte von 1818 zu datieren ist und deren Ort das ca. 25 Kilometer südöstlich von Rom gelegene Städtchen im Albaneser Gebirge war. Hier auch verbrachten die heißen Sommerwochen der schwedische Schriftsteller Per Daniel Amadeus Atterbom sowie der dänische Peder Hjort. Man wohnte Stube an Stube. Dem schwedischen Romantiker hat Müller dann den zweiten Teil von »Rom, Römer und Römerinnen« gewidmet. Von Albano aus wurden Ausflüge unternommen, nach Ariccia etwa, wo man Friedrich Rückert aufsuchte. Müller soll ihm, der sich als Nichtschwimmer zu weit in den See gewagt hatte, das Leben gerettet haben.

Die »Briefe aus Albano« aber, teils am Ort, teils dann noch jenseits von ihm geschrieben, bildeten schließlich den Grundstock für jenes Buch, das als Müllers Italienbuch einen beträchtlichen Bekanntheitsgrad erlangen sollte. Dabei wußte sich Müller, indem er über Italien handelte, auf eine literarische Tradition bezogen, in die er sich ebenso zu stellen bestrebt war, wie er sie gleichermaßen zu innovieren trachtete. Und letzteres führte vor allem dazu, daß er weder ein antiquarisches noch ein rein ästhetisches Interesse zur Geltung brachte. Am ehesten knüpfte er an Seume an. Auch von dem jedoch hob er sich insofern ab, als er bei der Beschreibung italienischer Lebensverhältnisse weniger aufs Soziale rekurrierte: Was Müller beabsichtigte, war eine Art Sittengemälde; den Blick richtete er auf nationale Eigentümlichkeiten kulturellen Lebens. Und er widmete sich den wahrgenommenen Bräuchen, den Volksbüchern und Volksliedern, dem Volkstheater, den Spielen, Tänzen und Festen, der Glaubenswelt und der des Aberglaubens, der Sprache, den Sprichwörtern, den häuslichen und den öffentlichen Gepflogenheiten, nicht zuletzt denen einer erfahrenen Gastfreundschaft. Unverkennbar bei alledem ein antizivilisatorischer Affekt; die in der Berliner Zeit verinnerlichte nationalromantische Volkstumsideologie verschaffte sich Geltung. Unverkennbar aber auch die Distanz gegenüber dem in der deutschen Künstlerkolonie zu Rom dominierenden Nazarenertum. Und unverkennbar desgleichen der Reflex einer politischen Gesinnung, von der aus der kirchenstaatliche Despotismus und Dogmatismus scharfer Kritik unterzogen wurde. Politischer Liberalismus und nationalromantisch gegründete Moderne-Aversion begegnen sich, wissen sich nicht zu vertragen, lassen das Müllersche Italienbuch als mit sich uneins erscheinen. Jahre später war es dann Heinrich Heine, in dessen »Reisebilder« dieses Divergenz-Problem kaum minder hineinwirkte. Im Gegensatz zu Müller freilich machte er es seinem prosaistischen Ich bewußt; und was sich nicht in Übereinstimmung bringen ließ, konnte damit zumindest eine Polarität konstituieren, für deren Überspannung die Ironie zu sorgen vermochte.

Indessen stellte für den Ironiker Heine die Müllersche Reiseprosa nicht nur eine solche Vorleistung dar, die ihn in puncto intellektueller Souveränität entschieden herausforderte. Gleichermaßen empfahl sie sich ihm zu Nachahmendem. Und wenn in den »Briefen aus Berlin« das mitteilende Ich den gedachten Leser geradezu neben sich hergehen läßt, wenn es ihn zum Mitflanierenden macht, den es in der Stadt herumführt und sie ihm im eigentlichen Wortsinn zeigt, dann verweist eben diese suggerierende Verfahrensart durchaus auf das Reisebuch von Wilhelm Müller, wo ihr in ihrer versinnlichenden Leistungsfähigkeit bereits ausgiebig zu begegnen war. »Sieh dort das bunte Schild über der Pizzikarolbude!« Zumal in solchen Passagen gelang Müller auch eine prosaistische Lebendigkeit, in der die Faszination, die ihn ergriffen hatte, adäquat zum Ausdruck kam. Und es war aber diese Faszination, die zugleich dahin gehend wirkte, daß die neuprotestantisch-deutsche Borniertheit, in deren Bann er geraten war, sukzessive von ihm abfiel. Als er schließlich seine »Briefe« zu schreiben vermochte, lag jegliches einschlägige Ressentiment bereits hinter ihm; die in Rom wahrgenommene Fremdenfreundlichkeit dürfte, ihn »aus dem Sumpfe der Nationalselbstsucht« (Heine) zu befreien, ein übriges getan haben; und es hatte dann auch gewiß etwas Demonstratives, wenn er den letzten der »Briefe« just von dieser römischen »Fremdenliebe« ausführlich handeln ließ. Da stand eine deutsche Leserschaft vor Augen, von der Müller nur allzu gut wußte, welch »alberner« germanomanischer Dünkel in ihr grassierte; nicht nur jener »Zwanzigste Brief«, er jedoch besonders gibt als einen der Müllerschen Beweggründe den der Kritik an verbreiteter deutscher Kulturideologie zu erkennen; geschrieben aber wurde er, als die Italienreise bereits zurücklag: auf deutschem Boden.

Hinausgeschoben hat Müller die Rückkehr, solang sie hinausgeschoben werden konnte. Noch einmal, nachdem der sechswöchige Albano-Aufenthalt beendet war, ließ er sich in Rom nieder; gemeinsam mit Ludwig Sigismund Ruhl reiste er sodann, Ende August, nach Florenz; für einige Wochen wurden hier nun die Zelte aufgeschlagen. Auch in Verona machte er, wenngleich kürzer, Station. Und so war, als er, noch immer in Begleitung Ruhls, in München schließlich eintraf, bereits der November gekommen. Am 15. November schrieb er aus der bayrischen Hauptstadt an Rumohr: Ein nach Deutschland Zurückgelangter, den buchstäblich alles anfremdete, teilte sich mit. Und die empfundene Tristesse verdichtete sich insofern für ihn, als er vor der Notwendigkeit stand, sich um eine Anstellung zu bemühen. Dabei durfte er seine Erwartungen nicht sehr hoch schrauben. Zwar konnte er ein respektables akademisches Abgangszeugnis vorweisen, auch ließen sich von seinen Berliner Lehrern freundliche Gutachten erlangen, die angestrebte Dissertation jedoch war unverfaßt geblieben. Und als er im

Dezember 1818 in Dessau ankam und hier von zu besetzenden Lehrerstellen erfuhr, formulierte er nolens volens ein Bewerbungsschreiben. Die Vakanzen standen im Zusammenhang mit einer schulischen Neustrukturierung; aus der bisherigen Dessauer Hauptschule sollten eine Bürgerschule und eine Gelehrtenschule hervorgehen. Müllers Bewerbung galt der letzteren.

Die Entscheidung fiel rasch: Das Herzogliche Konsistorium entsprach dem Müllerschen Gesuch insofern, als es dem Kandidaten eine Hilfslehrerstelle offerierte; das Jahresgehalt bezifferte man auf 300 Taler; im übrigen aber sollte sich Müller vorab noch einer Prüfung unterziehen. Was damit freilich dem Bewerber unterbreitet wurde, mußte der nun als deprimierend und beschämend in hohem Grade empfinden. Unverzüglich reiste er im Januar 1819 nach Berlin, um Ausschau nach einer Alternative zu halten. Gefunden hat sie sich nicht. Und zwangsläufig mußte sich Müller am Ende einverstanden erklären – einzig, daß er sich in Hinblick auf das Prüfungsansinnen zur Wehr setzte. So aber war es ein deutschenges Hilfslehrerdasein, dem sich der aus seiner südlichitalienischen Freiheit Zurückgekehrte zu fügen hatte. Müller trug schwer an diesem Wechsel.

Halbwegs tröstlich indessen war, daß es sich mit der schulischen Umstrukturierung verzögerte: Müller konnte vorerst mit nur acht Wochenstunden eingesetzt werden (zwei Stunden Geschichte, sechs Stunden Griechisch für Anfänger). Im übrigen wurde seiner Bitte entsprochen, daß man ihn für bibliothekarische Arbeiten heranziehen möge; als Teil seiner Verpflichtungen galten jene nebenamtlichen, die sich auf Mithilfe bei der Einrichtung einer öffentlichen Bibliothek erstreckten. Dabei war eine Bibliothek (von ca. 18 000 Bänden) zusammenzustellen, für die Bestände unterschiedlicher Herkunft vereinigt werden mußten: Bestände aus herzoglichem Privatbesitz, aus der Sammlung des Architekten Friedrich Wilhelm von Erdmannsdorff, aus der Bibliothek des Philanthropinums und der Hauptschule; hinzu kam eine umfangreichere Bücherspende, die der Kaiserlich Russische Bibliothekar Schardin, ein gebürtiger Anhaltiner, gestiftet hatte. Müller widmete sich diesen Bibliotheksangelegenheiten mit beträchtlichem Engagement: Der Gehilfe nahm sich aller zu leistenden Arbeiten an, als ob er sein eigener Herr wäre. Dem bisherigen Schuldirektor, dem die Leitung der Bibliothek übertragen worden war, gefiel dies gar; es erwies sich dem inzwischen zum Schulrat Bestimmten als bequem. Müller aber agierte bei alledem nicht nur als passionierter Bücherfreund, sondern auch nach Maßgabe des Kalküls, sich eine De-facto-Position zu schaffen, die den Gehilfen-Status früher oder später ad absurdum führen müßte.

Freilich lud Müller sich damit ein enormes Arbeitspensum auf. Von der Regalbeschaffung über den Antransport der Bücher bis hin zur Einordnung und Katalogisierung besorgte er alles und jedes: Ab Spätsommer 1819

gewannen die Bibliotheksgeschäfte eine Dimension, mit der er denn doch nicht gerechnet hatte. Im Frühjahr noch war ihm relativ viel Zeit verblieben. In ihr hatte er für Gubitz weitere »Briefe aus Albano« verfaßt; und zugleich hatte er sich, die »Briefe« verwendend, dem Buchprojekt von »Rom, Römer und Römerinnen« gewidmet. Eben hernach aber gab es kaum noch einen zeitlichen Spielraum für ihn. Und nicht nur durch die Bibliothek sah er sich eingespannt, sondern nun auch durch die Schule. Mit einem Mal hatte sich sein Unterrichtssoll auf 20 Wochenstunden erhöht. Dabei wirkte sich für ihn aus, daß der neue Direktor, Christian Friedrich Stadelmann, sein Amt angetreten hatte. Von Anfang an scheint dieser auf ein strikt disziplinierendes Regime bedacht gewesen zu sein; zumal den sichtlich ambitionierten jungen Kollegen Wilhelm Müller strebte er fest an die Kandare zu legen. So aber begann im Spätsommer 1819 zugleich die Geschichte eines personalen Verhältnisses, die im Zeichen eines Dauerkonflikts stehen sollte. Und daß Müller sehr bald schon Oberbibliothekar wurde, die Personalunion von Schuldirektor und Bibliotheksleiter mithin außer Kraft trat, führte eher zum Gegenteil einer Entschärfung: Für Stadelmann blieb der Oberbibliothekar Müller in erster Linie ein seiner Administration unterstellter Hilfslehrer. Müller wiederum setzte hinfort alles daran, für sich einen Sonderstatus an der Schule zu erkämpfen. Gelungen ist ihm dies im Jahre 1823. Da wurde ihm von seiten des Konsistoriums schließlich zugebilligt, daß die Disziplinargewalt des Direktors für ihn nicht mehr gelte; den Umfang seiner Lehrverpflichtungen regelte eine spezielle Vereinbarung; den ihm verhaßten »Collaborator« konnte er endlich von sich abstreifen.

Vorerst allerdings, im Herbst 1819, war an eine derartige Lösung noch nicht zu denken. Und was sich als Aufgabenberg vor ihm auftürmte, drohte zumal alle Aussicht auf literarisches Arbeiten zu verschütten. Noch bevor sich die Situation so schwierig gestaltete, hatte Müller die Begründung einer Zeitschrift vorbereitet. Mit dieser »Askania« verband er den Plan, literarisch durchaus Niveauvolles zu präsentieren; Einladungen zur Mitarbeit verschickte er an eine große Anzahl von Autoren. Eben hernach indes, als die ersten Beiträge eintrafen und die Zeitschrift tatsächlich (zu Beginn des Jahres 1820) ins Leben trat, vermochte er sich kaum noch auf sie zu konzentrieren; sogar das Vorwort ließ er sich – durch Wilhelm von Schütz – zuliefern. Von ernsthafter redaktioneller Arbeit konnte keine Rede sein. So aber mußte Müller fast froh sein, daß es sich dann rasch schon erledigte mit der Zeitschrift. Christian Georg Ackermann, sein Dessauer Verleger, ließ ihn wissen, daß noch nicht einmal 150 Exemplare pro Heft abzusetzen seien. Auf lediglich sechs Hefte hat es die »Askania« gebracht.

Wenn Müller jedoch die »Askania«, kaum daß er sie ins Leben gerufen hatte, eher stiefväterlich betreute, so hing

Hochwohlgeborene, Wohlgeborene, Hochwürdige
Zum Herzogl. Consistorium hochverordnete Herren Präsident und Räthe,
Hochgelehrte, Insonders Hochzuehrende Herren,

Da ich vernommen habe, daß, bei der beschlossenen Erweiterung der hiesigen gelehrten Schule und deren Trennung von der bürgerlichen, einige Lehrerstellen an der ersteren zu besetzen sein würden, so fühle ich mich verpflichtet, diese Gelegenheit zu ergreifen, Ew. Hochwohlgeb. Wohlgeb. und Hochwürden meine durch lange Abwesenheit vielleicht zweifelhaft gewordene Bereitwilligkeit an den Tag zu legen, der Vaterstadt, an die mich die Schuld meiner Erziehung und Bildung, wenn auch keine andere Verbindlichkeit, fesselt, nach bestem Willen und Vermögen meine Dienste zu widmen. Es wird genügen, den Lauf meiner Studien seit meinem Abgange von der hiesigen Schule bis zu meiner Rückkehr aus Italien anzugeben und meine Aussagen mit den erforderlichen Zeugnissen zu bekräftigen, um Ew. Hochwohlgeb. Wohlgeb. und Hochwürden in den Stand zu setzen, das Feld der Thätigkeit zu bestimmen, auf dem ich meine Kräfte zu eigenem und Anderer Frommen üben zu können geschickt scheinen dürfte.

Ich bin seit Michaelis 1812 bei der philosophischen Facultät der Universität zu Berlin eingeschrieben und habe daselbst bis zum Schlusse des Sommersemesters 1817 mit Abrechnung einer einundeinhalbjährigen Unterbrechung durch Kriegsdienst in der preußischen Armee, ausschließlich philologische Collegia besucht, welche mein beiliegendes Abgangszeugniß einzeln anzeigt. Dieselbe Zeit hindurch habe ich, als Mitglied des philologischen Seminars, Antheil an dessen Übungen, unter

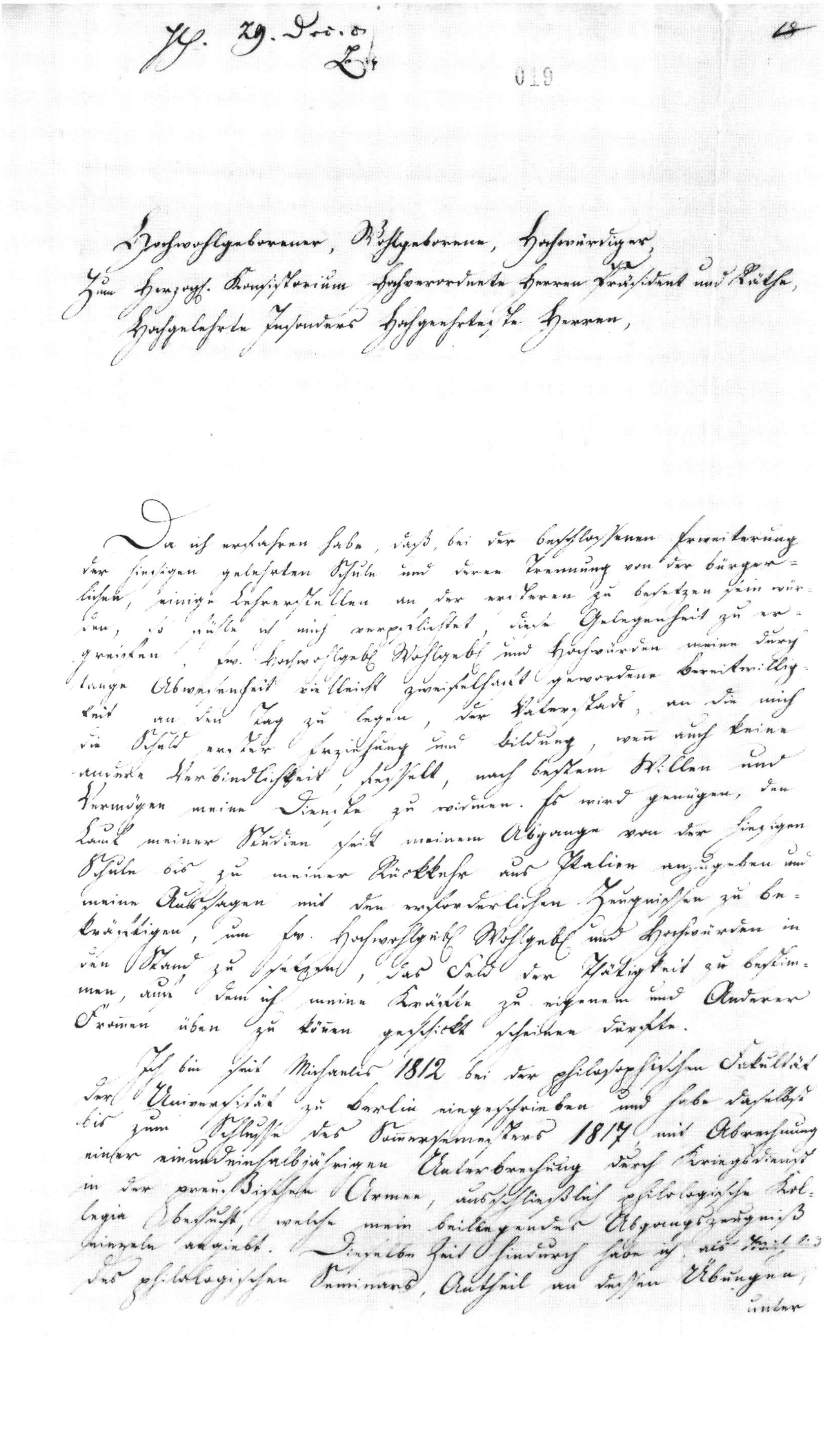

Wilhelm Müllers Bewerbung als Hilfslehrer in Dessau, 28. 12. 1818 (Kat.Nr. 12)

dies nicht nur mit seiner außerliterarischen Arbeitsbelastung zusammen. Gewiß hatte diese Belastung etwas Erdrückendes – gleichwohl zwang sich der Autor, der in ihm steckte, noch immer einige Freiräume ab. Und letzten Endes war der es, dem gegenüber der Zeitschriftenherausgeber das Nachsehen hatte. Auf die Müllersche Autorschaft aber war kein Geringerer als Friedrich Arnold Brockhaus aufmerksam geworden. Noch gegen Ende des Jahres 1819 hatte er an dieser Autorschaft sein Interesse bekundet – Müller fühlte sich geschmeichelt und angespornt genug. Dabei sah er sich fürs erste als literarischer Italienspezialist gefragt; für die Brockhaus-Zeitschrift »Hermes« sollte er eine Sammelrezension der wichtigsten – und nicht nur deutschen – Italienbücher verfassen. Und wie ernst er den Besprechungsauftrag nahm, geht schon daraus hervor, daß er allein aus dem Bereich der einschlägigen deutschen Literatur 64 Titel berücksichtigte; den Bogen spannte er von Keyßler (1740) bis hin zu Friedländer, von der Hagen, Speth. Eine Art kritischer Sichtung all dessen kam zustande, was dem eigenen Italienbuch voranging; entsprechend finden sich auch die (unborniert) wertenden Akzente gesetzt. Müller hat lange (wenngleich mit Unterbrechungen) gearbeitet an dieser Rezension. Im »Hermes« erschien sie 1820/21 in vier Teilen. Insgesamt erstreckt sie sich auf fast 100 Druckseiten.

»Ich bin dieser Tage in Leipzig gewesen und von Brockhaus, dem Fürsten der deutschen Buchhändler, über die Maßen zuvorkommend aufgenommen worden.« So schrieb Müller am 18. April 1820 an Atterbom. Noch hatte er nichts geliefert, nichts von der Sammelrezension, auch nichts von jenen Einzelbesprechungen, die inzwischen zusätzlich vereinbart worden waren. Gleichwohl muß Brockhaus in diesem ersten Gespräch – und endgültig – in der Überzeugung bestärkt worden sein, daß ihm mit Müller ein Partner gegenübersaß, wie er ihn sich geeigneter kaum wünschen konnte. Und zweifellos spielte hierbei auch ein Gleichklang politischer Gesinnung eine Rolle. Unter den deutschen Verlegern zählte Brockhaus zu denen, die sich der restriktiven Beherrschung des geistigen Lebens, wie sie zumal durch die Karlsbader Beschlüsse befestigt worden war, am mutigsten widersetzten – Müller wiederum, der im Italienbuch über die kirchenstaatliche Ideologiepolitik scharf geurteilt hatte, stand solch mutigem Bestreben voller Sympathie gegenüber; in seinem Brief an Atterbom vom 12. Dezember 1819 war bitter von »Preßzwang« und von »politischer Inquisition in der deutschen Bundesfestung« die Rede gewesen; wenn aber Brockhaus es für geraten hielt, sein auf Liberalismus hinwirkendes verlegerisches Konzept mit taktischer Klugheit zu verfolgen, so konnte er auch hierin bei Müller auf Zustimmung stoßen. Im übrigen dürfte man sich kaum minder in der Ablehnung jener Opposition getroffen haben, die sich auf beschränkte Weise deutsch patriotisch gerierte. Darüber hinaus jedoch

und vor allem mochte Brockhaus die geistige Beweglichkeit seines Besuchers imponiert haben. Der vor ihm saß, erwies sich nicht nur als gebildeter Philologe, sondern auch als ein weithin bewanderter und vielseitig interessierter Homme de lettres, der wissenschaftliche Solidität und kritische Verve zu vereinen wissen würde. Derart freilich kam zwischen dem profilierten Leipziger Verleger und dem aufstrebenden Dessauer Autor eine Zusammenarbeit zustande, die den letzteren ebenso anregte und beförderte, wie sie ihn gleichermaßen ergriff und ihn zum literaturkritischen Vielschreiber werden ließ. Neben dem »Hermes« gehörten zu den Brockhausschen Unternehmungen das »Literarische Wochenblatt«, ab November 1820 unter dem Titel »Literarisches Conversations-Blatt«, sowie das Taschenbuch »Urania«; nicht zuletzt zählte das Konversationslexikon dazu. Und Müller lieferte, verfaßte Beitrag auf Beitrag; 20 Artikel von ihm finden sich zwischen Juli und Dezember 1820 allein schon im »Literarischen Wochen-« beziehungsweise »Conversations-Blatt« publiziert. Dabei handelte er hier über englische, altfranzösische, schwedische Literatur, über Malsburgs Calderón-Übersetzungen, über Gustav Schwabs Fleming-Ausgabe und über eine Sammlung altrussischer Heldenlieder, über »Wissenschaftliche Institute«, über »Bibliomanie«. Nicht daß Müller über alles und jedes geschrieben hätte. Aber er schrieb über sehr vieles und Verschiedenartiges. Und publizistischer Ehrgeiz paarte sich mit dem Bestreben, seine schmalen Dessauer Einkünfte um etliches aufzubessern.

Inzwischen war bei Duncker und Humblot »Rom, Römer und Römerinnen« erschienen. Am 4. Juni 1820 übersandte Müller ein Exemplar an Friedrich August Wolf. Wie der reagierte, ist nicht mehr zu ermitteln. Mit der allgemeinen Resonanz der beiden Bändchen konnte Müller jedoch zufrieden sein. Und diese günstige Aufnahme dürfte ihn auch im Hinblick auf das Projekt seines ersten Gedichtbandes beflügelt haben. Neben all dem anderen, das er betrieb und zu betreiben hatte, wußte er sich dem betreffenden Manuskript noch immer zu widmen; offenbar in der schulischen Sommerpause ist an die »Sieben und siebzig Gedichte aus den hinterlassenen Papieren eines reisenden Waldhornisten« letzte Hand angelegt worden. Und bereits im November 1820 (Impressumsangabe: 1821) wurde der Band von Ackermann ausgeliefert: eine Kollektion all dessen, was Müller an Gedichten der vergangenen vier Jahre nun gelten lassen mochte – wobei die Probe aufs Exempel in Dresden stattgefunden hatte. Hier hatte Müller von den Sommerwochen 1820 etliche verbracht; namentlich durch Kalckreuth, dem er in Italien wiederbegegnet war, hatte er Kontakte zur Dresdener Literaturszene bekommen; und nach einem ersten, im Zuge der Rückreise aus Italien eingeschobenen Aufenthalt war dieser zweite erfolgt: für Müller eine erwünschte Gelegenheit zum Vortrag seiner Gedichte. Freundliche

Urteile und Ermunterungen auf vielfältige Weise, nicht zuletzt durch Ludwig Tieck. Tieck aber soll zugleich Kritik geübt haben: am traurigen Ausgang des »Müllerin«-Zyklus; und Karl Förster wiederum, der die Tiecksche Reaktion überlieferte, monierte »Prolog« und »Epilog«. Es spricht für Müllers Balancebewußtsein, daß er weder dem einen noch dem anderen Einwand Rechnung trug.

Sehr zufrieden indes soll sich Tieck besonders über die Gruppe der »Reiselieder« geäußert haben. Dabei hätten gerade sie, wenn er ihnen gründlicher nachgegangen wäre, ihn verstimmen müssen: Von Tieck ist bekannt, daß er von der Freimaurerei nichts hielt – in die Müllerschen Lieder jedoch spielt Maurerisches zumindest kryptisch hinein. Und ein Gedicht wie »Brüderschaft« erschöpft sich in jener Lesart, wie sie vorab skizziert wurde, keineswegs. Betreffende Kontakte dürften sich für Müller bereits im Jahre 1817 ergeben haben. Friedrich August Wolf, der seinen nach Wien reisenden Studenten mit Adressen und Empfehlungsbriefen ausgestattet hatte, war Logenbruder; und die griechischen Exilanten, zu denen sich Müller gewiesen sah, waren Mitglieder jener Vereinigung namens »Hetaireia«, die auf eine Gründung (1814) des Freimaurers Emanuel Xanthos zurückging und für deren Tätigkeit die Maßgaben maurerischer Riten eine beträchtliche Rolle spielten. Wie weit die Einblicke reichten, die man Müller damals gewährte, ist nicht zu eruieren. Daß er jedoch im Stande der Ahnungslosigkeit geblieben wäre, läßt sich kaum vermuten; und jedenfalls machte sich fortan ein Interesse geltend, welches schließlich dazu führte, daß er am 11. April 1820 bei der Leipziger Loge »Minerva zu den drei Palmen« ein Aufnahmegesuch einbrachte. Am 2. Mai 1820 wurde es zustimmend beraten. Und neun Wochen später, am 6. Juli, führte der Großmeister, Siegfried August Mahlmann, Müller in die Loge ein. Nur vermuten läßt sich allerdings, daß er auch im März 1821 in Leipzig zugegen war, als Doktor Ipitis auftrat: Prinz Alexander Ypsilanti, der Kopf der griechischen Befreiungsbewegung und seinerseits Maurer, hatte ihn, seinen Leibarzt, auf Reisen geschickt, damit für den antitürkischen Kampf Unterstützung und Solidarität gewonnen werde. Doch wie auch immer: Das literarische Engagement, mit dem von nun an Müller dem griechischen Kampf sich widmete, hatte nicht zuletzt auch eine freimaurerisch gegründete Bewandtnis. Müller schrieb, nachdem ihn die Kunde vom Aufstand erreicht hatte, im Bewußtsein einer Brüderlichkeit, deren Gedanke seit seinem Wien-Aufenthalt unlöslich in ihm verankert war und die sich ihm mit seinem Maurertum fest verband.

Vor allem jedoch wurden ihm die »Lieder der Griechen« zu einem Medium, das ihm die Möglichkeit politischer Lyrik eröffnete. Als dichterische Anwälte eines streitbaren Liberalismus sah er im außerdeutschen Raum namentlich Byron und Béranger am Werk. Auf vergleich-

bare Weise zu schreiben war ein geheimer Müllerscher Wunsch. So aber suchte er den deutschen Zensurverhältnissen zumindest jene Chance abzutrotzen, die sich mit der Behandlung des aktuellen Griechenthemas bot: Die in Versen sich manifestierende Parteinahme für die griechischen Aufständischen sollte und konnte zugleich als Ausdruck freiheitlichen Bestrebens schlechthin gelesen werden. Und wenn sich der kämpferisch gestimmte Zorn, der den Gedichten eingeschrieben wurde, vordergründig auf die Machtpraxis der türkischen Herrschaft bezog, so gab er sich doch gleichermaßen als ein Zorn über die politischen Verhältnisse in weiteren Teilen Europas und zumal in Deutschland zu erkennen. Als der griechische Befreiungskampf im März 1821 losbrach, bekannten sich etliche europäische Regierungen unverhohlen zum türkischen Machtanspruch. »Hoff auf keines Herren Hülfe gegen eines Herren Fron, / Auch des Türkenkaisers Polster nennt Europa einen Thron.« (»Griechenlands Hoffnung«) Nicht nur mittelbar sprach Müller hier ein politisches Urteil aus, bei dem er sich schließlich selbst wunderte, daß der Zensor es passieren ließ. Es handelte sich um den Dessauer Zensor. »In Leipzig wäre das wohl nicht durchgegangen.« So schrieb Müller am 18. Oktober 1821 an Brockhaus.

Und nicht also bei Brockhaus, sondern bei Ackermann erschienen die ersten zehn »Lieder der Griechen«. Sie haben rasch Aufsehen erregt; Müller sah sich sogleich angespornt, weitere einschlägige Texte hervorzubringen; am 2. Dezember 1821 übersandte er deren drei an Friedrich Wilhelm Gubitz. Und noch bevor das Jahr 1821 zu Ende ging, machte sich von dem bei Ackermann publizierten Heftchen eine zweite Auflage erforderlich. Müller avancierte nachgerade zum dichterischen Protagonisten des Philhellenismus in Deutschland. Dabei dürfte auch die Tatsache, daß manches der hinfort geschriebenen Gedichte (insgesamt sechs Heftchen legte er bis 1826 vor) ins Routinehafte abglitt, der denkwürdigen Bedeutung seines literarischen Engagements keinen Eintrag tun. Und eher mag der gelegentliche Rückgriff auf eine Bildsprache befremden, die von der politischen Lyrik um 1813 herkam: Was seinerzeit an schlimmen Rachephantasien in bezug auf Franzosen artikuliert worden war, fand nun auch Eingang in die Müllerschen Griechenlieder – und nur daß an die Stelle der Franzosen die Türken traten. »... und ich schleudre Türkenköpfe in die Flut, / Bis gesättigt ist die Rache, bis die wilde Woge ruht.« (»Der Phanariot«) Und vom »heil'gen Schwert«, von »Heldenblut« ist ebenso die Rede wie vom »feigen Knecht«, der, wenn er »ohne Blut und Wunde besiegt nach Hause kehrt«, mit Steinen empfangen werden sollte (»Die Mainottin«). Müller vertraute einer Sprache, mit der er zugleich an die deutschen Kämpfe der Befreiungskriege erinnerte. Die große Resonanz, die er gewann, hing auch mit dieser Traditionsaufnahme zusammen. Und da es ihm um solche Resonanz zu tun war, dürfte er die beziehungsvoll erinnernde Sprache sehr bewußt gewählt haben. Freilich ließ er damit geschehen, daß in die Gedichte zumindest partiell eine Ideologie eindrang, von der er sich selbst weitgehend gelöst hatte. Als aufschlußreich genug, was dieses letztere betrifft, erweist sich eine Briefstelle vom 2. Mai 1822; der Adressat war Atterbom: »Was sagen Sie jetzt zu den Franzosen? Wahrlich, ich möchte mich manchmal schämen und ärgern, daß ich auch einen Schwertstreich mit gegen dieses Volk getan habe! – Ihr Parlament ist fürwahr jetzt der Vertreter der ganzen bedrückten und gehudelten Menschheit. Welche herrliche Reden (wert eines Demosthenischen Zeitalters) sind von der l i n k e n S e i t e der Deputierten-Kammer bei Gelegenheit der Zensurgesetze in die Welt hineingeschollen!«

Und kein Geringerer als Friedrich Arnold Brockhaus stand den Griechenliedern eher skeptisch gegenüber; im Juli 1823 kam ihm gar, in einem Brief an Müller, das Wort »Makulatur« in die Feder. Überhaupt wußte er die literaturkritischen Arbeiten seines Dessauer Autors weit höher zu schätzen als dessen dichterische. Und Müller wiederum war nur allzu willig, auf die Disposition seines Leipziger Verlegers sich einzulassen. Dabei unterbreitete er selbst – und unermüdlich – viele Vorschläge; noch solche wie der, eine Art Sammelrezension über die deutsche Almanachsliteratur des Jahres 1821 zu schreiben, kamen von ihm. Folgenreich aber war das Unterfangen insofern, als Müller dann Jahr für Jahr dieses wohl tristeste aller Rezensiergeschäfte fortführte; die Unmasse der Almanache beziehungsweise Taschenbücher – Müller besichtigte und beurteilte sie; und nicht mehr nur flüchtige »Streifereien«, wie noch beim erstenmal, legte er schließlich vor, sondern ausgreifende, vom Streben nach Vollständigkeit geleitete Überblicksbesprechungen. Doch auch die Rezensionen über Platens »Lyrische Blätter« und Rückerts »Östliche Rosen« gingen auf eigenes Anerbieten zurück. Und gerade die Rückert-Kritik stellte er sogleich in den Kontext einer zeitgeschichtlichen Reflexion, die die Wendung ins Orientalische akzentuiert als Ausdruck einer begreiflichen Ab-Wendung von den deprimierenden Verhältnissen in Deutschland erklärte. Nicht weniger verband sich ein zeitkritisches Kalkül mit seinem Engagement für Byron. Wenn Müller aber an Brockhaus auch mit dem Projekt einer »Bibliothek deutscher Dichter des 17. Jahrhunderts« herantrat, so bewog ihn, der Opitz, Gryphius, Fleming, Weckherlin, die Königsberger für sich entdeckt hatte, vor allem eine ästhetische Vorliebe. (Freilich hat er die einzelnen Ausgaben dann eher mit der linken Hand zusammengestellt; besondere Sorglichkeit ließ er nicht walten.) Brockhaus wiederum hatte seinerseits spezifische Wünsche; sie bezogen sich etwa auf informierende Artikel über das geistig-literarische Leben in England, zudem auf Mitarbeit am Konversationslexikon. Vom Leipziger Verleger Enoch Richter indes sowie von den Herausgebern

Johann Ersch und Johann Gruber hatte sich Müller (1821) auch noch dafür gewinnen lassen, an der »Allgemeinen Enzyklopädie der Wissenschaften und Künste« mitzutun. Er übernahm eine Reihe von Stichworten zur englischen und italienischen Literatur und Kunst, selbst einige topographische Artikel.

Was nun aber all diese »gelehrten Arbeiten« (24. August 1821 an Atterbom) an Honoraren abwarfen, war für Müller zumal deswegen ganz unverzichtbar geworden, weil er inzwischen nicht mehr nur für sich selbst sorgen mußte: Am 21. Mai 1821 hatte er geheiratet. Und unter allzu großem Mangel durfte er seinen Hausstand nicht leiden lassen: Adelheid war die Tochter des Dessauischen Regierungs- und Konsistorialrates Ludwig Basedow (und Enkelin des Philanthropen); es galt, einige Ansprüche zu befriedigen. Dies um so mehr, als Adelheids Eltern die eheliche Verbindung ihrer Tochter wohl nicht ohne Skepsis betrachteten; es hatte in ihren Augen manches von einer Mesalliance an sich, worauf Adelheid sich einließ. Ob aber Müller, als er um sie warb, einzig von liebendem Gefühl geleitet wurde? Jedenfalls ist nicht auszuschließen, daß er durch die Heirat auch an gesellschaftlichem Prestige zu gewinnen suchte; bezeichnend, daß er an Atterbom, als er Adelheid ihm brieflich vorstellte, zuvörderst davon schrieb, seine Frau sei »die Tochter eines hiesigen Regierungsrates« (24. August 1821). Im gleichen Brief rühmte er übrigens, daß seine »Ehehälfte sich auch um die Wirtschaft« bekümmere und gar nicht etwa bloß ihren »Lieblingstalenten« lebe – wobei sie deren wiederum »manche angenehme« besitze, »namentlich den Gesang«. In Briefen, die er, wenn er unterwegs war, an sie richtete, nannte er sie »liebe Puppe«, »meine kleine Puppe«, »mein Herzchen«. Sie war sechs Jahre jünger als er; es scheint, daß er ihre Neigung zu »schmollen« gefürchtet hat. Knapp ein Jahr nach der Hochzeit gebar sie eine Tochter, Ende 1823 den Sohn Max. Ein bedeutender Orientalist, Sprach- und Religionsforscher ist aus ihm geworden.

In Hinblick auf Müllers gesellschaftliche Etablierung in Dessau wurde indes auch noch ein Weiteres belangvoll. Während des Jahres 1821 kam es in der Stadt zur Begründung einer Liedertafel; der den entsprechenden Anstoß gab, war der Komponist Friedrich Schneider – man hatte ihn, der bislang in Leipzig wirkte, zum Herzoglich Dessauischen Hofkapellmeister berufen –; und Müller aber avancierte sogleich zum Sekretär. Durchaus handelte es sich um einen exklusiven Kreis, dem Müller sich nun zugehörig wissen konnte; im ersten Jahr ihres Bestehens zählten zur Liedertafel lediglich zwölf Mitglieder; hauptsächlich entstammten sie dem höheren Beamtentum. Und wenn die Bekanntschaft Müllers mit dem Freimaurer Friedrich Schneider in der Leipziger Loge zustande gekommen war, so leitete sich schon daraus her, daß man bei dieser Liedertafel einer Art bruderschaftlichem Komment zuneigte. Gesungen hat man weithin Bekanntes und Beliebtes, Konradin Kreutzersche Uhland-Vertonungen, Chöre aus Weber-Opern. Vor allem jedoch war man um Eigenschöpfungen bemüht; und zumal Wilhelm Müller, der dichterisch Fähige des Kreises, sah sich zum Hervorbringen geeigneter Texte fortwährend gefordert. Sie flossen ihm offenbar leicht aus der Feder: auf Sangbarkeit bedachte Tafellieder, die sich namentlich dem Lobpreis des Weines widmeten. Dabei entzog sich Müller keineswegs jenem nationalromantischen Imperativ, dem zufolge eines deutschen Zechers Wein vom Rhein stammen mußte. Wohl belangvoller jedoch ist, daß Müller das Reich, in dem der Wein regiert, als eines der Freiheit bedichtete; politisch beziehungsvoll hieß er ihn den »neuen Demagogen«; und im so betitelten Gedicht brachte er nicht weniger beziehungsvoll die Mainzer »Bundesfeste« ins Spiel, in welche sich der Wein eines Tages eingesperrt finden könnte. Gewiß blieb die Frechheit der Tafellieder begrenzt. Wer zeitkritisch-politische Pointen sucht, wird in seinen Erwartungen nicht durch jeden der Texte befriedigt. Noch dort indessen, wo solche Pointen fehlen, behauptet das Gedicht ein metaphorisch transportiertes Freidenkertum, das sich den politischen und ideologischen Verhältnissen der Restaurationszeit zu konfrontieren trachtete. Und nicht nur in Dessau reüssierten diese Müllerschen Trinklieder, auch andere Liedertafeln in Deutschland griffen bald schon auf sie zurück und sorgten für Verbreitung.

Wenn sich Müller aber bei der Liedertafel auch deshalb engagierte, weil dies seiner gesellschaftlichen Stellung in der Stadt von Nutzen war, so bedeutete das keineswegs, daß er sich mit Dessau als Lebens- und Wirkungsort abgefunden hätte. Über Jahre hinweg hielt er Ausschau nach einer möglichen Veränderung; und vor allem richtete er seine Blicke auf Dresden. Die Aufenthalte von 1818 und 1820 in der sächsischen Hauptstadt hatten ihn die Sympathie spüren lassen, mit der die Dresdener Literatenwelt ihm begegnete; speziell zum Dresdener Liederkreis, dem neben dem Freund Kalckreuth unter anderen Friedrich Kind und Karl Gottfried Theodor Winkler (Pseudonym: Theodor Hell), Karl August Förster und der Graf von Loeben, Otto von der Malsburg und Karl August Böttiger wie auch nicht zuletzt Carl Maria von Weber zugehörten, bestanden freundschaftliche Beziehungen. Und im übrigen fühlte er sich angezogen durch Ludwig Tieck (der zum Kreis zwar nicht zählte, mit einigen seiner Mitglieder jedoch in engem Kontakt stand). Gegenüber dem, was die sogenannten Dresdener Pseudoromantiker schrieben, verhielt sich Müller gar nicht etwa kritiklos; er sah, daß Mediokrität vorwaltete; und als er im Herbst 1822 »W. G. Beckers Taschenbuch zum geselligen Vergnügen« rezensierte, fand er an dem von Friedrich Kind herausgegebenen Band, in dem etliche Dresdener vertreten waren, mancherlei auszusetzen. So auch zog er im November

1822, nachdem die Rezension im »Literarischen Conversations-Blatt« erschienen war, einigen dresdnischen Unwillen auf sich, wobei Müller wiederum, als er zuerst durch Brockhaus davon erfuhr, in einem Brief an ihn (17. November) die »lieben Dresdener Dichter« kurzerhand mit einem »poetischen Krähwinkel« in Beziehung brachte. Immerhin aber betonte er (im nämlichen Brief) zugleich, daß sie »einzeln genommen größtenteils brave, herrliche Menschen« seien; und noch als »poetisches Krähwinkel« besaß das literarische Dresden für ihn eine Anziehungskraft, durch die er sich nur allzu gern von Dessau hätte ablösen lassen.

Dabei zeigte er sich den Dresdenern gegenüber, die Mißhelligkeit auszuräumen, um so beflissener, als sich just zum Jahreswechsel 1822/23 eine bestimmte Anstellungschance zu bieten schien. Friedrich Adolf Ebert, der 3. Sekretär an der Königlich-Sächsischen Bibliothek, hatte einen Ruf nach Wolfenbüttel angenommen; seine Stelle war neu zu besetzen. Und am 5. Januar 1823 wandte sich Müller brieflich an Karl August Böttiger mit der Bitte, daß der ihm für seine Bewerbung den Boden bereite: »... es käme nun darauf an, daß der Oberkammerherr zu meinen Gunsten vorläufig arrektiert würde ...«. Auch darauf verzichtete Müller nicht, den Freimaurer Böttiger akzentuiert als mittelnden Bruder zu beanspruchen; der zu arrektierende Friesen war ein Oberer jener »Minerva zu den drei Palmen«, in welcher Müller noch immer nur als »Lehrling« rangierte; die Logenzugehörigkeit sollte als Empfehlung zur Geltung gebracht werden: durch einen Dritten. Müller wußte sehr gut, daß er dann, wenn er selbst an den hoch rangierenden und einflußreichen Logenbruder herangetreten wäre, sich eher kompromittiert hätte. Alle Mühen und alles diplomatische Geschick freilich erreichten das, was sie sollten, keineswegs. Die begehrte Stelle erhielt ein anderer. Und Müller blieb einzig, die Trauben, die ihm zu weit oben hingen, nun als sauer zu bezeichnen. Er tat es in einem Brief, geschrieben am 29. Januar 1823 an Friedrich Arnold Brockhaus. Im übrigen aber nahm er jenen Antragskampf auf, durch den er seine Anstellungs- und Arbeitsbedingungen dort zu verbessern strebte, wo er eben auch fürderhin leben mußte: in Dessau. Es hat viele Monate gedauert, bevor Müller den Sonderstatus an der Schule, um den es ihm zu tun war, tatsächlich auch in der erwünschten Weise zugebilligt bekam. Indem dies jedoch schließlich gelang, konnten zumindest die belastenden Querelen mit dem Direktor Stadelmann ein Ende finden; das Hauptärgernis, das sich bislang mit seiner Dessauer Existenz verbunden hatte, war behoben. Der Gedanke eines Wechsels nach Dresden freilich blieb gleichwohl wach – und mit ihm die Hoffnung, es könnte noch immer eine Möglichkeit sich ergeben. Und nach wie vor suchte er sich namentlich an den potentiellen Mittelsmann Karl August Böttiger zu halten. Wie es in Dresden aussehe, fragte er ihn brieflich

am 4. April 1824; und er fügte hinzu: »Hoffentlich haben
Sie meine Pläne nicht vergessen.«

Ob Böttiger sich ernstlich bemühte oder nicht, muß
dahingestellt bleiben. Müller indes, dem pragmatische
Vernunft keineswegs fremd war, wußte sich abzufinden.
Er hat dann noch Vorstöße unternommen, um womöglich eine Stelle in Wolfenbüttel, in Berlin zu bekommen –
ergebnislos auch diese Bemühungen. Die Fähigkeit aber,
unversteift nach der Bedingungslage zu reagieren, bewies
er nicht minder in Publikationsangelegenheiten. Und er
disponierte unverdrossen um, als sich ihm zeigte, daß
Brockhaus keinerlei Bereitschaft zu erkennen gab, einen
umfassenden Gedichtband von ihm in Verlag zu nehmen.
Enthalten sollte dieser Band, so Müllers Offerte vom
26. Februar 1823, die 77 bereits 1820 vorgelegten Waldhornistenlieder, dazu die bislang verstreut veröffentlichten »Ergänzungen«, außerdem die Griechenlieder sowie
»eine Anzahl Gesellschaftslieder«, Epigrammatisches,
»erotische Spiele, Satyren etc.«. Eben da sich aber der
erwünschte Band – und mit Brockhaus – nicht zustande
bringen ließ, verständigte sich Müller schließlich mit
Ackermann, und zwar auf einen durchaus bescheideneren
Plan. Weder die Waldhornistenlieder des Bandes von
1820 noch die Griechenlieder wurden berücksichtigt; statt
dessen lief die Sammlung auf eine Kollektion ausnahmslos solcher lyrischer Texte hinaus, die bislang nur vereinzelt publiziert worden waren oder auch noch gar nicht.
Und hinsichtlich der Titelgebung wurde der Folgecharak-
ter des Versammelten hervorgekehrt: »Gedichte aus den
hinterlassenen Papieren eines reisenden Waldhornisten.
Zweites Bändchen«. Gerade eine derartige Publikations-
lösung freilich erwies sich der Aufmerksamkeit für einen
Zyklus als förderlich, der sonst womöglich, bei Einbin-
dung in ein weit umfangreicheres Gedichtbuch, viel weniger Beachtung erlangt hätte: für den Zyklus »Die Winterreise«. Im Bändchen findet er sich – nach den »Tafelliedern für Liedertafeln« und vor den »Ländlichen Liedern«,
den »Wanderliedern« sowie den »Devisen zu Bonbons« –
an die zweite Stelle gesetzt; entschieden machte er sich als
belangvolles Zentrum bemerkbar.

Von den 24 Gedichten des Zyklus waren 22 bereits vorab
publiziert worden: zwölf in der Brockhausschen »Urania
für 1823«, zehn in den »Deutschen Blättern für Poesie,
Litteratur, Kunst und Theater«, und zwar in den Ausga-
ben vom 13. und vom 14. März 1823. Und schon im
Januar 1822 hatte Müller die für die »Urania« bestimmten
Texte nach Leipzig geschickt. Entsprechend dürfte die
Entstehungszeit der meisten Einzeltexte auf die Jahre
1821 und 1822 zu datieren sein, wobei auch von vornher-
ein der Zyklusgedanke präsent war: Der klammernde Titel
»Die Winterreise« findet sich bereits über die »Urania«-
Gedichte gesetzt. Die endgültige Strukturierung des
Zyklus erfolgte allerdings erst im Laufe der Zeit und in
Hinblick auf das Ackermann-Bändchen. Ähnlich wie am

Zyklus »Die schöne Müllerin« hat Müller an der »Winterreise« mit Bedacht gearbeitet und zumal dem Anord-
nungsproblem viel an Überlegung gewidmet. Und auf die
künstlerische Durchformung des lyrischen Monodramas
wandte er um so mehr an Sorgfalt, als es sich – und im
Vergleich zur »Schönen Müllerin« weit deutlicher noch –
auf Biographisch-Empirisches bezog: Was der lyrisch-
monodramatischen Gestaltung »wirklich« zugrunde lag
und zu ihr drängte, dürfte mit Sicherheit ebenjene Winterreise gewesen sein, die gegen Ende des Jahres 1814
tatsächlich stattgefunden und in die Erinnerung stigma-
tisch sich eingesenkt hatte. Mit der »Schönen Müllerin«
aber verband sich diese Gestaltung insofern, als sie sich an
die dort erprobte volksliedspielerische Faktur anschloß.
Gewiß verzichtete Müller bei seinem neuen lyrischen
Monodrama auf einen ironisch brechenden Prolog
ebenso wie auf einen ironisch brechenden Epilog; und
auch einer typisierend ausgewählten Personage von Mit-
beziehungsweise Gegenspielern ermangelt es diesmal.
Gleichwohl findet sich – wiederum – ein Rollen-Ich
etabliert; seine Sprache bestimmt sich durch die kurrente
volksliedhafte Simplizität; und neuerlich also verstand
sich der Autor zu jenem Rollenspiel, das modischen ästhetischen Erwartungen der konventionellen Gesellschaft entsprach und danach strebte, ihnen Genüge zu tun.

Dabei tritt die Differenz auch in der »Winterreise« in
ganzer Deutlichkeit hervor. Und dadurch bedingt, daß im
Gegensatz zur »Schönen Müllerin« kein in sich geschlos-
senes Figurenensemble mehr präsent ist, macht sie sich
gar noch schroffer bemerkbar. Denn was sich in den
Texten mitteilt, ist die Trostlosigkeitserfahrung existentieller Einsamkeit schlechthin; nur zeichenhaft gibt es in
ihnen jene Liebste, mit der sich dem Ich kaum anderes
noch verbindet als wahrgenommener Trennungsschmerz;
und ebendieser Schmerz wird als einziges erkannt, was sie
überhaupt erinnerbar bleiben läßt: »Wenn meine Schmerzen schweigen, / Wer sagt mir dann von ihr?« (»Erstarrung«) Entsprechend ist Trennung kein Vorgang, der im
Verlauf des Zyklus sich erst vollzöge; das Bewußtsein, im
Getrennten zu leben und leben zu müssen, ist von Anfang
an gegenwärtig – und welch ein Verspaar, das, sichtlich
angeregt durch eine Redesequenz aus Schillers »Räubern«
(Daniel: »Leer kam ich hieher – leer zieh ich wieder hin
–«), den Zyklus insgesamt eröffnet!: »Fremd bin ich
eingezogen, / Fremd zieh ich wieder aus.« (»Gute Nacht«)
Wenn das Ich indes von Erinnerung: von Erinnerung eines
Glücks ergriffen wird, so weiß es selbst dann, daß de facto
Geschiedenheit vorwaltete; der locus amoenus war letztlich kein anderer Ort als einer, an dem ein von Sehnsucht
Beherrschter seinen Träumen sich hingab: In die Rinde
des Lindenbaums ward »manches liebe Wort« geschnit-
ten, nicht jedoch vermag sich mit ihm eine Erinnerung an
Liebe zu verbinden. (»Der Lindenbaum«) »Ich bin zu
Ende mit allen Träumen –« (»Im Dorfe«): In der heimeli-

gen Weise des Volkslieds handelte Müller vom Elend einer Existenz, der sich keinerlei Halt bietet; das Ich des Zyklus hat sich von jeglichem Anflug einer Heimatsuche verabschiedet; und just gegen Ende aber findet sich schließlich ein »Frühlingstraum« aufgezeichnet – dieser Traum nun als der eines existentiellen Fremdlings, dem alle Träume endgültig sich ausgeträumt haben. Noch zu derartigen gegründeten Paradoxien stößt der Zyklus vor; und von arger Wahrhaftigkeit ist er auch insofern, als er keine Wanderung zum Tode beschreibt. Wie es keine Erlösung durch Liebe gibt, so gibt es desgleichen keine Erlösung durch den Tod. Liebes- und Todesentzug korrespondieren einander; der Wanderer weiß sich verwiesen, fernab von allem, wonach das »Herz im Busen« (»Mut«) verlangt, in der Kälte fort- und fortzuleben; und nicht auf den Sensen-, sondern auf den »Leiermann« richtet sich schließlich der Blick:

> »Keiner mag ihn hören,
> Keiner sieht ihn an,
> Und die Hunde brummen
> Um den alten Mann.
>
> Und er läßt es gehen,
> Alles, wie es will,
> Dreht, und seine Leier
> Steht ihm nimmer still.« (»Der Leiermann«)

Dieser in der eisigen Kälte und endlos seine Leier Drehende wird als Bezugsfigur erkannt.

So aber gedieh »Die Winterreise«, indem Müller einen biographischen Stoff bedeutend verdichtete, zu einem lyrischen Zyklus von erstaunlicher künstlerischer Signifikanz. Und er läßt sich auch kaum nur als zeittypisches Exempel einer poetischen Literatur fassen, für die das Jean Paulsche Wort vom »Weltschmerz« die Bezeichnung hergab und der zumal die Byron-Rezeption wesentliche Impulse vermittelte. Gewiß ist gerade dies letztere für Müller in Anschlag zu bringen; und unter deprimierender Zeiterfahrung litt er nicht wenig. »Die Winterreise« indes, sosehr sie in solchem Zusammenhang mit verstanden werden muß, erweist sich als frappanter lyrischer Ausdruck eines von jeglicher Illusion befreiten Moderne-Bewußtseins schlechthin; was sich in volksliedhafter Simplizität, im spielerischen Rekurs auf vormodernes lyrisches Sprechen darbietet, ist ein unheimlicher Reflex existentieller Fremdheitserfahrung. Keineswegs aber Wehleidigkeit prädominiert die Texte: Sie bestimmen sich durch das Wissen, daß das Trostlose ausgehalten werden muß. Geläufig ist nach wie vor das Urteil, die »Winterreise«-Gedichte seien einzig dadurch belangvoll, daß sie vermochten, die Kunstleistung der Schubertschen Komposition zu erwirken. Es gibt Fehlurteile, die untilgbar sind.

Erschienen ist das zweite »Waldhornisten«-Bändchen im Frühherbst 1824. Eine andere Buchpublikation, auf die

Müller nicht weniger Sorgfalt und jedenfalls viel Zeit verwandt hatte, lag da bereits vor: die »Homerische Vorschule«. Dabei handelte es sich um ein Projekt, das Müller ganz im Banne der Erinnerung an Friedrich August Wolfs Homer-Kolleg in Angriff nahm; was der Berliner »Homeride« dreißig Jahre zuvor in seinen »Prolegomena« dargetan und hernach vor seinen Schülern noch weiter ausgeführt hatte, wirkte entschieden inspirierend auf das Müllersche Buch ein. Nicht aber Textkritik war sein Anliegen, sondern eine möglichst anschauliche Abhandlung darüber, wie die einzelnen Gesänge der »Ilias« und der »Odyssee« wohl zustande gekommen sein mögen und wie sich das Verhältnis bestimme, in dem sie zueinander stehen. Heinrich Brockhaus, der nach dem plötzlichen Tod seines Vaters (August 1823) an die Spitze des Leipziger Verlags getreten war und sich bemühte, die traditionelle Zusammenarbeit mit Müller nun störungsfrei fortzusetzen, ging auf die Projekt-Offerte ohne weiteres ein; im Juli 1824 wurde das Buch gedruckt. Ein Vorab-Exemplar, das Müller eiligst anforderte und gesondert binden ließ, überreichte er dem, der sich das Buch wohlwollend hatte widmen lassen: dem Dessauischen Herzog. Wenige Wochen später, im August 1824, konnte Müller sich Hofrat nennen. Regisseur im Hintergrund dürfte der Schwiegervater Basedow gewesen sein.

Das Leistungspensum, welches Müller sich seit Jahren abverlangt hatte und das sich sukzessive noch vergrößerte, forderte freilich nicht nur dahin gehend seinen Tribut, daß mancher Text des Literators und Kritikers eher flüchtig geriet, sondern auch insofern, als sich dem noch nicht Dreißigjährigen körperliche Beschwerden bemerkbar machten. Nach Abschluß der Arbeit am Homer-Buch gönnte er sich – wieder einmal – eine Dresden-Reise; und er nutzte nun die Gelegenheit, im Plauenschen Grund ertüchtigende, offenbar für den Kreislauf als zuträglich befundene »Stahlbäder« (4. Juni 1824 an Adelheid) zu nehmen. Zudem hatte es mit seiner Sehkraft nachzulassen begonnen; er war genötigt, sich mehr und mehr aufs Diktieren zu verlegen. Gleichwohl kam es Müller nicht in den Sinn, mit seinen Kräften fortan behutsamer umzugehen. Statt dessen lud er sich immer Neues und über alles Maß ihn Beanspruchendes auf. Und wenn es nach wie vor Brockhaus war, als dessen Stammautor er sich unausgesetzt gefordert sah und selbst forderte, so strebte er kaum weniger nach publizistischer Präsenz auch andernorts. Weder auf seine Autorschaft im »Gesellschafter« wollte er verzichten noch auf die in der »Zeitung für die elegante Welt« oder die in der Halleschen »Allgemeinen Literatur-Zeitung«; und wichtig genug erschien es ihm schließlich, daß auch ein Kontakt mit Cotta zustande kam. Erstmals im September 1823, dann regelmäßig veröffentlichte Müller im »Morgenblatt für gebildete Stände«; später wurden zudem die »Jahrbücher für wissenschaftliche Kritik« beliefert. Bei alledem spannte sich der Bogen nicht weniger weit als vordem; eher traf das Gegenteil zu: Abgesehen von den Jahr für Jahr hervorzubringenden Sammelrezensionen, betreffend die Taschenbuch- und Almanachsliteratur, handelte Müller über Scott und Willibald Alexis' »Walladmor«, über Dante und Dante-Übersetzungen, über Béranger, Delavigne und Lamartine, unterbreitete »Belustigungen aus der deutschen Literaturgeschichte des siebenzehnten Jahrhunderts« und gab Nachricht von der Quedlinburger Feier aus Anlaß des 100. Klopstock-Geburtstages, besprach serbische und neugriechische Volkslieder, wandte sich – und immer wieder – Byron zu, verfolgte die »neueste lyrische Poesie der Deutschen«. Und was damit in erster Linie als denkwürdig erscheint, ist die beträchtliche literaturkritische Weltoffenheit, die Müller an den Tag legte – wobei sich diese Weltoffenheit mit ästhetischem Urteilsvermögen ebenso verband wie mit jener liberalen Gesinnung, von der aus Byron oder auch Béranger den Deutschen auf eine sehr bestimmte Weise anempfohlen wurden. Der große biographische Byron-Essay, den er nach dem Tod des Lords in Angriff nahm und den zu schreiben er sich durch Heinrich Brockhaus nur allzugern ermuntern ließ, bezeugt das nämliche. Nicht die melancholische Sympathie eines von Weltschmerz Erfaßten lenkte den essayistischen Text, sondern ein Interesse, das der Byronschen Aufbruchsenergie, seiner vitalen Widersetzlichkeit galt. Der im stockenden und stickigen Deutschland nach Emanzipation Verlangende, dabei an eine biedermännische Existenz durchaus Gefesselte sah in Byron nachgerade ein Wunsch-Ich. Gewiß leidet der Essay daran, daß Müller sich über Gebühr aus dem Reservoir einer Byron-Literatur, die in England in Fülle vorhanden war, schlechthin bediente; nicht zuletzt der Zeit- und Arbeitsdruck trieb ihn dazu, in erheblichem Maße auf Blöcke von Sekundärzitaten zurückzugreifen. Gleichwohl gelang es ihm noch immer, ein Byron-Bild zu konstituieren, das eigene Züge gewann. Unter den Zeugnissen deutscher Byron-Rezeption der zwanziger Jahre nimmt sich der Müllersche Essay keineswegs als ein dem Üblichen verhafteter Text aus.

Ähnlich wie dieser Byron-Essay – er erschien 1826 in der Brockhausschen Reihe »Zeitgenossen« – war auch die Übersetzung der in Frankreich von Claude Fauriel herausgegebenen »Neugriechischen Volkslieder« ein von Müller mit großer Neigung betriebenes Projekt. Zur ernstlichen Bürde indes wurde ihm jenes Doppelpensum, das er im Laufe des zweiten Halbjahres von 1825 auf sich lud und das zu bewältigen an seine Arbeitskraft unerhörte Anforderungen stellte. Zum einen handelte es sich dabei um seine Zusage an Heinrich Brockhaus, in Hinblick auf die geplante Neuauflage des Konversationslexikons einen beträchtlichen Teil der Artikel über Literatur zu revidieren. Zunächst war er gar mit dem Brockhausschen Wunsch konfrontiert worden, das Sachgebiet Literatur in

toto zu übernehmen; noch der partielle Bereich, der schließlich vereinbart wurde, bedeutete für Müller jedoch eine enorme Arbeitslast; und in sehr vielen Fällen lief die revidierende Tätigkeit auf nichts anderes als auf ein Neu-Schreiben hinaus. Ca. 70 eigene Artikel, vor allem über antike und über ältere deutsche Literatur, brachte er bis Ende 1826 aufs Papier; trotz aller zeitlichen Bedrängnis konnte er sich nicht dazu verstehen, einen vorliegenden Artikel, wenn der ihm unzulänglich erschien, nur mehr notdürftig zu überarbeiten. – Zum anderen aber ließ sich Müller gegen Ende des Jahres 1825 auch darauf noch ein, als Sektionsleiter der »Allgemeinen Enzyklopädie der Wissenschaften und Künste« tätig zu werden. Seit Jahren hatte er dem Unternehmen als Beiträger zur Verfügung gestanden. Nun war er verantwortlich für eine ganze Sektion; er mußte Autoren gewinnen, koordinieren, auf die Einhaltung von Terminen drängen, umfangreiche Redaktionsarbeit leisten – und wiederum blieb in etlichen Fällen nichts anderes übrig, als daß der Schriftleiter sich selbst als Autor beanspruchen mußte. Daß es eine »Riesenarbeit« sei, zu der er sich gegenüber Enoch Richter verpflichtet habe, wußte Müller von vornherein; am 23. Dezember 1825 gestand er dies Heinrich Brockhaus (dem er zugleich die Befürchtung zu zerstreuen suchte, es könnte sein Engagement für das Konversationslexikon darunter leiden). Indessen wuchs sich die »Riesenarbeit« in einem Maße aus, mit dem er denn doch nicht gerechnet hatte.

Noch dazu aber trieb es Müller, sich nebenher als Novellist zu erproben. Das Genre war en vogue geworden; nicht zuletzt das verbreitete Taschenbuch- und Almanachwesen beförderte die allgemeinere Hinwendung zu einer Erzählprosa, die, bei spannungsvollem Handlungsverlauf, von minderem Umfang war als der Roman und auch von einer im Vergleich zur Lyrik weit größeren Lesergunst getragen wurde. Müller, der um die Literaturverhältnisse seiner Zeit nur allzu gut wußte, mußte es, nun seinerseits als Novellist sich zu betätigen, nachgerade reizen. Und der Kontakt mit Tieck hat nicht nur dahin gehend gewirkt, daß diese Betätigungslust als solche eine Bestärkung erfuhr: Zugleich sah Müller in Tieck einen Präzeptor, der in Hinblick aufs Strukturelle den rechten Weg weisen konnte. Noch bevor Müller an die Ausarbeitung seiner ersten Novelle ging, besprach er sich, gelegentlich seines Dresden-Aufenthalts Anfang Juni 1824, sehr gründlich mit Tieck; und tatsächlich fällt es nicht schwer, in der 1825 geschriebenen Novelle »Der Dreizehnte« Gestaltungszüge aufzufinden, die an Tiecksches durchaus gemahnen. Die erzählerische Inszenierung einer – ironisch vergegenwärtigten – geselligen Runde ist ebenso signifikant wie deren Konfrontation mit einer nichtalltäglichen Geschichte, die gehörig Unerwartetes in sich birgt. Freilich sind es gar mehrere jähe Wendungen, die Müller dieser Geschichte verschrieb. Und deren spezielle Faktur entfernte sich vom

Tieckschen Vorbild auch insofern, als sie sich vor allem am Modischen der Schicksalsdramatik orientierte. So stand denn der im übrigen nicht sonderlich geschätzte Adolf Müllner kaum weniger Pate als der verehrte Meister zu Dresden; entsprechend finden sich Trivialpathetisches und Ironisches gleichermaßen vor; und das überschwengliche Lob, das Tieck dem Autor gezollt haben soll (vgl. den Brief an Heinrich Brockhaus vom 21. November 1826), nimmt einigermaßen wunder. Auch im Kompositorischen und Erzählperspektivischen gibt es – neben geschickten Lösungen – unverkennbare Mißlichkeiten. Hat Tieck, dem die Mißlichkeiten doch keineswegs verborgen bleiben konnten, mit freundlicher Konzilianz über sie hinweg geurteilt?

Die Novelle erschien in der Brockhausschen »Urania«. Und Zuspruch kam nicht nur von Tieck. Allenthalben durfte sich Müller angeregt sehen, auch fürderhin das Genre zu bedienen. Am 21. September 1826 schrieb er an Brockhaus: »Für künftiges Jahr habe ich wieder eine Novelle in petto.« Drei Monate später sodann teilte er mit, daß ein Drittel des neuen Textes bereits fertig sei – wobei er Brockhaus zugleich wissen ließ, daß er inzwischen einschlägige Bestellungen von nahezu allen deutschen Taschenbuch-Redaktoren erhalten habe –; und am 19. Februar 1827 expedierte er vom schubweise nach Leipzig gesandten Manuskript den Schlußteil. Wenn er vorab aber, im Dezember, schon angekündigt hatte, gegenüber dem novellistischen Erstling komme etwas »viel Bedeutenderes« zustande, so verknüpfte er nun diese Bewertung mit jener marktbezogenen, die sich ihm aus der hochbefriedigenden Nachfrage ergab; und in verbindlichster Weise wurde Brockhaus zu einer Honorarzahlung aufgefordert, die sich vom bisher Gewährten zu unterscheiden habe. Sanfte, dabei biedermännisch-deutsch getönte Nötigung: »Wenn ich ein literarischer Jude wäre, so könnte ich vielleicht jetzt mein Novellenhonorar zu einer Tieckschen oder gar Claurenschen Höhe steigern.« (19. Februar 1827 an Brockhaus) Indem Müller jedoch, und nicht erfolglos, um Honoraraufbesserung durchaus kämpfte, reagierte er in erster Linie als ein noch immer zum Rechnen Gedrängter, für den sich die Geldsorgen früherer Jahre keineswegs erledigt hatten. Dabei bezeugen etliche Briefe, daß auf Sparsamkeit nach wie vor geachtet wurde. Noch im Juli 1827 sah sich Müller in der Lage, Brockhaus bitten zu müssen, daß der das anstehende Novellenhonorar nicht erst im Zuge der üblichen Halbjahresabrechnung zahlen möge, sondern sogleich. Für die geplante sommerliche Reise erwies es sich ihm als unverzichtbar.

Jene im Winterhalbjahr 1826/27 geschriebene Novelle »Debora« aber, auf die sich Müller so viel zugute hielt, dürfte nur dadurch der ersten überlegen sein, daß sie nicht ohne Raffinesse gefügt ist und kompositorische oder perspektivtechnische Mängel kaum auszumachen sind.

Auf kluge Art gerecht wird der Text zumal jenen Erfordernissen, die sich für den Autor mit der disponierten Verzahnung von Gegenwartsgeschehen und Stück um Stück zu enthüllender Vorgeschichte verbanden. Müller, so erweist es sich, hatte eine strukturierende Fertigkeit erlangt, die gewiß auch an Scott geschult, noch immer zu frappieren vermag – zugleich allerdings anzeigt, daß, sofern es hätte geschrieben werden können, fürderhin gehörig Perfektionistisches zustande gekommen wäre. Mit der Novelle »Der Dreizehnte« indes steht »Debora« insofern in Beziehung, als sich wiederum eine Orientierung am Schicksalsdrama bemerkbar macht. Schicksalhafte Verkettung auch diesmal; nur daß die Handlung reicher ist an fremden Schauplätzen, an historischen und religiösen Bezügen, an exotisch-abenteuerlichem Kolorit. Für die novellistische Ausgestaltung des unheilvollen Gesamtgeschehens – entscheidend dadurch bestimmt, daß sich die unglückselige Liebesgeschichte des alten Marquis in der des deutschen Jünglings Arthur gleichsam vollendet – müssen Französische Revolution und spanische Inquisition ebenso herhalten wie römisches Karneval, Ghettoszenerie und Pogromfanatismus. Einer brechenden Ironie aber, die sich im »Dreizehnten« immerhin einige Geltung verschafft hatte, wurde nun keinerlei Spielraum mehr eröffnet. Besonders damit hängt zusammen, daß die gewiß geschickter konstruierte »Debora« komplett in eine Trivialität einmündete, der die durchaus defektbehaftete Debütnovelle denn doch partiell entzogen geblieben war.

Geschrieben hat Müller die Novelle – die dann in der »Urania« erst nach seinem Tod veröffentlicht wurde – bei nun schon ernstlich geschädigter Gesundheit. Seit 1824 hatten sich die körperlichen Beschwerden sukzessive verschlimmert; sie eher als lästig betrachtend, neigte Müller allerdings dazu, sie nach Möglichkeit zu ignorieren; im übrigen suchte er, die physische Konstitution bei Gelegenheit seiner Reisen zu kräftigen. Im Sommer 1825 folgte er einer Einladung seines Stralsunder Schriftsteller-Kollegen Adolph Friedrich Furchau, mit diesem die Insel Rügen zu besuchen; und wenn er im Vorjahr bereits, als er sich in Dresden aufhielt, besagte »Stahlbäder« genommen hatte, so sollten eine heilsame Wirkung nun die Seeluft und ausgiebige Reittouren tun. Nach den Rügen-Tagen sei er »gesund und gestärkt« in Stralsund wieder eingetroffen, schrieb Müller am 7. August an seine Frau. Hernach indes, im Winter, war es ein schwerer Keuchhusten, der sich von den Kindern auf ihn übertragen hatte und durch den sich sein Gesamtbefinden neuerlich verschlechterte. Der Herzog stellte ihm fürs Frühjahr eine Wohnung im Sommerschlößchen Luisium zur Verfügung; und gemeinsam mit dem dichtenden Dessauischen Kammerherrn Ulrich Heinrich Alexander von Simolin reiste er schließlich im Juli 1826 zu einem Kuraufenthalt nach Franzensbad. Daß ihm der Brunnen »vortrefflich« bekomme, ließ er in Briefen mehrfach wissen; zugleich beklagte er sich freilich über den vertanen Ferienmonat: Weit lieber hätte er ihn in Dresden verbracht oder für die seit längerem geplante Rheinreise genutzt. Sich halbwegs zu entschädigen, fuhr er nicht geraden Weges nach Dessau zurück, sondern über die Jean-Paul-Orte Wunsiedel und Bayreuth; in Weimar wurde Goethe besucht; auch hielt die thüringische Residenz- und Musenstadt ihm einen Ersatz für das bereit, was ihm an Erwünschtem vor allem sonst in Dresden widerfuhr: In Fülle gab es »Komplimente, Ehrenbezeugungen u Einladungen« (26. August 1826 an Adelheid). Als er in Dessau ankam, hatte seine Frau inzwischen die neue, größere Dienstwohnung eingerichtet. Mit gestärkter Spannkraft ging er an die Arbeit. Und zugleich trieb diese Spannkraft ihn dazu, sein nun Raum bietendes Haus einer musischen und speziell literarischen Geselligkeit zu öffnen. Als Muster dienten ihm die Tieckschen Leseabende.

Freilich hielt die regenerierte Leistungsfähigkeit nicht lange vor. Im Laufe des folgenden Frühjahrs machte sich eine entschiedene Verschlechterung seines körperlichen Zustands bemerkbar; am 1. Juli berichtete er Heinrich Brockhaus, daß er vierzehn Tage lang »teils bett- teils sofa-lägerig« gewesen sei; und wiederum wurde vom Arzt ein Kuraufenthalt empfohlen. Müller indes, der die sehnlichst erwünschte Rhein- und Schwabenreise nicht ein weiteres Mal aufzuschieben gedachte, wußte diesen Arzt schließlich dahin gehend zu bestimmen, daß der sich mit dem Gegenvorschlag seines Patienten einverstanden erklärte. Und Ende Juli brach er, der vom Herzog unbegrenzten Urlaub erhalten hatte, zusammen mit seiner Frau in Richtung Frankfurt auf. Von da aus begab man sich rheinabwärts bis Köln; sodann wurde die nationalromantisch geheiligte Stromstrecke aus entgegengesetzter Perspektive genossen; und über Heidelberg, Karlsruhe, Baden-Baden, Straßburg reiste man hernach ins Schwäbische. In Stuttgart erwies sich als herzlicher Gastfreund Gustav Schwab; man traf mit Uhland zusammen, mit Hauff, mit Matthisson, Haug, Wolfgang Menzel. Auch Kerner in Weinsberg wurde besucht. Und die Rückreise führte neuerlich über Weimar: Am 21. September sprach man bei Goethe vor. Vier Tage später die Ankunft in Dessau. Unterwegs gewesen war man insgesamt acht Wochen.

Das Reisetagebuch belegt die Strapazen, die man sich zugemutet hatte: anstrengende Fahrten mit dem Postwagen, ein beträchtliches Begegnungs- und Besichtigungspensum, Gastereien. Auch die Last zu besorgender Enzyklopädie-Geschäfte war mit auf die Reise genommen worden. Von ihr nach Hause zurück kehrte ein völlig Erschöpfter. In Stuttgart hatte Gustav Schwab, als Mül-

ler am 4. September bei ihm eintrat, ein Erschrecken zu verbergen: »Mit Mühe fand ich in den feinen, aber bleichen und kränklichen Zügen das jugendliche Bild wieder, wie es seit 12 Jahren von ihm in meiner Phantasie lebte. Es brauchte einige Sekunden, bis ich ihn erkannte, ich mußte ein wehmütiges Schmerzgefühl unterdrücken und war recht ängstlich freundlich ...« Und als einen überreizt Reagierenden hatte man ihn in Weinsberg empfunden. Auch in Weimar, so darf man schließen, war jenem Goethe, der nach der Begegnung auf das Wort von der »unangenehmen Personnage« verfiel, ein sichtlich Verspannter gegenübergesessen. Nicht aber noch während des strapaziösen Unternehmens selbst kam es zum Infarkt, sondern erst nach seiner Beendigung. Dabei soll Müller sich tagsüber an diesem 30. September 1827 ungewöhnlich wohl und heiter gefühlt haben. Früher als sonst indes sei er zu Bett gegangen; und übermächtig, so Adelheids Bericht, habe er geschnarcht. Er starb noch vor Mitternacht. Sieben Tage später wäre er 33 Jahre alt geworden.

Betrauert wurde er von nahezu allen, die ihn kannten: als bedeutender Lyriker, als vielbewanderter Gelehrter und achtenswerter Literaturkritiker, als Reiseschriftsteller, Erzähler, Essayist, Übersetzer, als ein Mann liberaler Gesinnung und entschiedener Freund des griechischen Freiheitskampfes, als nationalromantisch disponierter Kopf, der gleichwohl allem Nationalistischen abhold und auf kulturelles Mittlertum bedacht war, als kundiger Bibliothekar und fähiger Pädagoge, als ein vertrauenswürdiger Mensch. Und Gustav Schwab war es, der keine Zeit verstreichen ließ, dem Verstorbenen eine mehrbändige Herausgabe zu widmen. Die »Vermischten Schriften von Wilhelm Müller« erschienen 1830: bei Brockhaus. Die Nachwelt freilich neigte eher dazu, für Müller nur ein beiläufiges und selektives Interesse aufzubringen. Latent im Gedächtnis behielt sie fast ausschließlich den »Griechen-Müller« sowie einen Autor, dessen romantisch liedhafte Zyklen es jedenfalls vermochten, den Tonsetzer Franz Schubert zu inspirieren. Erst in jüngster Zeit ist das Interesse für Müller wieder größer und – vor allem – umfassender geworden. Vielleicht kann man gar von Ansätzen zu einer Neuentdeckung sprechen. Dabei dürfte Müllers 200. Geburtstag ein als willkommen betrachteter kalendarischer Anlaß sein, die einschlägigen Bestrebungen zu befördern und ihnen Impulse zu geben. Daß aber diese Bestrebungen gerechtfertigt sind, sollte kaum noch einem Zweifel unterliegen: Es ist, dem sie gelten, ein Mann, dessen Denkwürdigkeit desto deutlicher hervortritt, je genauer man ihm nachfragt. Literarisches Traditionsbewußtsein hat sich seiner zu versichern.

Anmerkung

Alle im Essay zitierten Müller-Stellen beziehen sich auf die demnächst im Gatza Verlag Berlin erscheinende Ausgabe: Wilhelm Müller. Werke, Tagebücher, Briefe in fünf Bänden, hg. v. Maria-Verena Leistner. – Von den Arbeiten der Müller-Sekundärliteratur wurden insbesondere die folgenden dankbar genutzt:

Cecilia C. BAUMANN, Wilhelm Müller. The Poet of the Schubert Song Cycles. His Life and Works, Pennsylvania 1981.

Günther BLAICHER, Wilhelm Müller and the political reception of Byron in nineteenth-century Germany, in: Archiv für das Studium der neueren Sprachen und Literaturen 223 (1986/I), S. 1–16.

Hildegard EILERT, Wilhelm Müller. »Professore di scienza plebea« in Italia, in: Viaggi in Utopia e altri luoghi, a cura di Maria Enrica D'Agostini, Milano 1989, S. 55–95.

O. FRANKE, Zur Biographie des Dichters Wilhelm Müller, in: Mitteilungen des Vereins für Anhaltinische Geschichte und Altertumskunde 5 (1887), S. 33–44.

Gernot GAD, Wilhelm Müller. Selbstbehauptung und Selbstverleugnung, Diss. Berlin 1989.

Bruno HAKE, Wilhelm Müller. Sein Leben und Dichten, Kap. IV: Die schöne Müllerin, Berlin 1908.

Günter HARTUNG, Wilhelm Müller und das deutsche Volkslied, in: Weimarer Beiträge 23 (1977), H. 5, S. 46–85.

Ulrich HARTUNG, Die Winterreise. An Argument for Performing the Cycle of Songs by Franz Schubert in the Order of the Poems by Wilhelm Müller, Diss. New York 1992.

Jochen HÖRISCH, »Fremd bin ich eingezogen«. Die Erfahrung des Fremden und die fremde Erfahrung in der ›Winterreise‹, in: Athenäum. Jahrbuch für Romantik 1 (1991), S. 41–67.

Klaus Günther JUST, Wilhelm Müllers Liederzyklen »Die schöne Müllerin« und »Die Winterreise«, in: Zeitschrift für deutsche Philologie 83 (1964), S. 452–471.

Wilhelm Müller als Kritiker und Erzähler. Ein Lebensbild mit Briefen an F. A. Brockhaus und anderen Schriftstücken, hg. v. Heinrich LOHRE, Leipzig 1927, S. 3–101 (»Lebensbild«).

Stefan OSWALD, Italienbilder. Beiträge zur Wandlung der deutschen Italienauffassung 1770–1840, Heidelberg 1985.

Gustav SCHWAB, Wilhelm Müller's Leben, in: Vermischte Schriften von Wilhelm Müller, hg. u. mit einer Biographie Müllers begleitet v. Gustav SCHWAB, 5 Bde., Leipzig 1830, Bd. 1, S. XVII–LXIII.

Hermann WÄSCHKE, Aus Wilhelm Müllers Jugendzeit, in: Zerbster Jahrbuch 10 (1914), S. 56–71.

Hans-Georg WERNER, Geschichte des politischen Gedichts in Deutschland 1815–1840, Berlin 1969.

Heinz WETZEL, »Fremd zieh' ich wieder aus«. Fragen an Wilhelm Müller, in: Amsterdamer Beiträge zur neueren Germanistik, 31–33 (1990/91), S. 173–210.

Ute WOLLNY, »Die schöne Müllerin« in der Berliner Jägerstraße, in: Wissenschaftliche Zeitschrift der Martin-Luther-Universität Halle-Wittenberg 41 (1992), Geisteswissenschaftliche Reihe, H. 4, S. 48–52.

No. XXVI.

Auf Seiner Hochfürstl. Durchl. gnädigsten Befehl.

Fürstl. Anhalt-Deſſauiſche wöchentliche
öffentliche Nachrichten.

Den 28ſten Juny 1794.

Des hiesigen Nachrichters, Johann Gottfried Hofmanns Sohn, Carl Gottlob Hofmann, gerieth im October 1792. mit dem Schneider, Meiſter Carl Eberius, dem Jüngern, allhier in eine Schlägerey, ward am Kopfe verwundet, und ſtarb etliche Tage nachher. Das auf die deshalb geführte Unterſuchung erfolgte Urtel einer berühmten Juriſten-Facultät erkannte die Kopf-Verletzung für zufällig tödtlich, und dem Eberius eine Strafe zu; jedoch mit Vorbehalt ſeiner bürgerlichen Ehre und Rechte. Der Vater des Verſtorbenen ließ ihm auf dem hieſigen neuen Kirchhofe im vorigen Jahre einen Leichenſtein ſetzen, ward aber im itzigen Jahre auf Höchſten Befehl, angehalten, ſolchen wieder wegzunehmen, weil die Inſchrift auf ſelbigem dem gedachten Meiſter bey ſeinen Innungs-Verwandten nachtheilig war, zum öffentlichen Anſtoße gereichte, und zu mancherley Verdrießlichkeiten Anlaß gab. Man glaubt, den Auswärtigen dieſe actenmäßige Anzeige ſchuldig zu ſeyn, um ihnen dadurch wiſſend und bekannt zu machen, was an der Sache ſey; auch um allen Mißverſtändniſſen deshalb vorzubeugen, im Fall etwa davon an dieſem, oder jenem, Orte ungleiche Gerüchte verbreitet würden, und Streit und Unruhe deshalb unter den Schneidergeſellen entſtehen ſollte. Deſſau, den 20. Juny 1794.

Fürſtl. Anhalt. Regierung wegen.

Zeitungsartikel zum Aufstand der Dessauer Schneidergesellen, 1794

Wilhelm Müller in Dessau

Wirtschaft und Gesellschaft der kleinen Residenzstadt um 1800

Von Ulla Jablonowski

Der Dichter Wilhelm Müller (1794–1827) wurde in eine Zeitenwende hineingeboren. Die große Revolution in Frankreich hatte den Zusammenbruch der alten Feudalgesellschaft eingeleitet; die Befreiungskriege gegen Napoleon weckten in Deutschland Hoffnungen auf Freiheit, nationale Einheit und die Reform des Staatswesens. Doch die Zeitgenossen erlebten nur die Abwehrreaktionen des alten autokratischen Herrschaftssystems. Der Wiener Kongreß (1815) schloß die deutsche Freiheitsakte und hob den Deutschen Bund, einen losen Staatenbund von 41 deutschen Ländern und Städten, aus der Taufe. Eine »heilige Allianz« der Schirmherren Rußland, Österreich und Preußen unterdrückte alle freiheitlichen Regungen in Europa durch Demagogenverfolgung und Pressezensur. Die Wirtschaft stagnierte oder bewegte sich doch nur langsam vorwärts. Ein Gefühl von Dumpfheit und Enge breitete sich aus. Die Enttäuschung in Deutschland, besonders unter denen, die wie Wilhelm Müller am Befreiungskampf teilgenommen hatten, war groß: »Aber Preßzwang und die politische Inquisition in der deutschen Bundesfestung (und in der Stadt, in der die Druckerkunst erfunden ward) bleiben. Das sind die Trophäen der deutschen Völkerschlacht bei Leipzig ...«.[1] Doch die Welt ließ sich nicht, wie im Schauspiel vom Prinzen Zerbino, »retour schrauben«, in die Zeit vor der großen Revolution zurück. Wilhelm Müller, der diese Wendung in Briefen an seine Freunde mehrfach gebrauchte[2], verfolgte aufmerksam alle Anzeichen für die Schwächung des alten Systems und den Beginn eines neuen, bürgerlichen Zeitalters – sei es in der Erhebung des griechischen Volkes (1821–30), im Kampf der spanischen Kortes um die Verfassung von 1812[3] und selbst im Widerstand der Linken in der französischen Deputierten-Kammer gegen die Zensurgesetze.[4] Es war die Hoffnung, noch nicht die Gewißheit des Vormärz auf das Ende der alten Zeit.

Bei der kritischen Auseinandersetzung des Dichters mit seiner Zeit, in der er der liberalen Gesinnung seiner Jugend stets treu blieb, haben die kleinen anhaltischen Verhältnisse keine Rolle gespielt. Nach den bewegten Jahren der Freiheitskriege, den Universitätsstudien in Berlin und der italienischen Reise kehrt er 1819 nach Dessau zurück, wo er sich mit Mühe wieder einlebt. Gegenüber seinen Freunden äußert er sich anfangs skeptisch, dann freundlicher und zuletzt leidlich zufrieden mit dem Leben in der kleinen Residenz, woran die landschaftlich schöne Umgebung – mehrfach nennt er Wörlitz – keinen geringen Anteil hat. Die Begründung seines Hausstandes mit Adelheid Basedow (1821), der Enkelin des großen Pädagogen und Tochter eines Regierungsrates, verankert ihn tiefer in Dessau und öffnet ihm vollends die ersten Häuser der Stadt. Ein reger Briefwechsel läßt die Kontakte zu den Zentren geistigen Lebens in Deutschland nicht abreißen, und mit schöner Regelmäßigkeit vermag er dem Dessauer Alltag durch längere Reisen zu entfliehen. Die Zensur ist hier liberaler als in Leipzig und Berlin (oder ihre Vertreter sind unerprobt und deshalb unerfahrener, wohl auch auf eine gewisse anhaltische Eigenständigkeit bedacht), dennoch möchte der Dichter nicht nur in Dessau gedruckt werden, sosehr er die Redlichkeit seines Verlegers und Freundes Christian Georg Ackermann schätzt. Die Wogen der »freien Elbe« führen – nach dem Inkrafttreten der Elbschiffahrtsakte am 1. März 1822 – seinem Keller »freien Wein« zu, und er kommentiert den preußischen Zollkrieg gegen Anhalt (1818–28) als ein neues Kapitel der Infamie Preußens und der preußischen Beamten. – Im Sommer 1823 hat er sich in einem geistigen Kraftakt den Status eines »außerordentlichen« Lehrers, ohne Schulzwang und strenge Zensur des Direktors, erkämpft; seine zweite Stellung als herzoglicher Bibliothekar, die sich sehr gut mit seiner Arbeit als Kritiker und Rezensent verbinden läßt, stört seine Muse nicht, und er genießt auf vielfältige Weise das Wohlwollen seines Landesherrn, des gleichaltrigen Herzogs Leopold Friedrich. Die wirtschaftlichen Verhältnisse der Familie bleiben angespannt, doch kann er das Einkommen durch zusätzli-

---

1 Brief vom 12. 12. 1819 an Per Daniel Atterbom, abgedruckt in: Lohre 1927, S. 293.
2 Brief vom 15. 12. 1821 an Friedrich Freiherr de la Motte-Fouqué, abgedruckt in: Diary and Letters of Wilhelm Müller, ed. by Philip Schuyler Allen and James Taft Hatfield, Chicago 1903, S. 99; Brief vom 16. 12. 1821 an F. A. Brockhaus, abgedruckt in: Lohre 1927, S. 152; Brief vom 2. 5. 1822 an P. D. Atterbom, abgedruckt in: ebd., S. 311f.
3 Brief vom 29. 1. 1823 an F. A. Brockhaus, abgedruckt in: ebd., S. 183.
4 Brief vom 2. 5. 1822 an P. D. Atterbom, abgedruckt in: ebd., S. 311.

che Einkünfte aus einer angestrengten literarischen Tätigkeit verbessern. – Dies ist das Bild seines Lebens in Dessau, das Wilhelm Müller seinen Freunden entwirft, anderes bleibt unerwähnt und muß um des besseren Verständnisses willen hinzugefügt werden.

Im Geburtsjahr des Dichters (1794) strebte die Revolution in Frankreich ihrem Höhe- und Wendepunkt zu. Die Erschütterungen waren bis Dessau zu spüren. Im Juni dieses Jahres kam es zum Ausstand der Schneidergesellen, der auch ein Thema der Literatur wurde. Um die gleiche Zeit hielt sich nämlich der Publizist Georg Friedrich Rebmann in der Stadt auf, der hier zusammen mit dem Buchhändler Vollmer – in Anbetracht der Tatsache, daß in Dessau eine Zensurbehörde noch nicht installiert war – eine Buchhandlung einrichten und mit dieser ein politisches Journal verbinden wollte, wozu es nicht kam, weil er als Übersetzer einer Rede Robespierres ausgemacht und zusammen mit Vollmer ausgewiesen wurde.[5] Bald nach seiner Ankunft in Dessau wurde Rebmann[6] »Zeuge eines höchst ärgerlichen Auftritts, mir um so verdrießlicher, da er mich in den Ideen störte, die ich mir eben so malerisch über das Glück eines kleinern guten Fürsten entworfen hatte.

Ein Mann in einer roten Uniform zu Pferde rief mir, doch ganz höflich, zu, mich zu Hause zu halten und nicht auf den Straßen blicken zu lassen, wenn ich nicht Ungelegenheiten mich aussetzen wolle. Verwundert über diese Weisung, dachte ich eben darüber nach, ob etwa hier das Spazierengehen in der Stadt verboten sein könne, als ich einen andern Mann, gleichfalls zu Pferde, in einer roten Uniform erblickte, der einen Schneidergesellen mit eigner Hand ausprügelte und bei den Haaren raufte. Ein anderer roter Mann, noch jünger, schrie: ›Haut die C...en zusammen!‹.

Schon wußte ich nicht recht, ob ein Bataillon der so vortrefflich disziplinierten englischen Truppen sich etwa bis nach Dessau verlaufen habe, und suchte mich durch Fragen zu unterrichten. Und so erfuhr ich denn, daß die beiden roten Herren – der Fürst und der Erbprinz gewesen seien ...

Um doch den Aufschluß dieser wunderbaren Geschichte zu vernehmen, setzte ich mich an die Table d'hôte. Hier hörte ich dann, daß die ganze Geschichte ein unbedeutender Handwerksauflauf sei. Ein Schneider hatte nämlich vor ein paar Jahren jemanden erschlagen, und seine Handwerksgenossen wollten nun, nachdem der Totschläger seine Strafe ausgestanden hatte, nicht bei ihm arbeiten, wozu noch der Umstand kam, daß der Losgelassene sich sehr brutal betrug und darauf trotzte, daß seine Schwester eine der Mätressen des Fürsten war. Der Fürst, der diese Affäre durch gütliches Zureden hätte schlichten und sich auf jeden Fall darauf verlassen können, daß diese Schneiderfehde keinen Bürger oder Bauer interessiert haben würde, ließ zwei Tage hintereinander zur Flucht gesattelte Pferde in den Straßen auf und ab führen (vielleicht weil er sich schon in Ludwigs XVI. Lage glaubte) und nahm zuletzt die obengedachte Exekution eigenhändig vor, nach welcher alles stille wurde«.[7]

Das war gut beobachtet und recherchiert. Der Anlaß zu den Ereignissen, die im Sommer 1794 eskalierten, lag schon weiter zurück und rechtfertigte die Vorfälle eigentlich nicht. Bei einer tätlichen Auseinandersetzung im »Goldenen Beutel«, am 18. Oktober 1792, hatte der Schneidermeister Johann Carl Eberius jun. einen Schlag mit einem zinnernen Leuchter gegen den Sohn des Nachrichters[8] Hoffmann geführt, der unglücklich stürzte und verstarb. Der Nachrichter setzte seinem Sohn, der auf dem neuen Gottesacker beerdigt worden war, einen Grabstein mit verfänglicher Inschrift, gegen den Eberius bei der Regierung Sturm lief, weil kein Geselle mehr, unter Berufung auf den Text der Inschrift, bei ihm arbeiten wollte. Es half nichts, daß der Text auf fürstlichen Befehl verändert und endlich der Stein ganz weggenommen wurde. Ende September 1793 traf eines der von der Regierung angeforderten auswärtigen Urteile, und zwar das von der juristischen Fakultät in Halle, ein. Es erkannte auf eine dreijährige Zuchthausstrafe für Eberius, jedoch unter Beibehaltung seiner bürgerlichen Rechte. Fürst Franz wandelte es, aus dem von Rebmann genannten Grunde, in eine einjährige Strafe um; während dieser Zeit sollte Eberius »in bürgerlichem Gehorsam bleiben und seine Profession, um sich und die Seinigen zu ernähren, ungestört treiben«, ja, er durfte sogar »unangefochten« Mitglied der Innung bleiben. – Das rief den Wider-

---

5 Landesarchiv Oranienbaum (im folgenden LAO), Abt. Dessau A 12c Nr. 15³³ Nr. 955 und 1096; Georg Friedrich REBMANN, Vollständige Geschichte meiner Verfolgungen und meiner Leiden. Ein Beitrag zur Geschichte des deutschen Aristokratism, Amsterdam 1796, Neudruck im Sammelband Georg Friedrich REBMANN, Hans Kiekindiewelts Reisen in alle vier Weltteile und andere Schriften, hg. v. Hedwig VOEGT, Berlin [Rütten & Loening] 1958, S. 371 ff.

6 [A. G. F. Rebmann], Wanderungen und Kreuzzüge durch einen Theil Deutschlands, von Anselmus Rabiosus dem jüngern, Altona, in Comission bei der Verlagsgesellschaft, 1795, S. 74 f.

7 Ähnliche Beobachtungen: Furcht des Hofes vor der Revolution, Verdächtigungen, Rückzug des Fürsten ins Private und Mätressen-
wirtschaft, Entschlußlosigkeit, machte Elisa von der Recke, als sie sich Ende 1794 als Freundin der Fürstin Luise in Dessau und Wörlitz aufhielt und dabei selbst als »Demokratin« verdächtigt wurde; so notierte sie unter anderem am 26. 11. 1794 in ihr Tagebuch: »[...] Der Fürst wäre, wenn seine Gemahlin ihn zu leiten gesucht hätte, glücklicher gewesen, als er jetzt ist, denn nun ist er ein Spiel seiner Mätressen, und trübe Schwermut und Untätigkeit haben sich seiner bemeistert [...]«. Elisa von der Recke, Tagebücher und Selbstzeugnisse, hg. u. mit einem Vorwort versehen v. Christine TRÄGER, Leipzig [Köhler & Amelang] 1984, S. 294.

8 Scharfrichter, Abdecker.

stand der Meister hervor, die, auf die Ehrlichkeit ihres Handwerks bedacht, heimlich, das heißt ohne Kenntnis des verordneten Beisitzers, zusammentraten und Briefe an auswärtige Innungen schrieben. Der Obermeister der Innung, Matthaei, wurde deswegen zweimal auf die Regierung bestellt und verwarnt. Im Juni 1794 verbündeten sich dann die in Dessau anwesenden Schneidergesellen – 45 an der Zahl – durch Berührung eines vom Altgesellen vorgehaltenen Zepters und Unterschriftsleistung auf einem Zettel, in der Sache gegen Meister Eberius wie e i n Mann zu stehen, ihm keinen Gesellen mehr zukommen zu lassen und – wenn ihren schriftlich eingereichten Forderungen nicht gewillfahrt würde – gemeinsam von der Arbeit aufzustehn und die Stadt zu verlassen. Was diese Forderungen betraf, so wollten die Gesellen vor allem sichergestellt sein, daß ihnen bei auswärtigen Meistern später keine Nachteile entstehen könnten.

Damit war die merkwürdige Situation entstanden, daß die Schneidergesellen augenscheinlich für Gesetz und Ordnung eintraten, während der Landesherr offenes Unrecht übersah oder sogar begünstigte. Die Regierung (die damals zugleich Justizbehörde war) schwankte, ob sie dem Fürsten zu Milde oder Härte raten sollte. Die Phalanx des Widerstandes wurde dann so gebrochen, daß alle Gesellen, die sich den fürstlichen Befehlen nicht sofort unterwarfen, in Arrest gebracht und durch die Regierung unter Vorsitz von Präsident von Krosigk einzeln verhört wurden. Unterdessen waren das fürstliche Amt und der Magistrat (diese Bezeichnung des Rates der Stadt nach seiner obrigkeitlichen Funktion taucht hier erstmals auf) angewiesen, die Häuser nach flüchtigen Gesellen durchsuchen zu lassen. Nach und nach gelobte die Mehrheit durch Eidesleistung und Handschlag Unterwerfung, die beiden als Hauptträdelsführer Erkannten aber wurden des Landes verwiesen und noch am selben Tage über die Grenze gebracht. Die Regierung hingegen machte ihr Versprechen wahr, eine Darstellung der Ereignisse in den wichtigsten deutschen Zeitungen (Hamburger Correspondenz, Leipziger Zeitung und Reichs-Anzeiger) sowie im Anhalt-Dessauischen fürstlichen Wochenblatt einzurücken.[9]

Bei den Auseinandersetzungen hatte sich der Schneidermeister Christian Heinrich Leopold Müller, der Vater Wilhelm Müllers, zurückgehalten, denn er war durch Heirat seiner Schwester Dorothee Elisabeth der Schwager des Eberius. Nebenbei hatte die Befragung der Schneidergesellen mit an den Tag gebracht, daß allein 7 von ihnen bei Meister Müller in Arbeit standen. Das war ungewöhn-

lich, denn lt. Handwerksordnung durfte ein Meister nur zwei Gesellen beschäftigen. Vielleicht hatte der Fürst diese Regelung vorübergehend gestattet, nachdem ihn Müller im Februar 1794 zum zweiten Male um Unterstützung in schwieriger familiärer Situation gebeten hatte.[10] Es ist aber auch bekannt, daß Heinrich Leopold Müller ein tüchtiger und unternehmender Meister war.[11] An dieser Stelle soll ein Blick auf das Handwerk und die wirtschaftlichen Verhältnisse der Zeit um 1800 geworfen werden.

Noch in dieser Spätphase der feudalen Gesellschaft wurde das Wirtschaftsleben der anhalt-dessauischen Städte durch das in Zünften organisierte kleine Handwerk bestimmt (die einzige Manufaktur – die fürstliche Tuchfabrik – arbeitete unter dem Gesichtspunkt der Arbeitsbeschaffung). Die Zünfte erfüllten wichtige Funktionen bei der Organisation und Verteilung einer geringer werdenden Menge Arbeit und bei der beruflichen Ausbildung, sie achteten auf die Einhaltung obrigkeitlicher Vorschriften, auch im Hinblick auf die Gesellenschaft, und die Wahrung des inneren Friedens, und sie erfüllten endlich soziale Aufgaben (Totenkasse, Gesellenherberge und Krankenkasse der Gesellen). Einen Teil dieser Pflichten übernahm später der Staat.

Von wenigen Ausnahmen abgesehen, war die Lage der Handwerksmeister um 1800 schwierig, denn die Innungen waren übersetzt und die Konkurrenz erdrückend. Auf rd. 8500 Dessauer Einwohner kamen beispielsweise in den Gewerken der
- Schneider (1793) = 60 Meister, 1 Freimeister, 7 Witwen (+ 26 Landmeister)
  1794 waren 10 Meister ohne Arbeit
- Schuhmacher (1797) = 82 Meister, 5 Witwen
- Böttcher (1820) = 7 Meister, 1 Witwe (+ 1 Landmeister)
- Stellmacher (1818) = 14 Meister, 2 Witwen (+ 7 Landmeister)
- Schmiede (1820) = 7 Meister (+ 9 Landmeister)
- Bader (1798) = nach Ansicht der Medizinalkommission war die Anzahl der »Balbierer und Bader« in der Stadt »übergroß« usw.

Auch dort, wo die wirtschaftliche Lage einer Familie gesichert schien, konnte infolge von Krankheit und Unglücksfällen rasch eine Wende eintreten, denn Rücklagen waren nirgends vorhanden. Schon seit den 70er Jahren des 18. Jahrhunderts bedrängten verschiedene größere Innungen die Regierung, Anordnungen zum

9 Das Ganze nach: LAO Abt. Dessau C 2 a II^h Nr. 64. In einer neueren Arbeit ist auf die besondere Rolle der Handwerksgesellen in revolutionären Auseinandersetzungen dieser Zeit, ihre überregionale Kommunikation und detaillierte Information über den Verlauf der Revolution in Frankreich hingewiesen worden, vgl. Anne-Katrin HENKEL, Christine SEEGER u. Elke ZACHARIAS, Göttingen – eine der Revolution ergebene Stadt?, in: Ausst. Die Französische Revolution

und Niedersachsen 1789–1803, hg. v. Reinhard Oberschelp, Hannover, Niedersächsische Landesbibliothek, 1989, S. 29–46.
10 Hermann WÄSCHKE, Aus Wilhelm Müllers Jugendzeit, in: Zerbster Jahrbuch 10 (1914), S. 60.
11 Franz BRÜCKNER, Häuserbuch der Stadt Dessau, hg. v. Stadtarchiv Dessau, Dessau 1975 ff., S. 888.

Erhalt ihrer »Nahrungsgrundlage« zu treffen. So baten die Schneider darum, ihre Innung bei einer bestimmten Mitgliederzahl (50) zu schließen, auch diejenigen Meister, die mehr als die erlaubten zwei Gesellen hielten, zu bestrafen; den sogenannten Pfuschern und Störern sollte von Amts wegen »das Handwerk gelegt« werden usw. In ihrer Verzweiflung griffen die Meister auch zu außerordentlichen Maßnahmen. 1782 saßen acht von ihnen in Arrest, weil sie gegen einen »Störer« (die Judenfrau Itzigin, Tochter des Judenschneiders Simon David) eigenmächtig vorgegangen waren.[12] Die Geringfügigkeit des Anlasses zeigt, wie wenig Spielraum vorhanden war. Schon 1782 war im Verhältnis zwischen Meistern und Regierung jene Spannung zu spüren, die sich 1794 entlud. Eine andere Möglichkeit, das Einkommen zu verbessern, war die Umgehung der fürstlichen Akzise. Im Oktober 1792 hatten die beiden Schneidermeister und Schwäger Eberius jun. und Müller nachts heimlich Waren aus Leipzig im Werte von 44 Talern durchs Leipziger Tor gebracht, ohne die Akzise zu entrichten. Die Strafe dafür lautete auf Konfiskation und Bezahlung des doppelten Wertes, wurde jedoch auf das einfache Akzisegefälle (1 Taler 21 Groschen) plus 15 Taler Strafe ermäßigt.[13] Nach 1789 gerieten die Zünfte zunehmend unter politischen Druck. Wie ein Schatten legten sich die revolutionären Ereignisse in Frankreich, besonders die der Jahre 1793/94 (von der Hinrichtung des Königs am 21. Januar 1793 bis zum Ende der Jakobinerherrschaft am 9. Thermidor, 29. Juli 1794), auf das öffentliche Leben. Die Zusammenkünfte (Quartale) der größeren Innungen, der Zimmerleute, Tischler, Schuhmacher und Schneider, aber auch der kleineren, wie der Böttcher, Klempner und Schmiede, fanden von jetzt an in Gegenwart staatlich verordneter Beisitzer (Assessoren) statt, die für ihre Tätigkeit, wozu auch die Führung des Protokolls gehörte, von der Innung bezahlt werden mußten. Bei den Sitzungen der Schneiderinnung amtierte Regierungssekretär Siegfried. Die Beisitzer waren auch bei der Abnahme der Meisterstücke zugegen, sie fertigten die Urkunden (Gesellen- und Meisterbriefe) mit aus, kurz, keine Handlung von Bedeutung konnte ohne sie stattfinden. Über die städtischen Innungen wurden auch die Landmeister kontrolliert, die dort pflichtgemäß Mitglied waren. Um des historischen Verständnisses willen muß allerdings hinzugefügt werden, daß dieses System nicht in Anhalt erfunden wurde; Preußen und Kursachsen waren schon wesentlich weiter darin.

Auch in anderen Gremien, wie zum Beispiel der 1793 gegründeten Medizinalkommission, wurde, wenn schon nicht eine spezielle Aufsicht geführt, so doch wenigstens »gehorcht«. In einer persönlichen Instruktion für den Vorsitzenden der Medizinalkommission, Dr. Olberg, wurde dieser ausdrücklich ermahnt, »die von Uns ihm anvertrauten Sachen niemanden ohne Unser Geheiß [zu] offenbaren, in keinen Rat oder Versammlung kommen, da wider Uns oder die Unsrigen gehandelt werden wollte, auch falls er dergleichen erfahren sollte, Uns insgeheim anzeige«.[14]

Die Zensur wurde in Dessau offiziell erst 1807 eingeführt, allerdings gab es schon lange vorher Bestrebungen, die im Lande kursierende Literatur mittels der Buchhandlungen, Leihbibliotheken und Lesezirkel zu kontrollieren. Schon im Februar 1792 erbat die Regierung vom Fürsten Verhaltensmaßregeln »wegen der Aufruhr anfachenden Schriften«[15]. Sie schlug vor, daß der Fürst es »in dieser Sache hier ebenso halten ließe wie laut Kommunikation in den königlich preußischen Landen, dem Stift Quedlinburg und den fürstlichen Anteilen Bernburg und Zerbst«, nämlich, die betreffende kaiserliche Verfügung und das Kreisschreiben[16] den fürstlichen Untergerichten (den Magistraten und Ämtern) mitzuteilen, damit sie auf die Verfasser, Urheber und Verbreiter solcher Schriften wachsame Aufsicht hätten, und, falls ihnen etwas zur Kenntnis käme, solches dem Fürsten unmittelbar und unverzüglich anzuzeigen, jedoch »das kaiserliche sowohl als das Dresdenische Schreiben weder öffentlich noch sonst zu verbreiten, sondern vielmehr beides geheim zu halten«. Im September 1793 wurde der Hofrat Richter zum Aufseher über die Leihbibliotheken bestellt.[17]

Als Rebmann und Vollmer 1794 nach Dessau kamen, in der Hoffnung, die preußischen und kursächsischen Preßgesetze zu umgehen, existierte hier nur die mit einem Verlag verbundene Druckerei von Heinrich Heybruck; die Verhältnisse waren kleinräumig und überschaubar. 1798 kam die mit Didotschen Lettern ausgestattete, modernere Druckerei von Johann Christoph Fritsche hinzu, die Müller später für den Druck der »Bibliothek deutscher Dichter des 17. Jahrhunderts« empfahl[18], und 1806 die von Christoph Schlieder (später Hermann Neubürger). Im Fall der Druckereien war die Verantwortlichkeit auf die Besitzer delegiert, die laut ihren Privilegien und bei Gefahr des Verlusts derselben eine innere Zensur ausübten. Erst der Beitritt der drei anhaltischen Herzogtümer zum Rheinbund und der Zwang zur Unterdrückung mög-

---

12 LAO Abt. Dessau A 12c Nr. 15[16] Nr. 524 u. Nr. 563.
13 LAO Abt. Dessau A 12c Nr. 15[29] Nr. 1545 u. Nr. 1638.
14 Wilfried Heinicke, Ergebnisse des Medizinalwesens in Anhalt-Dessau während der Regierung des Fürsten Franz (1758–1817), unter besonderer Berücksichtigung der Pockenimpfung, in: Dessauer Kalender 1993, S. 46 (LAO Abt. Dessau C 9d Nr. 1[1] fol. 10).

15 LAO Abt. Dessau A 12c Nr. 15[28] Nr. 403.
16 Schreiben des Obersächsischen Reichskreises, dessen Haupt der Kurfürst von Sachsen in Dresden war.
17 LAO Abt. Dessau A 12c Nr. 15[32] Nr. 1679.
18 Brief vom 25. 6. 1820 an F. A. Brockhaus, abgedruckt in: Lohre 1927, S. 113.

licher antifranzösischer Schriften nötigte den Fürsten Franz, eine Zensurbehörde offiziell einzurichten. Am 8. Juni 1807 bestellte er den Hofprediger Böttiger und den Kabinettsrat de Marées zu Zensoren »aller hier im Druck erscheinenden Bücher«. Sie hatten »dahin zu sehen, daß in keiner [Schrift] irgend etwas enthalten sei, was der Religion, dem Staat oder den guten Sitten nachteilig sei, oder sonst etwa Mir Verdruß machen könnte«.[19] Böttiger wurde 1813 »wegen großer Unvorsichtigkeit« von seinem Amt suspendiert[20], die Zensur aber blieb bestehen.

Auch in seiner geliebten Hauptschule mußte Fürst Franz Zeichen von Unruhe und Ungehorsamkeit bemerken. Er äußerte sich darüber später (1811) im Gespräch mit dem Wörlitzer Propst Reil folgendermaßen[21]: »›Ich schätzte ihn [Neuendorf] sehr‹, fuhr der Fürst fort. ›Ich überließ ihm ganz die Leitung der Schulangelegenheiten. Dennoch bin ich einmal mit ihm zerfallen. Ich war wirklich sehr aufgebracht und böse. Als nämlich die Revolution ausgebrochen und im vollen Gange war, hatte er versäumt, die Lehrer zu überwachen. Zwei von ihnen waren eingefleischte Revolutionäre. Sie hatten es ordentlich darauf angelegt, ihre Schüler zu Jakobinern zu machen. Nun, Sie müssen doch das wissen (...).‹ ›Leider! weiß ich das, Durchlaucht! Die beiden trieben es in der Tat arg genug, ohne alle Scheu. Der eine impfte uns die Revolution, der andere den Naturalismus ein. Man las uns in den Unterrichtsstunden den Moniteur vor, wir mußten die Marseillaise, die ich aus der Zeit her noch abschriftlich mit der Komposition besitze, auswendig lernen, Reden von Condorcet, Rabaud, St. Just, Mirabeau, in das Deutsche übersetzen und oratorisch vortragen‹«.[22]

Nach dem Tode Carl Gottfried Neuendorfs (1798) entfielen die Rücksichten auf dessen Verdienste; Fürst Franz leitete nun die Demontage der eigenen, 1785 begonnenen Schulreform ein, und zwar in zwei Schritten:

1. 1799.

Das Schulwesen des Landes, bis dahin unter der Direktion Neuendorfs, der dem Fürsten unmittelbar verantwortlich war, wird unter die Aufsicht des Konsistoriums[23] gestellt.

Die Inspektion der höheren Schulen in Dessau und Zerbst erhält der Superintendent Ludwig de Marées.

2. 1800.

Dem Schuldirektor Vieth, der Neuendorfs Amt als Inspektor der Dessauer Landschulen (= 1. Schulinspektion) zunächst übernommen hatte, wird diese Aufgabe abgenommen und dem Archidiakonus an der Dessauer Marienkirche, Johann Friedrich de Marées, übertragen.

Damit sind alle fünf Schulinspektionen des Landes geistlich. Vieth bleibt nur die Aufsicht über die niederen Dessauer Stadtschulen.

Die von Neuendorf eingeführten Schulinspektions-Tabellen bleiben Pflicht; auf die sogenannten Schultabellen (mit der halbjährlichen Einschätzung der Persönlichkeit und Leistung jedes Schülers) wird wegen Überlastung des Konsistoriums verzichtet. Eine Ausnahme bildet nur die Dessauer Hauptschule, da die Entwicklung der künftigen Staatsdiener, wie es heißt, beobachtet werden muß.

Das Lehrerseminar wird auf eine reine Unterrichtsanstalt reduziert. Als Begründung wird angegeben, daß die Aufwendungen fürs Seminar zu hoch seien; die jungen Leute dürften als Seminaristen nicht besser dastehen als später als Landschullehrer. –

Nach 1800 begann die Bevölkerungskurve zu steigen. Wachsende Schülerzahlen (in Dessau stiegen sie allein zwischen 1803 und 1811 von 977 auf 1191) führten bald zu einer drangvollen Enge in den Klassenzimmern, denn es wurden weder neue Klassen eingerichtet noch zusätzlich Lehrer eingestellt. Selbst die oberen Klassen der Hauptschule, die zur Universitätsreife führten, waren betroffen. Die Folgen blieben auch dem Schulinspektor und Superintendenten de Marées nicht verborgen, der dem Konsistorium im Juli 1816 einen Bericht vorlegte, aus dem hier zitiert wird[24]:

»Die hiesige Hauptschule bedarf, nach meiner innigsten Überzeugung, einer großen und baldigen Reform, wenn sie nicht gänzlich in Verfall geraten soll. Die gelehrte und Bürgerschule sind, was beinah nirgends mehr der Fall ist, zum großen Nachteil für beide noch immer vermischt; die Klassen sind eben um des willen viel zu stark besetzt; ohne einen allgemeinen das Ganze gehörig umfassenden, auf stufenweisen Unterricht in jedem Fache berechneten Lehrplan lehrt, besonders in den oberen Klassen, jeder was er will und wie er es will. An Disziplin ist nach der eigenen Versicherung der Lehrer und der verständigen Schüler fast gar nicht mehr zu denken; der Direktor [Vieth] scheint mit den Mängeln der Anstalt gar nicht bekannt zu sein, oder wenn er sie auch bemerkt, so tut er doch nichts, um ihnen mit gehörigem Ernst abzuhelfen. Unter diesen Umständen werden die Nachlässigen immer nachlässiger; die Bessern erkalten im Eifer für ihr Amt, können wenigstens nicht mit Freudigkeit und gesegnetem Erfolg arbeiten; das Unwesen mit den so kostspieligen, in mancher Hinsicht so schädlichen Privatstunden nimmt immer mehr überhand und die Schüler lernen doch nichts

19 LAO Abt. Dessau C 9e Nr. 36 fol. 1.
20 LAO Abt. Dessau C 9e Nr. 22¹ fol. 204.
21 Fr. REIL, Leopold Friedrich Franz, Herzog und Fürst von Anhalt Dessau ... nach seinem Wirken und Wesen, Dessau 1845, S. 74–76.
22 Eine Schrift Carl Gottfried Neuendorfs (Kurze Belehrung für Nachdenkende über bürgerliche Freiheit und Gleichheit, 1793 oder

1794) war mir nicht zugänglich, so daß ich ihre Tendenz nicht feststellen konnte (vgl. LAO Abt. Dessau C 9e Nr. 14¹ fol. 10).
23 Das Konsistorium stellte nichts weiter dar als die um den an 2. Stelle stehenden Superintendenten Ludwig de Marées erweiterte Regierung.
24 LAO Abt. Dessau C 18b Nr. 8 fol. 1.

gründlich ...«. Die Richtung, die eine künftige Schulreform einschlagen würde, war hier schon angezeigt; sie
durchzuführen, fand der alternde Herzog Franz nicht
mehr die Kraft. Diese Aufgabe blieb seinem Nachfolger
und Enkel überlassen.

1817 übernahm Herzog Leopold Friedrich die Regierung,
ein Mann von konservativer Gesinnung, verheiratet mit
der preußischen Prinzessin Friederike. Die Gefahr, von
Preußen mediatisiert zu werden, war noch einmal glücklich abgewendet, doch waren die drei anhaltischen Herzogtümer (Dessau, Köthen, Bernburg) nach dem Wiener
Kongreß zu 9/10 von preußischem Territorium umschlos-
sen. Nach einem 10jährigen aussichtslosen Kampfe, der
Gewerbe und Handel in Anhalt (darunter auch Buchhandel und Druckereien) außerordentlich schädigte, traten
Bernburg (1826), Köthen und Dessau (1828) dem preußischen Zollverein bei.

Nach 1789 hatte der absolut regierende Fürst das Wört-
chen »aufgeklärt« mehr und mehr preisgegeben; nach
1819 war die volle Ausbildung des obrigkeitlichen Staates
erreicht.

Die Stellung der leitenden Gremien in den Innungen und
anderen Korporationen wurde gestärkt. Sie führten
immer mehr staatliche Aufgaben aus und nahmen selbst
den Charakter von »Obrigkeiten« an. Diese Praxis machte
selbst vor den jüdischen Gemeinden nicht halt, bei denen
die Stellung der Gemeindedeputierten (Coscher Cohel)
zugunsten der Befugnisse der Vorsteher oder Ältesten
zurückgedrängt wurde (vgl. die Geschäftsordnung für die
Ältesten und Officianten der Israelitischen Gemeinden
von 1821). Gleichzeitig wurde das oben vorgestellte
System der Überwachung perfektioniert. Von 1820 an
hatte auch die kleinste Innung (mit 3–4 Meistern) einen
aufsichtführenden Assessor, der sie oft jahrzehntelang
»betreute«. Die Aufsicht in den Gesellen-Versammlun-
gen, die nicht minder beargwöhnt wurden, führte der
jüngste Innungsmeister. Denn konnte es bei solchen
Zusammenkünften nicht leicht, vor allem wenn die Lade
geschlossen war und der allgemeine Umtrunk begonnen
hatte, zu unkontrollierten oder gar staatsgefährdenden
Reden kommen?

Die sehr beengten Verhältnisse nach 1815/19 waren
jedoch nicht allein den politischen, sondern fast ebenso-
sehr den ökonomischen Verhältnissen geschuldet. Die
wirtschaftliche Grundlage der vorindustriellen Gesellschaft war noch schmaler geworden. Es fehlte an Arbeit,
während Arbeitskräfte überreichlich vorhanden waren.

In die Innungsbriefe, die gemäß der neuen Innungsord-
nung von 1821 sämtlich überarbeitet werden mußten,
wurde eine Reihe neuer, die Wirtschaft bis ins Detail
regelnder Vorschriften aufgenommen. Neu war vor allem
die Bestimmung, daß die herzoglichen Untergerichte
(Magistrate, Justizämter) das Niederlassungsrecht erteilt
haben mußten, bevor ein Bewerber zur Meisterprüfung
antreten konnte. Das wiederum war nur möglich, wenn
der künftige Meister eine freie Werkstätte und ein Min-
destvermögen nachwies. So wurde mit restriktiven Mitteln versucht, die Nahrungsgrundlagen des Handwerks zu
erhalten, das heißt jeder Werkstatt einen, wenn auch
begrenzten, Absatz zu sichern. Dagegen blieben die vielen
»nahrlosen« Einwohner, deren Anteil an der Bevölkerung
ständig stieg, ausgeschlossen.

Es war diese Verquickung von politischer und wirtschaftlicher Überwachung und Reglementierung, die so nieder-
drückend auf die Zeitgenossen wirkte. [25]

Der jugendliche Herzog Leopold Friedrich (reg. 1817–71)
begann, wie sein Großvater Leopold Friedrich Franz, mit
einer Reform des Schulwesens, beschränkte sich jedoch,
im Gegensatz zu diesem, auf die höheren Knabenschulen
in Dessau und Zerbst. Außer der erklärten Absicht, die
unhaltbar gewordenen Zustände in bezug auf die Überfül-
lung der Klassen und mangelnde Qualität des Unterrichts
verändern zu wollen, wirkten neuhumanistische Einflüsse
der Zeit ein, die vor allem von der 1810 gegründeten
Berliner Universität ausgingen. Der einheitliche Bildungs-
weg der Hauptschule, das Vermächtnis der bürgerlichen
Erziehungs- und Bildungsreform des 18. Jahrhunderts,
wurde aufgegeben. Nach dem gemeinschaftlichen Besuch
der vierklassigen Vorschule trennten sich die Wege; die
Mehrzahl der Schüler besuchte die dreiklassige Bürgerschule, während die künftigen Akademiker auf die vier-
klassige (ab 1823 = fünfklassige) Gelehrtenschule wech-
selten [26], die besonderen Wert auf den Unterricht in alten
Sprachen legte.

Es wurde eine Reform bei knappen Kassen, denn Herzog
Franz hatte bei seinem Tode einen Schuldenberg von rd.
1 Million Talern hinterlassen. Das ganze Ausmaß der
Staatsverschuldung wurde erst nach und nach sichtbar; so
mußte noch 1832 der Etat der herzoglichen Hofbibliothek
um die Hälfte gekürzt werden. [27] Im Personalbereich
beschränkte man sich darauf, den bisherigen, naturwis-
senschaftlich orientierten Schuldirektor Vieth durch einen
Altphilologen zu ersetzen, der, wie man hoffte, auch ein
tüchtiger und erfahrener Schulmann sein würde (Fried-

25 Auch das Leben der Familie Müller war über den Tod des
Dichters hinaus von wirtschaftlichen Sorgen überschattet. Noch am
21. 1. 1828 verzichtete vor dem herzoglichen Justizamt in Dessau die
Witwe Marie Müller geb. Gödel, die Stiefmutter Wilhelm Müllers,
für sich und ihre Tochter Wilhelmine auf alle Ansprüche gegen die
verwitwete Frau Hofrätin Adelheid Müller, wohingegen ihr diese
500 Taler in preußisch Courant in jährlichen Raten von 50 Talern

zahlen wollte (dieser Revers befindet sich im Nachlaß Max Müller in
der Bodleian Library in Oxford, Großbritannien).
26 Um das Ziel einer »Klasse« zu erreichen, mußten oft mehrere
Schuljahre durchlaufen werden; das heißt, die beiden Begriffe deck-
ten sich damals nicht.
27 LAO Abt. Dessau A 140 Nr. 4 fol. 82.

rich Stadelmann), sowie zwei Kollaboratoren zusätzlich einzustellen (einer von ihnen war Wilhelm Müller). Diese Kollaboratoren oder Hilfslehrer waren akademisch gebildete Lehrer ohne pädagogische Ausbildung, während die Lehrer der unteren und mittleren Klassenstufen zwar das Seminar besucht, aber keine fachwissenschaftliche Ausbildung genossen hatten.

Die neue Schulreform war das Lieblingskind des Regenten. Als der Direktor der Bürgerschule, Heinrich de Marées, eine Bemerkung über die vergleichsweise »ärmliche Besoldung« der Schullehrer im Vergleich zu anderen Staatsdienern machte, sah sich das Konsistorium veranlaßt, »Zweifel an seinen Gesinnungen« zu erheben, ja, ihm sogar vorzuwerfen, »die gnädigsten Gesinnungen Serenissimi für die hiesige Hauptschule ganz verkannt zu haben«, worauf sich de Marées schnell zurückzog.[28]

Die Neueinrichtung der höheren Schulen ließ sich sehr gut mit der Erweiterung von Aufsicht und Kontrolle verbinden, womit zugleich das Konsistorium entlastet werden konnte. 1819 wurden in Dessau und Zerbst Schulephorate als Zwischenbehörden zwischen Schulen und Konsistorium eingerichtet. Mitglieder des Dessauer Ephorats waren 1. Superintendent und Konsistorialrat de Marées, 2. Vieth mit dem neu verliehenen Titel eines Schulrates, als Fachmann für pädagogische Fragen, und 3. Amtsrat Richter als Vertreter des herzoglichen Justizamtes. Es waren die Schulephoren, die den Probelektionen Wilhelm Müllers beiwohnten und die seine Anstellung an der Hauptschule befürworteten. In den späteren Auseinandersetzungen zwischen Müller und Stadelmann ergriffen sie stets die Partei des Schuldirektors, während das Konsistorium in Mutmaßung der »gnädigsten Gesinnungen Serenissimi« etwas vorsichtiger verfuhr.

Denn inmitten aller Beschränkungen gab es noch die Möglichkeit, die Instanzen zu übergehen und immediat zum Herzog vorzudringen. Andererseits war der Herzog imstande, die eigenen Verfügungen und Verordnungen, wenn es der Fall erforderte, außer Kraft zu setzen (ein nicht zu unterschätzender Vorteil der absoluten Regenten). Bereits der Erbprinz Leopold Friedrich kannte den Studenten Wilhelm Müller, den er vor der Universität in Berlin ansprach.[29] Dieses patriarchalische Verhältnis des Regenten zu seinen Untertanen, Vorteil und Nachteil der kleinen Staaten, mußte dem Bürgertum als Entschädigung für fehlende Freiheit und Selbstbestimmung dienen. Wilhelm Müller schwebte keine Laufbahn im Schuldienst vor. Er überwand bald die durch Herkunft und gesellschaftliche Stellung gegebenen Schranken und verkehrte – als Dichter – in den ersten Familien, zu denen er, nach der

Eheschließung mit Adelheid Basedow, selbst gehörte. Er genoß anscheinend von Anfang an die allerhöchste Protektion. Der Herzog gewährte ihm viele Vergünstigungen, wie die Sonderstellung eines außerordentlichen Lehrers, die eigentlich im Widerspruch zu den Bedürfnissen der Hauptschule stand, er ernannte ihn 1824 zum Hofrat und gewährte dem Kranken im Frühjahr 1826 den Aufenthalt im Luisiumsgarten. Das alles ließ ihn das Leben in Dessau erträglicher erscheinen – befriedigt hat es ihn nicht.

Am 11. Dezember 1819 wurde auch in Dessau das »von E. hohen deutschen Bundesversammlung beschlossene Preßgesetz und dessen Handhabung in dem Herzogthume Anhalt-Deßau« publiziert[30]; entsprechende Verfügungen ergingen an die Buchdrucker (Heinrich Heybruch, Joh. Chr. Fritsche, Joh. C. Schlieder), den Buchhändler Christian Georg Ackermann sowie an die Buchdrucker und -händler Füchsel und Joh. W. Kramer in Zerbst. – Die Bücherzensur war jene Seite des obrigkeitlichen Staates, die der Dichter vom ersten Tag seines literarischen Auftretens an, als die Berliner Zensur die Ankündigung der »Bundesblüthen« in den Berliner Zeitungen auf Veranlassung des Staatskanzlers von Hardenberg strich[31], intensiv kennenlernte. Ein Austausch über die Zensur in Leipzig und über die Möglichkeiten, sie zu umgehen beziehungsweise bloßzustellen, durchzieht Müllers Briefwechsel mit den beiden Verlegern Brockhaus bis zum Ende; mit Nachdruck kämpfte er besonders um die Veröffentlichung weiterer Hefte der Griechenlieder, nachdem die beiden ersten in Dessau relativ unproblematisch durch die Zensur gegangen waren. Die Zensur zwang den Dichter, sein gesellschaftliches Anliegen zu verhüllen beziehungsweise verhüllend anzudeuten, wobei er sich auf einen allgemeinen, unausgesprochenen Konsens über den Zustand der Zeit verlassen konnte. Infolge der Zensur und anderer Formen der Überwachung war eine geistig-literarische und politische Öffentlichkeit praktisch nicht vorhanden. Das Bürgertum zog sich in seine gesellschaftlichen Zirkel und Freundeskreise zurück; man traf sich zu literarischen Lesungen, Theateraufführungen, aber auch zu Spaziergängen in der gepflegten Natur (die »Gesellschaftsgärten« erlebten eine Blütezeit), zur Liedertafel und auf den großen Musikfesten, da die Sprache der Musik den Vorzug hatte, unzensierbar zu sein.

In Dessau war durch die Ankunft Friedrich Schneiders 1821 ein freundlicheres Klima entstanden, sonst war das geistige Leben hier wenig anregend. E i n e n Trost jedoch hielt die Zeit bereit: das Bild der noch unzerstörten Natur, das dem Dichter in und vor den Toren seiner Heimatstadt auf Schritt und Tritt begegnen konnte.

28 LAO Abt. Dessau C 18 b I (Nachtrag) Nr. 6[I].
29 Tagebucheintragung vom 10. 11. 1815, in: MÜLLER 1903, S. 39.
30 Gesetzsammlung für das Herzogtum Anhalt-Dessau, Nr. XIII, vom 11. 12. 1819.

31 Tagebucheintragungen vom 17. 1., 18. 1., 20. 1. und 26. 1. 1816, in: MÜLLER 1903, S. 81 ff.

Bibliothek
deutscher Dichter

des

siebzehnten Jahrhunderts.

Herausgegeben

von

Wilhelm Müller.

I.

Auserlesene Gedichte
von Martin Opitz von Boberfeld.

Leipzig:
F. A. Brockhaus.

1822.

Titelblatt zum ersten Band der Müllerschen Anthologie barocker Dichter (Kat. Nr. 19)

Wilhelm Müller als Bibliothekar

Von Annette Gerlach

Auch wenn sich der Nachruhm Wilhelm Müllers nicht durch seine bibliothekarische Tätigkeit begründete, sollte dieser Bereich seines Wirkens nicht unberücksichtigt bleiben. Müller ist keineswegs der einzige Dichter, dessen Name eng mit einer Bibliothek verbunden ist: Gotthold Ephraim Lessing (Wolfenbüttel), Johann Wolfgang von Goethe (Weimar), Friedrich Hölderlin (Homburg), Johann Jakob Wilhelm Heinse (Mainz), August Graf von Platen (Erlangen), August Heinrich Hoffmann von Fallersleben (Breslau und Corvey), Ludwig Bechstein (Meiningen), Friedrich Hebbel (Weimar), Franz Grillparzer (Wien), Alexandre Dumas (Orleans) seien erwähnt in einer doch unvollständigen Aufzählung. Die genannten waren fast alle in fürstlichen Bibliotheken beschäftigt. Neben den gerade im 19. Jahrhundert sich verändernden Universitätsbibliotheken waren Adelsbibliotheken der wichtigste Bibliothekstyp, entstanden aus dem standesgemäßen Anspruch universaler Bildung und dem Bedürfnis, ebendiese als Teil adeliger Potenz zu repräsentieren. Die bibliothekarische Arbeit im engeren Sinn reichte dabei von der »Oberaufsicht«, welche der Geheime Rat Goethe seit 1797 ausübte, bis hin zur Katalogisierung der Bestände. In der Herzog-August-Bibliothek in Wolfenbüttel zum Beispiel waren bis ins 20. Jahrhundert hinein für einen Teil der Bestände allein die von Leibniz und Lessing erstellten Kataloge einziges Erschließungsinstrument.

Wilhelm Müllers bibliothekarische Tätigkeit ist durch Quellen wenig belegt, jedoch ist sein Name untrennbar mit der Gründung der »Herzoglichen Bibliothek« in Dessau 1820 verbunden. In dieser Bibliothek sollten die fürstlichen Privatsammlungen in Dessau und Wörlitz »unter einem Hofbibliothekar und in einem Gebäude zusammengefaßt und der Öffentlichkeit zugänglich gemacht werden«.[1]

Die Sammlungen, die dabei zusammengeführt wurden, reichen zurück bis ins 16. und 17. Jahrhundert zu den Bibliotheksbeständen des Herzogs Johann Georg I. (1567–1618) und seiner Tochter Eva Katharina (1613–1679). Charakteristisch für die Herzogliche Bibliothek ist stets die Vermehrung durch Übernahme ganzer Sammlungen gewesen (s. u.).[2]

Als Dessauer Hofbibliothekar war 1819 zunächst der Direktor der Hauptschule, Gerhard Ulrich Anton Vieth, vorgesehen. Er äußerte allerdings so viele Bedenken – angefangen von vermeintlichen (oder tatsächlichen) Mängeln des vorgesehenen Gebäudes (Wallstraße 10) bis hin zu Arbeitsüberlastung und Klagen über die vorgesehene Bezahlung[3] –, daß schließlich in Christian Friedrich Stadelmann, dem Direktor der neuen Gelehrtenschule, der erste Bibliothekar gefunden und Wilhelm Müller sein Gehilfe wurde. Der Geheime Kabinettsrat August von Rode, dem die Oberaufsicht über die Bibliothek übertragen worden war und der die Gründung der »Herzoglichen Bibliothek« vorantrieb, brachte in seinen »Unmaßgeblichen Vorschlägen zur Einrichtung der allhier zu errichtenden Herzoglichen Öffentlichen Bibliothek« (vom 30. 11. 1819) Wilhelm Müller als Bibliothekar ins Gespräch.[4] An Stadelmann kritisierte er, daß er nicht genügend Zeit habe und meldete Zweifel an dessen Qualifikation an. Wilhelm Müller, der an der Gelehrtenschule unterrichtete, sollte die alleinige Betreuung der Bibliothek übernehmen, da er sich durch seine philologischen Studien und Kenntnisse, seine Reisen und seine dichterische Arbeit – namentlich genannt wird Müllers Reisebeschreibung »Rom, Römer und Römerinnen« – als befähigt für diese Aufgabe erwiesen habe. Die »Vorschläge« Rodes zeigen darüber hinaus eindrücklich die notwendigen Vorüberlegungen und auch Schwierigkeiten bei der Errichtung der Bibliothek. Rode bemühte sich (nicht nur in den »Vorschlägen«), ein Auseinanderreißen der Sammlungen zu verhindern, denn der Herzog wollte die wertvollsten Bücher der öffentlichen Bibliothek nicht anvertrauen; Rode beharrte auf dem nicht trennbaren Zusammenhang

---

1 Franz Brückner, Die herzogliche Hofbibliothek und ihr erster Bibliothekar, Wilhelm Müller, in: Ders., Häuserbuch der Stadt Dessau, H. 7, Dessau 1979, S. 640 f., hier S. 640.

2 Die Herzogliche Bibliothek befindet sich seit 1924 in der Anhaltischen Landesbücherei (heutiger Name dieser Sammlung: »Hofbibliothek«). Im Verlauf des 19. Jahrhunderts kamen vor allem auch Bücher aus Privatbesitz (zum Beispiel des kaiserlich-russischen Bibliothekars von Schardius oder des Sprachforschers Karl Wilhelm

Kolbe) in die Bibliothek, bis hin zur wichtigsten Übernahme – der Bibliothek des preußischen Diplomaten Hermann von Thile (heutige Sammlung »Thiliana«).

3 Vgl. den Brief Vieths an den Herzog vom 21. 3. 1819, Landesarchiv Oranienbaum (im folgenden LAO), Abt. Dessau A 14a Nr. 4, Bl. 1.

4 LAO, Abt. Dessau A 14a, Nr. 4, Bll. 12–15.

jeder Sammlung und versuchte, wenigstens Dubletten von sogenannten »Prachtwerken« für die Bibliothek zu erhalten. [5] Er bemühte sich um die Festschreibung eines Erwerbungsetats, wobei die genannten 1200 Taler durchgestrichen und auf 600 korrigiert sind – ebenso wie die Zulage für den Bibliothekar Müller von 200 auf 120 –, zudem erörterte er Fragen der Öffnungszeiten und der Nutzung. Der Etat von 600 Talern, die Ernennung Müllers zum alleinigen Bibliothekar (bei gleichzeitiger Entbindung Stadelmanns von diesen Pflichten) mit Hinweis auf seine Zulage und eine Wohnung im Bibliotheksgebäude (s. Kat.Nr. 8) ist in einem Brief Herzog Leopolds Friedrich Franz vom 4. Januar 1820 festgeschrieben. [6] Damit war dem fortwährenden Konflikt zwischen Müller und Stadelmann Rechnung getragen sowie die von Rode gewünschte fachkundige und mit dem notwendigen zeitlichen Engagement verbundene Betreuung der neuen Bibliothek gesichert. Müller zog in das Bibliotheksgebäude und bekam Bernhard Hartmann aus Quedlinburg zum Gehilfen. Im Laufe der Zeit konnte er seine Unterrichtstätigkeit reduzieren und sich ganz der Bibliothek widmen. Ab 1823 durfte er statt des bisherigen Titels »Collaborator« den eines »Bibliothekars« führen und war von den schulischen Verpflichtungen ganz befreit. Ein Zeichen der Anerkennung dürfte der ihm 1824 verliehene Hofratstitel sein. Die Bestallungsurkunde vom 17. 1. 1820 [7] bestätigt die schon genannten Bedingungen seiner Arbeit (Zulage, Wohnung) und benennt seine bibliothekarischen Aufgaben. So wurden unter Müllers Leitung die verschiedenen herzoglichen Sammlungen der Schlösser zu Dessau und Wörlitz (bis auf die »Georgs-Bibliothek« – die Sammlung des Fürsten Georg III. [1507–1553]), die Bibliothek des Architekten Friedrich Wilhelm von Erdmannsdorff und Werke der Bibliotheken des Philanthropinum und der Hauptschule zusammengestellt und katalogisiert; in seine Zuständigkeit fiel auch die Lösung aller damit zusammenhängenden Fragen, bis hin zur Regalbeschaffung. Eindrücklich beschrieb er dies in einem Brief an Atterbom: »Die ganze Einrichtung der Hof-Bibliothek, von den Büchergestellen an, ist meiner Anordnung übertragen worden, und wenn ich auch 5 bis 6 Gehülfen habe, so muß ich doch bei Allem gegenwärtig sein, selbst bei dem Transporte der Bücher aus Wörlitz und den übrigen Landschlössern nach dem Bibliotheksgebäude«. [8]
In der schon mehrfach zitierten Akte aus den Anfangszeiten der Herzoglichen Bibliothek findet sich kein Zeugnis über Müllers Tätigkeit beziehungsweise das Schicksal der

Bibliothek zwischen Gründung (1820) und Tod Müllers (1827), so daß sich manches nur indirekt erschließen läßt. Die Aufstellung der Bücher erfolgte nicht getrennt nach den jeweiligen Sammlungen, das heißt also nach Provenienzen, sondern sie folgte einer Systematik, die dem damaligen Wissenschaftsverständnis entsprach. Eine alphabetische Katalogisierung wurde vielfach für weniger wichtig erachtet (alphabetische Kataloge wurden erst notwendig und entstanden in der Regel im Laufe des 19. Jahrhunderts, zunächst vor allem an Universitätsbibliotheken, die mit einem größeren Benutzerkreis und der gestiegenen Masse an Literatur fertig werden mußten), die Aufstellung nach Sachgebieten erschloß sich gleichsam nur am Regal und dort im Grunde nur dem gebildeten Benutzer, der über die nötigen literarischen Vorkenntnisse verfügte. Da die Erstellung eines »Bücherverzeichnisses« in der Bestallungsurkunde als Aufgabe Müllers festgeschrieben ist und da Rode in einem Brief vom 21. 10. 1828 dem Herzog schrieb: »Das Bücherverzeichnis ist nunmehr vollendet« [9], Müllers Nachfolger Heinrich Lindner in den wenigen Monaten seiner Arbeit (seine Ernennung ist vermerkt in einer Randnotiz des Herzogs in einem Brief Rodes mit Datum des 24. 12. 1827 [10]) dies kaum allein bewältigt haben konnte, muß davon ausgegangen werden, daß Müller die Aufstellungssystematik entwickelte und die Bücher im wesentlichen katalogisierte. Lindner erwähnte allerdings in dem 1829 von ihm herausgegebenen Katalog [11] – dem ersten der Herzoglichen Bibliothek – Müllers Leistung mit keinem einzigen Wort. Der Katalog, der die Aufstellung widerspiegelt, allerdings durch kein Register die Benutzung erleichtert, weist folgende Ordnung auf: »I. Werke allgemeinen Inhalts, II. Litteratur der schönen Künste, III. Neuere Litteratur, IV. Geschichte, V. Philologische Wissenschaften, VI. Philosophische Wissenschaften, VII. Naturwissenschaften und VIII. Mathematische Wissenschaften«. Jede dieser Großgruppen ist wiederum mehrfach untergliedert, wobei die Gliederungstiefe unterschiedlich ist. Im Katalog tauchen diese Untergruppen als Zwischenüberschriften auf. Nicht mehr feststellen läßt sich, ob und wie gegebenenfalls diese Systematik in eine Signatur umgesetzt wurde. Die »Zeitgebundenheit« jeder Systematik zeigt sich hier an Beispielen wie der Einordnung der Psychologie als Untergruppe der Philosophischen Wissenschaften auf derselben Gliederungsebene wie Geschichte der Philosophie, Logik, Moral, Erziehungslehre und Staatswissenschaften oder die Einord-

5 Vgl. LAO, Abt. Dessau A 14a Nr. 4, Bll. 3ʳ, 15ᵛ, 18ʳ⁻ᵛ, 22ʳ⁻ᵛ. Aus dieser schon genannten Akte zur Gründung der Herzoglichen Bibliothek ergibt sich auch, daß Konzeptionen anderer fürstlicher Bibliotheken (Berlin, Karlsruhe und Weimar) zum Vergleich herangezogen wurden (Bll. 23–29).
6 Vgl. LAO, Abt. Dessau A 14a Nr. 4, Bl. 16–17.

7 Oxford, Bodleian Library, Ms. German. c. 31 (Nr. 12).
8 LOHRE 1927, S. 290.
9 LAO, Abt. Dessau A 14a Nr. 4, Bl. 31ʳ.
10 LAO, Abt. Dessau A 14a Nr. 4, Bl. 42.
11 Heinrich LINDNER (Hg.), Katalog der Herzoglichen Bibliothek zu Dessau, Dessau 1829.

nung der Experimentalphysik als Untergruppe der Natur-
lehre (= Untergruppe der Naturwissenschaften) auf derselben Ebene wie die Chemie, Naturgeschichte und
Gewerbskunde (dazu zählen Land- und Hauswirtschaft
und anderes). Quantitativ gesehen zeigt der 17230 Bände
umfassende Katalog, daß an erster Stelle die Geschichte
und alte Philologie standen, an zweiter neuere Literatur
und Mathematik, an dritter Philosophie und Naturwissenschaften sowie die Schönen Künste. In einem kurzen,
in der »Beilage zum literarischen Wochenblatt« vom
Oktober 1820 veröffentlichten Bericht Müllers[12] über die
Einrichtung der Bibliothek und deren Eröffnung am
1. Juni 1820 zeigt sich in seiner genauen Beschreibung,
daß er ihren Wert und ihre Bedeutung klar erkannte und
einschätzte sowie ihre Besonderheiten hervorhob: er verweist auf die neuere Literatur, Originalausgaben englischer Schriftsteller, Werke zur bildenden Kunst, Reisebeschreibungen, klassische Literatur, Werke zur Theologie
und Pädagogik sowie vor allem auch »noch unvergli-
chen[e]« lateinische Handschriften. Der durch Randnoti-
zen erkennbare »fleißige Gebrauch« der Bücher war Müller Indiz für die Bildung der Fürsten. Die Handschriften
hob er als »Schätze« der Bibliothek ebenfalls in einem
Brief an Friedrich August Wolf vom 4. 6. 1820 hervor.[13]
Erwerbungen, die Müller tätigte, lassen sich nur zum
geringen Teil durch Quellen belegen. Er kaufte bei Brockhaus Bücher und nutzte seinen Autorenrabatt geschäfts-
tüchtig auch für die Bibliothek: »Da die 25% Rabatt, die
mir versprochen sind, eine besondere Vergünstigung des
Rezensenten sind, so ersuche ich Sie mir 12 1/2% gutzu-
schreiben, 12 1/2 aber auf der Rechnung der herzoglichen
Bibliothek, als dieser zugutekommend, anzuschrei-
ben.«[14] Aber auch an seinen Vorteil dachte er, wobei sich
in dem folgenden Zitat auch zeigt, welche Rücksichten er
zu nehmen hatte: »Auf den Rechnungen für die Bibliothek
ziehen Sie 15 2/3 Procent ab, als den gewöhnlichen
Rabatt, den Ackermann der Bibliothek giebt. Ich kann
hier nicht mehr abziehen lassen, weil man mir sonst die
Verbindlichkeit auflegen würde, auch andre direkte Verbindungen anzuknüpfen, was eine Unbilligkeit gegen
Ackermann wäre, der, als unser städtischer Buchhändler,
nicht übergangen werden darf. Den Rest des Rabatts
nehme ich als eine freundschaftliche Privatvergünstigung
von Ihnen an, und Sie schreiben ihn mir zu meinem
Honorar. So haben wir es auch früher schon mit den zur

Rezension übersandten und von mir zurückgehaltenen
Büchern gemacht.«[15] In einem Bericht Lindners vom
28. 10. 1828 über den Etat von 1827/28 bemerkt dieser:
»Müller hat 1826 die große Englische Enzyklopädie von
Reuss für 400 Taler gekauft«[16]. Die vereinbarte Ratenzah-
lung ging auch zu Lasten des Etats von 1827. An diesem
Beispiel zeigt sich, daß Müller wohl auch im Hinblick auf
den inhaltlichen Zusammenhang des Bestandes kaufte, es
sei hier nur an die zitierte Hervorhebung der Originalausgaben englischer Literatur durch Müller erinnert. Auch
die nachweisbar 1821 von ihm für die Bibliothek einbehal-
tenen Rezensionsexemplare – »Kephalides' Reisen, Fur-
chaus Hans Sachs, Büschings Hans Sachs und Bessi,
Geschichte Italiens«[17] lassen sich zur Bestätigung dieser
These anführen. Ebenso wird dies erkennbar in einem
Brief Müllers an den Herzog von 1825, in dem er diesen
auf die Subskriptionsmöglichkeit der »Monumenta
Historica Germaniae« von Georg Heinrich Pertz hinweist
und erwähnt, daß er dieses »Nationalwerk« schon für die
Bibliothek subskribiert habe.[18] Allerdings haben ihn
offenbar auch bei seinem Bucherwerb für die Bibliothek
die Interessen seiner Rezensionstätigkeit beeinflußt; manches von ihm rezensierte Werk hat er für die Bibliothek
gekauft, gerade »kostspielige Werke, von denen ihm
Brockhaus Rezensionsexemplare nicht liefern kann«.[19]
Lindner hatte sehr um einen Erwerbungsetat zu kämpfen,
gespart wurde in den 1830er Jahren bis zur völligen
Aussetzung eines Etats, diese Probleme hatte Müller
nicht. Aufgrund fehlender weiterer Quellen läßt sich über
sein Erwerbungsprofil Genaueres aber nicht aussagen.
Müller bemerkte in dem bereits erwähnten Brief an Wolf
vom 4. 6. 1820[20], daß er einen jährlichen Erwerbungsetat
von 600 Rthlr. habe und dazu der Herzog selbst »manches
kostbare Werk« kaufe. Die Auswahl lag nach den Worten
dieses Briefs allein bei ihm: »Die Auswahl mache ich, ohne
Beschränkung von einer Behörde, da ich in allen Biblio-
theksangelegenheit[en] unmittelbar unter dem Herzog
stehe und auch dem Kabinet meine Rechnungen vorlege«.
Ob dies stets der Fall war, läßt sich nicht mit Sicherheit
sagen. Immerhin gibt es vom 3. 10. 1827 ein interessantes
Zeugnis, das für eine Beteiligung Rodes und des Herzogs
zu sprechen scheint: Rode verweist auf ein Subskriptions-
angebot für einen »Atlas universel de géographie«, zu
dem der Herzog notierte: »Wenn die Kasse der Bibliothek
diese Ausgabe jetzt machen kann, habe ich nichts dage-

12 PN. [alias Wilhelm Müller], Aus einem Schreiben aus Dessau,
in: Beilage zum Literarischen Wochenblatt 6 (1820), Nr. 100, o. P.
13 James Taft HATFIELD, Unpublished Letters of Wilhelm Müller,
in: American Journal of Philology 24 (1903), S. 121–148, hier
S. 131 f.
14 LOHRE 1927, S. 123.
15 Ebd., S. 153 f. Vgl. auch Maria-Verena LEISTNER, Wilhelm
Müllers Zusammenarbeit mit dem Leipziger Verlagshaus
F. A. Brockhaus von 1819 bis 1827, in: Beiträge zur Geschichte des

Buchwesens im frühen 19. Jahrhundert. Ausgewählte Referate der
Tagung des Leipziger Arbeitskreises zur Geschichte des Buchwesens
vom 25. bis 27. September 1992, hg. v. Mark LEHMSTEDT, Wiesba-
den 1993, S. 135–151, bes. S. 143.
16 LAO, Abt. Dessau A 14a Nr. 4, Bl. 74.
17 LOHRE 1927, S. 123.
18 LAO, Abt. Dessau A 14a Nr. 6 I, Bl. 128[r–v].
19 LOHRE 1927, S. 74.
20 Siehe Anm. 13.

gen; wenn nicht deutsche Karten vorzuziehen sind.«[21] Da dies jedoch aus der Zeit nach Müllers Tod stammt und sich in Müllers Korrespondenz keine Klagen über Einschränkungen seiner Arbeit als Bibliothekar finden, darf seine Aussagekraft nicht überbewertet werden.

Daß Müller sich 1823, nach dem Wechsel Friedrich Adolf Eberts zur Herzoglichen Bibliothek in Wolfenbüttel, in Dresden an der Königlich-sächsischen Bibliothek bewarb, dürfte weniger über die Bibliothek aussagen, als vielmehr dem Wunsch entsprechen, die Stadt Dessau zu verlassen.[22] Aus dem Jahr 1820 läßt sich noch ein weiteres Zeugnis seiner Zufriedenheit mit der Bibliotheksarbeit nennen, ein Brief an den schwedischen Freund Atterbom vom 18. 4., in dem es heißt: »[...] jedoch scheint das Geschäft nur leicht, weil es mir zusagt und weil ich darin ganz unbeschränkt bin.«[23]

Die Benutzung der Bibliothek war nach den Maßstäben der damaligen Zeit öffentlich. Das Lesen und Nachschlagen wissenschaftlicher Bücher stand laut Benutzungsordnung jedermann (!) offen. Ausgeschlossen blieben »unerwachsene Personen«. Ausleihmöglichkeiten gab es nur für einen bestimmten Personenkreis, wobei Ausnahmen möglich waren: »Die höheren Hofchargen, der Obrist des Füsilier-Bataillons, die Direktoren der Verwaltungskollegien und des Justizamtes, die Konsistorial- und Regierungsräte, der Baurat und die Schuldirektoren können durch schriftliche Bürgschaft auch Unberechtigten die Erlaubnis, Bücher aus der herzoglichen Bibliothek zu entleihen, mitteilen, jedoch nur für einzelne Fälle [...].«[24]

Die Öffnungszeiten nehmen sich aus heutiger Sicht bescheiden aus (mittwochs und sonnabends von 2 bis 4 Uhr), jedoch muß man sich zum Beispiel für die Benutzung im Winter die in allen Bibliotheken vorhandenen Probleme der Beheizung und Beleuchtung vor Augen führen. Wie auch heute noch regelt die Benutzungsordnung Leihfristen (Regelfall vier Wochen), Mahngebühren (zwei Groschen bei Abholung durch die Bibliothek) sowie die Verlängerungsmöglichkeit.

Anzunehmen ist – aber natürlich im konkreten Einzelfall schwerlich zu belegen –, daß die »Schätze« der Bibliothek für Müllers dichterisches Schaffen eine anregende Fundgrube waren. Ein genauerer Blick soll an dieser Stelle auf die von ihm herausgegebene »Bibliothek deutscher Dich-

ter des 17. Jahrhunderts« geworfen werden, die in einem Aufsatz von Hildegard Eilert ausführliche Würdigung und Untersuchung gefunden hat.[25] Die ersten zehn Bände erschienen in den Jahren 1822 bis 1827; die Bände 11–14 wurden von dem Dresdener Lehrer und Dichter Karl Förster herausgegeben, der diese Arbeit als »Vermächtnis« Müllers verstand und fortführen wollte, weil »die Sammlung [...] sich ihr Publicum gemacht [hatte]«.[26]

Das Beispiel Lessings zeigt, daß das Privileg, die anvertraute Wolfenbütteler Bibliothek für eigene literarische Unternehmungen nutzen zu dürfen, bei seinen Nachfolgern zu kritischen Urteilen über seine bibliothekarische Tätigkeit führte. Sehr lange hielt sich das Verdikt, Lessing habe »Unordnung« hinterlassen – eine Bewertung, die viel über das berufliche Selbstverständnis der Urteilenden aussagt. Die wissenschaftliche Arbeit, die als Teil bibliothekarischer Tätigkeit gerade auch von Wolfenbütteler Bibliothekaren des 19. Jahrhunderts immer wieder betont wurde, führte sie zur Katalogisierung und Beschreibung der Handschriften. Lessing wollte mit seinen seit 1773 erschienenen Werken »Zur Geschichte und Litteratur: aus den Schätzen der Herzoglichen Bibliothek zu Wolfenbüttel« den Ruhm der schon damals hochgeachteten Bibliothek weiter mehren und die Bestände bekannter machen. So führte er zum Beispiel Ulrich Boners »Edelstein« neu in die Literaturgeschichte ein, dessen erster illustrierter Druck von 1461 sich nur noch in der (heutigen) Herzog-August-Bibliothek befindet, oder entdeckte eine Handschrift des Berengar von Tours.[27] Eine vergleichbare Publikationstätigkeit, verbunden mit der Motivation, Bestände der Bibliothek als Herausgeber bekannt zu machen, findet sich bei Müller nicht.

Eilert hat mit dem Hinweis darauf, daß die Idee zur »Bibliothek deutscher Dichter des 17. Jahrhunderts« vom Verleger Brockhaus ausging, und mit der präzisen Erarbeitung und Darstellung der gerade aus Müllers Dichtungsverständnis resultierenden Motive sehr deutlich gemacht, welche Intentionen Müller mit der Herausgabe der »Bibliothek« verfolgte und welchen Stellenwert diese Ausgabe hatte: »Müllers Bibliothek ist die erste und auf Jahrzehnte einzige Anthologie deutscher Barocklyrik. Sie kodifiziert damit bis über die Mitte des 19. Jahrhunderts, was weite Kreise unter Lyrik des 17. Jahrhunderts verste-

21 LAO, Abt. Dessau A 14a Nr. 4, Bl. 30.
22 Vgl. auch Maria-Verena Leistner, Wilhelm Müller – Bürger von Dessau und Weltbürger, in: Dessauer Kalender 1994, S. 52–57, hier S. 56.
23 Lohre 1927, S. 294.
24 Brückner 1979 (s. Anm. 1), S. 641. Ein Vorentwurf der Benutzungsordnung findet sich in LAO, Abt. Dessau A 14a Nr. 4, Bl. 37.
25 Hildegard Eilert, Georg Philipp Harsdörffer bei Wilhelm Müller, in: Georg Philipp Harsdörffer. Ein deutscher Dichter und europäischer Gelehrter, hg. v. Italo Michele Battafarano, Bern 1991 (Iris 1), S. 333–363.

26 Bibliothek deutscher Dichter des 17. Jahrhunderts, Bd. 11, hg. v. Karl Förster, Leipzig (Brockhaus) 1828, S. VII u. VIII.
27 Vgl. zur Geschichte der Herzog-August-Bibliothek zum Beispiel York Alexander Haase, Die Geschichte der Herzog August Bibliothek. In sechs Stationen dargestellt, in: 400 Jahre Bibliothek zu Wolfenbüttel. Reden – Vorträge – Berichte aus dem Festjahr 1972, Frankfurt/M. 1973 (Wolfenbütteler Beiträge 2), S. 17–42, hier S. 31 ff.

hen, sie hat also einen nicht zu unterschätzenden Anteil an der schwer erfaßbaren nichtwissenschaftlichen Barockrezeption.«[28] In den Vorreden zu jedem Band gibt Müller meist einige wenige editorische Hinweise, bevor die in dem jeweiligen Band vertretenen Dichter mit Leben und Werk kurz vorgestellt werden. Eine klare und eindeutige Angabe, welche Vorlagen er bei der jeweiligen Edition der Texte benutzt hatte, fehlt zumeist. So ergibt sich ein differenziertes Bild: in einigen Fällen waren (oder sind) die von ihm genannten Werkausgaben der jeweiligen Dichter auch in der Herzoglichen Bibliothek vorhanden (zum Beispiel: Martin Opitz, Acht Bücher Deutscher Poematum, Breslau 1625; Paul Fleming, Erlesene Gedichte. Ausgewählt von G. Schwab, Stuttgart/Tübingen 1820; J. Ch. Günther, Gedichte, 5. Aufl. Breslau/Leipzig 1751). In den meisten Fällen waren die in die Müllersche Anthologie aufgenommenen Dichter in den Beständen der »Herzoglichen Bibliothek« nicht vertreten (zum Beispiel Georg Weckherlin, Simon Dach, Paul Gerhardt, Georg Philipp Harsdörffer). Teilweise existierten andere von Müller nicht genannte Ausgaben (zum Beispiel Andreas Gryphius, Teutsche Gedichte, Breslau/Leipzig 1698; Friedrich von Logau, Sinngedichte. XII Bücher, hg. v. Ramler und Lessing, Leipzig 1759).[29] Vergleichsgrundlage ist der Katalog von Lindner, vorausgesetzt ist, daß sich hier der Bestand so darbietet, wie Müller ihn zusammentrug und vermehrte. Im Katalog sind insgesamt 32 Titel unter der Überschrift »Von Opitz bis Haller« in der Gruppe »Neuere Litteratur« verzeichnet, davon lassen sich 17 zur Literatur des 17. Jahrhunderts rechnen, eingeschlossen ist Müllers »Bibliothek deutscher Dichter des 17. Jahrhunderts«. Wo die Herzogliche Bibliothek ihm nicht weiterhelfen konnte, mußte er Ausgaben zum Beispiel vom Privatsammler Hartwig Gregor Meusebach zu entleihen.[30] Offenbar veranlaßte dieser Umstand aber Müller nie zu Klagen über Desiderate der »Hofbibliothek«. Zusammenfassend ist der Bewertung Leistners zuzustimmen, die daran erinnert, daß Müller die Bibliotheksgeschäfte sehr ernst nahm, und – so muß für die heute sogenannte Sondersammlung »Hofbibliothek« festgehalten werden – daß »der wertvolle alte Buchbestand der Anhaltischen Landesbücherei Dessau [...] sich auch – und nicht zuletzt – dem ersten Bibliothekar, der sie betreut hatte, [verdankt].«[31]

28 EILERT 1991, S. 342 f. Zur Anregung der Ausgabe durch Brockhaus vgl. ebd., S. 344; zusammenfassend zur Intention ebd., S. 351 f.
29 Vgl. LINDNER 1829 (s. Anm. 11), S. 20.

30 Vgl. dazu EILERT 1991, S. 358. Vgl. auch LOHRE 1927, S. 78 f. u. 334.
31 LEISTNER 1994, S. 52.

Askania.

Zeitschrift

für

Leben, Litteratur und Kunst.

Herausgeber: Wilhelm Müller.

Erster Band.

Deßau, 1820.
Bei Cristian Georg Ackermann.

Gedruckt in der Hofbuchdruckerei.

Titelblatt der von Müller herausgegebenen Zeitschrift »Askania«

Wilhelm Müller als Literaturkritiker

Von Maria-Verena Leistner

Von 1816 an hat sich Wilhelm Müller kontinuierlich bis zu seinem Tode auch als Publizist betätigt. Eine Dokumentation sämtlicher einschlägiger Arbeiten ist noch immer ein Forschungsdesiderat. Und die Schwierigkeit, alle zu erfassen, liegt allein schon darin begründet, daß etliche Beiträge, für die Müllers Autorschaft in Frage kommen könnte, nicht gezeichnet sind und sich einer eindeutigen Zuordnung eher entziehen. Auch sind die im »Literarischen Conversations-Blatt« verwendeten wechselnden Chiffren bis heute nicht restlos entschlüsselt. Der im folgenden unterbreitete Überblick kann schon deshalb keinen Anspruch auf Vollständigkeit erheben. Die Darstellung versteht sich als eine beschreibende Bestandsaufnahme, die lückenlos weder sein will noch sein kann.

Von den insgesamt 28 Zeitungen, Zeitschriften, Almanachen und Jahrbüchern, in denen Müller zwischen 1816 und 1827 veröffentlich hat, erschienen publizistische Arbeiten, soweit sich dies bislang nachweisen läßt, in den folgenden 13 Blättern:
– »Allgemeine Literatur-Zeitung«
– »Askania. Zeitschrift für Leben, Litteratur und Kunst«
– »Der Gesellschafter oder Blätter für Geist und Herz«
– »Deutscher Regentenalmanach«
– »Hermes oder kritisches Jahrbuch der Literatur«
– »Jahrbücher für wissenschaftliche Kritik«
– »Literarisches Wochenblatt«, ab November 1820 unter dem Titel »Literarisches Conversations-Blatt«, ab Juli 1826 unter dem Titel »Blätter für literarische Unterhaltung«
– »Morgenblatt für gebildete Stände«
– »Neuer Nekrolog der Deutschen«
– »Urania«
– »Wöchentliche Nachrichten für Freunde der Geschichte, Kunst und Gelahrtheit des Mittelalters«
– »Zeitgenossen«
– »Zeitung für die elegante Welt«
Das Feld der Publizistik hatte Müller damit betreten, daß er 1816/17 in den von Georg Gustav Büsching herausgegebenen »Wöchentlichen Nachrichten« Quellenfunde vorstellte, auf die er im Rahmen seiner germanistischen

Studien gestoßen war. Wie weit sich der Interessenhorizont schon bei dem Studenten Müller spannte, lassen die Berichte aus dem Berliner Kulturleben erkennen, die er für Friedrich Wilhelm Gubitz' »Gesellschafter« schrieb. Und hier auch machte er zum ersten Male öffentlich auf sich aufmerksam durch seine Abhandlung »Oper und Schauspiel, nebst einigen Bemerkungen über das Theater im Allgemeinen und das Berliner Theater im Besonderen«[1], die eine Kontroverse mit Adolf Müllner nach sich zog.[2] Eine neue Dimension erhielt Müllers publizistisches Wirken, als sich Ende 1819 die Verbindung zu Friedrich Arnold Brockhaus herstellte. Die nun fortan in dichter Folge geschriebenen Artikel lassen sich gruppieren in
– literaturkritische Arbeiten,
– literaturgeschichtliche Untersuchungen und vergleichende Literaturbetrachtungen,
– Biographien und literarische Porträts,
– historische, kulturgeschichtliche, geographische Beiträge sowie
– Korrespondenznachrichten.
Die Literaturkritik entfaltete sich dabei zum umfangreichsten und bedeutendsten Sektor, und ihm wendet sich die nachfolgende Darstellung zu.
Dieser Komplex ist zugleich derjenige, der am schwersten zu überschauen ist. Zu ihm zählen ausgreifende Sammelrezensionen wie eine beträchtliche Fülle von Einzelbesprechungen. Die behandelten Publikationen reichen von zeitgenössischer deutscher, englischer und französischer Belletristik über Erscheinungen des Almanach- und Taschenbuchwesens bis hin zu Herausgaben, Übersetzungen und Nachdichtungen; auch literaturbetrachtende Arbeiten und Zeitschriften wurden dabei ins Visier genommen. Veröffentlicht hat Müller die einschlägigen Artikel vor allem in den Brockhaus-Organen »Literarisches Conversations-Blatt« und »Hermes«, zahlreiche auch in der »Allgemeinen Literatur-Zeitung«, einzelne im »Morgenblatt« und in den »Jahrbüchern für wissenschaftliche Kritik«.
Begonnen hat Müller seine Rezensententätigkeit mit einer literaturkritischen Riesenarbeit: Von Brockhaus erhielt er

1 Der Gesellschafter, 61. bis 69. Blatt, 12. bis 26. April 1817.
2 Der Gesellschafter, 85. (24. Mai), 96. (11. Juni), 99. (16. Juni), 112. (7. Juli), 120./121. (21./23. Juli) und 132. Blatt (11. August) 1817.

Ende 1819 die Offerte, eine »Gesammtrezension der Deutschen Reisewerke über Italien«[3] zu liefern. Müller sagte zu; und zugleich tat er mehr als das Gewünschte, indem er seine »Reisebeschreibungen über Italien« mit einer ausführlichen Besprechung von klassischen ausländischen Werken der Italien-Reiseliteratur eröffnete: »Classical Tour through Italy in 1802« von John Chetwode Eustace und »Lettres sur l'Italie« von Antoine Louis Castellan. Die insgesamt vier Teile der annähernd einhundert Titel erfassenden Rezension erschienen 1820 und 1821 im »Hermes«.[4] Die dafür betriebenen Studien verwertete Müller noch zu anderen Artikeln. Zeitgleich mit dem ersten »Hermes«-Aufsatz brachte das »Literarische Conversations-Blatt« eine Tripel-Rezension »Neuigkeiten über Italien«.[5] Darin stellte Müller »Blüthen aus Italien« von Ignaz Heinrich Karl Freiherr von Wessenberg, »Die Tagebücher aus Italien« von Maximilian Prokop Freiherr von Freyberg sowie »Bemerkungen auf einer Reise von Breslau [...] nach Rom, Neapel und Pästum« von Toussint von Charpentier vor. Italien-Reisebeschreibungen verfolgte Müller dann auch in den folgenden Jahren. 1823 rezensierte er für das »Literarische Conversations-Blatt« den dritten Italien-Band von »Der Lady Morgan Reisen«[6], den Ersten Band der von Heinrich Hirzel herausgegebenen »Ansichten von Italien, nach neueren ausländischen Reisebeschreibungen«[7] und 1824 »Lebrecht Hirsemenzel's, eines deutschen Schulmeisters, Briefe aus und über Italien«, herausgegeben von Ernst Raupach.[8] Die Rezensionen der Bücher von Hi(e)rsemenzel und Hirzel hatte Müller ursprünglich für das »Morgenblatt« verfaßt, und es war wegen der nicht erfolgten Aufnahme seiner Artikel zur Verstimmung in den Beziehungen zwischen ihm und Cotta gekommen. – Johann Daniel Ferdinand Neigebaurs »Handbuch für Reisende in Italien« war das letzte Reisebuch, das Müller besprochen hat.[9]

Nicht nur mit Beschreibungen von Italien-Aufenthalten, sondern auch mit denen anderer Reiseziele beschäftigte sich Müller als Rezensent. 1821 stellte er im »Literarischen Conversations-Blatt« »Travels of Cosmo III, Grand Duke of Tuscany, through England, during the Reign of King Charles II« vor[10], 1822 »A Second Journey into the Interior of Africa« von John Campbell[11] und »Travels into the interior of southern Africa« von William John Burchell.[12]

Mit besonderem Engagement verfolgte Müller hernach die Flut der Berichte von Griechenland-Reisenden in der Zeit des griechischen Unabhängigkeitskampfes. Knappe Einschätzungen zu den diesbezüglichen Veröffentlichungen von Christian Müller (»Reise durch Griechenland und die ionischen Inseln, in den Monaten Junius, Julius und August 1821«), Franz Lieber (»Tagebuch meines Aufenthaltes in Griechenland während der Monate Januar, Februar, März 1822«) und Friedrich August Lessen (»Schilderung einer enthusiasmirten Reise nach Griechenland im Jahr 1822«) enthält der Artikel »Büchermacherei« innerhalb der Folge »Literarische Bemerkungen«.[13] Einen gesonderten Beitrag widmete er den von Johann Georg Feldhann (Ps. Feldham) verfaßten »Kreuz- und Querzügen oder Abentheuer eines Freywilligen, der mit dem General Normann nach Griechenland zog«.[14] Eingehend informierte Müller sodann über das Griechenland-Bild, wie es George Waddington in seinem Buch »A visit to Greece in 1823 und 1824« entworfen hat.[15] Ob er allerdings die nicht gezeichnete Besprechung des Buches von Leicester Stanhope »Griechenland in den Jahren 1823 und 1824« in der »Allgemeinen Literatur-Zeitung«[16] verfaßt hat, läßt sich mit Sicherheit nicht behaupten. Einschlägige Ausführungen in dem Essay »Lord Byron« lassen erkennen, daß er auch diese Darstellung kannte.

Hinsichtlich der zeitgenössischen deutschen Belletristik engagierte sich Müller nicht weniger. Dabei begab er sich selbst in eine Zwangssituation, als er 1820 an Brockhaus das Angebot adressierte, eine Sammelrezension etlicher zum Jahr 1821 in Deutschland erscheinender Taschenbücher zu liefern. Denn der Leipziger Verleger griff dieses Angebot nur allzu gern auf; und fortan sah sich Müller genötigt, eine entsprechende Rundumschau alljährlich zu verfassen. So hat er für das »Literarische Conversations-Blatt« insgesamt 31 verschiedene Almanache und Taschenbücher rezensiert, bis zu 23 pro Jahr. Die Sammelrezensionen erschienen in Fortsetzungsfolgen, jeweils zwischen September/Oktober und Januar/Februar. Der Anfang jedes Fortsetzungsstückes ist immer auf der Titelseite des »Literarischen Conversations-Blattes« plaziert. Das macht den Stellenwert kenntlich, den der Verleger diesen Rezensionen beimaß. Je nach der Zahl der von Müller ausgewählten Publikationen nehmen die jährlichen Sammelrezensionen einen unterschiedlichen Raum

3 LOHRE 1927, S. 103.
4 Hermes, Drittes Stück für das Jahr 1820, S. 265–290; Erstes Stück für das Jahr 1821, S. 247–264; Zweites Stück für das Jahr 1821, S. 248–263; Drittes Stück für das Jahr 1821, S. 177–213.
5 LCB, 16. November 1820.
6 LCB, Nr. 82f., 8./9. April 1823.
7 LCB, Nr. 294, 22. Dezember 1823.
8 LCB, Nr. 58, 9. März 1824.

9 BflU, Nr. 79, 5. April 1827.
10 LCB, No. 251, 1. November 1821.
11 LCB, No. 137 und Beilage No. 13, 14. Juni 1822.
12 LCB, No. 143, 21. Juni 1822.
13 LCB, Nr. 182, 8. August 1823.
14 ALZ, Num. 146, Juni 1823.
15 LCB, Nr. 73, 26. März 1825, und Nr. 90, 19. April 1825.
16 ALZ, Num. 183, August 1826.

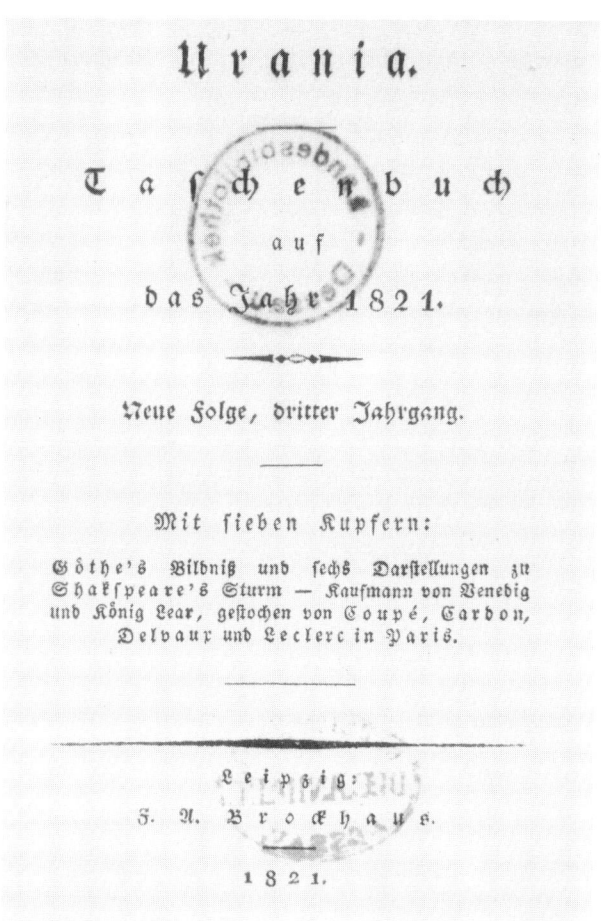

Titelblätter der von Müller mit Beiträgen belieferten Zeitschriften des Verlegers Brockhaus

in dem Blatt ein. Der Monotonie-Gefahr begegnete Müller durch spezielle gestalterische Kunstgriffe. So unterbreitete er die Folge von 1824/25 als »Briefe an eine Dame über die Almanachsliteratur des Jahres 1825«[17] und diejenigen von 1826/27 als »Literarische Abendunterhaltungen auf dem Lande«.[18]

Neuerscheinungen deutscher Literatur, denen Müller außer den Taschenbüchern Aufmerksamkeit schenkte, waren vor allem Gedichtbände. Mit einzelnen Rezensionen bedachte er »Heinrichs Dichten und Trachten« von

Karl Ludwig Blum[19], »Gottlieb Sonntag. Bilder aus dem Leben eines Studierenden« von Christoph Friedrich Hesekiel[20], »Gedichte« von Justinus Kerner[21], »Gedichte« von Ernst Friedrich Georg Otto von der Malsburg[22], »Lyrische Blätter« von August Graf von Platen[23], »Östliche Rosen« von Friedrich Rückert[24], »Romanzen aus dem Jugendleben Herzog Christophs von Würtemberg« von Gustav Schwab[25] und »Lieder« von Georg Philipp Schmidt von Lübeck[26]. Eine Sammelbesprechung widmete Müller außerdem den Griechenliedern von Christian

17 LCB, Nr. 251 f. (1./2. November), 271 (24. November), 280 (6. Dezember), 294 (22. Dezember) 1824, Nr. 17 f. (20./21. Januar) und 46 f. (24./25. Februar) 1825.
18 BflU, Nr. 86 f. (13./14. Oktober), 90 (18. Oktober), 96 (25. Oktober), 101 (1. November), 115 (17. November), 129 f. (5./6. Dezember), 135 (12. Dezember), 141 (19. Dezember), 148 (28. Dezember) 1826, Nr. 3 (3. Januar), 10 (11. Januar) und 17 (19. Januar) 1827.
19 LW, Band VI, No. 60, September 1820.
20 LCB, No. 220, 24. September 1822.
21 Jahrbücher für wissenschaftliche Kritik, Nr. 129 f., Juli 1827.
22 LCB, No. 45, 23. Februar 1822.
23 LCB, No. 261, 13. November 1821.
24 LCB, No. 15 und 17 f., 18., 21. und 22. Januar 1822.
25 Askania, Heft 4, April 1820.
26 Jahrbücher für wissenschaftliche Kritik, Nro. 129 f., Juli 1827.

Bork (Ps. für Johann Georg Feldhann), Ernst Große, Heinrich Stieglitz und Friedrich Wilhelm Waiblinger. [27] – Eher vereinzelt stehen daneben die Besprechungen zu Werken anderer literarischer Gattungen, und zwar zum Trauerspiel »Graf Gordo« von Ernst Große [28] sowie zum Roman »Walladmor« von Willibald Alexis (eigtl. Wilhelm Heinrich Häring). [29] Auf »Walladmor« kam Müller später noch einmal in Zusammenhang mit zwei ausländischen Romanen zu sprechen. [30] Die Dramen Adolf Müllners waren nicht Gegenstände gesonderter Rezensionen, aber sie spielten eine Rolle in der polemischen Artikelserie »Oper und Schauspiel« [31] sowie in einigen Beiträgen für die Rubrik »Zeitung der Ereignisse und Ansichten« im »Gesellschafter«. [32]

Kontinuierlicher als die deutsche stellte Müller die neueste englische und französische Literatur den Lesern des »Literarischen Conversations-Blattes« vor; einschlägige Rezensionen verfaßte er in großer Zahl. Besonders ließ er es sich angelegen sein, mit den Dichtungen von George Byron und Walter Scott bekannt zu machen. So hat er zwischen 1821 und 1825 in dichter Folge Byrons Werke »Marino Falieri« [33], »Cain« [34], »Sardanapalus« [35], »The two Foscari« [36], »Werner« [37], »Don Juan« [38], »The Island or Christian and his comrades« [39] sowie »The deformed transformed« [40] besprochen. Ergänzt wurden diese Rezensionen durch zahlreiche Informationen über Byron in den »Literarischen Stadtgesprächen aus London« [41] bzw. in den »Literaturbriefen aus London« [42] und durch die Artikel über biographische Details, die Müller anhand des veröffentlichten Quellenmaterials zu Byron zusammenstellte. [43] – Mit Walter Scott beschäftigte sich Müller

zwischen 1820 und 1826. Er rezensierte die Romane »Rob Roy«, »Ivanhoe« und »The Monastery« [44], »Der Abt« [45], »Kenilworth« [46], »The Pirate« [47], »Halidon Hill« [48] und »St. Ronan's well« [49]. Und auch zu Scott gab es Mitteilungen in den »Literarischen Stadtgesprächen aus London«. [50] – Neben diesen Werken der bedeutendsten Autoren der englischen Literatur zu Beginn des 19. Jahrhunderts bedachte Wilhelm Müller auch andere Neuerscheinungen mit Besprechungen: Thomas Moore's »The Loves of the Angels« [51] sowie dessen Gedichte [52], weiterhin Sidney Morgans »Italien« (Dritter Band) [53] und den biographischen Roman dieser Autorin »The life and the times of Salvator Rosa«. [54] Ebenfalls stellte er die zuerst in England erschienenen Romane »Anastasius, oder Memoiren eines Griechen« von Thomas Hope, anonym erschienen [55], und »The Adventures of Hajji Baba of Ispahan« [56] vor.

Unter den Franzosen, die zu Müllers Zeit Aufmerksamkeit auf sich zogen, waren es Jean Pierre de Béranger, Casimir Delavigne und Alphonse de Lamartine, mit deren Dichtungen er sich zwischen 1823 und 1825 eingehender beschäftigte und über die er in seinen »Literaturbriefen aus Paris« manche Neuigkeiten berichtete. [57] Außerdem schrieb er einzelne Artikel zu den »Chansons nouvelles« von Béranger [58], zu Delavignes Werken »Nouvelles Mésséniennes« [59], »L'Ecole des Vieillards« [60], »Trois Mésséniennes nouvelles« [61] und »Sept Mésséniennes nouvelles«. [62] Müller rezensierte des weiteren Lamartines Dichtungen »La mort de Socrate« [63], »Chant du sacre la veille des armes« und »Le dernier Chant du pélerinage d'Harold«. [64] Und nicht nur poetische Texte waren es, die unter den Neuerscheinungen aus Frankreich Müllers Interesse

---

27 LCB, Nr. 59, 10. März 1824.
28 LCB, Nr. 103, 3. Mai 1823.
29 LCB, Nr. 172 f., 27./28. Juli 1824.
30 ALZ, Num. 113, Mai 1826.
31 Vgl. Anm. 1.
32 Der Gesellschafter, 101., 105. und 106. Blatt, 19., 25. und 27. Juni 1817.
33 LCB, No. 166 und 169, 19. und 23. Juli 1821.
34 LCB, No. 33, 9. Februar 1822.
35 LCB, No. 76, 1. April 1822.
36 LCB, No. 95, 98 und 100, 24., 27. und 30. April 1822.
37 LCB, Nr. 85, 11. April 1823.
38 LCB, No. 38, 14. Februar 1824.
39 Morgenblatt, Literatur-Blatt Nr. 17, 27. Februar 1824.
40 LCB, Nr. 110, 12. Mai 1824.
41 LCB, No. 49 (27. Februar), 116 (19. Mai) und 285 (12. Dezember) 1821, No. 73 (28. März) und No. 75 (30. März) 1822.
42 LCB, Nr. 125 (31. Mai), 186 (13. August), 193 (21. August) und 282 (8. Dezember) 1824, Nr. 3 (4. Januar), 30 (5. Februar) und 84 (12. April) 1825.
43 LCB, No. 128, 4. Juni 1821; LCB, No. 220 f. und 223, 24., 25. und 27. September 1822; LCB, Nr. 196 (25. August), 223 (27. September) und 228 (4. Oktober) 1824; Der Gesellschafter, 5. Blatt (8. Januar), 21. Blatt (5. Februar) und 28. Blatt (18. Februar) 1825; LCB, Nr. 5 (6. Januar), 10 (12. Januar), 42 (19. Februar), 53

(3. März) und 201 (1. September) 1825; Morgenblatt, Literatur-Blatt Nr. 17 bis 19 und 21 f., 1., 4., 8., 15. und 19. März 1825.
44 LW, Band VI, No. 57, September 1820.
45 LCB, No. 6, 6. Januar 1821.
46 LCB, No. 123, 28. Mai 1821.
47 LCB, No. 35 f., 12./13. Februar 1822.
48 LCB, No. 233, 9. Oktober 1822.
49 LCB, Nr. 52, 12. März 1824, und Nr. 103, 4. Mai 1824.
50 LCB, No. 49, 27. Februar 1821, und No. 73, 28. März 1822.
51 LCB, Nr. 91, 18. April 1823.
52 Hermes, Viertes Stück für das Jahr 1823, S. 184–211.
53 LCB, Nr. 82 f., 8./9. April 1823.
54 LCB, Nr. 126, 1. Juni 1824.
55 LW, Band VI, No. 46, August 1820.
56 LCB, Nr. 48, 26. Februar 1824.
57 Vgl. LCB, Nr. 160 (13. Juli), 185 (14. August) und 287 (12. Dezember) 1824; Nr. 32 (8. Februar), 34 (10. Februar) und 159 (12. Juli) 1825.
58 LCB, Nr. 155, 7. Juli 1825.
59 LCB, Nr. 52, 3. März 1823.
60 LCB, Nr. 71 f., 24./25. März 1824.
61 LCB, Nr. 208, 9. September 1824.
62 BflU, Nr. 204, 5. September 1827.
63 LCB, Nr. 132, 9. Juni 1824.
64 LCB, Nr. 189 f., 16./17. August 1825.

erweckten. Er verfaßte auch Artikel über Schriften mit ausgesprochen politisch-aktueller Thematik, so zu »Lettre à un ancien Ministre d'un Etat d'Allemagne sur les différends de la Maison d'Anhalt'avec la Prusse« von Louis Pierre Edouard Bignon[65] und zu »Les hermites en prison« von Antoine Jay und Victor Joseph Etienne de Jouy. [66]

Müllers Beschäftigung mit der älteren Literatur, die sich in verschiedenen Nachdichtungen[67], literaturgeschichtlichen Untersuchungen[68] und Herausgaben[69] niedergeschlagen hat, machte ihn auch kompetent für Urteile über die Editionen anderer von Dichtungen aus dieser Periode. Zu seinen ersten Rezensionen im »Literarischen Wochenblatt« gehörten die zu Gustav Schwabs Fleming-Ausgabe[70] sowie zu den Hans-Sachs-Ausgaben von Johann Gustav Büsching und Adolph Friedrich Furchau. [71] Weiterhin besprach er den Zweiten Band von Büschings Edition »Lieben, Lust und Leben der Deutschen des sechzehnten Jahrhunderts in den Begebenheiten des schlesischen Ritters Hans von Schweinichen, von ihm selbst aufgesetzt«. [72] Auch eine Ausgabe von älterer französischer Literatur stellte er vor, und zwar »Vaux-de-Vire« von Olivier Basselin, herausgegeben von Louis Du Bois. [73]

Auf vielerlei Weise machte Müller sein Sprachentalent und sein Interesse für die Literaturen verschiedener europäischer Völker fruchtbar. Zum einen schuf er mehrere bis heute beachtenswerte Übersetzungen – Christopher Marlowes »Doktor Faustus«, neugriechische und italienische Volkslieder –, und er bereitete eine Sammlung italienischer Volkslieder (»Egeria«) vor; zum anderen beurteilte er eine große Zahl von Übersetzungen fremdsprachiger Dichtungen. Auch solche Arbeiten erstreckten sich über den gesamten Zeitraum der Müllerschen publizistischen Tätigkeit. Von den Übersetzungen aus der englischen Literatur nahm er sich zuerst der des Shakespeare-

Schauspiels »Troilus und Cressida« durch Beauregard Pandin (eigtl. Karl Friedrich von Jariges de Beauregard Pandin) an. [74] Außerdem äußerte sich Müller zur Übersetzung des Romans »Königsmark, der lange Finne« von Washington Irving[75] und zur Übertragung des Scott-Romans »Der Vexierte« durch Christian Friedrich Meurer. [76] Die beiden genannten Romane in ihrer deutschen Fassung besprach Müller noch einmal gemeinsam mit »Walladmor« von Willibald Alexis. [77] Von den aus dem Französischen übertragenen Dichtungen wählte Müller zwei Übersetzungen der »Méditations poétiques« von Alphonse de Lamartine durch Friedrich Götz und Gustav Schwab für eine Besprechung aus. [78]

In der griechischen Literatur interessierte sich Müller für die ältesten Zeugnisse aus vorchristlicher Zeit ebenso wie für die lebendige neugriechische Volksdichtung. Dieses Interesse spiegeln nicht nur seine eigenen Arbeiten wider, sondern auch die Artikel, in denen er Übersetzungen aus dem Griechischen beurteilt hat. Für »Hermes« schrieb er eine umfangreiche vergleichende Betrachtung »Ueber die deutschen Uebersetzungen des Homer. Mit besonderer Rücksicht auf die neuesten Versuche von F. A. Wolf, K. L. Kannegießer und Konrad Schwenck«. [79] Auf die Homer-Übersetzung von Joseph Stanislaus Zauper (»Homers Ilias«) ging Müller im ersten von drei Artikeln mit der Überschrift »Homerica« ein. [80] In den beiden folgenden beurteilte er die neuesten Homer-Übertragungen von Konrad Schwenck (»Die Homerischen Hymnen«), Karl Georg Neumann (»Homer's Heldengesänge«) und Hedwig Hülle (»Irrfahrten des Odysseus in vierundzwanzig Gesängen«). [81] Und in den »Jahrbüchern für wissenschaftliche Kritik« erschien eine Besprechung Müllers von Wilhelm Ernst Webs Übersetzung »Die elegischen Dichter der Hellenen«. [82]

Die zweibändige Ausgabe neugriechischer Volkslieder, die Claude Fauriel ins Französische übersetzt hatte, regte

---

65 Beilage zum LCB, No. 236, 12. Oktober 1821.
66 LCB, Nr. 13 (15. Januar) und 40 (17. Februar) 1824.
67 »Blumenlese aus den Minnesingern«, Berlin 1816; »Wiegenlied. Nach Gottfried von Nifen«, Der Gesellschafter, 29. Blatt, 19. Februar 1817.
68 1815/16 beschäftigte sich Müller mit dem Nibelungenlied. Er hielt einen Vortrag in der Berlinischen Gesellschaft für deutsche Sprache; vgl. dazu MÜLLER 1903, S. 19, 22, 71, u. LOHRE 1927, S. 352–354. Im Besitz des Freien Deutschen Hochstifts, Frankfurter Goethemuseum, befindet sich eine Sammlung von Notizen Müllers zum Nibelungenlied (25 1/2 Seiten, Hs–Nr. 19477). – Im Morgenblatt veröffentlichte Müller sechs Artikel unter der Überschrift »Belustigungen aus der deutschen Literaturgeschichte des siebzehnten Jahrhunderts«: 1823, Nro. 256f. (25./27. Oktober), 300 und 302f. (16., 18. und 19. Dezember); 1824, Nro. 13 (15. Januar), 288 (1. Dezember); 1825, Nro. 255 (25. Oktober).
69 Bibliothek deutscher Dichter des siebzehnten Jahrhunderts, Leipzig 1822ff. Zehn Bände wurden bis 1827 von Müller herausgegeben, weitere vier nach dessen Tod von Karl Förster.

70 LW, Band VI, No. 51, September 1820.
71 Hermes, Drittes Stück für das Jahr 1820, S. 117–131.
72 LCB, No. 277, 3. Dezember 1822.
73 LCB, No. 211, 13. September 1821.
74 LCB, Nr. 273, 27. November 1823. Ursprünglich war diese Rezension für das »Morgenblatt« bestimmt gewesen; vgl. dazu Müllers Brief an Johann Friedrich Cotta vom 19. Mai 1824 (Original im Schiller-Nationalmuseum Marbach a. N., Cotta-Archiv).
75 LCB, Nr. 255, 5. November 1824.
76 LCB, Nr. 261, 12. November 1824.
77 Vgl. Anm. 30.
78 BflU, Nr. 105, 6. November 1826.
79 Hermes, Viertes Stück für das Jahr 1822, S. 313–352.
80 LCB, Nr. 142f., 20./21. Juni 1826.
81 BflU, Nr. 99f., 28./30. Oktober 1826, und Nr. 141, 20. Juni 1827.
82 Jahrbücher für wissenschaftliche Kritik, Nro. 81f., 1827.

Müller dazu an, diese Sammlung ins Deutsche zu übertragen. Im Zusammenhang mit diesem Vorhaben beschäftigte er sich nicht nur mit einer kritischen Betrachtung von Fauriels Arbeit.[83] Darüber hinaus nahm er auch andere Veröffentlichungen zur Kenntnis und unterzog sie einer Beurteilung. Das bezeugen die beiden Artikel »Französische, englische und deutsche Uebersetzung neugriechischer Volkslieder«[84] sowie »Deutsche Uebersetzungen neugriechischer Volkslieder«.[85]

Am häufigsten rezensierte Müller Übertragungen aus dem Italienischen. Deutsche Ausgaben von Dichtungen Torquato Tassos, die Johann Dietrich Gries, Karl Förster und Karl Streckfuß in den 1820er Jahren vorlegten, beurteilte Müller in der »Allgemeinen Literatur-Zeitung«[86] und im »Hermes«.[87] In den gleichen Zeitungen äußerte er sich auch über die Ariost-Übersetzungen von Gries und Streckfuß.[88] Försters Petrarca-Übersetzung würdigte er in der Allgemeinen Literatur-Zeitung«.[89] Mehrere Besprechungen waren den Dante-Übersetzungen von Karl Ludwig Kannegießer, Friedrich von Oeynhausen und Streckfuß gewidmet.[90] Die zwei Bände der »Memoiren« von Giovanni Giacomo Casanova besprach Müller im »Literarischen Conversations-Blatt«[91].

Eine Übertragung altrussischer Heldenlieder mit dem Titel »Fürst Wladimir und dessen Tafelrunde« stellte Müller im »Conversations-Blatt« vor.[92] Drei verschiedene Übersetzungen der »Frithiofs-Sage« von Esaias Tegnér aus dem Schwedischen, die Amalie von Helvig, Gottlieb Christian Friedrich Mohnicke und Ludolf Schley vorlegten, besprach Müller in den »Blättern für literarische Unterhaltung«.[93] Die Leistung der Therese Albertine Luise von Jakob (Ps. Talvj), die sie mit ihrer Übersetzung der Sammlung serbischer Volkslieder von Vuk Stefanović vollbracht hatte, würdigte Müller in der »Allgemeinen Literatur-Zeitung«.[94] Und schließlich verfolgte er über Jahre hinweg die Übersetzungen aus dem Spanischen, die Ernst Otto von der Malsburg von den Werken Calderóns vorlegte.[95]

Einzelne literaturbetrachtende und historische Abhandlungen deutscher Schriftsteller nahm Wilhelm Müller ebenfalls unter seine rezensierende Feder. In der Reihenfolge ihres Erscheinens handelt es sich dabei um Artikel zu folgenden Publikationen: »Ueber die Nachahmung in der Malerei«, anonym erschienen[96]; »Friedrichs des Großen Jugendjahre, Bildung und Geist« von Friedrich Förster[97]; die zwei Teile »Shakespeares Schauspiele erläutert« von Franz Horn[98]; Johann Friedrich Büschings Vorlesungen zum Thema »Ritterzeit und Ritterwesen«[99]; Johann Peter Eckermanns »Beiträge zur Poesie mit besonderer Hinweisung auf Göthe«[100] und zwei Untersuchungen von Bernhardt Thiersch zu Homer: »Ueber das Zeitalter und Vaterland des Homer« und »Urgestalt der Odyssee, oder Beweis, dass die homerischen Gesänge zu grossen Partieen interpolirt sind«.[101]

Und schließlich gibt es drei Artikel Müllers, in denen er auf neue Zeitschriften aufmerksam machte: »Die Vorzeit oder Geschichte, Dichtung, Kunst und Litteratur des Vor- und Mittel-Alters«, herausgegeben von Christian August Vulpius, stellte er im »Gesellschafter« vor[102]; »Wünschelruthe. Ein Zeitblatt«, herausgegeben von Heinrich Straube und Johann Peter von Hornthal, rezensierte Müller in der von ihm selbst herausgegebenen Zeitschrift »Askania«[103], und über ebendieses Unternehmen resümierte er, nachdem das Blatt nach dem sechsten Heft im Juni 1820 sein Erscheinen hatte einstellen müssen.[104]

Ein Blick auf das Ausmaß der literaturkritischen Arbeiten Wilhelm Müllers führt zu der Erkenntnis, daß diese Veröffentlichungen rein quantitativ den Umfang der poetischen Texte übersteigen. Die Verwunderung, die es heute auslöst, daß ein Autor mit gleicher Intensität – und das neben der Tätigkeit als Lehrer und Bibliothekar – dichtete und Tagesschriftstellerei betrieb, wurde nicht in gleichem Maße bei Müllers Zeitgenossen erregt. Personalunion von Dichter und Kritiker hatte in Deutschland eine Tradition. Erinnert sei hier nur an die Großen, die als

83 ALZ, Num. 7f., Januar 1825.
84 LCB, Nr. 122, 27. Mai 1825.
85 LCB, Nr. 191, 18. August 1825.
86 ALZ, Num. 321, Dezember 1821, und Num. 19, Januar 1823.
87 Hermes, Zweites Stück für das Jahr 1823, S. 261–300.
88 Hermes, Zweites Stück für das Jahr 1822, S. 49–86; ALZ, Num. 280, November 1825.
89 ALZ, Ergänzungsblätter, Num. 122, November 1823.
90 ALZ, Num. 144, Juni 1826; Num. 41f., Februar 1825; Num. 24 bis 26, Januar 1827.
91 LCB, No. 5, 7. Januar 1822, und No. 205, 6. September 1822.
92 LCB, Beilage zum 2. November 1820.
93 BflU, Nr. 95f., 24./25. April 1827.
94 ALZ, Num. 117, Mai 1826.
95 LW, No. 67, September 1820; LCB, No. 2 und 4, 3. und 5. Januar 1822; Nr. 165f., 17./18. Juli 1823; Nr. 217, 19. September 1823 (In diesem Artikel hat Müller die Übersetzungen des Schau-

spiels »Der Richter von Zalamea« durch Malsburg und durch Gries miteinander verglichen); Nr. 93, 21. April 1826.
96 Askania, Heft 4, April 1820, S. 281–283.
97 LCB, Nr. 6, 7. Januar 1823.
98 LCB, Nr. 147, 26. Juni 1823, und Nr. 47, 25. Februar 1826. Zwei weitere Besprechungen zu Franz Horns Shakespeare-Erläuterungen erschienen im LCB, No. 159, 11. Juli 1822, und Nr. 207f., 8./9. September 1823. Da beide Artikel keine Chiffre tragen, ist der Autor nicht zu ermitteln.
99 LCB, Nr. 248, 27. Oktober 1823.
100 LCB, Nr. 61, 12. März 1824.
101 ALZ, Num. 269f., November 1824.
102 Der Gesellschafter, 68./69. Blatt, 25./26. April 1817, in der Rubrik »Zeitung der Ereignisse und Ansichten«.
103 Askania, Heft 6, Juni 1820, S. 573–580.
104 LW, Band VI, No. 5, Oktober 1820, Beilage.

Dichter wie als Kritiker in die Literaturgeschichte eingegangen sind: Lessing, Goethe und Schiller. Und dieser Tradition fühlte sich Müller durchaus verpflichtet. Im übrigen mußte er sich als Bibliothekar in puncto Neuerscheinungen auf dem laufenden halten, und viele der von ihm besprochenen Bücher hat er für die Herzogliche Bibliothek in Dessau angeschafft. Doch reichen diese beiden Erklärungen allein nicht aus, das Phänomen von Fülle und Vielfalt der Müllerschen Literaturkritiken – wie seiner Publizistik insgesamt – zu erfassen.

Die Zahl der von ihm besprochenen Bücher und deren thematisches Spektrum machen kenntlich, wie vielseitig Müller bewandert war und wie sachkundig er zu urteilen vermochte. Dabei werden einige Schwerpunkte sichtbar, auf die er sich als Literaturkritiker besonders konzentrierte:

– Reiseliteratur über Italien und Griechenland,
– Übersetzungen aus dem Italienischen,
– alt- und neugriechische Literatur,
– neueste englische und französische Literatur,
– deutsche Lyrik der Gegenwart,
– deutsche Taschenbücher.

Bei manchen Gegenständen war zweifellos eine Neigung im Spiel. So schwang bei den Arbeiten über Italien die Sympathie für dieses Land mit, in dem der werdende Dichter während eines knappen Jahres eine Fülle von Eindrücken in sich aufnehmen und Quellenmaterial sammeln konnte. Das alte Griechenland war ihm in der Studienzeit vor allem durch Friedrich August Wolf nahegebracht worden, und als Dichter solidarisierte er sich von Anfang an mit dem Unabhängigkeitskampf des griechischen Volkes gegen die türkische Unterjochung. Eine solche progriechische Haltung prägte auch die Besprechungen, die Müller zu den verschiedenartigen Berichten von Reisen in die Kriegsgebiete schrieb. Er war 1813/14 selbst in den Befreiungskriegen aktiv gewesen und lebte nun in einem Deutschland, in dem das Wort Freiheit anrüchig geworden war und wo ein Schriftsteller Eingriffe der Zensur zu erwarten hatte, wenn er die Befriedung anzweifelte, die von der feudalen Obrigkeit vorgenommen worden war.

Und Müller lebte nicht nur im Deutschland der Restaurationszeit, er war überdies in einem deutschen Herzogtum Beamter, für den sich ein Ausbrechen aus festgesetzten Grenzen ohnehin verbot. Wie George Byron sich mit den in seinem Land herrschenden Verhältnissen anlegte und sich politisch engagierte, besonders für das kämpfende Griechenland, erweckte Müllers Bewunderung. Und so machte der deutsche Bewunderer wenigstens mit der Feder kund, was der Engländer tat. Nicht nur anhand der

Artikel zu Griechenland und zu Lord Byron – insgesamt läßt sich in vielen der Müllerschen Rezensionen und sonstigen Zeitschriftenbeiträgen seine Übereinstimmung mit einer liberalen, gesellschaftskritischen Grundhaltung festmachen, von der er berichtete.

Andere Arbeiten wieder verraten ein ästhetisch-didaktisches Anliegen. Zu nennen ist hier die Besprechung von Friedrich Rückerts Gedichtband »Östliche Rosen«. Müller nutzte die Rezension dazu, den Dichterkollegen davor zu warnen, sich orientalische Dichtungsformen zu stark anzuverwandeln, weil diese fremdländischen Einflüsse letztendlich der Poesie schadeten. Und wenn Müller wirklich schlechte poetische Produkte vor sich hatte, wie es bei den Versuchen in Hexametern und Pentametern von Franz Wilhelm Sieber der Fall war, so scheute er sich nicht, von »Unförmlichkeit, Maßlosigkeit und Kakophonie«[105] zu sprechen. In seinem Essay »Ueber die neueste lyrische Poesie der Deutschen«[106] versuchte er, durch seine Urteile Maßstäbe zu setzen, an denen sich die zeitgenössische deutsche Lyrik orientieren sollte. In den zahlreichen Taschenbuchkritiken dagegen wurde in wechselndem Tone – ernst und ironisch, verständnisvoll und vernichtend – die Mode- und Massenliteratur aufs Korn genommen.

Wenn bei manchen Artikeln Müller die Übereinstimmung seiner politischen Ansichten mit denen des Verfassers eines besprochenen Buches zum Ausdruck brachte, so lag eine solche Kongruenz mehr noch den Beziehungen zwischen Müller und seinem wichtigsten Verleger, Friedrich Arnold Brockhaus, zugrunde. In diesem Arbeitskontakt trafen sich zwei Partner mit liberalen Ansichten, die ein fruchtbares Miteinander beförderten. Daß sich der erste Brockhaus-Auftrag an Müller, deutsche Reisewerke über Italien für das Zeitblatt »Hermes« zu rezensieren, in der beschriebenen Weise ausweitete, ist nicht nur mit Müllers umfangreicher Materialkenntnis und seiner Neigung für den Gegenstand zu erklären. Dieser Auftrag war der Auftakt zu einer ungewöhnlich engen und vielgestalten Zusammenarbeit eines Verlegers mit einem Autor. Und nach dem Tode von Brockhaus wurde sie von dessen Sohn Heinrich bis zu Müllers Tod in gleich intensiver und gleich freundschaftlicher Form fortgeführt. Diese Autor-Verleger-Beziehung basierte auf wechselseitigem Interesse und wechselseitigem Nutzen.

Zu dem Zeitpunkt, da Brockhaus zu dem 25jährigen Wilhelm Müller den Kontakt herstellte, war dieser in der literarischen und Journalwelt kein Unbekannter mehr. Mit seinen bis 1819 veröffentlichten Arbeiten hatte er sich als ein talentierter Lyriker ebenso wie als sprachbegabter, kulturgeschichtlich bewanderter und an geistiger Bildung

---

105 LCB, Nr. 13, 15. Januar 1823, S. 49.
106 Hermes, 28. Bd., 1827, S. 94–129.

interessierter Autor empfohlen, der liberale Anschauungen vertrat und literarische Fehden nicht scheute. Für das weitgespannte Verlagsprogramm von Brockhaus schien also Müller bestens geeignet zu sein. Diesen mögen mehrere Gründe bewogen haben, im Laufe der folgenden Jahre in der beschriebenen Intensität für Brockhaus zu arbeiten und nach und nach Beiträge in allen Publikationsorganen des Verlages zu veröffentlichen.

Mitte 1820 übernahm Brockhaus als Eigentümer und verantwortlicher Redakteur das »Literarische Wochenblatt«, das bis dahin bei den Gebrüdern Hoffmann in Weimar herausgegeben und nach August von Kotzebues Tod herrenlos geworden war. Bald nach der Übernahme wurde daraus das »Literarische Conversations-Blatt«. Es erschien wesentlich häufiger als »Hermes«, und zwar an allen Wochentagen, d. h. mit 300 Nummern pro Jahr. Die Häufigkeit des Erscheinens und die Konzeption des Blattes reizten Müller gleichermaßen zur Teilnahme. Am 14. Mai 1820 schrieb er an Brockhaus, daß er gern zu diesem Blatt beisteuern wolle, »wenn ich nur erst aus den Probeblättern mich von der neuen Gestalt und Tendenz desselben unterrichtet habe«.[107] Schon am 25. Juni äußerte er sich zustimmend zu der am 10. Juni in No. 1/2 veröffentlichten »sehr eleganten Einleitung«.[108] Und ein Vierteljahr später schrieb Müller an Brockhaus: »Das Blatt erregt jetzt immer mehr meine Theilnahme: Sie machen es zu dem, was so ein Blatt einzig und allein sein soll und kann, ohne schädlich oder überflüssig zu sein.«[109] Und schließlich sicherte der neugewonnene Mitarbeiter am 26. Dezember 1820 seine »fernere Theilnahme«[110] an der Zeitung zu; die Umbenennung war inzwischen erfolgt. – Nicht nur die Publikationsmöglichkeit in einer Zeitung schlechthin war für Müller reizvoll. Eingebunden in seine Dessauer Berufsverpflichtungen, hatte er nur wenig Gelegenheit, sich mit literarisch und kulturell interessierten Partnern unmittelbar auszutauschen. So boten ihm die Zeitschriften einen willkommenen Kommunikationsrahmen und fungierten als Ersatz für die vermißten fachlichen und geistig anregenden Gespräche.

Und im übrigen war Müller auf Nebeneinnahmen angewiesen. In Briefen an Verleger und Redakteure kamen finanzielle Angelegenheiten regelmäßig zur Sprache, wie einige Beispiele belegen sollen. Am 16. März 1823 ersuchte Müller Brockhaus dringlich, für die Abrechnung aus dem Jahre 1822 zu sorgen. Er gestand dem Verleger bei dieser Gelegenheit: »Denn meine kleine Oekonomie ist von der Art, daß ich von dem, was ich verdiene, nichts zurücklege, und selbst leicht derangirt werde, wenn mir Posten ausbleiben – so k l e i n diese auch in I h r e n Verhältnissen sind.«[111] Mit gleicher Dringlichkeit forderte Müller am 2. Januar 1825 von Heinrich Brockhaus: »Um die Übersendung des Honorars muß ich je ehr, je lieber bitten. Die Gründe dieser Bitte habe ich Ihnen im vorigen Jahr auseinandergesetzt u Sie erlassen mir gewiß gern eine Wiederholung.«[112] Wie Brockhaus, so wurden auch Johann Friedrich Cotta und Friedrich Wilhelm Gubitz immer wieder von Müller gemahnt, wenn die Abrechnung über die ihm zustehenden Honorare nicht pünktlich erfolgte. Der Vorschuß, den Müller von Gubitz 1817 vor der Italienreise erhalten hatte, war Ende 1824 noch nicht durch Beiträge für den »Gesellschafter« getilgt. Müller erhob im Brief vom 4. November 1824 zum einen Einwände gegen die niedrigen Honorarsätze, die er erhielt, zum anderen versprach er Gubitz: »Mit nächstem Jahre will ich anfangen [...] fleißiger als bisher zu Ihrem Blatte zu liefern, und Sie werden gelegentlich an eine Berechnung denken, die weniger zu meinem Nachteil ist als die mitgetheilte. Wenn ich gerade eine Summe liegen hätte, würde ich auch nicht zögern, etwas von meiner Schuldigkeit baar abzumachen. Aber die Autorschaft bringt auch so viel nicht ein, und ein Familienvater, wie ich seit Jahren bin, braucht viel.«[113]

Zuletzt ist beim Zusammentragen von Gründen für Müllers überaus eifrige literaturkritische Tätigkeit – vor allem für Brockhaus – auch daran zu denken, daß der Dichter, Übersetzer, Wissenschaftler und Herausgeber Wilhelm Müller seine Arbeiten in einem renommierten Verlag erscheinen lassen wollte. Um einen solchen handelte es sich bei Brockhaus, der dem Autor Gelegenheit zu selbständigen Buchpublikationen wie zu Beiträgen in seinen verschiedenen Blättern »Literarisches Conversations-Blatt«, Jahrbuch »Hermes«, Taschenbuch »Urania« und biographische Reihe »Zeitgenossen«) bot. Zugleich konnten im »Conversations-Blatt« und »Hermes« Anzeigen und Rezensionen der Müllerschen Bücher untergebracht werden. Es gibt im Briefwechsel zwischen Müller und Brockhaus zahlreiche Belege dafür, daß diese Form der Werbung gezielt eingesetzt wurde und daß Müller auch darauf Einfluß zu nehmen versuchte. Im Brief vom 12. August 1820 heißt es: »Sie schrieben mir neulich von

---

107 LOHRE 1927, S. 110.
108 Ebd., S. 111.
109 Wilhelm Müller am 18. September 1820 an Friedrich Arnold Brockhaus. Die Schreibmaschinen-Abschrift des Briefes befindet sich im Sächsischen Staatsarchiv Leipzig, Sign.: F. A. Brockhaus, Nr. 286 – Müller, Wilhelm. Im Abdruck des Briefes bei LOHRE 1927, S. 117, fehlt der letzte Nebensatz.

110 LOHRE 1927, S. 122.
111 Ebd., S. 190.
112 Schreibmaschinen-Abschrift des Briefes im Sächsischen Staatsarchiv Leipzig, Sign.: F. A. Brockhaus, Nr. 286 – Müller, Wilhelm
113 WAHL 1931, S. 63.

einer Rezension meines ›Roms‹, die für das Litterarische Wochenblatt eingelaufen wäre, und ich sagte Ihnen, warum mir eine baldige Aufnahme lieb sein würde. Ich erinnre Sie daran, mit der Bitte, das Blättchen nicht zurückzulegen, wenn es Ihnen bei Anordnung des Litterarischen Wochenblattes in die Hände fällt.«[114] Wenig später, am 29. Oktober 1820, schickte Müller ein Exemplar seines Bandes »Sieben und siebzig Gedichte aus den hinterlassenen Papieren eines reisenden Waldhornisten«, der soeben bei Christian Georg Ackermann in Dessau erschienen war, nach Leipzig, und er bat Brockhaus darum, er möge schnell einen Rezensenten dafür suchen.[115] Und als das erste Heft der »Lieder der Griechen« vorlag, wurde Müller wiederum bei Brockhaus vorstellig: »Eine Beurtheilung durchzubringen, die sich so viel als möglich vom Politischen fern hält, kann Ihnen wohl nicht schwer werden. Gern sähe ich es, wenn Sie einige Proben mittheilen, vielleicht aus den ›Ruinen von Athen‹ und dem letzten: ›Griechenlands Hoffnung‹.«[116] Freilich machte Müller seinerseits auch Zugeständnisse, um sich den Verleger geneigt zu erhalten. Obwohl er am 25. Juni 1820 bekannt hatte, er habe wenig Talent für unterhaltende Rezensionen[117], besprach er Jahr für Jahr eine Fülle von Taschenbüchern, und das mehrfach in einer gefälligen und unterhaltenden Form. Einerseits stöhnte er über das damit verbundene Lesepensum, andererseits nahm er es mit einem verbissenen ›Dennoch‹ immer wieder auf sich. Er sah die Gefahr, ein »Allerwelts-Geschwindschreiber« zu werden[118], und ließ sich trotz-

dem von ihr einfangen. In einen ähnlichen Zwiespalt geriet Müller, als Heinrich Brockhaus ihm Anfang September 1825 die Revision zahlreicher Artikel für eine Neuauflage des Konversationslexikons antrug. Zuerst erhob er Einwände[119], dann klagte er über die Last, zu der dieser Auftrag anwuchs[120]. Aber er trug sie und erfüllte auch diese Verpflichtung mit der ihm eigenen Gewissenhaftigkeit.

Die Ausstrahlung, die von Leipzig aus möglich war, genügte Müller jedoch nicht, und er brachte seine Artikel – wenn auch nicht in gleich hoher Zahl wie bei Brockhaus – ebenfalls bei Redaktionen in Berlin, Halle und Stuttgart unter. Die genannten Motive mögen auch für diese Aktivitäten die Triebkraft gewesen sein. Unstreitig haben sie zur Folge gehabt, daß Wilhelm Müller in den zwanziger Jahren des 19. Jahrhunderts zu den wichtigsten deutschen Literaturrezensenten zählte.

Abkürzungen

ALZ	»Allgemeine Literatur-Zeitung«
Askania	»Askania. Zeitschrift für Leben, Litteratur und Kunst«
BflU	»Blätter für literarische Unterhaltung«
Der Gesell-schafter	»Der Gesellschafter oder Blätter für Geist und Herz«
Hermes	»Hermes oder kritisches Jahrbuch der Literatur«
LCB	»Literarisches Conversations-Blatt«
LW	»Literarisches Wochenblatt«
Morgenblatt	»Morgenblatt für gebildete Stände«

---

114 Lohre 1927, S. 115.
115 Vgl. ebd., S. 121.
116 Ebd., S. 140.
117 Vgl. ebd., S. 112.
118 Ebd., S. 141.

119 Wilhelm Müller am 7. September 1825 an Heinrich Brockhaus, vgl. ebd., S. 253 f.
120 Vgl. dazu die Briefe Wilhelm Müllers an Heinrich Brockhaus vom 26. Oktober 1825 und 23. Oktober 1826, ebd., S. 258 und 269.

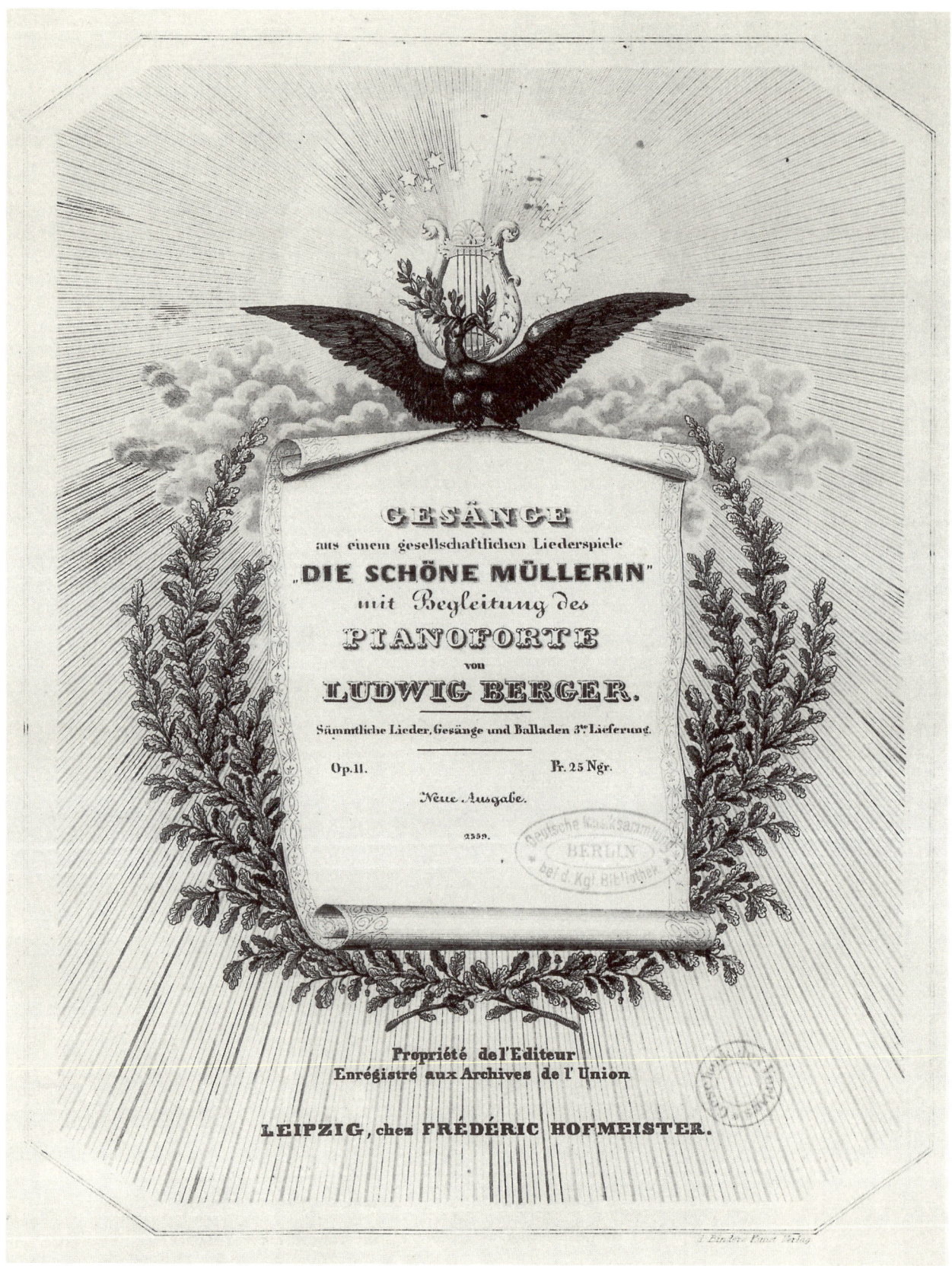

Titelblatt zur Ausgabe der ersten Vertonung der »Schönen Müllerin«

»Die schöne Müllerin« und »Die Winterreise«

Möglichkeiten und Grenzen romantischen Sprechens

Von Roswitha Schieb

Als Wilhelm Müller 1820 den ersten Teil der »Gedichte aus den hinterlassenen Papieren eines reisenden Waldhornisten« veröffentlichte, wurde dem zeitgenössischen Leser bereits mit diesem ausführlichen Titel ein Programm präsentiert, das grundlegende Traditionen und Motive seines lyrischen Schaffens im Kern enthalten sollte. Gleich der »reisende Waldhornist« spielt auf viererlei an: einmal auf die 1805 bis 1808 erschienene, von Arnim und Brentano bearbeitete und Müller anregende Volksliedsammlung »Des Knaben Wunderhorn«, sodann auf die Rollenhaftigkeit des lyrischen Ich, das sich hier nur unter der Maske eines Waldhornisten aussprechen kann, weiterhin auf die zur gleichen Zeit entstandene Töne-Poetik, die zwischen Viel- und Eintönigkeit unterscheidet, und schließlich auf das nicht nur für Müller, sondern für die gesamte Romantik grundlegende Motiv des Wanderns und Reisens.[1] Mit dem Hinweis auf die »hinterlassenen Papiere«, auf die Gedichte als einem Nachlaß entnommene, wird ein weiteres zentrales Thema der Müllerschen Poesie angedeutet: das Motiv einer Todessehnsucht, die auch ein Ausdruck von Müllers Wunsch ist, das eigene Schaffen mittels einer fingierten Nachwelt aufzuwerten. Obwohl fast alle Waldhornisten-Gedichte trotz verschiedener Versmaße und Strophenformen im Volksliedton verfaßt sind, also der von Müller sehr geschätzten Poetik der Eintönigkeit verpflichtet sind[2], fällt doch die starke Uneinheitlichkeit der einzelnen Teile ins Auge: diese reicht von epigonalen anakreontischen Gedichten (»Devisen zu Bonbons«) über die kunstvoll hergestellte Ursprünglichkeitssuggestion des Volkslieds, wie sie von Goethe, Arnim, Brentano und Uhland vorbildhaft erreicht wurde und bei Müller in den »Ländlichen Liedern« und »Tafelliedern für Liedertafeln« ihren Ausdruck findet, bis hin zu melancholischer und existentieller Selbstaussprache eines lyrischen Ich in den Zyklen »Die schöne Müllerin« und »Die Winterreise«. Eines aber ist diesen Müllerschen Ausdrucksmöglichkeiten, deren Reihung sich durchaus als qualitative Steigerung verstehen läßt, gemeinsam, nämlich ihr eindringlich vorgetragenes Natürlichkeitsideal. Dieses verbirgt sich selbst noch in seinen unzeitgemäß wirkenden anakreontischen Versen, versuchte sich

doch gerade die Anakreontik – ab den dreißiger Jahren des 18. Jahrhunderts die Dichtung wie eine Unterströmung durchziehend – mit dem Ideal natürlicher Einfachheit und Sinnenfreude von dem gelehrten Aufwand des Barock abzusetzen. Damit schaffte sie eine Art Vokabular des Empfindens ohne Empfindung, das den Humus für eine weitere Bewegung auf dem unsicheren Terrain der Empfindsamkeit zu bilden vermochte. Wurden dann in den folgenden Jahrzehnten diese noch leeren Empfindungsgebärden in den hymnischen Gesängen Klopstocks zu füllen versucht, und zwar durch eine vorher niemals erreichte Musikalisierung der deutschen Sprache vermittels »natürlicher Zeichen«, so gelang Goethe eine poetische Sprache, deren Beschwörungs- und Selbstaussprachecharakter neuartig ist. Stellen die Gedichte Klopstocks ekstatische Gottesvergewisserungen angesichts der angeschauten Natur dar, so wurzelte Goethes Natürlichkeitsideal in einer von Herder beschworenen mythischen Vorzeit, der es sich vor allem durch die Beschäftigung mit dem Volkslied anzunähern galt. Letzteres nämlich erschien im ausgehenden 18. Jahrhundert als ein echter Ausdruck eines verlorenen, fast paradiesischen, da noch ungebrochenen Menschheitszustands, den besonders Herder durch seine Volksliedsammlung[3] anschaulich zu machen bestrebt war. Doch enthält bereits diese frühe Sammlung, an der sich Arnim und Brentano mit ihrer Volksliedsammlung »Des Knaben Wunderhorn« orientierten, nicht nur Volkslieder aus den entlegensten Teilen der Welt, sondern auch Gedichte von Shakespeare, Claudius, Fleming und Goethe, die einer künstlichen Natürlichkeit zum Ausdruck verhalfen und somit das einfache Volkslied – oft genug von den Herausgebern der Sammlung kunstvoll bearbeitet – aufwerteten. Tatsächlich gelang es Goethe in seinen frühen Gedichten, so in »Willkommen und Abschied« (1771), den Bruch zwischen lyrischem Ich und umgebender Natur so aufzuheben, daß die Natur in eine Seelenlandschaft verwandelt wird, in der sich das momentane Empfinden verdichtet. Diese sprachlich zu einer gültigen Formel gefaßte Empfindung befähigt das individuelle Bewußtsein zur Überschreitung seiner selbst. Wilhelm Müller bescheinigte Goethes Dichtungen – im

---

1 GAD 1989, S. 86–101.
2 Ebd., S. 95–100.

3 Diese Volksliedsammlung Herders erschien 1779. Eine weitere Auflage, die auch Müller bekannt war, erschien 1807 unter dem Titel »Stimmen der Völker in Liedern«.

Gegensatz zu der in der Maske des Waldhornisten vorgetragenen Eintönigkeit seines eigenen lyrischen Schaffens – Vieltönigkeit, die auf der »Vielseitigkeit der Empfindung«[4] beruhe, welche wiederum von der Spannbreite des zugrunde liegenden »Gemüts«[5] bestimmt werde. Das Gemüt nämlich, so faßt es Müller in seinem Aufsatz »Über die neueste lyrische Poesie der Deutschen« auf, stellt sich als eine Art feste Größe im dichterischen Subjekt dar, als das »»ewige Meer‹, das alle Einzelgefühle wie Flüsse in sich aufnimmt und sammelt. Das Gemüt ist nach seiner [= Müllers, R.S.] Lehre konzentrierter als die einzelnen Leidenschaften, die oft ins Leere verpuffen.«[6]

Das Gemüt, dieses »ewige Meer«, erscheint für die künstlerische Produktion als eine Art Filter, der, gemäß der Komplexität, Schattierung und Vielfältigkeit der zu ihm hinfließenden Empfindungs- und Leidenschaftsflüsse, entweder vieltönige oder eintönige Gedichte entstehen läßt. Jene bewegen sich dabei in den unterschiedlichsten Stimmlagen und können sowohl mit großem sprachlichen Aufwand in die Ferne des Raumes und der – mythologischen – Zeit ausgreifen als auch mit vorgeblicher Naivität und bewußter Reduktion zu einem adäquaten Ausdruck gelangen. Die eintönigen Gedichte dagegen verfügen nicht über eine derartige Vielfalt, sondern sind in der Lage, in – ebenfalls durchaus bewußter – Naivität und Schlichtheit dem Ideal echter Natürlichkeit nahezukommen. Müller hielt zwar »Eintönigkeit« für »etwas Naturgemäßes (...), da sie den Charakter aller lyrischen Volkspoesie bildet«[7], war aber nicht bestrebt, die Rhetorik zu verwerfen, »sondern diese ›Regelpoetik‹ der Kunstpoesie für die Naturpoesie fruchtbar zu machen.«[8] Am besten verwirklicht sieht Müller alle Kriterien, die für ihn die Naturpoesie konstituieren, nämlich »Einfachheit der Form«, »Sangbarkeit des Metrums«, »natürliche Unumwundenheit der Sprache und des Ausdrucks«, »bewußtlose tiefe Innigkeit, die lange nachklingt«, »naive Unbefangenheit in der schüchternen Aussprache des Höchsten«[9], im Volkston der »Wanderlieder« Uhlands, über den noch im Zusammenhang mit der »Winterreise«, auf die er vorbildhaft eingewirkt hat, zu sprechen sein wird. Indem Müller den Gedichten Uhlands, Kerners und Höltys im positiven Sinne Eintönigkeit bescheinigte, traf er damit sicherlich einen zentralen Charakterzug ihres lyrischen Schaffens. Nachdem er aber seine eigenen Gedichtzyklen von vornherein, durch den Waldhorni

sten-Titel nämlich, programmatisch der Eintönigkeit verpflichtet hatte, hat es den Anschein, als habe Müller nur unter dem Schutz der Waldhornistenmaske versuchen können, unterschiedlichste Töne des Ausdrucks anzuschlagen, wobei ihm sogar eine lyrische Selbstaussprache in den beiden von Schubert vertonten Zyklen kurzzeitig möglich wurde.

In der zweiten Hälfte des 18. Jahrhunderts, in Deutschland besonders im letzten Drittel, wurde der Versuch einer fast akribischen Objektivierung von Empfindungsqualitäten und -intensitäten unternommen, eine Abstufungslehre, die von Burkes Unterscheidung zwischen dem Schönen und dem Erhabenen im Anschauen der Natur (1757) ausgelöst wurde und sich in feinen Nuancen vom Heiter-Lieblichen, über das Romantische, Feierliche bis hin zum Melancholischen und Schauerlichen bewegte. Zu besonders prägnanter Entfaltung gelangten diese Empfindungsexperimente in der künstlichen Natürlichkeit der zwischen 1760 und 1790 sich auch in Deutschland durchsetzenden Landschaftsparks, der sog. Englischen Gärten.[10] Eine der berühmtesten Anlagen dieser Art in Deutschland dürfte Müller selbst gut gekannt haben: nämlich den bei Dessau gelegenen Park zu Wörlitz. Müller ging es im Bereich der Dichtung darum, die Vielzahl von Empfindungsstufen bzw. die Vieltönigkeit, die ja als Schattenseite die Beliebigkeit in sich birgt, zu bündeln und damit eine Zerstreuung zu verhindern. Dazu diente Müller die Rolle als Waldhornist. Erst unter der Maske der Eintönigkeit als oberster vereinigender Instanz gelang es, verschiedene Töne, heitere und schauerliche, fröhliche und melancholische, zuzulassen. Welch positive Bedeutung die Maske für Müller besaß, erschließt sich aus folgendem Zitat, in dem er die Lyrik Uhlands zusammenfaßt; Uhland gewinne seine Einfachheit durch die Persona-Technik, d. h. durch die Kleidung seines lyrischen Ich in verschiedenen Rollen, wodurch er zu einem objektiveren Ausdruck gelange als durch ungeschützte IchAussprache: »Der Dichter erscheint mit seinem eigenen Herzen maskiert und sein Gemüt spricht mit unbefangener Reinheit und Klarheit sich selbst umso freier unter fremder Hülle aus.«[11]

Wie bedeutungsreich schließlich gerade die Rolle des Waldhornisten ist, zeigt sich an folgenden Anspielungen: zwar folgte Müller mit dieser Figur der romantischen und vorromantischen Tradition, bestehend aus literarischen Werken wie Wielands »Oberon«, Tiecks »Franz Stern

4 MÜLLER, zit. nach GAD 1989, S. 97.
5 Ebd.
6 Friedrich SENGLE, Biedermeierzeit. Deutsche Literatur im Spannungsfeld zwischen Restauration und Revolution 1815–1848, 3 Bde., Stuttgart 1971ff., hier Bd. 2 (1972), S. 474.
7 MÜLLER, zit. nach GAD 1989, S. 98.
8 Ebd.
9 MÜLLER, zit. nach Nigel REEVES, The Art of Simplicity: Heinrich

Heine and Wilhelm Müller, in: Oxford German Studies 5 (1970), S. 48–66.
10 Vgl. vor allem in diesem Zusammenhang Christian Cay Lorenz HIRSCHFELD als Theoretiker der Empfindsamkeit; seine »Theorie der Gartenkunst«, die solcherlei Klassifikation enthält, erschien 1779–85.
11 MÜLLER, zit. nach GAD 1989, S. 101.

balds Wanderungen« oder »Des Knaben Wunderhorn«, Texten also, in denen das Waldhorn als Instrument der Sehnsucht wirkt, um in affektauslösender Weise die Ferne der Zeit und die Ferne des Raumes zu überbrücken.[12] Aber die Bezeichnung »Waldhornist«, die ja eine des Musikerberufs ist, geht bereits über das ganze Arsenal von Jägern, Förstern und Postleuten, die waldhornblasend die romantischen Gedichte und Romane bevölkern, hinaus: der Waldhornist, und gar der reisende Waldhornist, ist der unbehaust Kunstausübende auf der Suche nach einem Orchester, in das er einstimmen kann, das Orchester menschlicher Geselligkeit, die der Einzelstimme ein Gefühl von Kontinuität, räumlicher und zeitlicher Zusammengehörigkeit, vermittelt.[13] Mindestens ebenso sehr aber wirken die generellen Diskontinuitätserfahrungen des Waldhornisten, wenn er allein durch das Land reisen muß und ihm sowohl die menschliche Gesellschaft als auch die ungebrochene Naturwahrnehmung problematisch werden, eine Erfahrung, wie sie in den beiden herausragenden Zyklen, »Die schöne Müllerin« und »Die Winterreise«, gültigen Ausdruck findet. Der »reisende Waldhornist« wächst somit beinahe zu einer Chiffre für Unbehaustheit an, für eine Erfahrung, die durch die trostheischenden Klänge des vermeintlich eintönigen Volksliedes versöhnt werden soll.

Goethe, Dichter eines harmoniegewissen Empfindens kosmischer, kreatürlicher und menschlicher Aussöhnung, nannte bezeichnenderweise Müllers Dichtung kurz vor dessen Tod »Lazarett-Poesie«[14], ein Urteil, das wohl am ehesten auf die »Winterreise« gemünzt war. Diese abschätzige Bemerkung des alternden Goethe macht deutlich, wie sehr das Leidenspathos und die Weltschmerzgebärde als Anmaßung empfunden werden konnte von einer älteren Dichtergeneration, deren Einklangsgewißheit die umgebende Natur in großartige Seelenlandschaften zu transponieren vermochte. Der Romantik ist diese Gewißheit nicht mehr möglich, wenngleich sie alles daran setzte, im manischen Aufspüren von natürlichen Resten, verschütteten Wurzeln, wunderbaren Zusammenklängen und beschworenen Übereinstimmungen künstlich eine Einheit zu konstruieren.

Seit dem ausgehenden 18. Jahrhundert, zu einer Zeit also, in der reale Natur einerseits die ›gepolsterte Harmlosigkeit‹ englischer Parkanlagen besaß, andererseits die parkartige, als Natur verbrämte Künstlichkeit den Charakter eines Fluchtraums annehmen mußte, da nämlich die Ausbeutung der Natur mit industriellen Methoden und gesellschaftserschütternden Auswirkungen gerade begonnen hatte, verlangte der Riß zwischen Subjekt und Welt immer stärkere Klammerungsunternehmungen, um die

auseinanderbrechenden Teile mit ungeheurer Anstrengung zusammenzuhalten – eine Anstrengung, von der auch die spätromantische Integrationsfigur des Müllerschen Waldhornisten noch Zeugnis gibt. Genau diese Erfahrung des Auseinanderbrechens, der Diskontinuität und die immer erneuten Versuche des Zusammenklammerns, die sich bei Müller im Motiv des Wanderers spiegeln, der sich auf dem schmalen Grat zwischen Liebes- und Todessehnsucht bewegt und ein sehr spezifisches Verhältnis zur Natur präsentiert, gilt es, im folgenden anhand der beiden berühmten Zyklen sichtbar zu machen.

»Die schöne Müllerin«

Keiner der Gedichtzyklen Wilhelm Müllers besitzt eine solch zusammenhängende Erzählstruktur wie »Die schöne Müllerin«, ein Zyklus, der dadurch beinahe epischen Charakter annimmt. Er entstand über einen Zeitraum von vier Jahren hinweg, von 1816 bis 1820, was für einen äußerst hastig arbeitenden Schriftsteller wie Müller eine lange Spanne darstellt. Hervorgegangen aus einem Singspiel[15], in dem der Dichter selbst die Rolle des Müllerburschen übernahm und das wiederum auf der Oper »La Molinara« (1788) von Giovanni Paisiello basierte, läßt sich der Inhalt der offenbar schwer errungenen Gedichte mit einem Satz zusammenfassen und streift daher vermeintlich die Regionen der Banalität: ein wandernder Müllergesell verliebt sich in eine Müllerstochter, die aber einem Jäger den Vorzug gibt, woraufhin sich der Müllergesell schließlich in einem Bach ertränkt. Bedeutsam ist also weniger die Geschichte als Geflecht von Strängen, Figuren und romantischen Ausdrucksformen als vielmehr der neuartige Gebrauch des konventionellen Materials und letztlich die Frage nach den Möglichkeiten und Grenzen romantischen Sprechens. Gerade aber diese Frage und die sich auf unsicherem Terrain bewegenden, schüchternen Antwortversuche veranlassen die Müllerforschung dazu, den Müllerin-Zyklus aufgrund von Uneinheitlichkeit der einzelnen Teile und aufgrund jugendlicher Unreife des Verfassers als literarisch eher unbedeutend abzuwerten. Akribisch werden die einzelnen Quellen benannt, aus denen Müller sicherlich geschöpft hat – so Goethes »Vier Romanzen von der Müllerin«, darin besonders das Gespräch zwischen dem Gesellen und dem Bach (1797), so einige Gedichte der Sammlung »Des Knaben Wunderhorn«[16], der allegorische Bilderschatz deutscher Barockdichter[17] und sogar die Gedichte des elisabethanischen Dichters Edmund Spenser[18] –, kaum aber die erneuernde Kraft beschrieben, mit der er die

---

12 Ebd., S. 94.
13 Ein solches Gefühl kommt in den »Tafelliedern für Liedertafeln« zum Ausdruck.

14 Goethe, zit. nach Volker EBERSBACH, Der da draußen und die da drinnen, in: Neue deutsche Literatur 30 (1982), H. 10, S. 109–117.
15 Mehr zum Entstehungshintergrund vgl. GAD 1989, S. 102–108.

vorgegebenen Motive und sprachlichen Ausdrucksmöglichkeiten bereits im Müllerin-Zyklus durch Anverwandlung auf sehr subtile Weise problematisiert hat.

So erscheint die rollenhafte Einkleidung sowohl des lyrischen Ich als auch des gesamten Schauplatzes ins Müllermilieu, das ja noch von der Großmaske des Waldhornisten überlagert ist, zwar als eine der romantischen Konvention verpflichtete, einer Konvention, die sich auf die traditionelle Bewertung der Mühle als gleichzeitig faszinierendem und verrufenen Ort sexueller Freizügigkeit und betrügerischer Machenschaften stützen konnte.[19] Aber die Ausweitung des Bildes vom Mühlenbach zu einem ständigen Begleiter, der zu einer Art alter ego anwächst, zeigt bereits die Vorliebe Müllers, das Repertoire romantischer Mühlentopoi auf unmerkliche Weise zu verzerren; denn der Bach ist nicht einfach ein rauschender Stimmungsträger, sondern er ist es, der als ein mit Bedeutungen aufgeladenes Gewässer den gesamten Zyklus erst zustande kommen läßt. Der Bach verbürgt aber nicht nur den epischen Zusammenhang – immerhin spielt er in 19 von 25 Gedichten eine Rolle –, sondern auch den Zusammenhalt zwischen Welt und lyrischem Ich. Dabei stellt der Bach anfänglich für den Müllergesellen den Beginn eines Schicksalsfadens dar, den der Bursche begierig ergreift. Der Bach markiert als Seelenspiegel des Müllergesellen die Wendepunkte auf dessen Lebensweg und bietet sich dem Lebensmüden schließlich als letzte Rückzugsmöglichkeit an, als Weg in den Tod. Bis auf die letzten zwei Gedichte, die die Perspektive des Baches annehmen, spricht der Müllergesell, der den Bach als Projektionsfläche für das Drama seiner unglücklichen Liebe benutzt. Ständig vermeint der Geselle, interpretationsbedürftige Zeichen in den unterschiedlich starken Bewegungen des Baches zu erkennen, die er als für oder gegen sich wertet:

»Ist das denn meine Straße?
O Bächlein, sprich wohin?«

»War es also gemeint,
Mein rauschender Freund,

Hat sie dich geschickt?«
»O Bächlein meiner Liebe,
Wie bist du heut so stumm!

Sag, Bächlein, liebt sie mich?«

»Wohin so schnell, so kraus, so wild, mein lieber Bach?«

Das Wanderer-Motiv, das in der »Winterreise« sehr weit entfaltet ist und in beunruhigender Weise die Frage nach Identität stellt, ist im Müllerin-Zyklus nur ansatzweise entwickelt; lediglich das erste Gedicht – ein fröhliches Wanderlied in der Tradition Uhlandscher Lyrik – präsentiert den Müllergesellen als einen ungebundenen Wanderer. Doch bereits mit dem ersten Auftauchen des Baches (»Wohin?«) und der Mühle (»Halt!«) wird der Wanderer eingebunden in ein dreipoliges Kräfteverhältnis, das ihn festhält und nicht mehr aus seinem Bann freigibt. Der Radius des Müllergesellen läßt sich im Gegensatz zu dem des in die Ferne ausgreifenden Wanderers als ein wie magnetisch festgehaltenes Umhertappen in einem umgrenzten Gartenbezirk beschreiben. Dieser wird allerdings vom Bächlein, dem einzigen tatsächlichen Wanderer dieses Zyklus, durchflossen und durch dessen Dynamik und dessen in exotische Ferne weisenden Ziele (»Meer«, »ferne Insel«) mit der weiten Welt verbunden; auf diese Weise wird die Utopie des Müllergesellen von einem zusammen mit der Müllerstochter bewohnten hortus conclusus, einem von der übrigen Welt abgetrennten Paradiesgarten, andauernd durchkreuzt. Diese Utopie findet aber nur als Negativvision in den Zyklus Einlaß und zwar zu einem Zeitpunkt, an dem der Müllergesell, betrogen von der untreuen Müllerin, keine Hoffnung auf eine positive Erfüllung mehr hegen kann. Das zunächst harmlos klingende Gedicht »Blümlein Vergiß mein« nämlich entwirft das schauerliche Bild eines unterweltlichen Todesgartens, in dem nur schwarze Gewächse gedeihen:

»(...)
Hat keine grüne Blätter,
Hat keinen Blütenduft,
Es windet sich am Boden
In nächtig dumpfer Luft.

Wächst auch an einem Ufer,
Doch unten fließt kein Bach,
Und willst das Blümlein pflücken,
Dich zieht der Abgrund nach.

Das ist der rechte Garten,
Ein schwarzer, schwarzer Flor:
Darauf magst du dich betten –
Schleuß zu das Gartentor!«

16 Der Bezug von Müllers Gedicht »Ich hört ein Bächlein rauschen« zum Gedicht »Ich hört ein Sichlein rauschen [...] / Laß rauschen, Lieb, laß rauschen« aus »Des Knaben Wunderhorn« ist überdeutlich.
17 Hier seien vor allem Opitz, Gryphius, Logau und P. Gerhardt genannt.
18 Müllers Gedicht »Ungeduld« (»Ich schnitt es gern in alle Rinden ein«) wird von mehreren Sekundärautoren, vor allem von Baumann,

auf Spensers Gedicht »Her name in every tree I will endosse« bezogen, vgl. BAUMANN 1981, S. 42ff.
19 Vgl. dazu Werner DANCKERT, Unehrliche Leute. Die verfemten Berufe, Bern 1963, bes. das Kap. »Müller«, S. 125–145. Weiterhin: Johannes WERNER, ›Du Müller, du Mahler, du Mörder, du Dieb‹. Berufsbilder in der deutschen Literatur, München 1990, bes. das Kap. »Ich will einen Fluch über die Mühle sprechen‹ – Der Müller«, S. 452–471.

Dieses Gedicht, das einundzwanzigste von fünfundzwanzig, stellt als Phantasie der Zusammenhangslosigkeit einen unversöhnlich-resignativen Punkt dar, an dem dieser Zyklus nicht stehen bleibt: fließt – als Zeichen absoluter Beziehungslosigkeit – im negativen hortus conclusus noch nicht einmal ein Bach, so ist es zum Schluß des Zyklus zumindest das Zusammenhalt stiftende Bächlein, das sich als eine Art gläsern-kristaller ›Schneewittchensarg‹ den Qualen des Müllergesellen in tröstlicher Weise annimmt. Auf diese Weise wird die ersehnte Vereinigung mit der Müllerin, wie sie im Gedicht »Tränenregen« kurzzeitig, nämlich durch die vermischende Spiegelinstanz des Baches, zu gelingen scheint, aber sofort grausam desillusioniert wird, umgedreht zur tödlichen Vereinigung mit dem Bach, bei der auch die Müllerin noch schattenhaft präsent ist (»Des Baches Wiegenlied«). Es handelt sich dabei um zwei Gedichte, die eine Vereinigung thematisieren – eines mit hoffnungsvollem, das andere mit melancholischem Vorzeichen – die nicht nur formal, als Nummer zwölf und Nummer vierundzwanzig des Zyklus, aufeinander bezogen sind, sondern auch die beiden poetischen Höhepunkte des Zyklus darstellen.

»Tränenregen

Wir saßen so traulich beisammen
Im kühlen Erlendach,
Wir schauten so traulich zusammen
Hinab in den rieselnden Bach.

Der Mond war auch gekommen,
Die Sternlein hinterdrein,
Und schauten so traulich zusammen
In den silbernen Spiegel hinein.

Ich sah nach keinem Monde,
Nach keinem Sternenschein,
Ich schaute nach ihrem Bilde,
Nach ihren Augen allein.

Und sahe sie nicken und blicken
Herauf aus dem seligen Bach,
Die Blümlein am Ufer, die blauen,
Sie nickten und blickten ihr nach.

Und in den Bach versunken
Der ganze Himmel schien,
Und wollte mich mit hinunter
In seine Tiefe ziehn.

Und über den Wolken und Sternen
Da rieselte munter der Bach,
Und rief mit Singen und Klingen:
›Geselle, Geselle, mir nach!‹

Da gingen die Augen mir über,
Da ward es im Spiegel so kraus;
Sie sprach: ›Es kommt ein Regen,
Ade, ich geh nach Haus.‹«

»Des Baches Wiegenlied

Gute Ruh, gute Ruh!
Tu die Augen zu!
Wanderer, du müder, du bist zu Haus.
Die Treu ist hier,
Sollst liegen bei mir,
Bis das Meer will trinken die Bächlein aus.

Will betten dich kühl,
Auf weichem Pfühl,
In dem blauen, kristallenen Kämmerlein.
Heran, heran,
Was wiegen kann,
Woget und wieget den Knaben mir ein!

Wenn ein Jagdhorn schallt
Aus dem grünen Wald,
Will ich sausen und brausen wohl um dich her,
Blickt nicht herein,
Blaue Blümelein!
Ihr macht meinem Schläfer die Träume so schwer.

Hinweg, hinweg
Von dem Mühlensteg,
Böses Mägdlein, daß ihn dein Schatten nicht weckt!
Wirf mir herein
Dein Tüchlein fein,
Daß ich die Augen ihm halte bedeckt!

Gute Nacht, gute Nacht!
Bis alles wacht,
Schlaf aus deine Freude, schlaf aus dein Leid!
Der Vollmond steigt,
Der Nebel weicht,
Und der Himmel da oben, wie ist er so weit!«

Das Gedicht »Tränenregen« stellt auf höchst kunstvolle Weise die Frage nach der Tauglichkeit romantischen Ausdrucks, vor allem hinsichtlich des metaphorischen Sprechens. Wirkt die Bildlichkeit des Müllerin-Zyklus auf den ersten Blick fast ausnahmslos traditionell bis banal, so macht doch bereits ihre unverhüllt tautologische Struktur stutzig: wenn blaue Augen mit Vergißmeinnicht-Blüten und diese mit blauen Augen verglichen, wenn Tau mit Tränen und Tränen mit Tau metaphorisiert werden, dann bekommt der Umfang der Ausdrucksmöglichkeiten etwas von der Enge und Eingeschlossenheit einer Gefängniszelle. Dieser Art von Metaphern – und das ist Müller durchaus bewußt – haftet ein Betrugsmoment insofern an, als sie das Hauptcharakteristikum einer gelungenen Metapher, zwei Teile durch ein verbindendes Drittes einander aufzuschließen, nicht besitzen. Durch metaphorisches Sprechen die Außenwelt, vorzüglich die Natur, in sich aufzunehmen und im Gegenzug sich in die Außenwelt erweitern zu können, wird durch die in der Konvention erstarrten Metaphern enttäuscht.

Im Müllerin-Zyklus finden sich nun drei Möglichkeiten, dieses Dilemma zu überwinden. Die erste Möglichkeit besteht darin, die Metaphern, so die zum Vergleich der Augen herangezogenen Vergißmeinnicht, in die Wirklichkeit der Gedichte herauszustülpen, um sie dort mit einem Eigenleben zu versehen – ein äußerst realistisches, beinahe surreales Verfahren, das in der »Winterreise« noch vervollkommnet wird. Denn diese bildspendenden Blumen können ausgegraben und vor das Fenster der Müllerin gepflanzt werden (»Des Müllers Blumen«), sie wachsen auf allen Wiesen und besonders am Bachrand, sie sprießen aus dem phantasierten Grab des Müllergesellen heraus und blicken schließlich – immer sehr eng mit der Augenbedeutung verbunden – vom Ufer in seine letzte Ruhestätte hinein. In konzentrierter Form erschließt sich die die Tautologie überwindende Wirklichkeit der beiden Metaphernteile – Augen der Müllerin und Vergißmeinnicht – im Blickwechsel zwischen diesen beiden Teilen, wie er in der vierten Strophe des Gedichts »Tränenregen« in scheinbar einfachen Worten, tatsächlich aber außerordentlich reflektiert und artifiziell, gefaßt ist.

Die zweite Möglichkeit besteht in der kunstvollen Anlage der Figurenkonstellation – Müllergesell, Müllerin und Bach – als eine, die auch den hoffnungsvoll ersehnten und schließlich enttäuschten Akt des Metaphorisierens spiegelt. Es handelt sich um zwei Teile, den Müllergesellen und die Müllerin, die durch den Bach, ein Drittes, zwar räumlich getrennt sind, aber durch ihn vereinigt werden könnten, indem sie ihn als tertium comparationis, als Drittes des Vergleichs, annehmen, wie es das Gedicht »Tränenregen« beabsichtigt. Denn hier gelingt kurzzeitig eine Vereinigung – wenn auch nur der Blicke – zwischen dem lyrischen Ich und seiner Geliebten im Wasserspiegel des Baches, eine Vereinigung, die für das Ich zu einer kosmischen Umkehrung anwächst. In dem Moment aber, in dem der Müllergesell das materielle tertium comparationis, das vereinigende Wasser nämlich, sichtbar werden lassen will und zu weinen beginnt, enttäuscht die Geliebte den Wunsch nach gelungener Übertragung durch den Hinweis auf den allgemeinen Regen, entzieht sich und läßt das lyrische Ich betrogen zurück. Resigniert muß es im weiteren Verlauf einsehen, daß die Müllerin nicht dem subtilen tertium comparationis als Übertragungsmöglichkeit, sondern dem plumpen Steg über das Bächlein den Vorzug gibt, ein Steg, der schließlich vor allem vom Jäger benutzt und dessen Einsturz vom Müllergesellen herbeiphantasiert wird:

»Und wenn der stolze Jäger
Ein Blättchen mir zertritt,
Dann stürz, o Steg, zusammen

Und nimm den Grünen mit!«
(»Erster Schmerz, letzter Schmerz«)

Noch im Abschlußgedicht »Des Baches Wiegenlied« ist es der Steg, die betrügerische Brücke, von der die Müllerin weggescheucht wird. Je weiter sich diese vom lyrischen Ich entfernt, desto mehr wird es gewahr, wie sehr das metaphorische Sprechen an Kraft eingebüßt hat und nichts mehr zu bewirken vermag:

»Ihr Blümlein alle,
Wie welk, wie blaß?
Ihr Blümlein alle,
Wovon so naß?

Ach, Tränen machen
nicht maiengrün,
Machen tote Liebe
Nicht wieder blühn.«
(»Trockene Blumen«)

Mit dem Gedicht »Des Baches Wiegenlied« eröffnet sich schließlich die dritte Möglichkeit, konventionelles metaphorisches Sprechen zu überwinden: indem dort die kosmische Inversion aus »Tränenregen« (»Und in den Bach versunken/ Der ganze Himmel schien«) wiederum umgedreht wird und aus der tröstlichen Perspektive des sorgenden und wiegenden Baches der Himmel betrachtet wird, gelingt am Ende kurzzeitig eine metaphernfreie, hochpoetische Selbstaussprache, in der wie durch einen Spalt eine neue sprachliche Eindringlichkeit des schwebenden Ausdrucks sich ankündigt:

»Der Vollmond steigt,
Der Nebel weicht,
Und der Himmel da oben, wie ist er so weit!«

Auffälligerweise folgt diesem gelungenen Ausdruck sofort das letzte Gedicht, der relativierende Rahmen nämlich, in den der Zyklus offenbar als eine Art dritte Maske von Müller noch eingespannt werden mußte und der sich durch einen selbstverspottenden Tonfall hervorzutun bemüht, auf den dann die »Winterreise« verzichten kann.

Nach diesen Betrachtungen des Müllerin-Zyklus als keineswegs einfältigem, sondern sehr komplexem Gebilde mutet es eigentümlich an, daß Müller von Zeitgenossen als »Musterschüler der Romantik« bezeichnet wurde. [20] Nicht nur die Reflexion seiner Metaphern, sondern auch das durch seine Mittelstellung im Zyklus besonders hervorgehobene Gedicht »Mein«, in dem Müller Verkleinerungsformen und den immergleichen volksliedhaft-eintönigen Reim »ein« ironisch überdehnt, dabei aber den

---

20 Vgl. Klaus Günther Just, Wilhelm Müllers Liederzyklen »Die schöne Müllerin« und »Die Winterreise«, in: Zeitschrift für deutsche Philologie 83 (1964), S. 452–471.

wichtigsten Reim, »Nein«, vermeintlich vergißt, verraten eine beispiellose Bewußtheit über das Ungenügen romantischen Ausdrucks, ohne daß bereits ein neuer zur Verfügung stünde. Der Wechsel von der blauen Blume Vergißmeinnicht zur schwarzen Blume der Unterwelt Vergißmein läßt bereits in dem noch sehr versöhnlich endenden Müllerin-Zyklus einen nachtschwarzen Bezirk aufscheinen, in dem sich die »Winterreise« dauerhaft bewegen wird.

»Die Winterreise«

Der Gedichtzyklus »Die Winterreise«, der zwischen 1821 und 1824 entstand, weist nicht wie der Müllerin-Zyklus einen epischen inneren Zusammenhang auf, ist aber demgegenüber entscheidend vom Motiv des Wanderers und der Wanderschaft bestimmt. Zwar stellt das Wandern ein traditionelles romantisches Thema dar, bei dessen Übernahme sich Müller auf Uhlands 1813 erschienene »Wanderlieder« beziehen konnte: deutlich sind die Bezüge im Zusammenhang mit den nächtlichen Bildern der Uhland-Gedichte »Nachtreise«, »Winterreise« und »Abreise«, deutlich ist auch der – bewußt verzerrte – Zusammenhang zwischen Uhlands »Einkehr« (»Bei einem Wirte wundermild,/ Da war ich jüngst zu Gaste«) und Müllers »Das Wirtshaus«:

»Auf einen Totenacker
Hat mich mein Weg gebracht.
Allhier will ich einkehren:
Hab ich bei mir gedacht.

Ihr grünen Totenkränze
Könnt wohl die Zeichen sein,
Die müde Wandrer laden
Ins kühle Wirtshaus ein.«

Aber der Müllersche Ton existentieller Selbstaussprache klingt unbedingter als derjenige, der dem Uhlandschen Wanderer unterlegt ist, welcher nur die Rolle des Unbehausten annimmt, um desto gewisser wieder heimkehren zu können – eine Zuversicht, die dem Wanderer der »Winterreise« verwehrt bleibt. [21] Ähnlicher noch den neun »Wanderliedern« Uhlands sind die neun gleichnamigen Gedichte Müllers, die sich neben der »Winterreise« im zweiten Teil der »Hinterlassenen Papiere eines reisenden Waldhornisten« finden. Denn hier werden die durchaus

finsteren Themen Tod, Selbstmord, Mondsüchtigkeit und der ewige Jude, der nicht sterben kann, in versöhnlichem Ton präsentiert, der die motivische Schärfe abmildert. Für den Ton der »Winterreise« aber, den Schubert als »schauerlich« bezeichnete, lassen sich keine zeitgenössischen deutschen Vorbilder ausmachen. Statt dessen weist die Forschung einhellig darauf hin, daß Müller sehr stark von Byron beeinflußt war, über den er nicht nur Artikel im Brockhaus-Lexikon und in der Urania, sondern sogar eine biographische Schrift verfaßte: »Dieser heroische Nihilismus, zusammen mit dem religiösen Atheismus [...] und dem Pathos der Winterszenen, stellen eine einzigartige lyrische Ausprägung jenes durch Byron international bekannt gemachten Weltverhältnisses dar, das man damals mit dem Namen ›Weltschmerz‹ und ›Zerrissenheit‹ belegte«. [22] Ein Autor sieht in Müller sogar aufgrund seiner umfassenden Beschäftigung mit Byrons Schriften einen Vermittler zwischen diesen und der deutschen Öffentlichkeit, welche vor allem die tiefe, aus post-napoleonischer Enttäuschung und Menschenfeindlichkeit resultierende Verzweiflung der Dichtungen Byrons, nicht aber seine satirischen Ausfälle zur Kenntnis nahm und die diese Werke schließlich zu mustergültigen Weltschmerzdichtungen werden ließ. [23] Und nicht nur der charakteristische Ton der Byronschen Dichtungen, den Müller als Ausdruck von Düsternis, Schmerz, Lebensüberdruß, Trübnis und Perspektivlosigkeit zusammenfaßt, findet sich in seinem eigenen Zyklus »Die Winterreise« wieder [24], sondern Müller ließ sich offenbar von einigen Gedichten Byrons direkt anregen, wie es das programmatisch die Nachtseiten bevorzugende Anfangsgedicht »Gute Nacht« zeigt, das, ohne an Originalität zu verlieren, deutlich Bezüge zu Byrons Lied »Good Night« aufweist. [25] Darüber hinaus weist Gad auf den Einfluß verschiedener Barockdichter hin, besonders auf denjenigen von Gryphius, zumal sich Müller während der Entstehungszeit der »Winterreise« mit der Vorbereitung der »Bibliothek deutscher Dichter des 17. Jahrhunderts« beschäftigte. Daß die auf die Schrecken des dreißigjährigen Krieges reagierenden todesgewissen Barockgedichte für die »Winterreise« zumindest als Hintergrundsfärbung von Belang waren, erscheint als durchaus plausibel. [26]

War das Thema Wanderschaft in der Romantik ein Modethema, das die Opposition gegen alles Seßhafte, Träge und Besitzende zu verbildlichen bestrebt war [27], und

---

21 Ludwig STOFFELS, Die Winterreise, Bonn 1987, S. 94.
22 HARTUNG 1977, S. 78. Vgl. allgemein zum Begriff des ›Weltschmerzes‹ SENGLE 1971ff. (s. Anm. 6), hier Bd. 1 (1971), S. 1–33 (»Der Weltschmerz und seine Hintergründe«).
23 Günther BLAICHER, Wilhelm Müller and the political reception of Byron in nineteenth-century Germany, in: Archiv für das Studium der neueren Sprachen und Literaturen 223 (1986/I), S. 1–16.

24 HARTUNG 1977, S. 76ff.
25 Den Nachweis führt GAD 1989, S. 127–130.
26 Ebd., S. 123–126.
27 HARTUNG 1977, S. 65ff.

war das Motiv Todessehnsucht aus enttäuschter Liebe bereits seit den »Leiden des jungen Werther« (1774) zu einem äußerst beliebten Topos geronnen, so verliert in der »Winterreise« das Thema der enttäuschten Liebe im Verlauf der Reise an Konturen, wodurch das Motiv der Wanderschaft ein eigenständiges Gewicht erhält. Stoffels weist darauf hin, daß der Zusammenhang des Zyklus auf einem Netz von Gegensätzen beruhe, vor allem auf den Grundgegensätzen Ruhe und Bewegung, deren Pendelschlag die Wanderschaft als eine illusionslose und unsentimentale ohne Vergangenheit und Ziel begreife[28]: »Den wichtigsten und gerüstbildenden Strang bildet das Thema der Wanderschaft mit den Varianten des Aufbruchs, der rückblickenden Flucht und der Todesreise. Jeden der drei Zyklusteile initiiert ein Aufbruchsimpuls, der ein jeweils vorangegangenes Rastmotiv überwindet.«[29]

Stoffels kommt aufgrund seiner anerkennenswert genauen Detailanalysen zu dem Schluß, daß im schließlich erfolgenden Akt des Begreifens, der der Zerstörung eines Traumschleiers gleichkommt, der eigentliche Sinn der Konstruktion liege und somit sich die »Winterreise« zu einer Reise in die Selbsterkenntnis wende. Dabei vernachläßigt Stoffels aber die dem gesamten Zyklus als unaufdringliche, aber unablässige Anspielung zugrunde liegende Stilisierung des Wanderers zu einem verweltlichten Schmerzensmann, die allerdings nicht in einer selbstverliebten Weltschmerzklage verharrt. Bereits Brandenburg (1958) und Just (1964) hatten – wenn auch in unzureichender Weise, da ohne Belege – auf die Passionsstruktur, auf die Wanderschaft als inneren Passionsgang entlang einzelner Stationen hingewiesen, was Stoffels als eine zu gewaltsame Interpretation ablehnt, denn »gerade die Zielhaftigkeit und der Erlösungsgedanke fallen bei Müller ja weg.«[30]

Selbstverständlich handelt es sich bei Müllers Wanderer nicht um eine Nachfolge Christi im kopierenden Sinne, sondern um einen Allegorieversuch, der sich auf den Künstler selbst bezieht, welcher mittels religiöser Reste und verzerrter Bezüge zu einer profanen Ecce-Homo-Figur aufgeladen werden soll. Das Pathos dieser Figur soll gerade darin bestehen, Unerlöstheit und Ziellosigkeit auf sich zu nehmen, zu durchleiden und in heroischer Weise auszuhalten. In vielen Gedichten des Zyklus finden sich Anklänge an die Leidensgeschichte Jesu; so sind das erste und das neunte Gedicht durch die Anspielung auf den Einzug in Jerusalem verklammert:

»Fremd bin ich eingezogen,
Fremd zieh ich wieder aus.«

»Wie anders hast du mich empfangen,
Du Stadt der Unbeständigkeit!
An deinen blanken Fenstern sangen
Die Lerch und Nachtigall im Streit.«

Das zehnte Gedicht präsentiert einen wenn auch vergänglichen Heiligenschein:

»Der Reif hat einen weißen Schein
Mir übers Haar gestreuet«.

Stationen am Wegesrand stellen der zweifelhaften Trost verheißende Lindenbaum dar[31], die schauerliche Krähe, deren Flüge »für und für um mein Haupt« (11) eine Art negativen Heiligenschein erzeugen und die das lyrische Ich zu einer Vorstellung seiner selbst als Aas nötigen, und schließlich die bellenden Kettenhunde (13). Letztere wachen – in verzerrtem Anklang an die Ölbergszene – als einzige mit dem Wanderer, während alle Menschen ruhig schlafen:

»Bellt mich nur fort, ihr wachen Hunde,
Laßt mich nicht ruhn in der Schlummerstunde!
(...)
Was will ich unter den Schläfern säumen?«

Im weiteren Verlauf der Wanderschaft verlieren auch die Stationen ihre Verläßlichkeit, indem sich die Bezugspunkte zweimal in Irrlichter (15/18) und einmal in einen inneren Wegweiser der Ausweglosigkeit (16) verwandeln, was aber nur umso deutlicher auf einen Kreuzweg anspielt, der jedoch im Gegensatz zum christlichen Vorbild einer ohne erlösendes Ziel ist:

»Ein Licht tanzt freundlich vor mir her;
Ich folg ihm nach die Kreuz und Quer« (15).

»Einen Weiser seh ich stehen
Unverrückt vor meinem Blick;
Eine Straße muß ich gehen,
Die noch keiner ging zurück« (16).

Weitere Bezüge zur Passion Christi bestehen einmal im Motiv, unschuldig verurteilt zu sein:

»Habe ja doch nichts begangen,
Daß ich Menschen sollte scheun« (16),

28 STOFFELS 1987 (s. Anm. 21), S. 115.
29 Ebd., S. 117.
30 Ebd., S. 97.
31 GAD 1989, S. 139ff., weist auf die Parallelität zwischen den rauschenden Zweigen des Lindenbaums und den sprechenden Zweigen im Wald der Selbstmörder aus Dantes »Göttlicher Komödie«

hin. Bei Dante heißt es: »Ein starker Hauch schien sich im Stamm zu regen./ Dann aber ward der Wind zu diesem Wort.« (13. Gesang, Inferno). Bei Müller heißt es: »Und seine Zweige rauschten,/ Als riefen sie mir zu:/ ›Komm her zu mir, Geselle,/ Hier findst du deine Ruh!‹«

sodann in der Wundenpräsentation analog zur Ecce-Homo-Figur:

> »Die Füße frugen nicht nach Rast,
> Es war zu kalt zum Stehen,
> Der Rücken fühlte keine Last,
> (...)
> Doch meine Glieder ruhn nicht aus:
> So brennen ihre Wunden« (19)

und schließlich in der Verfinsterung der Gestirne, in mehreren Evangelien als Reaktion des Himmels auf Christi Tod beschrieben, beim Müllerschen Wanderer aber als eine Hoffnung beschworen, die seinen ersehnten Tod zur Folge haben könnte:

> »Ging' nur die dritt(e Sonne) erst hinterdrein!
> Im Dunkel wird mir wohler sein!« (20)

Das Gedicht »Das Wirtshaus« klingt mit seiner schauerlichen Verweigerung eines Grabes für den Wanderer, der sterben will, aber nicht kann – eine Umkehrung des Schicksals Christi, der sterben mußte, aber nicht wollte – darüber hinaus auch noch an die Herbergssuche der Weihnachtsgeschichte an:

> »Sind denn in diesem Hause
> Die Kammern all besetzt?
> (...)
> O unbarmherzge Schenke,
> Doch weisest du mich ab?
> Nun weiter denn, nur weiter,
> Mein treuer Wanderstab!« (17).

Ein letzter direkter Bezug zur Passion Christi findet sich in den zweimalig krähenden Hähnen (21), wodurch ein grundlegendes Thema des Zyklus sehr deutlich benannt wird: das der Lüge, des Verrats und des Betrugs. Und an dieser Stelle erschließt sich der den gesamten Zyklus durchziehende Hader über die Christus angeähnlte Rolle, da diese, auch in aller Verzerrung und Umpolung, nur schwer geeignet ist, den Leidensweg des einflußlosen, isolierten Künstlers, dessen Schicksal nichts Wunderbares oder gar Messianisches anhaftet, sondern nur auf bodenlose Gleichgültigkeit stößt, mittels einer dahinterstehenden Folie mit Sinn aufzuladen. Denn der Christusfigur kann zwar das Pathos des Leidens entlehnt werden, aber da dieses im Gegensatz zu Christi Leiden am Ende nicht erlöst und damit aufgewertet wird, sondern in den Grenzen des Subjekts verhaftet bleibt und keine allgemeinen Folgen zeitigt, münden die oft zerrspiegelhaften christologischen Bezüge gegen Ende des Zyklus in den selbstbewußt-trotzigen, aus Enttäuschung resultierenden Satz ein:

> »Will kein Gott auf Erden sein,
> Sind wir selber Götter« (23).

Bereits in den ersten Gedichten findet sich ein fast besessenes Verlangen, in der Außenwelt ein materielles Abbild

der Wünsche, Illusionen und Träume bezüglich der Geliebten aufzuspüren, um immer wieder aufs Neue enttäuscht zu werden:

> »Ich such im Schnee vergebens
> Nach ihrer Tritte Spur,
> Hier, wo wir oft gewandelt
> Selbander durch die Flur.
>
> Ich will den Boden küssen,
> Durchdringen Eis und Schnee
> Mit meinen heißen Tränen,
> Bis ich die Erde seh.
>
> Wo find ich eine Blüte,
> Wo find ich grünes Gras?
> Die Blumen sind erstorben,
> Der Rasen sieht so blaß.« (4)

Dabei bilden sich im Verlauf des Zyklus drei Möglichkeiten heraus, die Enttäuschungen abzufangen, die auf die vergebliche Suche nach gültigen Zeichen und Spuren folgen: die erste Möglichkeit besteht in dem Versuch, Naturbilder und Seelenzustände in Übereinstimmung zu bringen, ein Verfahren, das sich als ›erweiterte Metaphorisierung‹ bezeichnen läßt und weiter unten näher betrachtet wird.

Die zweite Möglichkeit, die mit der dritten wechselweise verknüpft ist, beinhaltet Bemühungen, die gleichgültig erscheinende Natur zu ästhesieren, also mit Empfindungen auszustatten, um eben im Gegenzug für das leidende Subjekt den ersehnten Zustand der Anästhesie, der Empfindungslosigkeit, erreichen zu können. So spricht das lyrische Ich in dem Gedicht »Wasserflut« den Schnee als empfindendes Gegenüber an, dem es seine Tränenrinnsale anvertraut in der Erwartung, daß der Schnee diese als gefühlsmäßigen Impuls wahrnehmen muß; auf diese Weise soll das im Subjekt verhaftete Empfinden mit der Natur künstlich geteilt und in diese verlagert werden:

> »Schnee, du weißt von meinem Sehnen:
> Sag mir, wohin geht dein Lauf?
> Folge nach nur meinen Tränen,
> Nimmt dich bald das Bächlein auf.
>
> Wirst mit ihm die Stadt durchziehen,
> Muntre Straßen ein und aus:
> Fühlst Du meine Tränen glühen,
> Da ist meiner Liebsten Haus.« (7)

Ein Fluchtpunkt des Zyklus ist die resignative Verheißung der Anästhesie. Die anfängliche Angst vor Empfindungs- und Erinnerungslosigkeit –

> »Soll denn kein Angedenken
> Ich nehmen mit von hier?
> Wenn meine Schmerzen schweigen,
> Wer sagt mir dann von ihr?« (4)

– wandelt sich im Verlauf des Zyklus in ihr Gegenteil: zwar ist der Zustand der Anästhesie dann zunächst nur ein ersehnter, aber nicht erfüllter –

»Daß mir's vor meiner Jugend graut –
Wie weit noch bis zur Bahre!« (10),

»Auf einen Totenacker
Hat mich mein Weg gebracht.
Allhier will ich einkehren:
Hab ich bei mir gedacht.« (17),

»Ging nur die dritt erst hinterdrein!
Im Dunkel wird mir wohler sein.« (20),

schließlich wird er in einem Kraftakt des Willens in programmatischer Weise beschworen:

»Wenn mein Herz im Busen spricht,
Sing ich hell und munter.

Höre nicht, was es mir sagt,
Habe keine Ohren.
Fühle nicht, was es mir klagt,
Klagen ist für Toren« (23),

um im letzten Gedicht, in der Figur des Leiermanns, der »**barfuß** auf dem Eise« (24) steht, einen bizarren Höhepunkt zu erreichen. Zwar war auch im Müllerin-Zyklus der Wunsch nach Anästhesie, sogar Amnesie, also Erinnerungslosigkeit, direkt durch das »Blümlein Vergiß mein« ausgesprochen, präsent, doch fand die Erfüllung eine vollkommen andere Ausprägung als in der »Winterreise«; denn wurde dort der Tod des Müllergesellen im Bach mit versöhnlichen, da traumreich bunten Bildern des Schlafes verquickt und auf diese Weise eine nahezu völlige Empfindungslosigkeit und schließlich der Tod herbeigeführt, so wird am Ende der »Winterreise« auf ein Eintreten des Todes bewußt verzichtet – sehr treffend bemerkt Bernd Leistner in seinem Beitrag in diesem Katalog, daß der Leiermann eben nicht der Sensenmann sei – und mit der Figur des Leiermanns, den das lyrische Ich zu begleiten gedenkt, der Inbegriff eines empfindungslosen Subjekts entworfen, das nicht sterben kann und automatenhaft-starr durch die Welt irrt. Tatsächlich korrespondiert eine Strophe aus Müllers Gedicht »Der ewige Jude« mit dem anästhetischen Zustand des Leiermanns:

»Es wärmt mich nicht der Sonne Licht,
Des Abends Thau, er kühlt mich nicht.
Ein lauer Nebel hüllt mich ein
In ewig gleichen Dämmerschein.« [32]

Darüber hinaus findet sich in der »Winterreise« selbst eine verborgene Anspielung auf Ahasver, den ewigen Juden, der nicht sterben kann, und zwar in der letzten Strophe des Gedichtes »Das Irrlicht«:

»Durch des Bergstroms trockne Rinnen
Wind ich ruhig mich hinab –
Jeder Strom wird's Meer gewinnen,
Jedes Leiden auch ein Grab.« (18)

Denn die Analogie zwischen Strom und Leiden sowie Meer und Grab mag zwar stimmig sein, aber da das leidende Subjekt sich durch Flußbetten bewegt, deren Wasser nicht das Meer erreichen wird, weil sie trocken sind, so läßt sich rückschließend folgern, daß das Leiden dieses einen Subjektes auch nicht zwingend auf den Tod hoffen kann. Die melancholische Todesverliebtheit des Müllerin-Zyklus wendet sich in der »Winterreise« in die Erkenntnis, daß der Rückzug in den Tod ein Ausweichmanöver darstellt, das ein Aushalten und Balancieren seelischer Qualen kategorisch verhindert. Der Weg zu dieser Erkenntnis führt über die Versuche des leidenden Subjekts, Übereinstimmungen zwischen sich und der Außenwelt herzustellen, um sich in einer künstlich zeichenhaft aufgeladenen Welt zu verankern. Das Verfahren der ›erweiterten Metaphorisierung‹ besteht nun darin, Facetten der Außenwelt in einer Weise am Weg des Wanderers aufzustellen, daß dieser seinen eigenen Seelenzustand und sein Schicksal in ihnen widergespiegelt erhält. Indem nämlich die Bilder nach außen gestülpt werden, ist die Sprache selbst von Metaphern gereinigt und damit metaphernarm, ohne daß eine asketische Unanschaulichkeit die Folge wäre. Daß das Niveau der Metaphernreflexion Müllers sehr hoch ist, wurde bereits am Müllerin-Zyklus gezeigt. Hier nun verhält es sich so, daß die »Winterreise« auch eine Reise entlang der Tauglichkeit von Metaphern ist und sich durch diese Befragung erst konstituiert. Dabei greift die Kritik von Gad an Popps Abqualifizierung des metaphorischen Verfahrens zu kurz. Popp bemängelt, daß die Naturbilder, die zwar »immer präzise und aus einer realistischen Anschauung der Natur gewonnen« seien [33], »auf den Zweck der Abbildung hin eingeengt und denaturiert sind« [34]; »die entworfenen Naturbilder gewinnen im Rahmen des zyklischen Ganzen eine eigene Ausstrahlungskraft und ihre Reduzierung auf die bloße Funktion des Abbildens innerer Vorgänge erscheint als eine Vergewaltigung.« [35] Gad nun hebt gerade die Qualitäten eines solchen Verfahrens hervor, das literaturhistorisch »auf die emblematische Struktur

---

32 Wilhelm MÜLLER, Gedichte. Vollständige kritische Ausgabe, bearb. v. James Taft HATFIELD, Berlin 1906 (Neudruck: Nendeln / Liechtenstein 1968), S. 136.
33 Wolfgang POPP, Die Dichtung Wilhelm Müllers. Ein Beitrag

zum Problem sekundärer dichterischer Erscheinungen in der Literaturgeschichte, Diss. Konstanz 1967, S. 106.
34 Ebd.
35 Ebd., S. 109.

der Barockliteratur« zurückweise.[36] Dabei argumentiert
er, indem er Müllers Charakterisierung von Byrons poeti-
schem Verfahren zitiert, insofern psychologisch, als er die
zwanghafte Persönlichkeitsbildung hervorstreicht, die
aus der egozentrischen Verengung des Naturbildes auf die
Befindlichkeiten des Ich resultiere: »Fast nirgends stellt er
(= Byron) eine Gegend, eine Naturerscheinung, eine
Ruine, oder welcher äußere Gegenstand es sei, vor unseren Blick, ohne durch dieselbe eine Reflexion oder eine
Empfindung zu wecken und mit diesen die Scenerie hell
oder trübe zu überziehen; so wie umgekehrt jede Reflexion
und Empfindung gleich ein äußeres Bild in Bereitschaft
hat, um sich in dasselbe einzukleiden.«[37] Bei Gads Schluß-
folgerung, daß ein solches metaphorisches Verfahren
durch Identitätsstiftung begründet sei, bleibt außer
acht, daß Müller mit den am Wegesrand seines Wanderers aufgestellten Bildern auch eine Metaphernkritik
betreibt, die die Suche des Subjekts nach Übereinstimmungen, zielhaften Spuren und gültigen Zeichen zwar
ernstnimmt, aber zu glatte Entsprechungen zu verhindern
trachtet.

Am Anfang der »Winterreise« wird der Wanderer mit der
zwingenden Zeichenhaftigkeit der Wetterfahne, eines
Warnschildes, konfrontiert, dessen tertium comparationis – wetterwendische Unbeständigkeit – schicksalhaft mit
dem Verhalten der Geliebten zusammenfällt. Das Nicht-
beachten dieses gemeinsamen tertium comparationis wird
zur Initialzündung für die gesamte Winterreise:

»Er hätt es eher bemerken solln,
Des Hauses aufgestecktes Schild,
So hätt er nimmer suchen wolln
Im Haus ein treues Frauenbild.« (2)

Auf diese Weise von dem Warnschild erschreckt und
belehrt, achtet der Wanderer auf seinem weiteren Gang
sehr wohl auf die Angemessenheit der Übertragungen. So
wird sein Herz zunächst mit der durch und durch vereisten
Flur in Verbindung gebracht (4), dann mit einer dicken
Eisschicht, unter der sich aber bereits wieder Regungen
abzeichnen entsprechend dem unter dem Eis strömenden
Fluß (8), und schließlich mit der Zerrissenheit des wilden
winterlichen Himmels, der eine riesige kosmische Projektionsfläche für das Subjekt darstellt, auf der das Innere,
»rote Feuerflammen«, zutage treten kann (14). Doch über
diese sehr deutlichen, nach außen gestülpten Ich-Bilder
hinaus lassen sich die Übertragungen mit einem klaren
tertium comparationis im weiteren Verlauf der Reise nicht
mehr so konturiert fassen, sie werden vager, suchender
und verwischter und verlieren sich zum Schluß hin. Von
dem Gedicht mit dem bezeichnenden Titel »Täuschung« (15) wird ein Auseinanderklaffen zwischen Wan-

derer und Außenwelt immer deutlicher. Die Übereinstimmung zwischen dem eigenen Herzen und einem Naturbild
(4–8–14) wird aufgelöst, was in dem Gedicht »Letzte
Hoffnung« (12) bereits betrauert wird. Denn hier soll das
letzte Blatt an einem Baum zeichenhaft aufgeladen werden mit einer Hoffnung, die auch diejenige auf gelungene
Übereinstimmungen einschließt, so daß das Abfallen des
Blattes und der entsprechende Fall des Wanderers schließlich auch die vergebliche Hoffnung auf metaphorische
Deckungsgleichheit meint. Die einzige Kongruenz, die im
fortgeschrittenen Zyklus noch zugelassen wird, ist diese-
nige zwischen dem Irrweg des Wanderers und den Irrlich-
tern (15/18). Diese werden aber als nur vorgetäuschte
Ziele oder sogar schon als subjektverhaftete Imaginatio-
nen erkannt, wodurch ein deutlicher Außenbezug fraglich
ist. Der letzte Teil des Zyklus wird durch das Auseinan-
derdriften von Wanderer und Außenwelt geprägt.
Zunächst noch zerrspiegelhaft zusammenhängend und
schließlich verbindungslos auseinanderklaffend muß das
Subjekt seine einsame Stellung in einer gleichgültigen,
entsprechungslosen Welt erkennen und aushalten. Dabei
wird die Tauglichkeit der nach außen gestülpten Metaphern immer mehr in Frage gestellt: bereits die zielgerich-
teten Wegweiser der Anderen, die »auf die Städte« zuwei-
sen, stellen nur noch einen Auslöser für die Imagination
des Wanderers dar, seine Wanderschaft als Lebensweg,
als Ablauf von Lebenszeit zu verstehen:

»Einen Weiser seh ich stehen
Unverrückt vor meinem Blick;
Eine Straße muß ich gehen,
Die noch keiner ging zurück.« (16)

Der anschließende Versuch, einen Friedhof in bizarrer
Weise mit der herbeigesehnten Wirtshaussphäre zu vermi-
schen, schlägt fehl: die grünen Totenkränze, von denen es
heißt:

»Ihr (...)
Könnt wohl die Zeichen sein,
Die müde Wandrer laden
Ins kühle Wirtshaus ein« (17),

verweigern gerade das tertium comparationis und bleiben
gleichgültig. Im weiteren Verlauf nimmt das unüber-
brückbare Auseinanderklaffen zwischen außen und
innen, zwischen äußerer Ruhe und innerem Schmerz –

»Auch du, mein Herz, (...)
Fühlst in der Still erst deinen Wurm
Mit heißem Stich sich regen!« (19)

»Als noch die Stürme tobten,
War ich so elend nicht« (22) –

---

36 Gad 1989, S. 119.
37 Müller über Byron, zit. nach ebd., S. 131 f.

sowie zwischen innerer heller Traumwelt und äußerer roher Finsternis (»Frühlingstraum« [21]) zu, werden Übereinstimmungen und Möglichkeiten zur Metaphorisierung geradezu ausgeschlossen und existieren im Höchstfalle noch in der Erinnerung. Auch die große kosmische Projektionsfläche des Himmels ist für Übertragungen nicht mehr tauglich, sondern in schmerzlicher Weise trügerisch, da falsche Korrespondenzen erheuchelnd:

> »Ach, meine Sonnen seid ihr nicht!
> Schaut andren doch ins Angesicht!
> Ja, neulich hatt ich auch wohl drei:
> Nun sind hinab die besten zwei« (20).

Nachdem der Wanderer aller subjektbezogener Entsprechungen mit der Außenwelt verlustig gegangen ist und sich selbst in der absoluten Beziehungs- und Bindungslosigkeit einer von Metaphern gereinigten Sprache Mut zusprechen mußte (»Mut« [23]), gelangt der Zyklus zu seinem End- und Höhepunkt, der Begegnung mit dem Leiermann. Diese Figur wird weder als bloße Befindlichkeit des Wanderers in die Außenwelt hinausgestülpt, noch als Teil der Außenwelt »in die Sphäre des Ich« hineingezogen[38], sondern kann, nachdem das Subjekt des Zyklus, der Wanderer, die Grenzen zwischen sich und der Außenwelt erkannt hat, neben dessen Identität als weitere Identität bestehen bleiben. Auf der Ebene der Metaphernkritik bzw. des Zweifels an der Tauglichkeit von Metaphern endet der Zyklus mit der Frage, ob nicht erst durch das Nebeneinander zweier Identitäten, die durch ein gemeinsames Drittes – hier die Musik, die Leier und die Lieder – verbunden sind, ein neues, nicht-enttäuschendes metaphorisches Sprechen ermöglicht wird:

> »Wunderlicher Alter,
> Soll ich mit dir gehn?
> Willst zu meinen Liedern
> Deine Leier drehn?« (24)

Die Identität des Leiermanns ist schillernd und hat die Interpreten zu vielfältigen Deutungsversuchen angeregt. Gad faßt in seinem Kapitel »Über den Leiermann«[39] verschiedenste Interpretationsansätze von soziologischen bis hin zu theologischen Spekulationen zusammen und deutet die bizarre Figur als »Negativbild zu Müllers dichterischem Selbstverständnis in dreifacher Hinsicht«[40]. Ästhetisch stehe er »in Opposition zum ›Waldhornsten‹«[41], da er dessen durchaus geschätzte Eintönig-

keit in geleierte Monotonie umwandle, wobei Gad darauf hinweist, daß ›Leiern‹, ›Geleier‹, ›Leiermannston‹ bereits zu Müllers Zeit in einem ähnlich abschätzigen Sinn gebraucht wurde, wie es heute noch üblich ist[42]; literarhistorisch stehe der Leiermann in Opposition »zum Volkssänger«, einem in Italien beobachteten und beschriebenen, positiv besetzten Gegenstück[43] und »biographisch zum Autor Müller selbst«[44]. Gad schlußfolgert: »In jenem letzten Lied der ›Winterreise‹ wird die Möglichkeit einer Erneuerung des Volkslieds ins Bild gebracht. Das, worum der Zyklus erfolgreich bemüht war – der Rückgriff auf einfache Formen, der Verzicht auf rhetorischen Ornat – wird in ›Der Leiermann‹ thematisch abgehandelt.«[45] So wie dieser prinzipiell richtige Ansatz zu kurz greift, geht derjenige von Popp zu weit, wenn er unvermittelt resümiert: »Jetzt wird ins Bild gebracht, in welcher Weise noch ›ein Gott‹ auf Erden ist: der Gott mit der Lyra begegnet dem lyrischen Ich als der ›Leiermann‹«[46].

Müller verhehlt nicht, daß es mit dem letzten Gedicht der »Winterreise« um eine selbstbezügliche Aussprache hinsichtlich der Grenzen und Möglichkeiten lyrischen Sprechens gehen soll. Dabei ist gerade die Spannung zwischen der Leier, Attribut des Orpheus und des Apoll, als instrumentaler Ursprung der Lyrik, und der Drehleier, Attribut eines heruntergekommenen, empfindungslosen, automatenhaft sich wiederholenden Außenseiters, von konstitutiver Bedeutung. Das Gedicht bewegt sich auf einem hohen Reflexionsniveau; denn mit dem Reizwort ›Leier‹ wird einmal auf den Wunsch der romantischen Lyriker hingewiesen, die in mythischer Vorzeit verborgen liegenden, naturhaft gebildeten Klänge und Lieder der Völker aufzuspüren und nachzuformen und gleichzeitig auf das ad infinitum Reproduzierte der poetischen Bestandteile romantischen Sprechens, das die Suche nach echtem Ausdruck in eine Mode hat übergehen lassen, die schließlich zu einer Leiergebärde erstarrt. Adorno faßt diesen Zwiespalt mit dem ambivalenten Begriff der Wiederholung, deren positiver Anteil – Wieder-Holung als tiefer Griff in die Vorzeit – immer auch ins Mißlingen umschlagen kann. Müller ist dieser Zwiespalt, der ja sein gesamtes Werk durchzieht, durchaus bewußt, und mit der Figur des Leiermanns – eine Art Gegenstück zu Brentanos Spinnerin – überträgt er ihn in ein ausdrucksvoll-resignatives Bild. Denn es zeigt, daß das romantische Sprechen an einen Endpunkt gelangt ist, an dem noch kein grundlegend neuer Ausdruck, sondern nur eine selbstkritische Bestandsaufnahme möglich ist, die mit der Figur des

---

38 Hermann PONGS, Das Bild in der Dichtung, Bd. 1, Marburg 1927, S. 251.
39 GAD 1989, S. 182–189.
40 Ebd., S. 183.
41 Ebd.

42 Ebd., S. 184.
43 Ebd., S. 186.
44 Ebd., S. 183.
45 Ebd., S. 188 f.
46 POPP 1967 (s. Anm. 33), S. 120.

Leiermanns in ein besonders düsteres Licht getaucht und durch das fortschrittsnegierende, perspektivlose, monotone Immerweitermachen mit einer besonders heroischen Gebärde versehen wird.

Wilhelm Müllers Einfluß auf Heinrich Heine ist unbestritten. Heine selbst hat ihn als eines seiner großen Vorbilder gewürdigt. Diese Beeinflussung hat Müller rezeptionsgeschichtlich eher zum Nachteil gereicht, da er ihn neben dem Größeren in der Literaturgeschichte hat zusammenschrumpfen lassen. Selbst Kindlers Neues Literaturlexikon präsentiert noch ein Müllerbild, das von den beiden großen, ihn rahmenden Figuren beeinträchtigt ist: »Die Bedeutung dieser Lyrik (= der »Winterreise«) liegt zum einen in ihrem Impuls auf Heine, dem sie nach eigener Aussage den Rhythmus des Volkslieds vermittelte, zum anderen in ihrer Vertonung durch Schubert.«[47]

In seinem berühmten Aufsatz »Die Wunde Heine« schreibt Adorno, Heine habe »gleichsam eine dichterische Technik der Reproduktion, die dem industriellen Zeitalter entsprach, auf die überkommenen romantischen Archetypen angewandt, nicht aber« – wie es schließlich Baudelaire gelinge – »Archetypen der Moderne getroffen«[48]. In diesem Zusammenhang nun erscheint Wilhelm Müller als einer der letzten Hüter romantischen Ausdrucks, dessen Kraftlosigkeit und Abgenutztheit er erkennt, betrauert und in heroischer Weise zu bearbeiten versucht, ohne, wie es Heine tun mußte, die ohnehin schon brüchigen romantischen Reste durch Spott und Pointen endgültig zu entwerten. Und mit der unaufhörlich kreisenden, heruntergekommenen Figur des Leiermanns, der sich das unerlöst verwundete lyrische Ich beizugesellen trachtet, welches seinerseits von einer Krähe begleitet wird (11)[49], entwarf Wilhelm Müller in unaufdringlicher Weise das großartig-düstere Bild einer weltlichen Trinität, die unerkannt auf der Erde vagabundiert und mit der gleichzeitig ein Schlußstrich gezogen und eines der extremsten Klammerungsunternehmungen der Spätromantik ins Bild

gesetzt wird. Konnten in Jean Pauls 25 Jahre früher erschienenen Prosastückchen »Rede des toten Christus vom Weltgebäude herab, daß kein Gott sei« äußerst beunruhigende Gotteszweifel noch vermittels ihres Traumcharakters aufgefangen werden, so verdichteten sich Gottesungewißheit und trostlose Unerlöstheit bei Wilhelm Müller zu einer Gewißheit, die durch kein gnädiges Erwachen mehr gemildert werden konnte.

Benutzte Primärliteratur

Wilhelm MÜLLER, Die Winterreise und andere Gedichte, hg. v. Hans-Rüdiger SCHWAB, Frankfurt/M. 1986.
Wilhelm MÜLLER, Gedichte. Vollständige kritische Ausgabe, bearb. v. James Taft Hatfield, Berlin 1906 (Neudruck: Nendeln / Liechtenstein 1968).

Weitere Literatur

Theodor W. ADORNO, Zum Gedächtnis Eichendorffs, in: DERS., Noten zur Literatur, Frankfurt/M. 1981, S. 69–94.
Hans BRANDENBURG, Die Winterreise als Dichtung – Eine Ehrenrettung für Wilhelm Müller, in: Aurora 18 (1958), S. 57–62.
Alan P. COTTRELL, Wilhelm Müller Lyrical Song-cycles, Assen 1970.
Thrasybulos GEORGIADES, Schubert. Musik und Lyrik, Göttingen 1967.
Madeleine HAEFELI-RASI, Wilhelm Müller: Die schöne Müllerin. Interpretation als Beitrag zum Thema Stilwandel im Übergang von der Spätromantik zum Realismus, Zürich 1970.
Michael PERRAUDIN, Heine und Wilhelm Müller, a Poetic Relationship, in: Archiv für das Studium der neueren Sprachen und Literaturen 222 (1985), S. 22–46.
Joachim SCHULZE, O Bächlein meiner Liebe. Zu einem unheimlichen Motiv bei Eichendorff und Wilhelm Müller, in: Poetica 4 (1971), S. 215–223.
Emil STAIGER, Musik und Dichtung, Zürich 1986.
Rolf VOLLMANN, Wilhelm Müller und die Romantik, in: Arnold FEIL, Franz Schubert: Die Schöne Müllerin / Die Winterreise, Stuttgart 1975, S. 173–184.

47 Kindlers Neues Literaturlexikon, Bd. 12, München 1991, S. 40.
48 Theodor W. ADORNO, Die Wunde Heine, in: DERS., Noten zur Literatur, Frankfurt/M. 1981, S. 95–100, hier bes. S. 97.
49 Das Epitheton »wunderlich«, das sich sowohl in der Anrede an

die Krähe (»Krähe, wunderliches Tier« [11]) als auch an den Leiermann (»Wunderlicher Alter« [24]) findet, bindet diese beiden Kreaturen eng zusammen.

DER DENKER = CLUB

Auch eine neue deutsche Gesellschaft.

Karikatur auf die politische Bevormundung durch die Karlsbader Beschlüsse, 1819 (Kat. Nr. 124)

Kein Sänger der Weltflucht

Wilhelm Müller als kritischer Beobachter seiner Zeit

Von Andreas Klenner

Kommt die Sprache auf den Dessauer Dichter Wilhelm Müller, so bestimmen oft dessen schwungvolle Wanderlieder, unter Umständen auch das Bild des »Griechen-Müller« und natürlich die schmerzliche Weltfluchtstimmung des zerrissenen Ich der »Winterreise« die literarische Diskussion. Doch taugt Müller wirklich zur Illustrierung eines Typus des spätromantischen Dichters, der fernab vom Zeitgeschehen dem Plätschern der Bäche lauscht und singend durch die Wälder zieht? Zweifel sind angebracht. Sein eigentliches dichterisches Werk, stärker aber noch seine publizistischen Arbeiten und privaten Äußerungen in Briefen lassen andere Schlüsse zu. Sie entwerfen die Umrisse eines Mannes, der ein wachsames Auge für die gesellschaftlichen und politischen Entwicklungen seiner Zeit hatte. Wollen wir im folgenden den Versuch unternehmen, dem kritischen Zeitgenossen nachzuspüren und seine Positionen zumindest skizzenhaft zu umschreiben:

Die politische Biographie Müllers beginnt – nicht untypisch für viele Zeitgenossen – im Jahre 1813. Der in Berlin studierende Anhaltiner nahm als Freiwilliger an den Befreiungskriegen gegen die napoleonische Fremdherrschaft teil. Neben der Abschüttelung der französischen Besatzung (man betrachte seine geradezu blutrünstigen Kriegsgedichte) spielte bereits hier die liberale, freilich noch schwärmerisch eingetrübte und von Tendenzen der Deutschtümelei[1] nicht freie Hoffnung auf ein geeintes Deutschland eine wichtige Rolle. Bekanntermaßen enttäuschten die siegreichen Monarchen aber die Erwartungen, und auch Müller schmerzte dieser Verrat sehr. Rückschauend schrieb er 1819 unter dem Eindruck eines im Sinne Metternichs auf dem Wiener Kongreß und durch die Karlsbader Beschlüsse konstituierten Europas der Restauration an seinen schwedischen Freund Atterbom: »Ueber Politik ist nichts Erfreuliches zu melden. S'isch doch a Lumpenescht das Deutschland, sagt der alte Tyroler Koch in Rom – Die Demagogen sollen alle wieder freigelassen werden, sagt man, nur Bader nicht, der Bauernkrieg projektiert haben soll. Aber Preßzwang und die politische Inquisition in der deutschen Bundesfestung

(und in der Stadt, in der die Druckerkunst erfunden ward [Mainz]) bleiben: Das sind die Trophäen der deutschen Völkerschlacht bei Leipzig.«[2]

In den Jahren 1817 und 1818 bereiste Müller Italien. Dieser Aufenthalt im mediterranen Süden erwies sich in doppelter Hinsicht als bedeutsam, erfuhr der junge Dichter durch die unmittelbare Anschauung des dortigen Volkslebens doch nicht allein entscheidende Impulse für die Ausprägung seines volkstümlichen Lyrikstils; auch seine demokratischen Grundüberzeugungen, seine intellektuell-oppositionelle Zeitsicht haben letztlich dort ihren Ursprung. Das, gemessen an den restaurativen Verhältnissen in Deutschland, relativ freie und ungezwungene Leben in der deutschen Künstlerkolonie in Italien, wo er unter anderem mit Atterbom und Rückert verkehrte, faszinierte ihn und wurde zur bleibenden Erfahrung:»Den Morgentrank nehme ich im Caffe Greco ein, unfern dem Spanischen Platze. Dort sammeln sich dreimal des Tages die deutschen Künstler (...) Nach getaner Arbeit wird im Caffe Greco geplaudert und gestritten (...)«.[3]

Um so deprimierender dann seine Eindrücke bei der Rückkehr nach Deutschland. Kaum heimgekehrt, beklagte er sich am 15. November 1818 von München aus bei Rumohr: »Das Vaterland hat mich mit Reif und Schnee und Nebel begrüßt, das wäre noch zu ertragen, aber, aber, die Philisterei / verzeihen Sie den burschikosen Ausdruck / stürzt so schrecklich auf mich ein, wie auf den Simson, als er die Säulen umriß, die den Festsaal der Goliathsbrüder trugen. (...) wenn es überall in Deutschland ist, wie in München, so muß ich es bedauern, Italien je betreten zu haben, oder mein ganzes Streben dahin richten, es wieder zu sehen.«[4] Fast an keiner anderen Stelle innerhalb der überlieferten Aufzeichnungen werden Resignation und Enttäuschung angesichts der Verhältnisse nach 1815 so eindringlich und klar zum Ausdruck gebracht, und nur allmählich überwand Müller jene krisenhafte Situation, um in den zwanziger Jahren, ähnlich wie Adalbert von Chamisso oder E. T. A. Hoffmann, zum aktiven Flügel der Autoren zu gehören, die versuchten, die völlig veränderte gesellschaftliche Situation mit

---

1 Vgl. hierzu Müllers Tagebuchaufzeichnungen über die Sitzungen der Deutschen Gesellschaft in Berlin, in: Müller 1903.
2 Brief an Per Daniel Atterbom vom 12. 12. 1819, in: Lohre 1927, S. 293.

3 Wilhelm Müller, Rom, Römer und Römerinnen, hg. v. Wulf Kirsten, Berlin 1983, S. 279f.
4 Brief an Rumohr vom 15. 11. 1818, in: Wahl 1931, S. 75.

neuen Mitteln zu reflektieren. Dabei wurde sein weiteres Werk wesentlich durch die stagnativen Rahmenbedingungen der nachnapoleonischen Zeit – er selbst nannte diese einmal verbittert »die große Fastenzeit der europäischen Welt«[5] – geprägt, und sein Weg führte unleugbar zu einem zeitkritischen, oppositionellen Liberalismus.

Wenden wir uns zunächst dem Dichter zu. Unmißverständliche, klare Positionierungen sind zwar nicht übermäßig verteilt, aber man findet sie. Im übrigen – und das trifft auf manchen heute verkannten Romantiker zu – ist es stets angebracht, aufmerksam zwischen den Zeilen zu lesen und dabei auch Müllers poetologischem Konzept Aufmerksamkeit zu schenken. Heißt es da in seiner Definition des Volksliedes (und man kann diese zugleich als Konzept für das Gros der eigenen, volkstümlich angelegten Gedichte ansehen) beispielsweise: »Einfachheit der Form, Sangbarkeit des Metrums, natürliche Unumwundenheit der Sprache und des Ausdrucks, bewußtlos tiefe Innigkeit (...) und naive Unbefangenheit in der schüchternen Aussprache des Höchsten (...)«[6], so ist das weder ein Beleg für die geistige Anspruchslosigkeit solcher Lyrik, noch ein Indiz für die vielbeschworene Hinwendung der Spätromantik zu Waldesrauschen und »Gelbveigelein«.

Näher kommt man dem Problem, wenn man Müllers Ansatz innerhalb des Kontextes der großen künstlerischen Neuorientierung der deutschen Lyrik im Gefolge von »Des Knaben Wunderhorn« betrachtet. Achim von Arnim und Clemens von Brentano hatten mit ihrem epochemachenden Werk eine Lawine der Begeisterung losgetreten, die fortan über Jahrzehnte hinweg die Mehrheit der Dichter in ihren Bann zog. ›Einfache‹, vom Volk in seiner Gesamtheit verstandene Lieder zu dichten mit dem Ziel, der erst im Entstehen begriffenen Nation eine allen zugängliche geistige Mitte zu geben, den tief empfundenen Riß zwischen intellektueller Oberschicht und unteren Schichten zu überwinden, im Gewand volkstümlicher Rollen subtile persönliche Empfindungen preisgeben zu können, den negativen Erscheinungen der sich entwickelnden Bürgerlichkeit den Spiegel vorzuhalten – all dies verbarg sich in der Folgezeit hinter dem romantisch-volkstümlichen Gedicht.[7] Die politische Dimension derartiger Intentionen liegt auf der Hand, wenngleich man sich selbstredend davor hüten sollte, ein solchen kulturästhetischen Konzepten verpflichtetes lyrisches

Werk wie das Müllersche im Sinne eines sozialen Manifests zu lesen. Wenn beispielsweise vom schon sprichwörtlichen Wandern, das nicht nur des Müllers Lust ist, gesprochen wird, so umfaßt der Topos ein ganzes Spektrum von Empfindungen und Anschauungen. Die Spannbreite reicht beim Dessauer Dichter von naiver, am ursprünglichen Volkslied geschulter Sangesfreude bis hin zur metaphorischen Vergegenwärtigung von romantischem Antikapitalismus und Nihilismus, besonders ausgeprägt in der genialen »Winterreise«. Das im Zyklus bestimmende Fluchtmotiv forciert geradezu die gleichfalls bei Uhland und Eichendorff nachweisbare Idee des gegen bürgerliche Seßhaftigkeit und Bürgergesellschaft überhaupt gerichteten Wanderns. Unstetigkeit führt hier zum unumkehrbaren Ausbruch aus einer sich zunehmend zementierenden Ordnung der Dinge.[8]

Doch auch noch direktere Standortbestimmungen finden sich im dichterischen Werk. Manchmal erscheinen sie lediglich als kurzer Verweis, soziale Abhängigkeiten blitzartig erhellend wie in den Versen, die von der Lösung eines Heiratsversprechens handeln, weil sich inzwischen eine bessere Partie anbietet:

»Das Mädchen sprach von Liebe,
Die Mutter gar von Eh' –«

»Was fragen sie nach meinen Schmerzen?
Ihr Kind ist eine reiche Braut.«[9]

Stärkere und vor allem unmittelbarere Reflexe auf Tagespolitik und aktuelle Zeitgeschehnisse finden sich bei Müller in den Abteilungen der »Griechenlieder« und »Tafellieder«. Am Anfang der zwanziger Jahre hatte sich das griechische Volk gegen die türkische Herrschaft erhoben. Argwöhnisch beobachtet von vielen um den politischen Status quo auf dem Kontinent besorgten Kabinetten, stieß sein Kampf fast bei allen europäischen Völkern auf leidenschaftliche Sympathien. Die philhellenistische Bewegung fand nicht zuletzt in Deutschland eine weite Verbreitung, und wenn auch die unmittelbare, praktische Unterstützung der Griechen sich eher in Grenzen hielt, so mangelte es nicht an ideellem Rückhalt. Müllers seit 1821 erschienene »Lieder der Griechen«, die den Krieg als Frontberichte und Appelle im Stil der Dichtung Theodor Körners kommentierend begleiteten, sind nur vor diesem Hintergrund zu verstehen. Sind viele durch ihr vorder-

5 Vorrede an Atterbom vom 1. 1. 1820, zit. nach Kirsten 1983, S. 334.
6 Wilhelm Müller, Ueber die neueste lyrische Poesie der Deutschen. Ludwig Uhland und Justinus Kerner, in: Hermes 28 (1827), S. 94–129, hier S. 99.
7 Vgl. Hans-Rüdiger Schwab, »... die Zeit beherrscht die Kunst«. Studien zum politischen und sozialen Bewußtsein in der Literatur der deutschen Spätromantik, München 1986, S. 40: Schwab sieht die

Ziele des volkstümlich-romantischen Gedichts in der »sentimentalischen Rekonstruktion des Naiven« zusammengefaßt. Vgl. ferner zur Problematik: Hermann A. Korff, Geist der Goethezeit, Bd. 4, Leipzig 1955, S. 152ff.
8 Vgl. Hartung 1977, S. 74f.
9 Vgl. die Gedichte »Gute Nacht« u. »Die Wetterfahne« aus dem Zyklus »Die Winterreise«, in: Hatfield 1906, S. 111f.

gründiges Pathos und ihre martialische Geste heute nicht mehr recht zugänglich (damalige Leser fanden, geschult durch die Lyrik der Befreiungskriege, sicherlich mehr Gefallen an einer derartigen Darstellung), so beweist der Dichter in einigen doch seine Einsichten in die Zusammenhänge europäischer, auf Interessenausgleich und Machterhalt ausgerichteter Politik. Ein Stück wie das folgende ist zugleich das Bekenntnis eines Demokraten:

Griechenlands Hoffnung

»Brüder, schaut nicht in die Ferne nach der Fremden Schutz hinaus,
Schaut, wenn ihr wollt sicher schauen, nur in euer Herz und Haus.
Findet ihr für eure Freiheit da nicht heilige Gewähr,
Nun und nimmer, Brüder, nimmer kömmt sie euch von außen her.
Selber hast du aufgeladen dir der Knechtschaft schweres Joch,
Selber hast du es getragen, und du trägst es heute noch,
Hättest du darauf gewartet, hochgelobtes Griechenland,
Daß es dir vom Nacken sollte heben eine fremde Hand.
Selber mußt du für dich kämpfen, wie du selber dich befreit,
Dein die Schuld und dein die Buße, dein die Palme nach dem Streit.
Viele werden dich beklagen, Viele dir Gebete weihn,
Viele sich für dich verwenden, Viele deine Rather sein –
Hoffst du mehr? Bau' auf die Hoffnung deiner Freiheit Veste nicht,
Daß der Grund, auf dem sie ruhet, nicht den Bau zu Trümmern bricht.
Deiner alten Freiheit Ehre ist der neuen Welt gerecht,
Denn der Freie schläft im Grabe so geduldig, wie der Knecht.
Lege reuig deine Waffen nieder vor des Türken Thron,
Beuge friedlich deinen Nacken zu dem alten Sklavenfrohn:
Dann, dann magst Du sicher bauen auf die Macht der Christenheit,
Dann, dann magst du sicher hoffen, daß der Türke dir verzeiht.
Ruh' und Friede will Europa – Warum hast du sie gestört?
Warum mit dem Wahn der Freiheit eigenmächtig dich bethört?
Hoff' auf keines Herren Hülfe gegen eines Herren Frohn,

Auch des Türkenkaisers Polster nennt Europa einen Thron.
Hellas, wohin schaut Dein Auge? – Sohn, ich schau' empor zu Gott –
Gott, mein Trost in Schuld und Buße, Gott, mein Hort in Kampf und Tod!«[10]

Intention und indirekt angesprochener Adressat unterscheiden das Gedicht von der Mehrzahl der anderen »Griechenlieder«. Die offene Abrechnung mit den restaurativen politischen Kräften des alten Europa, die, das eigene Land im Blick, aus Angst vor jeglichen freiheitlichen Bewegungen mit ihrer Nichteinmischungshaltung den Griechen eher in den Rücken gefallen waren, ist bemerkenswert, auch wenn sich in den Heroismus, der trotz des Verrats des Abendlandes ungebrochen war, unleugbar resignierende Töne mischen.

Müller wurde durch seine Griechenlandlyrik – daran änderte auch die in diesem Falle besonders aktive Zensur nichts[11] – zum bekanntesten Sänger der hellenischen Freiheit in Deutschland. Daß die Gedichte von den Zeitgenossen auch als Einforderungen liberaler Veränderungen im eigenen Land verstanden wurden, muß auf Grund der ursprünglichen Zusammengehörigkeit, durch die Liberalismus und Patriotismus gerade in den ersten Jahrzehnten des 19. Jahrhunderts gegensatzlos miteinander verbunden waren, eigentlich nicht erst erwähnt werden.

Ein anderes Feld, in dem Müller politisches Engagement und Dichtertum zusammenführen konnte, bot sich in den »Tafelliedern für Liedertafeln«. Im Zuge der Repressionen des politischen Systems in den deutschen Staaten, die sich auch gegen die meisten Vereinigungen und Vereine richteten, entwickelte sich mit den Liedertafeln eine der geduldeten Organisationsformen des Bürgertums in den zwanziger Jahren. Waren jene auch weit davon entfernt, sich revolutionärer Umtriebe verdächtig zu machen – häufig, wie zum Beispiel bei der Dessauer Tafel, der Müller seit 1821 angehörte, waren nur Honoratioren und Beamte Mitglieder[12] – boten sie doch eine Plattform für geistigen Austausch. Dem Anspruch gemäß wurde freilich auch viel gesungen, und die Zahl der für diese Runden oft von Dilettanten verfaßten Lieder ist Legion. Viele thematisieren allein das Vergnügen am ungetrübten geselligen Beisammensein und am obligatorischen Wein und besitzen somit durchaus einen Zug hin zu jener Form der subjektiven Selbstbeschränkung, die für die Periode des mit negativen Vorzeichen versehenen Biedermeier typisch ist. Entspricht zwar ein Großteil der Müllerschen Tafellieder äußerlich der vorangestellten Charakteristik, fallen doch

10 Ebd., S. 188f.
11 Vgl. GAD 1989, S. 155f.
12 Vgl. LOHRE 1927, S. 70.

Unterschiede auf. Häufig sind die Texte gespickt mit politischen Anspielungen. Vielfach wird, dabei stilistisch geschickt die Doppeldeutigkeit lexikalischer Mittel ausnutzend, der erbärmliche Zeitgeist den Freuden des Weins entgegengehalten. Manchmal wurde Müller noch etwas kecker, und das gesellige Lied wandelte sich zum die Restaurationszeit angreifenden politischen Gedicht, dessen Nähe zur späteren Vormärzlyrik nicht übersehen werden kann:

»Ein Krebs

Rückwärts! heißt das Wort der Zeit;
Rückwärts laßt uns gehen,
Nicht zu schnell und nicht zu weit,
Wie's an mir zu sehen!

Mancher hat's schon weit gebracht
Mit dem rückwärts Schreiten:
Ehrensterne, Gold und Macht
Bringt's den guten Leuten.

Politik, hilf du mir fort!
Dir gehört mein Leben.
Hand in Hand und Wort auf Wort,
Rückwärts laßt uns streben!«[13]

Solche unverhohlenen Attacken wider den Zeitgeist ließen sich anstandslos nur in Ausnahmefällen zum Druck bringen. Meist mußte Müller etwas vorsichtiger zu Werke gehen, um ein Veröffentlichungsverbot seiner Tafellieder zu vermeiden. Aufmerksamen Zeitgenossen entging aber auch in harmloseren, von Weinseligkeit geprägten Gedichten die liberale Positionierung nicht. Der Dessauer leistete mit ihnen, ähnlich wie Justinus Kerner oder Ludwig Uhland, einen durchaus ernstzunehmenden ideellen Beitrag zur Konstituierung des Bürgertums. Welche Popularität sie letztlich gewannen, zeigt ihre Nennung in Heines »Harzreise«.[14]
Aussagekräftiger sind bei einer Betrachtung des aufmerksamen Zeitgenossen Müller freilich dessen mehr publizistisch geprägten Arbeiten und Briefzeugnisse. Sie belegen vor allem in den Jahren nach der Rückkehr aus Italien deutlich den Standort des Dichters im Lager der bürgerlichen Opposition. Einen besonderen Stellenwert gewann dabei die enge Zusammenarbeit mit dem einflußreichen Verlagshaus Brockhaus, welches sich in mancher Hinsicht zu einem der Sprachrohre des liberalen Bürgerwillens

entwickelt hatte. Die ersten Kontakte wurden im Jahre 1819 geknüpft. Ob der alte Friedrich Arnold Brockhaus im Vorfeld um Müllers Gesinnungsrichtung wußte, sei dahingestellt, wie sehr aber dessen Überzeugungen den Ambitionen des Leipziger Verlegers nahestanden, läßt sich heute aus dem überlieferten Briefwechsel rekonstruieren.[15]
Neben seinen vielen anderen Verpflichtungen verfaßte Müller in der Folgezeit nicht zuletzt Artikel für den »Hermes« und das »Literarische Conversations-Blatt«. Behandelten diese in ihrer Mehrzahl literarische beziehungsweise im weiteren Sinne kulturgeschichtliche Themen, so ließ es sich Müller, soweit das eben möglich war, auch hier nicht nehmen, seine Sicht der Zeitverhältnisse einzubringen.
In einer Rezension der Gedichte Friedrich Rückerts[16] im Jahre 1822 wurden beispielsweise dem Leser zunächst die Gedichte vorgestellt, die unschwer erkennbar politisch motiviert sind, und erst nach dieser literarisch verbrämten Zeitkritik, durch die geschickt die Zensur umschifft werden konnte, wandte sich Müller der eigentlichen Buchbesprechung zu. An anderer Stelle bewunderte der Kritiker ausgesprochen offen Ludwig Uhlands Engagement als demokratischer Abgeordneter im württembergischen Landtag und würdigte dessen »patriotische Gelegenheitslieder« gerade deshalb, weil sie durch ihr unbedingtes Eintreten für die Rechte der Landstände das Zeitgeschehen kritisch kommentierten. Weiter heißt es, hier besäßen politische Gedichte (». . . solche Werke sind ja zugleich Thaten. . .«) den Charakter von Volksliedern.[17]
Ihre eindrucksvollste Dokumentation erfuhr Müllers zeitgeschichtliche Klarsicht, als der ehemalige Kriegsbarde, nun in krassem Gegensatz zu seinem begeisterten Patriotismus während der Befreiungskämpfe, Napoleon, einem »Mann, der jetzt aus der Zahl der Lebenden hinweggenommen, über Spott und Lob der wankelmüthigen Mitwelt erhaben, an das Urtheil der Nachwelt appellirt«[18], und dessen historischer Großtat, der modernen bürgerlichen Gesellschaft in Europa den Weg gebahnt zu haben, bereits 1822 Reverenz erwies: »(. . .) der ruhige Zeitungsleser sollte doch, um eine Komödie auf Napoleon zu schreiben, nicht blos die Zeitungen von 1812 bis 1815 berücksichtigen, sondern zurück und vorwärts blicken.«[19]
Solche Äußerungen waren, hat man rigide Innenpolitik und insbesondere die handfeste Zensurpraxis in den meisten Staaten des Deutschen Bundes nach 1819 vor Augen,

---

13 HATFIELD 1906, S. 462 f.
14 Bei Heine heißt es: »An unserem Tische wurde es immer lauter und traulicher, der Wein verdrängte das Bier, die Punschbowlen dampften, es wurde getrunken, smolliert und gesungen. Der alte Landesvater und herrliche Lieder von W. Müller, Rückert, Uhland usw. erschollen.«, in: Heinrich HEINE, Werke in fünf Bänden, Bd. 2, Weimar 1961, S. 260.

15 Vgl. LOHRE 1927.
16 Wilhelm MÜLLER, Oestliche Rosen von Friedrich Rückert. Drei Lesen, in: LCB 1822, Nr. 15, 17 u. 18.
17 MÜLLER 1827 (s. Anm. 6), S. 114.
18 MÜLLER 1822 (s. Anm. 16), Nr. 15, S. 57.
19 Ebd.

allemal beachtlich. Daß Müller, wenn er, wie öfter in seinen publizistischen Arbeiten geschehen, politische Konterbande transportieren wollte, auch ein gewisses Maß an Vorsicht walten lassen mußte, erscheint freilich genauso verständlich. Es ist bei den angeführten Beispielen liberaler Offenheit in seinen Kritiken ohnehin erstaunlich genug, daß sie überhaupt die Zensoren passierten. Eine Reihe von Äußerungen belegt, daß der Dessauer relativ oft mit den Behörden zu kämpfen hatte. Müller war zu Recht empört über die schleichende Gesinnungsschnüffelei, entwickelte jedoch bald Ideen, wie man wenigstens etwas von einer persönlichen Anschauung durchblicken lassen könne. 1821 erläuterte er Brockhaus, der, wenngleich ungern, im Interesse seines renommierten Hauses manchmal zur Selbstzensur drängen mußte, wenn sein Mitarbeiter zu forsche Töne anschlug, eine mögliche Vorgehensweise: »Es ist in der That abscheulich, wie es mit der Zensur hergeht – sie hat nicht einmal Courage, zu verbieten und zu verbrennen, wie die Neapolitanische, sondern schleicht und lauert, das Freie und Rechtliche allmählig und in aller Stille zu unterdrücken, und schneidet dabei noch ein liberales Gesicht. Auf jeden Fall hoffe ich, etwas über meine Lieder in dem Conv. Bl. [= Conversations-Blatt] zu hören. Lassen Sie doch die politische Ansicht, die ich ausspreche, angreifen – ich nehme es nicht übel – aber lassen Sie nur von meiner Meinung etwas durchhören.«[20]

Das Nutzen von Verschlüsselungen und Anspielungen, die Einbettung verfänglicher Äußerungen in ein harmlos-apolitisches Umfeld waren weitere notwendige Instrumentarien im durchaus erfolgreichen publizistischen Kleinkrieg. Manches ist dadurch den Zensorstiften entgangen, und Müller konnte zu Recht auf hohes literari-sches Niveau und integre Überzeugung seiner Rezensionen stolz sein. Er verlieh damit der Kritik sehr bewußt eine politische Dimension, die dann später bei Heinrich Heine und Ludwig Börne noch an Schärfe gewinnen sollte.

Sowohl Müllers im engeren Sinne literarisches Werk als auch sein publizistisches Schaffen belegen unzweideutig seinen Standort innerhalb der politischen Strömungen der Restaurationszeit. Weisen viele Überlegungen in den zwanziger Jahren den Spätromantiker aus, so deutet doch manches bereits auf Neues; und unterzieht man sich der Mühe einer diachronisch-vergleichenden Einordnung, blickt man auf ein Schaffen, welches sich über die jüngere Romantik bis zu den ersten keimhaften Vorboten des Jungen Deutschland erstreckt. Müller erscheint als Dichter der Zeitenwende, einerseits noch einer Generation zugehörig, »die an der Schwelle zur industrialisierten Moderne noch einmal versuchte, die zersplitternden Weltbilder in Sprache und Poesie zu sammeln«[21], andererseits von Lohre schon treffend als ›Neuer‹ skizziert: »Denn das rückt nun deutlicher in den Blick: wie sich der Übergang von der Romantik zum jungen Deutschland innerhalb von Müllers Leben selbst vollzieht, des Mannes, der als Student in altdeutscher Tracht einhergeht, im ›Gesellschafter‹ [einer Zeitschrift] Blumen deutet, und als Mann an die Seite eines politisch-literarischen Kämpfers wie Brockhaus tritt.«[22] Freilich soll nicht der Versuch unternommen werden, den Dessauer als verfrühten Vormärzdichter zu vereinnahmen – das ist mit Sicherheit falsch. Dabei aber – erscheint es auch müßig, darüber zu spekulieren, welchen Weg Müller genommen hätte, wenn ihm ein längeres Leben vergönnt gewesen wäre – sollte wenigstens nicht vergessen werden, was er in jedem Falle war: ein liberaler Demokrat.

20 Brief an Brockhaus vom 10. 11. 1821, in: LOHRE 1927, S. 140.
21 Gedichte der Romantik, hg. v. Wolfgang FRÜHWALD, Stuttgart 1984, S. 34.
22 LOHRE 1927, S. 101.

Gerard Fontallard, Eine Sammelstelle des Kommitees der Philhellenen in Frankreich (Kat. Nr. 64)

»Ohne die Freiheit, was wärest du, Hellas? Ohne dich, Hellas, was wäre die Welt?«

Wilhelm Müller und der Philhellenismus

Von Barbara Czerannowski

Als Philhellenismus bezeichnet man die durch politische, humanitäre, christliche und humanistische Momente geprägte öffentliche Solidaritätsbewegung der 1820er Jahre mit den sich gegen die türkische Fremdherrschaft auflehnenden Griechen. Diese vorwiegend vom gebildeten, liberal gesinnten Bürgertum getragene oppositionelle Bewegung, die in ihrem Verlauf alle sozialen Schichten erfaßte, war ein europäisches Phänomen der frühen Vormärzzeit. [1] Es hat jedoch in Deutschland seine besondere Ausprägung erhalten und steht damit im Kontrast zum gemeinhin als gültig betrachteten Bild innerer Emigration und biedermeierlich-bürgerlicher Idylle in der Zeit der politischen Restauration nach dem Wiener Kongreß in Deutschland. Spätestens bei Unterzeichnung der sogenannten Deutschen Bundesakte in Wien am 10. 6. 1815, dem Gründungsdatum des als lockerer Staatenbund ohne nationale Institutionen gebildeten Deutschen Bundes, war klar geworden, daß die in den Befreiungskriegen gegen Napoleon von den Bürgern der deutschen Staaten mit eigener Haut verteidigte Idee von nationaler Einheit und bürgerlicher Freiheit nur ein vergeblicher Traum gewesen war. Die im September 1819 vom Bundestag in Frankfurt einstimmig angenommenen Karlsbader Beschlüsse, die bis 1848 ihre gesetzliche Gültigkeit behalten sollten, hatten die »revolutionären Umtriebe« der liberalen und nationalen Bewegungen unterdrückt und sie durch Einrichtung eines Spitzelsystems, durch Demagogenverfolgung und Einführung einer vorbeugenden Zensur in die Illegalität abgedrängt. »Das sind die Trophäen der deutschen Völkerschlacht bei Leipzig«, schrieb bitter Wilhelm Müller seinem Freund, dem schwedischen Dichter Per Daniel Atterbom am 12. 12. 1819. [2]
Unter diesen Voraussetzungen wird verständlich, daß der im März 1821 begonnene griechische Freiheitskampf besonders von den Liberalen auch deshalb mit so großer Anteilnahme beobachtet wurde, weil er Ersatzcharakter besaß für das eigene, von der Politik der Heiligen Allianz nachhaltig behinderte Freiheitsstreben im eigenen Land. Im Laufe weniger Wochen wurde ganz Deutschland von einer Welle der Griechenbegeisterung erfaßt. Die große Mehrzahl der über 200 Zeitungen, die damals in Deutschland erschienen [3], war griechenfreundlich gesinnt und berichtete über den Hergang der Schlachten, über Land und Leute ebenso wie über den Heldenmut der christlichen Griechen und – genauso einseitig – über die Greueltaten der »barbarischen« muslimischen Türken. Nachdem Professor Krug aus Leipzig im April 1821 der Verurteilung des Griechenaufstandes durch die Heilige Allianz entgegengetreten war (s. Kat. Nr. 63), verbreiteten die Zeitungen überall die vielen durch seine Argumentation der Legitimierung ausgelösten meinungsbildenden Diskussionsbeiträge. Damit war die Grundlage für ein staatenübergreifendes Kommunikationsnetz der Griechenfreunde geschaffen, das eine wesentliche Voraussetzung für die Formierung der pro-griechischen »öffentlichen Meinung« zur oppositionellen »philhellenischen Bewegung« bildete. [4] Überall in Deutschland kam es in den Zeitungen zu von einzelnen Bürgern initiierten Aufrufen, Geld zur militärischen Unterstützung der Griechen zu spenden. In fast jeder größeren deutschen Stadt wurden Griechenhilfsvereine und -komitees [5] gegründet. Ein Heer von Freiwilligen [6], von denen die meisten bereits in den Befreiungskriegen militärische Erfahrungen gesammelt hatten, meldete sich zur Aufnahme in ein deutsches Freiwilligenkorps. Unabhängig von diesen durch Vereine organisierten Projekten, die zwischen Oktober 1821 und November 1822 zu neun philhellenischen Militärexpeditionen führten [7], waren bereits seit Ende Mai viele auch in

---

1 Andreas Tischler, Die philhellenische Bewegung der 1820er Jahre in den preußischen Westprovinzen, Diss. Köln 1981, S. 70: »Neben den deutschen Staaten wurden auch die Schweiz, die Niederlande, Belgien, die Vereinigten Staaten, in abgeschwächter Form auch die skandinavischen Staaten, vor allem aber Frankreich und – zeitlich etwas verzögert – England vom Philhellenismus erfaßt.«
2 Hans-Georg Werner, Geschichte des politischen Gedichts in Deutschland 1815–1840, 2. Aufl. Berlin 1972, S. 126; Gad 1989, S. 29.
3 Tischler 1981, S. 87.

4 Vgl. Christoph Hauser, Anfänge bürgerlicher Organisation. Philhellenismus und Frühliberalismus in Südwestdeutschland, Göttingen 1990 (Kritische Studien zur Geschichtswissenschaft 87), S. 235 ff.; Tischler 1981, S. 92; Werner 1972, S. 119.
5 Hauser 1990, S. 33 ff. und 114 ff.
6 Hierzu ausführlich u. materialreich ebd., S. 37 ff.
7 Robert F. Arnold, Der deutsche Philhellenismus. Kultur- und literaturhistorische Untersuchungen, in: Euphorion 2 (1896), Ergänzungsheft, S. 71–181, hier S. 101. Die Anzahl der an den Militärexpeditionen teilnehmenden Freiwilligen wird in der Arnold nachfolgen-

kleinen Gruppen an die Seite der kämpfenden Griechen geeilt.[8] Der aus Dessau stammende Gustav Feldhann (s. Kat. Nr. 66), ein zwei Jahre jüngerer Schulkamerad Wilhelm Müllers[9], hatte sich, ebenfalls bereits im Frühsommer 1821, General Normann-Ehrenfels angeschlossen, der sich mit 46 Philhellenen nach Morea aufmachte.[10] Die Breitenwirkung und Dauer des Philhellenismus, der in (von restriktiven Maßnahmen der deutschen Obrigkeiten verursachten) Wellen bis 1827/28 anhielt, beruhte auf einer Reihe verschiedener, miteinander verwobener Motive: »Alle Parteien vereinigen sich in dem Interesse für die Griechen. Die Frommen werden von der Religion, die Gebildeten von den klassischen Erinnerungen, die Liberalen von der Hoffnung auf altgriechische Republiken als Vorläufer und Pflanzschulen der künftigen allgemeinen Demokratisierung, Republikanisierung Europas [...] bewegt«.[11] Schon dieser zeitgenössische Kommentar von 1823 charakterisiert die philhellenische Bewegung als heterogene, sonst nicht gemeinsam agierende, informelle Gruppierung, für deren Kennzeichnung Dieter Kramer 1969 den Begriff der »single purpose movements« zum Vorschlag gebracht hat.[12]

Die durch die pro-griechische Presse beförderte offene Politisierung der Öffentlichkeit und die von den Philhellenen initiierten Aktivitäten, die auch die breitere Bevölkerung in ihren Bann zu ziehen vermochten, wurden von Regierungsseite schließlich als Eingriff in das politische Handlungsmonopol des Staates[13] begriffen. Vor allem Österreich fürchtete die übertrieben im Verdacht des Karbonarismus stehenden »Umtriebe« der Philhellenen und beeilte sich, die von der Griechenbegeisterung erfaßten deutschen Bundesstaaten von der Duldung und Unterstützung dieser Bewegung abzubringen, denn »[...] hier geht es um Aufrechterhaltung oder Untergang unseres politischen Systems, hier handelt es sich um Leben und Tod«.[14] Während einige Mitglieder des Deutschen Bun-

des gar nicht oder doch nur halbherzig Restriktionen durchsetzten, kam es vor allem in Preußen, Sachsen und Bayern ab Herbst 1821 zur Unterdrückung der philhellenischen Bewegung, zur Auflösung der Hilfsvereine und zum Verbot philhellenischer Äußerungen in der Öffentlichkeit. Über die noch offenen Pressekanäle, z. B. in den meisten hessischen Zeitungen[15], konnte die öffentliche Kommunikation der Griechenfreunde allerdings fortgesetzt werden, so daß die Philhellenen das Verbot auf diese und andere Weise zu unterlaufen vermochten.

In diesem Zusammenhang ist nicht zuletzt auch die ab Sommer 1821 einsetzende umfangreiche Phihellenenliteratur zu sehen. Auch für sie waren die bereits weiter oben erwähnten christlich-religiösen, humanistisch-philologischen und liberal-politischen Beweggründe bestimmend[16], so daß manche Arbeiten schon vor ihrer Drucklegung mit der Zensur in Konflikt gerieten. »Es ist in der That abscheulich«, erregte sich Wilhelm Müller im November 1821, »wie es mit der Zensur hergeht – sie [...] schleicht und lauert, das Freie und Rechtliche allmählig und in aller Stille zu unterdrücken«.[17] Müller selbst ist von der Zensur jedoch weitgehend verschont geblieben; nur einmal – 1823 – konnten sieben seiner Griechenlieder wegen ihrer politischen Bissigkeit die Zensur nicht passieren. In der Vielzahl der Gedichte, die, von der Griechenbegeisterung inspiriert, publiziert worden sind, haben Wilhelm Müllers Griechenlieder einen besonderen Platz eingenommen. »Empfangen Sie meinen wärmsten Dank für das köstliche Geschenk Ihrer Griechengesänge, über die es im Publikum und in den Zeitschriften nur eine Stimme gibt, nämlich die des gerechtesten Beifalls [...]. Von den tiefen Eindrücken, welche diese Gesänge voll Kraft, Feuer und Leben beim Vorlesen hervorbringen, haben mich mehrere Erfahrungen überzeugt«, schrieb begeistert Friedrich von Matthisson an Wilhelm Müller.[18] Ähnlich äußerte sich Müller gegenüber auch Ludwig

---

den Literatur sehr unterschiedlich angegeben. Vgl. Karl Dieterich, Aus Briefen und Tagebüchern zum deutschen Philhellenismus (1821–1828), Hamburg 1928 (Historisch-literarische Schriftenreihe der Deutsch-Griechischen Gesellschaft, H. 2), S. 6; Karl Dieterich, Deutsche Philhellenen in Griechenland 1821–1829. Auswahl aus ihren Tagebüchern, Hamburg 1929 (Historisch-literarische Schriftenreihe der Deutsch-Griechischen Gesellschaft, H. 4), S. 3; Johannes Irmscher, Wilhelm Müller und das Corpus Inscriptionum Graecarum, in: Studia Byzantina. Wissenschaftliche Beiträge der Martin-Luther-Universität Halle-Wittenberg 23 (1966), S. 49–55, hier S. 19; Dieter Kramer, Der Philhellenismus und die Entwicklung des politischen Bewußtseins in Deutschland, in: Kontakte und Grenzen. Probleme der Volks-, Kultur- und Sozialforschung, Festschrift Gerhard Heilfurth zum 60. Geburtstag, Göttingen 1969, S. 231–247, hier S. 236; Werner 1972, S. 116; Tischler 1981, S. 66; Hauser 1990, S. 158.

8 Hauser 1990, S. 40 u. 254, Anm. 50.
9 Paul Wahl, Dessau als Philhellenenstadt. Wilhelm Müller – Christian Bork – Gustav Feldhann, in: Hellas-Jahrbuch 3 (1936), S. 59–67, hier S. 64.

10 Ebd., S. 63.
11 [Anonym]: Bonaparte und Londonderry, ein Gespräch im Reiche der Todten, München 1823, zit. nach Arnold 1896, S. 120. – Vgl. auch Werner 1972, S. 122: »Für nahezu jeden philhellenischen Dichter läßt sich nachweisen, wie das patriotische Hochgefühl der Befreiungskriege im philhellenischen Enthusiasmus weiterwirkte«.
12 Kramer 1969 (s. Anm. 7), S. 234. Der Begriff gilt für Gruppen verschiedener Zielrichtungen, die sich für begrenzte gemeinsame politische Aktionen zusammenfinden. Seine Anwendbarkeit auch auf den Philhellenismus muß noch geprüft werden, da die philhellenischen Aktionen nicht ausschließlich politischer Natur waren, sondern auch humanitäre Züge trugen.
13 Hauser 1990, S. 241.
14 Tischler 1981, S. 76; Irmscher 1966, S. 16.
15 Hauser 1990, S. 45f.
16 Arnold 1896, S. 120.
17 Brief Wilhelm Müllers vom 10. 11. 1821, zit. nach Gad 1989, S. 35.
18 Brief vom März 1822, zit. nach Kirsten 1983, S. 346f.

Tieck: »Mein lieber Freund; mit dem innigsten Dank und mit Rührung erfüllt sende ich Ihnen diese (Griechen-) Lieder, ein rühmliches Denkmal eines ebenso schönen Herzens als Talentes, zurück [...]. Ich habe die schönen Lieder nicht ohne Tränen lesen können, der ich sonst nicht zu den Leichtgerührten gehöre.«[19] Von Justinus Kerner ist überliefert, daß er 1822 beim Bau seines Hauses eines der Griechengedichte Müllers in den Grundstein einmauern ließ.[20] Auch Gustav Schwab hat Tieck gegenüber einmal geäußert: »Als ich seine ersten Griechenlieder las, rüttelte es mich im Geiste, wie wenn ich etwas Neues, Echtes [...] las, und ich wurde voll Bewunderung und wieder kleinmütig und betrübt, weil ich fühlte, daß ich so etwas nicht vermöchte...«.[21] Im »Literarischen Conversations-Blatt« fanden 1821 Müllers Griechenlieder begeisterten Zuspruch: »Nur aus der reinsten und würdigsten Gesinnung«, schrieb ein Rezensent, »können Lieder hervorgehen wie diese, herzzerreißend, groß, tief und herrlich, frei und kühn...«.[22] Müllers Griechengedichte stießen aber nicht nur in gebildeten Kreisen auf Beifall. Denn auch unter den in Griechenland kämpfenden philhellenischen Kriegsfreiwilligen, die sich vorwiegend aus anderen Sozialschichten rekrutierten, waren Müllers Griechenlieder »nicht unbekannt«.[23] Daß in England vom »celebrated Müller« gesprochen wurde, in Frankreich 1828 Müllers Philhellenenpoesie in französischer Übersetzung erschien[24] und die »Griechenlieder [...] selbst bis tief in Oestreich bekannt« geworden sind[25], zeigt, daß sie selbst über die deutschen Grenzen hinaus wirksam waren. Einige seiner Griechengedichte wurden noch bis zum Ende des 19. Jahrhunderts in Lesebüchern an die nachfolgenden Generationen weitergegeben.[26]

In der Literaturgeschichte gehört Wilhelm Müller als »Charakterkopf unter Durchschnittsgesichtern, als beinahe einzige Erhöhung auf unbegrenzter Steppe«[27] zu den bedeutendsten Repräsentanten der Philhellenenpoesie. Die Bewegung der Griechenfreunde hat eine umfangreiche Philhellenenliteratur – darunter besonders zahlreich Gedichte – hervorgebracht, deren Mehrzahl von literaturhistorischer Seite einmal als aufwirbelnde »Wolke bedruckten Papiers«[28] charakterisiert worden ist. Diese auf die dichterische Qualität abzielende Einschätzung

wird – unter Hinweis auf Ausnahmen, wie beispielsweise die Griechenlieder Wilhelm Müllers – auch von anderen Literaturhistorikern geteilt: »Bleibende Dichtungen hat die philhellenische Bewegung nicht hervorgebracht, obwohl auch bekannte Schriftsteller als Griechendichter auftraten«.[29] Es muß hierbei jedoch in Rechnung gestellt werden, daß die Philhellenenpoesie eine naturgemäß anlaß- und zeitgebundene Dichtung darstellte, die schnell und direkt auf das Publikum wirken sollte. Wilhelm Müller hat seine Griechenlieder selbst einmal ironisch als »poetisch-politische Ware« bezeichnet, die »warm genossen werden muß«[30], wenn der Leser von ihr angesprochen sein will. Jede Poesie, so auch Stefan Treugutt 1979, »die Tagesfragen aufnimmt, Propaganda betreibt und von einer großen Menge von Verfassern zu gleicher Zeit gedichtet wird, muß ex definitione zu einer Gattung von hohem Standardisierungsgrad werden. Ihr breiter Empfang hängt eben von ihrer Konventionalität ab.«[31] So war es denn vor allem ihre dichterische Qualität, die die Müllerschen Griechenlieder aus der Masse der philhellenischen Gelegenheitsdichtungen heraushob und den Dichter als »Griechen-Müller« berühmt werden ließ.

Von Wilhelm Müller sind 58 Griechengedichte überliefert, von denen 50 zu seinen Lebzeiten publiziert worden sind; 44 von ihnen erschienen zwischen Oktober 1821 und Juni 1826 in sechs Heften, die als schmale Bändchen im Taschenformat für vier bis sechs Groschen erworben werden konnten (s. Kat. Nr. 69–76). Die sieben von der Leipziger Zensur 1823 zurückgehaltenen Griechenlieder konnten erst postum in der bei Brockhaus 1844 herausgegebenen Gesamtausgabe abgedruckt werden. Das Gedicht »Missolunghi ist gefallen!« (s. Kat. Nr. 77) befindet sich in dem in Dessau aufbewahrten Nachlaß Müllers.[32] In seinen Griechenliedern verlieh Wilhelm Müller der Freiheitssehnsucht, dem Opfermut und dem Leid der Griechen in ihrem Befreiungskampf gegen die türkische Herrschaft ihren dichterischen Ausdruck. Mit ihrem »hohen pathetischen Sprechstil«[33] streben die Gedichte vor allem nach ausdrucksstarker Wirkung, die durch Fragen, Wiederholungen, Parallelismen und Anaphern[34] noch unterstrichen wird. In diesen Gedichten schlüpfte Müller in die Rolle der Griechen und führte so aus dem

---

19 Zit. nach Baumann 1981, S. 111.
20 Kirsten 1983, S. 347; Werner 1972, S. 119.
21 Werner 1972, S. 139.
22 Zit. nach Baumann 1981, S. 111.
23 Brief Wilhelm Müllers vom 2. 5. 1822 an Per Daniel Atterbom, zit. nach Wahl 1936 (s. Anm. 9), S. 64.
24 Arnold 1896, S. 138.
25 Brief Wilhelm Müllers vom 10. 8. 1826 aus Franzensbad an seine Frau Adelheid, zit. nach Leistner 1994, S. 56.
26 Arnold 1896, S. 137; Kramer 1969 (s. Anm. 7), S. 243.
27 Arnold 1896, S. 117.
28 Lohre 1927, S. 67.

29 Werner 1972, S. 125.
30 Brief Wilhelm Müllers vom 8. 9. 1822 an Friedrich Arnold Brockhaus, zit. nach Lohre 1927, S. 168.
31 Stefan Treugutt, Die Polenbegeisterung in der deutschen Literatur nach 1830, in: Die deutsch-polnischen Beziehungen 1831–1848, Braunschweig 1979, S. 122, zit. nach Tischler 1981, S. 384f.
32 Frau Dr. Maria-Verena Leistner bin ich für ihre großzügig und freundlich mitgeteilten Hinweise bei Detailfragen zu Wilhelm Müller und seinen Griechenliedern sehr dankbar.
33 Werner 1972, S. 139.
34 Ebd.; Arnold 1896, S. 136.

subjektiven Blickwinkel der Betroffenen dem Leser die dramatische, Männer ebenso wie Kinder und Frauen in Mitleidenschaft ziehende Situation in Griechenland vor Augen. »Bei Müller kommen alle Stände, alle geographischen Gruppen, alle Altersklassen und beide Geschlechter zu Wort«.[35]

Alle seine Gedichte vermitteln uns noch heute die starke Emotion und das persönliche Engagement Müllers für die griechische Sache, das weit »mehr als ein rein dichterisches Bekenntnis für eine politische Angelegenheit«[36] erkennen läßt. Polemik und bitteren Sarkasmus weisen zuweilen diejenigen Gedichte auf, in denen Müller so offen, wie sonst nur wenige, Kritik geübt hat an der auf die Philhellenen in der griechischen Frage gleichgültig und kalt wirkende Politik der Großmächte, besonders Österreichs und Englands[37], so daß John G. Robertson und andere ihn als einen der Vorläufer des Jungen Deutschland eingeordnet haben.[38] »Ich wollte lieber ein Loblied, als eine Satyre auf die Zeit schreiben«, äußerte Müller in einem Brief vom 15. 12. 1821 gegenüber dem vom Philhellenismus noch nicht erfaßten Fouqué. »Aber – ich kann nicht anders. Ich habe mit gekämpft, drum steht's mir zu, auch mit zu klagen und zu zürnen. Ich weiß, Sie haben ein festeres Vertrauen auf die Machthaber der Zeit«.[39] Daß Wilhelm Müller manche seiner Griechenlieder in einem fast rauschhaften »Empressement« aus der Feder geflossen sind, schrieb der Dichter am 8. September 1822 seinem Verleger Friedrich Arnold Brockhaus: »[...] daß ich in drei Tagen nichts Anderes habe denken, fühlen und schreiben können – als Hymnen der Freiheit«.[40] Diese in der »Sprache des heiligen Zorns« geschriebenen Gedichte haben Wilhelm Müller schlagartig populär gemacht und vielen Philhellenen aus dem Herzen gesprochen. Sein erstes im Oktober 1821 erschienenes Gedichtbändchen mit zehn »Liedern der Griechen« (s. Kat. Nr. 69) erregte sofort Aufsehen und war schnell verkauft.[41] Im März 1822 konnte Müller bereits das zweite Heft mit acht Griechengedichten veröffentlichen. Selbst als die Griechenbegeisterung nach ihrer ersten Phase in Deutschland ab etwa 1823 sich etwas abgekühlt hatte, dichtete Wilhelm Müller (»Meinen Griechen bleibe ich treu, ob Alle wanken.«[42]) weitere 18 Gedichte, die in zwei Heften als »Neue Lieder der Griechen« und in literarischen Zeitschriften[43] 1823 publiziert wurden. Auch im Jahr 1824 forderte der

unermüdliche Müller mit seinem Gedicht »Hellas und die Welt« die verzagten Philhellenen dazu auf, die mit den aufständischen Griechen empfundene Solidarität nicht durch »Barbaren [...] ersticken« zu lassen:

»Ohne die Freiheit, was wärest du, Hellas?
Ohne dich, Hellas, was wäre die Welt?

Kommt, ihr Völker aller Zonen,
Seht die Brüste,
die euch säugten
Mit der reinen Milch der Weisheit! –
Sollen Barbaren sie zerfleischen?
Seht die Augen,
die euch erleuchten
Mit dem himmlischen Strahle der Schönheit! –
Sollen sie Barbaren blenden?

Seht die Flamme,
Die euch wärmte
Durch und durch im tiefsten Busen,
Daß ihr fühltet,
Wer ihr seid,
Was ihr wollt,
Was ihr sollt,
Eurer Menschheit hohen Adel,
Eure Freiheit! –
Sollen Barbaren sie ersticken?

Kommt, ihr Völker aller Zonen,
Kommt und helfet frei sie machen,
Die euch alle freigemacht!

Ohne die Freiheit, was wärest du, Hellas?
Ohne dich, Hellas, was wäre die Welt?«[44]

Müller war nicht nur der Dichter philhellenischer Gedichte, sondern gehörte in seiner freiheitlich gesinnten Persönlichkeit selbst der philhellenischen Bewegung an. Auch in Müllers Briefen kommen seine starke Verbundenheit und Identifikation mit den aufständischen Griechen immer wieder zum Ausdruck: »Meine Muse ist keine Heuchlerin«[45], schrieb er an Atterbom ebenso wie: »Wär' ich ledig, vielleicht ständ' ich jetzt bewaffnet in Griechenland«.[46] Der griechische Kampf »des Christenthums, der Humanität, der Freiheit, gegen Heidenthum, Barbarei

---

35 ARNOLD 1896, S. 128.
36 LEISTNER 1994, S. 56.
37 WERNER 1972, S. 125.
38 BAUMANN 1981, S. 114; Johannes IRMSCHER, Der Dessauer Dichter Wilhelm Müller als Sänger der griechischen Freiheit, in: Dessauer Kalender 1969, S. 11–31, hier S. 30.
39 Zit. nach BAUMANN 1981, S. 107; vgl. auch ARNOLD 1896, S. 121.
40 Zit. nach LOHRE 1927, S. 169.
41 IRMSCHER 1966, S. 32; WERNER 1972, S. 139.

42 Wilhelm Müller an Baron Friedrich de la Motte Fouqué, zit. nach BAUMANN 1981, S. 108; vgl. auch IRMSCHER 1966, S. 30.
43 Deutsche Blätter für Poesie 1823, Nr. 36 (4. 3.); Morgenblatt 1823, Nr. 186.
44 Wilhelm MÜLLER, Neueste Lieder der Griechen, Leipzig 1824, S. 30–32.
45 Zit. nach BAUMANN 1981, S. 110.
46 Brief Wilhelm Müllers vom 2. 5. 1822 an Per Daniel Atterbom, zit. nach LOHRE 1927, S. 312.

und Tyrannei«[47] war ihm »eine Sache, der ich mit ganzer Seele angehöre [...]. Wenn ich je den Beystand der Muse mit Inbrunst angerufen habe, so ist es jetzt«.[48] Und Varnhagen von Enses »schöne Hoffnungen für etwas, das von Seiten der Könige und Fürsten [...] zum besten der Griechen geschehn möchte«, so Müller in einem Brief an Varnhagen, »kann ich nicht teilen. Selbst! – oder niemals. Das bleibt mein Wahlspruch.«[49]

Im Juni 1826 gab Wilhelm Müller das Gedichtbändchen »Missolunghi« heraus (s. Kat. Nr. 76). Missolunghi, die strategisch wichtigste Festungsstadt an der westgriechischen Festlandküste, war den deutschen Philhellenen zu einem der Sinnbilder für den zähen Opfermut der Griechen geworden. Seit Mai 1825 hatten diese der Belagerung der Festung durch die 20 000 Mann starke Armee des von Mahmud II. zu Hilfe gerufenen ägyptischen Vizekönigs Mehmet Ali standgehalten. Als Missolunghi schließlich am 23. April 1826 fiel, sprengten sich die letzten griechischen Verteidiger und ihre Angehörigen mit der Festung in die Luft. Einzig diesen Ereignissen sind Müllers drei Griechenlieder in diesem Heft gewidmet. Auf dem Einband des Heftchens, das der Dichter auf eigene Kosten hatte drucken lassen und das für vier Groschen verkauft wurde, kündigte Müller an: »Der Ertrag des Verkaufs ist für die nothleidenden Griechen bestimmt.« Den Gedichten hatte er die Zeilen aus dem Matthäus-Evangelium (V, 7), »Selig sind die Barmherzigen, denn sie werden Barmherzigkeit erlangen« als Motto vorangestellt. Aus einem Brief Müllers vom 15. 7. 1826[50] (s. Kat. Nr. 78) wissen wir, daß die 1250 gedruckten Exemplare des Heftes »binnen wenigen Tagen bloß in Deßau, Zerbst, Coswig und einigen benachbarten anhaltischen Orten« schnell verkauft worden sind. Davon hatte Müller auf an ihn gerichtete »dringende Anfragen« hin 55 der »Missolunghi«-Hefte auch »ins Ausland«, nach Halle und Berlin, schicken können. Den Verkaufserlös (zusammen mit freiwilligen Spenden) von rund 400 Talern hatte der Dichter, wie er am selben Tag in den in Anhalt erscheinenden »Wöchentlichen Nachrichten« bekanntgab[51], an den Griechenhilfsverein in Berlin überwiesen; weitere »Exemplare der kleinen Schrift sind fortwährend zu erhalten und«, so hieß es dort weiter, auch »milde Beiträge werden angenommen«. Bis Oktober 1826 waren so erneut »69 Thaler 20 Groschen Preuß. Cour.« aus dem Verkauf der

Gedichte in Dessau, Zerbst, Raguhn, Jeßnitz, Ballenstedt und anderen Orten in Anhalt und als Spende bei Müller eingegangen[52] und ein Teil des Geldes wiederum nach Berlin überwiesen worden.

Darüber hinaus informiert uns diese Anzeige Müllers vom 21. 10. 1826, daß der Dichter inzwischen weitere Aufgaben zur Unterstützung der Griechen übernommen hatte: »Auch sind bei (mir) in den Nachmittagsstunden Mittwochs und Sonnabends Aufforderungen zur Aufnahme griechischer Waisen aus Missolunghi und Subscriptionslisten zu viertel-, halb- und ganzjährlichen Beiträgen zur Unterstützung der nothleidenden Griechen einzusehn, deren Beförderung (ich) als Beauftragter des Dresdener Vereins für Anhalt übernommen (habe), in dem sichern Vertrauen, daß (meine) Mitbürger und Landsleute in dem allgemeinen Bestreben der Deutschen, das Elend der Christen im Orient nach Kräften zu lindern, nicht zurückbleiben werden. Deßau, am Jahrestage der Leipziger Schlacht«.[53] Ob aufgrund dieser Anzeige griechische Waisen aus Missolunghi in anhaltischen Haushalten Aufnahme gefunden haben, ist leider nicht überliefert. Mit dem Dresdener Hilfsverein jedoch wird Müller bereits seit dessen Gründung in Verbindung gestanden haben. Dieser Verein hatte sich am 25. Mai 1826 – also kurz nach dem Fall Missolunghis – um den mit Müller befreundeten spätromantischen Schriftsteller Friedrich Graf Kalckreuth gebildet[54] und in den Zeitungen zu Spenden aufgerufen. Den Philhellenen im Königreich Sachsen waren bisher, seit Herbst 1821, jegliche öffentliche Äußerungen behördlich untersagt gewesen. Nach Abschluß des Petersburger Protokolls zwischen England und Rußland am 4. April 1826 jedoch war es bezüglich der griechischen Frage zu einem politischen Kurswechsel der Heiligen Allianz gekommen, der sich auch auf die politische Haltung der Staaten des Deutschen Bundes auswirkte. So war es den sächsischen Philhellenen jetzt erlaubt, öffentlich »milde Gaben zur Unterstützung für hilfsbedürftige Griechen«, allerdings nur für »Greise, Weiber, Kinder, Kranke und Verwundete, mithin nicht für Kampffähige« zu sammeln.[55] Diese feine Unterscheidung war es, die dem fast verzagten, in Sachsen, Preußen und Bayern seit September 1821 obrigkeitlich unterdrückten Philhellenismus nun zu einem neuen Aufschwung in Deutschland verhalf und ihn sogar hoffähig machte, beteiligten sich

47 Brief Wilhelm Müllers vom 13. 4. 1822 an Friedrich von Matthisson, zit. nach Baumann 1981, S. 108.
48 Ebd.
49 Brief Wilhelm Müllers vom 4. 1. 1825 an Varnhagen von Ense, zit. nach James Taft Hatfield, Unpublished Letters of Wilhelm Müller, in: American Journal of Philology 24 (1903), S. 121–148, hier S. 144.
50 Brief Wilhelm Müllers vom 15. 7. 1826 an den Dresdener Hilfsverein (s. Kat. Nr. 78).

51 Anzeige Wilhelm Müllers über die eingegangenen Geldbeträge in den in Anhalt erscheinenden »Wöchentlichen Nachrichten« 1826, Nr. 28 (15. 7.), S. 376.
52 Anzeige Wilhelm Müllers über die eingegangenen Geldbeträge in den »Wöchentlichen Nachrichten« 1826, Nr. 42 (21. 10.), S. 536.
53 Ebd.
54 Hauser 1990, S. 100.
55 Ebd.

doch jetzt auch Mitglieder der deutschen Regierungen bis in ihre Spitzen[56] hinein an den »Griechensammlungen«. Auch die Mitglieder des Dresdener Hilfsvereins rekrutierten sich zu einem Teil aus Kreisen der Dresdner Hofgesellschaft.[57]

Mit seiner im Juni begonnenen Initiative des uneigennützigen Verkaufs seines »Missolunghi«-Heftchens hatte Wilhelm Müller dem Berliner Hilfsverein eine sehr beachtliche Geldsumme zur Unterstützung der Griechen zur Verfügung stellen können. Es hatten ihn jedoch – wie oben bereits erwähnt – auch »dringende Anfragen« aus Halle und Berlin erreicht, wohin er bis Mitte Juli eine größere Anzahl von Exemplaren hatte verschicken müssen.[58] Obwohl Müller das Heft, der Nachfrage entsprechend, in Dessau offenbar nachdrucken ließ, sah er sich nicht in der Lage, eine zweite, größere Auflage des »Missolunghi«-Bändchens für den Verkauf auch außerhalb Anhalts zu finanzieren. Der Dichter schickte dem Dresdener Hilfsverein deshalb sein Manuskript und überließ es »dem verehrten Verein ganz«, wie Müller am 15. 7. 1826 schrieb, »in welcher Menge, Format, zu welchem Preis pp er einen neu zu veranstaltenden Druck besorgen will [...]«[59] (s. Kat. Nr. 78). Das in Dresden daraufhin erneut herausgegebene Heft erschien im August 1826 bei Walther, unter dem Titel »Missolunghi, ein Gedicht zum Besten der Griechen« in einer Auflage von 1500 Exemplaren[60], die Anfang November bereits wieder vergriffen waren.[61]

Als Reaktion auf den Fall Missolunghis war es auch in den anderen Staaten des Deutschen Bundes zu einem erneuten Aufschwung der Griechenbegeisterung gekommen, die ab Mai 1826 eine Welle von Spendenaufrufen und Vereinsgründungen nach sich gezogen hatte. »Die Griechensammlungen greifen immer kräftiger durch ganz Deutschland«, schrieb Varnhagen von Ense am 10. Juni 1826 in sein Tagebuch, »überall bilden sich Vereine, überall sprechen sich Gesinnungen aus, und die öffentliche Meinung [...] wächst unaufhaltsam und breitet sich gewaltsam aus; diese Flut ist nicht mehr zu beschränken!«[62] Diese sich zu einem zweiten Höhepunkt des Philhellenismus ausweitende Bewegung stand jedoch unter anderen Vorzeichen als der Philhellenismus der Jahre 1821/23. Bereits seit der Thronbesteigung des Zaren Nikolaus I. im Jahr 1825 hatte sich die Machtkonstellation innerhalb der Heiligen Allianz zu wandeln begonnen. Rußland hatte der

Legitimitätspolitik den Rücken gekehrt und verfolgte wieder seine Interessen auf dem Balkan; dadurch hatte sich England zu einer Änderung seiner Haltung zur griechischen Frage veranlaßt gesehen, der sich später auch Frankreich anschließen sollte.[63] Das Metternichsche Konzept der Erhaltung des seit 1815 bestehenden europäischen Kräftegleichgewichts war damit gescheitert. Schon am 4. April 1826, noch vor dem Fall Missolunghis, hatten England und Rußland im Petersburger Protokoll ihren Willen zur Unterstützung der Autonomiebestrebungen Griechenlands erklärt. Das Schicksal der Griechen war nunmehr in die Hände der Großmächte gelegt, so daß die politisch-oppositionellen Aspekte in der Phase des »neuen« Philhellenismus in den Hintergrund traten. Hieraus erklärt sich auch die außerordentliche Breitenwirkung der neuen Griechenbegeisterung. »Die süßliche Sentimentalität«, beschrieb Johannes Irmscher diesen Wandlungsprozeß, »wuchs im gleichen Maße an, in dem revolutionärer Schwung, ja schon freisinnige Begeisterung verdrängt wurden«.[64] Der Philhellenismus war hoffähig geworden. Die ab 1821 quasi »von unten« getragene oppositionelle Bewegung hatte sich 1826 zu einem nun gewissermaßen »von oben« betreuten Philhellenismus gewandelt. Für die Ausbildung bürgerlicher Strategien zur Selbstorganisation spielte diese zweite Phase des Philhellenismus jedoch eine ebensogroße Rolle wie dafür, daß die Griechenbegeisterung nun noch breitere Bevölkerungskreise mit dem Prozeß der Meinungsbildung bekanntmachte und auch den kleinen Mann an die Politik heranführte[65], was für die späteren Protestbewegungen der 1830er Jahre bedeutsam werden sollte. »Für die Entwicklung des öffentlichen Geistes in Europa«, so Varnhagen schon im Juni 1826, »macht diese Art von tätiger Teilnahme und Äußerungen einen wichtigen Abschnitt und wird nicht ohne große Folgen bleiben«.[66] Beschränkte sich der »neue Philhellenismus auch auf lediglich humanitäre Unterstützung der Griechen, so zeigte er sich in finanzieller Hinsicht wesentlich erfolgreicher als in seiner ersten Phase, denn es konnte mit jetzt über 350 000 Gulden das Sechsfache an Spenden mobilisiert werden.[67] Allein aus dem kleinen Anhalt gingen zwischen Juni 1826 und Januar 1827 fast 600 Taler bei Wilhelm Müller ein.[68]

Im Jahr 1827 allerdings begann in Deutschland das Interesse für die Vorgänge in Griechenland allmählich zu erlahmen und die Bewegung des Philhellenismus zu Ende

---

56 Ebd., S. 98 ff.; Irmscher 1966, S. 36 ff.
57 Hauser 1990, S. 100.
58 Wie Anm. 38.
59 Ebd.
60 Arnold 1896, S. 119; Werner 1972, S. 140.
61 Irmgard Lange, Wilhelm Müller – Lieder und Gedichte, in: Zwischen Wörlitz und Mosigkau. Schriftenreihe zur Geschichte der Stadt Dessau und Umgebung, Dessau 1977, H. 21, S. 14–22, hier S. 21.

62 Hauser 1990, S. 193.
63 Thomas Nipperdey, Deutsche Geschichte 1800–1866. Bürgerwelt und starker Staat, München 1993, S. 364.
64 Irmscher 1966, S. 43.
65 Hauser 1990, S. 235 ff.
66 Ebd., S. 65.
67 Siehe die Tabelle ebd., S. 101, u. vgl. mit Tabelle auf S. 74.
68 Siehe die Anzeigen in den »Wöchentlichen Nachrichten« zwischen dem 15. 7. 1826 und dem 3. 2. 1827.

zu gehen. Die griechische Nationalversammlung hatte Graf Kapodistrias am 11. April 1827 auf sieben Jahre zum Präsidenten gewählt, und auch das Eingreifen der Großmächte in diesem Jahr sollte den Stand Griechenlands gegenüber den Türken konsolidieren. England, Rußland und Frankreich stellten der Pforte im August 1827 ein Waffenstillstandsultimatum. Da Mahmud II. dieses unbeantwortet ließ, kam es am 20. Oktober 1827 zur entscheidenden Seeschlacht bei Navarino, in der die türkisch-ägyptische Flotte von den russich-englisch-französischen Seestreitkräften vernichtend geschlagen wurde. 1829 sollten die letzten Entscheidungen im Kampf gegen die Türken fallen, bevor am 3. Februar 1830 Griechenland als souveräner Staat von den Großmächten anerkannt wurde. Anders jedoch als die griechischen Freiheitskämpfer und auch die Philhellenen es sich vorgestellt hatten, führte die Griechische Staatsgründung »nicht zu einer außen- und innenpolitischen Selbstbestimmung«.[69] Nach schweren inneren Unruhen innerhalb der griechischen Republik erklärten schließlich die Großmächte Griechenland zur Erbmonarchie und setzten 1832 den noch minderjährigen bayerischen Prinzen Otto auf den griechischen Thron.

Wilhelm Müller hat aufgrund seines frühen Todes am 30. September 1827 das Ende des griechischen Freiheitskampfes nicht mehr miterlebt. Er hat jedoch mit seinen Griechenliedern, aber auch mit dem von ihm gezeigten aktiven Engagement für die griechische Sache seinen Teil »zur Entwicklung des politischen Bewußtseins und der öffentlichen Meinungsbildung in Deutschland beigetragen«.[70] Auch wenn Griechenland nicht durch den Philhellenismus befreit worden ist, so bleibt es doch das Verdienst der Philhellenen, mit dem Instrument der »öffentlichen Meinung« sich bei den Obrigkeiten Gehör verschafft und die »politische Schlafsucht«[71] in Deutschland gebrochen zu haben.

69 Pavlos Tzermias, Griechisch-deutsche Begegnung zwischen Illusion und Realität, in: Griechen und Deutsche. Bilder vom anderen, hg. v. Württembergischen Landesmuseum Stuttgart u. Hessischen Landesmuseum Darmstadt, Stuttgart 1982, S. 10–21, hier S. 15.

70 Irmscher 1966, S. 30.
71 Hans Eideneier, Hellenen und Philhellenen, in: Griechen und Deutsche. Bilder vom anderen, hg. v. Württembergischen Landesmuseum Stuttgart u. Hessischen Landesmuseum Darmstadt, Stuttgart 1982, S. 63–75, hier S. 63.

Szenen aus Bartolomeo Pinellis Radierzyklus »Raccolta di Castumi Pittoreschi«, Rom 1809 (Kat. Nr. 92)

»Ich denke doch, wir müssen die Römer mit ihrer eigenen Nase beurteilen«

Wilhelm Müllers Kritik des deutschen Italien-Bildes in »Rom, Römer und Römerinnen«

VON HILDEGARD EILERT

1. Der Patriot Wilhelm Müller

Der aus den Befreiungskriegen an den Studienort Berlin zurückgekehrte Wilhelm Müller schloß sich dort Anfang des Jahres 1815 patriotisch gesinnten Zirkeln an, in denen eine romantische Literaturvorstellung favorisiert wurde.[1] Neben der puristischen »Berlinischen Gesellschaft für deutsche Sprache«, zu deren Mitgliedern der Geograph und Blindenlehrer Johann August Zeune, der Sprachwissenschaftler Otto Friedrich Theodor Heinsius und der Turnvater Friedrich Ludwig Jahn gehörten, nahm Müller an einem Dichterbund ehemaliger Kriegsfreiwilliger teil. Der Dessauer Handwerkersohn fand so Eingang bei den einflußreichen Familien der preußischen Hauptstadt, bei den Varnhagens, den Kalckreuths, den Stägemanns, der Elisa von der Recke. Dem hochverehrten Friedrich de la Motte Fouqué konnte er sich nähern und Achim von Arnim sowie Clemens Brentano kennenlernen. Mit Brentano rivalisierte Müller um die Liebe der Luise Hensel, der jüngeren Schwester des Malerfreundes Wilhelm Hensel, späterer Ehemann von Fanny Mendelssohn, aus dessen Hand uns ein Bild Müllers überliefert ist. Durch Luise Hensel kam der junge Müller auch mit der Berliner Erweckungsbewegung in Berührung.

Von dem religiös-patriotischen Engagement und den literarischen Überzeugungen des jungen Müller zeugen seine frühen Publikationen[2], noch unmittelbarer aber treten sie uns in seinem Tagebuch entgegen. Dort findet sich unter dem Datum 5. November 1815 folgende Eintragung:

> »Wie ist es doch möglich, daß aus einer Feder, ich will nicht sagen aus einem Herzen *der König von Thule, Klärchen* im Egmont, *Gretchen* im Faust und das Epigramm:
> *Jeden Schwärmer schlagt mir ans Kreuz pp.*

und der ganze übrige Epigrammentroß aus Venedig geflossen sind? Welches ist die wahre Farbe dieses Chameleons?«[3]

Goethes »Römische Elegien« sowie seine »Venetianischen Epigramme« mit ihrer kosmopolitischen Ausrichtung, ihrem betonten Sensualismus und ihren antichristlichen Spitzen riefen bei Müller Enttäuschung, ja Verärgerung hervor, was angesichts der grundsätzlichen weltanschaulichen Divergenzen zwischen dem alternden Dichter in Weimar und dem jungen Studenten der klassischen Philologie nicht weiter verwundern kann. Dennoch versucht dieser eine Ehrenrettung des großen deutschen Dichters – und zwar auf Kosten Italiens:

> »Ich glaube, nur in Italien hatte Göthe seine Elegien und Epigramme schreiben können. Aber er hätte sie auch dort lassen sollen.«[4]

Daß Italien von Müller problemlos als Ursache für Goethes konstatierte Laszivität herangezogen werden kann, verlangt nach einer Erklärung, die über den biographischen Kontext jener Jahre hinausgeht.

2. Zur Geschichte eines Vorurteils

Die südliche Halbinsel hatte über Jahrhunderte auf die Deutschen aus wirtschaftlichen, politischen, religiösen, wissenschaftlichen, kulturellen und nicht zuletzt aus klimatischen Gründen eine teilweise fatale Anziehungskraft ausgeübt. Deutsche Kaiser und Könige, Adelige, Handwerker, Studenten, Intellektuelle, Künstler und schließlich einfache Touristen überquerten die Alpen und zogen mit erstaunlicher Konstanz gen Süden. Waren im Mittelalter vorwiegend politische und religiöse Beweggründe für die Reise ausschlaggebend, so traten spätestens seit dem

---

1 Zur Biographie vgl. BAUMANN 1981, S. 1–34. – LOHRE 1927, S. 3–101.

2 Vgl. Müllers Kommentar zum Nibelungen-Lied, in: LOHRE 1927, S. 352–354. Außerdem: Wilhelm Müller, Blumenlese aus den Minnesingern, hg. v. W. MÜLLER, Mitglied der Berlinischen Gesellschaft für deutsche Sprache, Berlin (Maurer) 1816. – Doktor Faustus. Tragödie von Christopher Marlowe. Aus dem Englischen übersetzt v. Wilhelm MÜLLER. Mit einer Vorrede von Ludwig Achim VON

ARNIM, Berlin (Maurer) 1818. – Müllers frühe Gedichte aus den Bundesblüten, Berlin (Maurer) 1816, sind von James Taft HATFIELD wiederabgedruckt worden, vgl. The Earliest Poems of Wilhelm Müller, in: Publications of the Modern Language Association of America 13 (1898), S. 250–285.

3 Vgl. MÜLLER 1903, S. 33f.

4 Ebd., S. 34.

16. Jahrhundert die höfische Bildung, das Studium und die handwerkliche Ausbildung hinzu. Im 18. Jahrhundert erweiterte die einzigartige Möglichkeit ästhetischer Erziehung, die man sich von einer Reise zu den Wurzeln abendländischer Kultur erhoffte, den Motivkreis. Die positive Bewertung des Landes, seiner Natur und Kultur, wurde in all den Jahrhunderten interessanterweise von einer weniger positiven seiner Einwohner begleitet.[5]

Gegen Ende des 18. Jahrhunderts gibt etwa der Livländer Friedrich Schulz in seiner »Neuen Reise durch Italien« die gängige Vorstellung, die man in Europa vom Italiener habe, durch folgende Adjektive wieder: »arm, roh, diebisch, betrügerisch, faul, abergläubisch, meuchelmörderisch, unnatürlich-wollüstig, schmutzig und feig«[6]. Daß Schulz keineswegs übertrieb, bestätigen 1803 der spätere Kurator der Bonner Universität Philipp Joseph Rehfues und der Schweizer Kaufmannssohn Johann Friedrich Tscharner. In ihrer Zeitschrift »Italien« listen auch sie gleich im Einleitungsteil ausführlich die Vorurteile gegenüber Italienern auf:

»Man wirft ihnen Sittenverderbniß im ausschweifendsten Grad, Rachsucht, Doppelzüngigkeit, Feigheit und Schwäche vor, schildert sie nicht selten als die verworfenste Masse von Bösewichtern und hat, wenn man an Italien denkt, den Kopf voll von Banditen, Dolchen, Gittern, von Gift, Mord und Todschlag.«[7]

Nicht als Vorurteil, sondern als durch Klimatheorie und Temperamentenlehre abgesichertes, nützliches Wissen hatte die wichtigste deutsche Enzyklopädie des 18. Jahrhunderts, der sogenannte Zedler, unter dem Stichwort »Naturell der Völcker« 1740 ein ganz ähnliches Bild der Italiener präsentiert:

»Die Gemüths=Art ist melancholisch und sanguinisch, welches ein Temperament ist, das abentheuerliche Dinge herfür bringt, indem Wollust und Geldgeitz zwey Neigungen sind, die einander gantz entgegen. Es sind

daher die Italiäner sehr rachgierig, und wenn sie auf einen andern einen Haß geworffen, gehen sie gleich auf Leib und Leben [...].

Bey ihrer Wollust sind sie im höchsten Grad venerisch, und begehen dabey die allererschrecklichsten Sünden.«[8]

Als der Zedler erschien, hatte das negative Bild, das sich die Deutschen von den Italienern als rachsüchtiges, geldgieriges und unsittliches Volk machten, bereits jahrhundertelange Tradition. Humanismus und Protestantismus hatten aus patriotischen und religions- bzw. kirchenpolitischen Gründen wesentlichen Anteil an seiner Entstehung. Die Wiederentdeckung der »Germania« des Tacitus in der zweiten Hälfte des 15. Jahrhunderts förderte die Reaktivierung der Gegenüberstellung zivilisierter, aber sittlich verdorbener Römer/Italiener versus ungebildetem, aber sittenstrengem Germanen/Deutschen erheblich.[9]

Die mit dem Interesse für die Antike aufgekommene Italienbegeisterung änderte daran nichts Grundsätzliches, auch wenn die Begründung wechselte. *Grosso modo* bis zum Erscheinen von Zedlers großangelegtem »Lexicon« sah man im Wohlstand Italiens eine Ursache für den Sittenverfall im Lande. Ab der zweiten Hälfte des 18. Jahrhunderts wurde dagegen die Unbildung, die Unzivilisiertheit breiter Schichten der Bevölkerung als Erklärung herangezogen. Die katholische Religion und die schlechten, d. h. feudal-tyrannischen Regierungen im Lande wurden im Zeitalter der Aufklärung immer wieder als Verursacher dieses Zustandes benannt, dennoch verlor sich die ethnische Komponente keineswegs. Die neue Erklärung für ein vertrautes Klischee trug dem wirtschaftlichen und kulturellen Verfall Italiens seit ungefähr Anfang des 18. Jahrhunderts ebenso Rechnung wie dem veränderten Geschmack nordeuropäischer Reisender, welche zeitgenössischem Verfall und moderner Schnörkelei antike Einfachheit und Größe entgegensetzten. In der Italien-Kritik sprach sich aber auch die Tatsache aus, daß

5 Aus der zahlreichen Italienliteratur vgl. folgende Übersichten: Friedrich NOACK, Das Deutschtum in Rom. Seit dem Ausgang des Mittelalters, 2 Bde., Stuttgart 1927 (Neudruck: Aalen 1974). – Lucia TRESOLDI, Viaggiatori tedeschi in Italia 1452–1870, Saggio bibliografico, 2 Bde., Roma 1975–77. – OSWALD 1985. – Italienische Reise – Reisen nach Italien, hg. v. Italo Michele BATTAFARANO, Gardolo di Trento 1988. – Michael MAURER, Italienreisen. Kunst und Konfession, in: Reisekultur. Von der Pilgerfahrt zum modernen Tourismus, hg. v. Hermann BAUSINGER, Klaus BEYRER, Gottfried KORFF, München 1991, S. 221–229. – Außerdem der Dokumentationsband: Deutsche Briefe aus Italien. Von Winckelmann bis Gregorovius, hg. v. Eberhard HAUFE, Leipzig o. J., München 1987.

6 Berlin (Friedrich Vieweg) 1797, Bd. 1, S. 12. Vgl. dagegen der Chefredakteur der »Allgemeinen Zeitung« in Augsburg, Karl Joseph Stegmann, in seinen anonymen »Fragmenten über Italien aus dem Tagebuch eines jungen Deutschen«, 1798, spez. das Kap. »Nationalcharakter«.

7 Italien, hg. v. zween reisenden Deutschen, Philipp Joseph REHFUES u. Johann Friedrich TSCHARNER, Berlin (Unger) 1803, Bd. 1, Nr. 1, S. 34. Die Vorurteile saßen fester, als sie wohl selbst annahmen, denn in der Zeitschrift ziehen sie diese selbst immer wieder als Erklärung heran, vgl. ebd., Nr. 4, S. 465–492; 1804, Nr. 6, S. 182–186.

8 Johann Heinrich ZEDLER, Grosses vollständiges Universal-Lexikon, Bd. 23, 1740 (Neudruck: Graz 1961), Sp. 1250.

9 Vgl. Italo Michele BATTAFARANO, Genese und Metamorphose des Italienbildes in der deutschen Literatur der Neuzeit, in: Italienische Reise 1988 (s. Anm. 5), S. 29–39. – Thomas CRAMER, Italienerlebnis und Nationalhumanismus im 16. Jahrhundert, in: Kunstliteratur als Italienerfahrung, hg. v. Helmut PFOTENHAUER, Tübingen 1991 (Reihe der Villa Vigoni 5), S. 7–20.

Reise und Reisende sich geändert hatten. Ein deutscher Adliger bewegte sich unter italienischen Adligen, ein Student unter Studenten usw., während der kunst- und antikebeflissene Reisende sich mit Kutschern, Wirtsleuten und Bettlern herumschlagen mußte und in kaum erschlossene Gegenden speziell Unteritaliens vordrang. [10]

Die bezeichnenderweise »England und Italien« (1785) betitelte Reisebeschreibung des ehemaligen preußischen Hauptmanns Johann Wilhelm von Archenholtz trug den Veränderungen Rechnung. Für ihn wissen alle Regierungen in Italien in Übereinkunft mit der katholischen Kirche »das Volk in Dürftigkeit und Unwissenheit zu erhalten« [11]. Seine Charakteristik der Italiener lautet daher, wie folgt:

> »Es ist nicht zu läugnen, daß man vortrefliche Menschen von Geist und Herz unter den Italienern findet, sie sind aber sehr selten, da bey ihnen der Mangel an Kenntnissen so groß, und die Ausbildung ihrer Geistesfähigkeiten so ungewöhnlich ist; überdem werden sie von zwey mächtigen Leidenschaften beherrscht, die den Bewohnern warmer Regionen so eigen ist: Liebe nämlich und Rache.« [12]

In der mangelnden »Veredlung der Gesinnung« sah auch die Philanthropin Elisa von der Recke, in deren Haus Wilhelm Müller in Berlin verkehrte, die Ursache für die »häufigen Erscheinungen furchtbarer Rachsucht bei diesem sonst so gutmüthigen Volke« [13]. Auch bei andern Reisenden stößt man auf Schauergeschichten von »italiänischer Rachsucht, Gierigkeit, Neid und Eifersucht« [14], oder es werden Beweise dafür geliefert, daß dieses »rohe, ungebildete Volk« [15] kein »anderes Interesse für das Leben, als für seine schmuzigsten Genüsse« [16] hat. Tritt der politische und konfessionelle Erklärungsansatz für die Unterschiede zwischen Deutschen und Italienern zurück, macht sich um so mehr der ethnische bemerkbar, wobei den Italienern jede Lernfähigkeit abgesprochen wird. Johann Wolfgang von Goethe etwa bezeichnet die Italiener als »Naturmenschen«, die »nicht ein Haar anders sind als sie in Höhlen und Wäldern auch sein würden« [17]. Im Gegensatz zu vielen seiner Landsleute war der Weimarer Geheimrat allerdings in der Lage, die konstatierte Differenz auszuhalten und sie einer fruchtbringenden Relativierung der heimatlichen Lebensweise dienlich zu machen.

> »Wie moralisch heilsam ist mir es dann auch, unter einem ganz sinnlichen Volke zu leben, über das so viel Redens und Schreibens ist, das jeder Fremde nach dem Maßstabe beurteilt, den er mitbringt. Ich verzeihe jedem, der sie tadelt und schilt; sie stehn zu weit von uns

---

10 Vgl. ebd., S. 45–53. – Jörg Jochen BERNS: Peregrinatio academica und Kavalierstour. Bildungsreisen junger Deutscher in der Frühen Neuzeit, in: Rom – Paris – London. Erfahrung und Selbsterfahrung deutscher Schriftsteller und Künstler in den fremden Metropolen. Ein Symposium, hg. v. Conrad WIEDEMANN, Stuttgart 1988, S. 155–181. – Albert MEIER, Von der encyclopädischen Studienreise zur ästhetischen Bildungsreise. Italienreisen im 18. Jahrhundert, in: Der Reisebericht. Die Entwicklung einer Gattung in der deutschen Literatur, hg. v. Peter J. BRENNER, Frankfurt/M. 1989, S. 284–305. – Un paese indicibilmente bello. Il viaggio in Italia di Goethe e il mito della Sicilia, hg. v. Albert MEIER, Palermo 1987.

11 Johann Wilhelm von ARCHENHOLTZ, England und Italien, neu hg. v. Michael MAURER, Heidelberg 1992, hier zit. nach 2. Aufl. Karlsruhe 1787, Bd. 4, S. 2. Eine pronunciert politische Kritik bieten dagegen in der Zeit eine anonyme »Beschreibung einer Reise von Rom nach Sicilien, Maltha und Neapel«, in: Der Teutsche Merkur 1785, Okt., S. 47–78; Nov., S. 97–122; Dez., S. 213–235 u. Johann Gottfried SEUME, Spaziergang nach Syrakus im Jahre 1802, hg. u. komm. v. Albert MEIER, München 1985.

12 Ebd., S. 8. Zu Archenholtz vgl. die Aufsätze v. Michael MAURER, Genese und Funktion des operativen Italienbildes der Aufklärung, sowie von E. Theodor Voss, Deutsche Italienbilder des 18. Jahrhunderts im Lichte der »wahren« Aufklärung: Winckelmann und Archenholtz, in: Deutsche Aufklärung und Italien, hg. v. Italo Michele BATTAFARANO, Bern 1992 (Iris 6), S. 311–334 u. S. 335–369. Archenholtz fand 1834 in Gustav Nicolai einen Nachfolger: Gustav NICOLAI, Italien wie es wirklich ist, 2 Bde., Leipzig 1834. Dazu Italo Michele BATTAFARANO, L'Italia ir-reale. Antropologia e paesaggio peninsulare nella cultura tedesca (1649–1879), 2. Aufl. Trento 1992 (Ricerche di germanistica 1), S. 119–152. – Der Italienkenner und Bibliothekar der Herzogin Anna Amalia von Sachsen-Weimar, Christian Joseph JAGEMANN, versuchte eine wenig erfolgreiche »Ehrenrettung Italiens wider die Anmerkungen des Herrn Haupt-

mann von Archenholtz«, in: Deutsches Museum, Mai 1786, S. 387–422 u. Juni 1786, S. 497–529, in der er zu beweisen versucht, daß Italien durchaus auf der Höhe seiner europäischen Nachbarn stehe. 1778–1785 waren in Weimar bereits seine dreiteiligen »Briefe über Italien« erschienen.

13 Elisa VON DER RECKE, Tagebuch einer Reise durch einen Theil Deutschlands und durch Italien in den Jahren 1804 bis 1806, hg. v. Hofrath BÖTTIGER, Berlin (Nicolai) 1815–17, Bd. 2, S. 150.

14 Johann Isaak GERNING, Reise durch Oestreich und Italien, 3 Theile, Frankfurt (Wilmans) 1802, Bd. 1, S. 208. – Friedrich Johann Lorenz MEYER, Darstellungen aus Italien, Berlin (Vossische Buchhandlung) 1792, S. 177–186, der ausdrücklich davor warnt, positive Einzelerfahrungen zu verallgemeinern (S. 191).

15 Johann Heinrich BARTELS, Briefe über Kalabrien und Sizilien, 3 Bde., Göttingen (Dieterich) 1787–91, Bd. 3: Briefe über Sizilien, 1791, S. 391.

16 Anonymus, Blike auf das Königreich Neapel, in: Europäische Annalen (1806), Bd. 2, S. 252. Neutraler formuliert Karl Philipp Moritz, der von »allgemeiner Trägheit« spricht und betont, daß italienische Leben sei »mehr auf den Genuß, als auf die Arbeit« berechnet. Vgl. Reisen eines Deutschen in Italien in den Jahren 1786–1788. In Briefen von Karl Philipp MORITZ, Berlin (Maurer) 1793, Teil III, S. 49.

17 Johann Wolfgang VON GOETHE, Italienische Reise, in: DERS., Werke. Hamburger Ausgabe in 14 Bänden, Bd. 11: Autobiographische Schriften III, hg. v. Erich TRUNZ u. Herbert VON EINEM, München 1981, S. 143. Goethe erklärt damit die häufigen Morde. Er unternahm seine Italienreise bekanntlich 1786, die »Italienische Reise« erschien 1816/17. In den im Teutschen Merkur 1788 u. 1789 erschienenen Aufsätzen über Italien sowie in »Das Römische Carneval« (1789), neu hg. v. Isabella KUHN, Frankfurt/M. 1984 (Insel 750), verteidigt Goethe die natürliche, sinnliche, auf Genuß ausgerichtete Lebensweise der Italiener.

ab, und als Fremder mit ihnen zu verkehren, ist beschwerlich und kostspielig.«[18]

Die von Goethe hier angedeutete Notwendigkeit einer Reflexion über die eigenen Voraussetzungen, die Subjektivität des Urteils sowie die nationalen Differenzen der Sozialisation wird für Wilhelm Müllers Italienerfahrung konstitutiv. Vom andern zu lernen, ohne seine Identität aufzugeben, das Alte mit dem Neuen zu mischen, ist die große Lehre, für die der Dessauer Student nach Italien dem großen Weimarer dankbar sein wird.

3. Wilhelm Müller und die italienische Versuchung

Auch Müllers erste große Prosaschrift »Rom, Römer und Römerinnen«[19], die Beschreibung seiner Italienreise, wurde mit den Ellen des Vorurteils gemesssen. Gustav Schwab verfuhr dabei in seiner 1827 verfaßten Biographie Müllers, die sowohl der von ihm herausgegebenen Werkausgabe Müllers von 1830 als auch der 1868 von Müllers Sohn Max besorgten Ausgabe der Gedichte vorangestellt ist, ganz ähnlich wie Müller einst mit Goethe.[20] Nachdem Schwab die »Wahrheit und Lebendigkeit« der Darstellung gelobt hat, entschuldigt er den »leichtfertigen Ton, der hier und da darin herrscht«, mit dem »vorübergehenden Einfluß des Landes, in dem, und des Volkes, unter dem der Verfasser drei Vierteljahre zugebracht hatte«, während er ausdrücklich betont, daß dieser weder aus Müllers »Charakter noch aus seinen dauernden Lebensansichten« hervorgegangen sei.[21] Zum Beweis seiner These zitiert Schwab – allerdings sinnentstellend – in den »Vermischten Schriften« ausführlich aus der Widmung des zweiten Teils von »Rom, Römer und Römerinnen« an den schwedischen Dichter Per Daniel Amadeus Atterbom, den Müller in Italien kennengelernt hatte. Daß Müller nach seiner Italienreise mit dieser traditionellen Bewertung des südlichen Landes keineswegs einverstanden gewesen sein würde, daß es sich hier vielmehr um eine Wunschinterpretation Schwabs handelt, haben wir guten Grund anzuneh-

men. Wohlweislich ließ der schwäbische Dichter nämlich die Fortsetzung der Widmung weg:

> »Und somit grüße ich Sie in Ihrem altheiligen Vaterlande, nicht wie das Buch, dessen Schreiber mir fremd geworden ist, scherzend und spielend; nein, ernst und kurz; denn die große Fastenzeit der europäischen Welt, der Marterwoche entgegensehend und harrend auf Erlösung, verträgt kein gleichgültiges Achselzucken und keine flatterhaften Vermittlungen und Entschuldigungen. Wer in dieser Zeit nicht handeln kann, der kann doch ruhen und trauern.«

Nicht ethnischer Gegensatz, sondern die politische Situation Deutschlands, die preußisch-österreichische Restauration, wird von Müller für den Verlust naiver Lebensfreude, wie er sie in Italien genoß, verantwortlich gemacht. »Rom, Römer und Römerinnen« zeugt denn auch nicht, wie Schwab behauptet, von momentaner Dispersion, sondern von einer grundsätzlichen Veränderung von Müllers Weltbild, die ihren Ursprung in einer Revision der althergebrachten negativen Bewertung der Italiener hat.

Daß in Italien eine solche Veränderung stattgefunden hat, darauf verweist zunächst ein Brief Müllers, den er nach seiner Rückkehr aus Italien von München nach Florenz an Carl Friedrich von Rumohr richtete. Müller schrieb:

> »Das Vaterland hat mich mit Reif und Schnee und Nebel begrüßt, das wäre noch zu ertragen, aber, aber, die Philisterei [...]. In Wahrheit, wenn es überall in Deutschland ist wie in München, so muß ich es bedauern, Italien je betreten zu haben, oder mein ganzes Streben dahin richten, es wiederzusehen. Nichts will mir hier behagen [...].«[22]

Das Unbehagen wird im weiteren Verlauf des Briefes expliziert, wobei Müller die Hypokrisie hinter der traditionellen Gegenüberstellung deutsche Zucht versus italienische Unzucht bloßstellt:

> »In den Kaffeehäusern wollte ich den Tabaksqualm leichter ertragen, als das Geschwätz der Leute. Wenn

---

18 GOETHE, Italienische Reise (s. Anm. 17), S. 126. Friedrich Sengle (SENGLE 1971ff., hier Bd. 2, 1972, S. 272) behauptet eine Abhängigkeit Müllers von Goethes Werk »Italienische Reise«. Vgl. dagegen Müllers Rezension, in: Wilhelm MÜLLER, Reisebeschreibungen über Italien, in: Hermes (1820), Nr. 3, S. 265–290; (1821), Nr. 1, S. 247–264; Nr. 2, S. 248–263, hier Nr. 1, S. 253f.
19 Wilhelm MÜLLER, Rom, Römer und Römerinnen. Eine Sammlung vertrauter Briefe aus Rom und Albano mit einigen späteren Zusätzen und Belegen, 2 Bde., Berlin (Duncker und Humblot) 1820. – Neuausgabe: KIRSTEN 1983. Die Bremer Ausgabe von 1956 durch Christel u. Matthias SCHRÖDER ist unvollständig. Wir zitieren nach der Ausgabe MÜLLER 1820.
20 Gustav SCHWAB, Wilhelm Müller's Leben, in: SCHWAB 1830,

Bd. 1, S. XVII–LXIII. – Gedichte von Wilhelm Müller, mit einer Einleitung und Anmerkungen hg. v. Max MÜLLER, 2 Teile, Leipzig (Brockhaus) 1868 (Bibliothek der deutschen Nationalliteratur des 18. und 19. Jahrhunderts), S. XV–XXXII.
21 Vgl. SCHWAB 1830, Bd. 1, S. XXXIIf. Schwab nimmt bezeichnenderweise »Rom, Römer und Römerinnen« nicht in die Ausgabe auf. Er stellt mit seiner Bewertung keine Ausnahme dar. Vgl. Karl GOEDECKE, Grundriß zur Geschichte der deutschen Dichtung, 2. Aufl. Dresden 1905, Bd. 8, S. 256.
22 WAHL 1931, S. 75; abgedruckt auch in: KIRSTEN 1983, S. 340. Kirsten bewertet die Bedeutung des Italienerlebnisses ähnlich (S. 324).

von Italien die Rede ist, so weiß jeder ein Geschichtchen von wälscher Betrügerei und Unzucht, das zuweilen dadurch unterbrochen wird, daß das gemeinschaftliche Griffbrett der deutschen Keuschheit, die Backen, das heißt, die unter dem Rock befindlichen, (denn die Nacktheit verabscheut man) der Kellnerin betastet werden.«[23]

Die Konfrontation mit einem fremden Land hat Müller für das Klischeehafte in der deutschnationalen Kulturtradition sensibel gemacht. Die als Objektivität verkaufte Einseitigkeit, die Verabsolutierung einer Nation, wird durchschaut, die Deutschtümelei seiner Studienjahre einer kritischen Revision unterzogen. Müller beginnt, Fremder im eigenen Land zu werden. In »Rom, Römer und Römerinnen« bekennt sich Müller dann auch öffentlich zu der in Italien stattgefundenen Veränderung seiner Überzeugungen:

»Wenn Italien mich so ganz und heiß in Anspruch nimmt, wenn ich hier so vieles, was mir in Deutschland werth und wichtig war, abzustreifen mich bestrebe, um anderen Neigungen und Interessen Platz zu machen, so haben doch meine Freunde bei dieser Umwandlung meines Wesens nichts zu besorgen.«[24]

Diese grundsätzlich positive Bewertung der südlichen Halbinsel und seiner Einwohner bleibt Müller eigen, wie seine zahlreichen Werke bezeugen, die Italien mehr oder weniger direkt zum Gegenstand haben.[25] Dabei hatte Müller keineswegs zu denen gehört, die voller Begeisterung nach Italien fuhren, dort allerdings häufig einen Realitätsschock erlebten. Müllers Reise war vielmehr eine Gelegenheitsreise. Als besonders guter Student der klassischen Philologie wurde er von der Berliner Akademie der Wissenschaften zum wissenschaftlichen Begleiter des wohlhabenden Baron von Sack bestimmt. Dieser wollte auf einer Reise, die über Italien und Griechenland bis nach Ägypten führen sollte, antike Inschriften sammeln. Eine Pestepedemie zwang zur Veränderung der Reiseroute. In Rom nahm Müller persönliche Differenzen mit Sack zum Anlaß, sich von ihm zu trennen und in Italien zu

bleiben.[26] Insgesamt weilte Müller von November 1817 bis Oktober 1818 in Italien, die meiste Zeit davon in Rom und Umgebung, sechs Wochen (den halben April und Mai) aber auch in Neapel. Italien und seine Einwohner hatten ihn in unerwarteter Weise in Besitz genommen.

4. Das italienische Volk und seine Kultur

In der zwei Jahre nach seiner Rückkehr veröffentlichten Beschreibung seines italienischen Aufenthaltes entwirft Müller seinen Landsleuten ein Bild des südlichen Landes, das mit den hergebrachten Beschreibungen wenig gemeinsam hat. In den zwanzig an einen deutschen Freund gerichteten Briefen, die den Hauptteil des zweibändigen Werkes ausmachen, sowie in den angehängten Bruchstükken aus dem römischen Tagebuch des Autors wird das Augenmerk des Lesers nicht wie üblich auf die antiken oder neuzeitlichen Kunstschätze noch auf die schöne Natur gelenkt, sondern primär auf das wenig beachtete, viel geschmähte italienische Volk. Die »Darstellung eines lebenden Volkes«[27] ist das erklärte Ziel von »Rom, Römer und Römerinnen«, worunter Müller die Darstellung von Lebensweise und Kultur eines Volkes versteht, die frei und selbständig aus dessen Geist erwachsen.[28] Nicht die Vermessung des Landes und seiner Einwohner nach angeblich objektiven, vernünftigen Maßstäben erwartet also den Leser, und auch auf seine Einordnung in eine hypostasierte Rangliste der europäischen Nationen wird er vergeblich hoffen. In »Rom, Römer und Römerinnen« unternimmt der Dessauer Wilhelm Müller vielmehr den Versuch, die immer wieder konstatierte und zumeist negativ bewertete Andersartigkeit des südlichen Landes als nationale Eigenart ernst zu nehmen.

Wenn Müller von Volk spricht, so meint er damit einerseits alle Einwohner Italiens, er benutzt also Volk als ethnisch-nationale Kategorie, andererseits versteht er darunter aber auch speziell die Unter- und Mittelschicht, die Bauern und Handwerker.[29] Gerade in dieser Bevölkerungsschicht glaubt er, auf eine eigenständige, lebendige

23 WAHL 1931, S. 76.
24 MÜLLER 1820, Bd. 1, S. 73.
25 Erinnert sei an die postume Ausgabe italienischer Volkslieder »Egeria« (1829), seine italienisierenden Gedichte, seine beiden Novellen »Der Dreizehnte« (1827) und »Debora« (1828), die ausführliche Rezension von »Reisebeschreibungen über Italien«, in: Hermes (1820/21), sowie die zahlreichen Lexikon-Artikel und seine Rezensionen, die Italien zum Gegenstand haben. Vgl. dazu allgemein LOHRE 1927. – BAUMANN 1981, S. 78–86, S. 140–155. – EILERT 1991. – Zur Rezension der Reisebilder vgl. OSWALD 1985, S. 148–151.
26 Vgl. Julius SCHNORR VON CAROLSFELD, Briefe aus Italien geschrieben in den Jahren 1817 bis 1827. Ein Beitrag zur Geschichte

seines Lebens und der Kunstbestrebungen seiner Zeit, hg. v. Franz SCHNORR VON CAROLSFELD, Gotha 1886, S. 21, 25, 37 u. 72.
27 MÜLLER 1820, Bd. 1, S. 5.
28 Vgl. ebd., Bd. 1, S. 93.
29 Vgl. ebd., Bd. 1, S. 58, 75, 249 sowie Bd. 2, S. 160. – Jakob Grimm trennt dagegen Volk und Nation, vgl. Gedanken, wie sich die Sagen zur Poesie und Geschichte verhalten (1808), in: Kleinere Schriften, Berlin 1879, Bd. 1, S. 400–404. Anders Achim von Arnim, der von »nationalem Volkslied« spricht, es aber in Italien im Aussterben begriffen sieht. Vgl. Von Volksliedern, in: Des Knaben Wunderhorn. Alte deutsche Lieder, gesammelt v. Achim VON ARNIM u. Clemens BRENTANO (1806/08), München 1984, Bd. 3, S. 234f.

Kultur gestoßen zu sein, die nicht »fremdartige, wissenschaftliche Schminke«[30] sei, sondern unmittelbar aus der Arbeit, dem geselligen Leben und der nationalen Tradition erwachse. Diese Volkskultur macht in den Augen Müllers auch den einfachen Italiener »sicher und gewandt [...], scharfsinnig und witzig«, verleiht ihm »Einbildungskraft« und »Eigenthümlichkeit in Wort und That«[31]. Die These von der angeblichen Rohheit und Ungebildetheit der Italiener trifft daher für den Dessauer nicht zu.

Um die dem italienischen Volk nicht unbedingt wohlgesonnenen deutschen Leser zu überzeugen, durchstreift der Autor mit ihnen buntgeschmückte italienische Märkte[32], läßt sie das heitere Treiben der Volksfeste, denen in Italien nur ein Sonderling sich entziehe[33], miterleben oder an Volksbräuchen teilnehmen, die von jedermann respektiert würden. Viele Volkslieder, die die Musik nicht in die naturwidrigen Schranken des Tonsystems zwängten, hätten dort ihren Ursprung.[34] Die »Vorurtheile der Bequemlichkeit und Schicklichkeit« beiseite lassend, führt Müller seinen Leser auch in die Wirtshäuser von Trastevere, damit dieser den Erzählungen der einfachen Leute lauschen könne.[35] Eine kaum zu überbietende Fülle von Alltags- und Straßenszenen bereichern das Bild. Für den ganz skeptischen Leser transkribiert Müller, den seine italienischen Freunde scherzhaft »professore di Scienza plebea«[36] nennen, im Umlauf befindliche Volkslieder, Gedichte, Sprichwörter, Sketche und Stegreifspiele.

Dennoch sind die Bemerkungen des Dessauers keineswegs ausschließlich positiv. Im 6. Brief sieht sich der Leser sogar den Versatzstücken des altvertrauten italienischen Lasterkatalogs gegenüber, vor allem aber von der Sittenlosigkeit ist die Rede. Diese mit dem Grundton des Werkes kontrastierenden Passagen können unterschiedlich interpretiert werden. Man mag sie als Ausdruck der tiefsitzenden Vorurteile des deutschen patriotisch gesinnten Studenten lesen, die trotz aller Bemühungen hin und wieder durchbrechen, man kann darin aber auch eine intentionale Projektion gängiger deutscher Ansichten sehen, die beim Leser emotionale Sperren gegenüber einer Reflexion über die Relativität nationaler Wertmaßstäbe abbauen

möchte. Wie dem auch sei, festzuhalten bleibt, daß Müllers Kritik an einzelnen Erscheinungen italienischen Lebens die grundlegende Intention von »Rom, Römer und Römerinnen« keineswegs in Frage stellt, denn der ehemalige Teilnehmer der Befreiungskriege möchte seinen Lesern ja keine banale Globalidealisierung Italiens liefern. Er bewertet die italienische Kultur und Lebensweise vielmehr als grundsätzlich positiv, weil sie spontan aus dem Lebenszusammenhang eines Volkes erwächst bzw. weitgehend Land und Leuten entspricht, und daher eine Kultur darstellt, die weder den Einzelnen entzweit noch die Schichten des Volkes voneinander trennt. Italien kann so über weite Strecken als gelungenes Beispiel eines Landes dienen, in dem Natur und Geist noch eine Einheit bilden, in dem nicht Willkür, Funktionalität und Moden herrschen, sondern Natürlichkeit und ein ausgeprägter Gemeinschaftssinn.

5. Volkscharakter und Nationalkultur

Müller hatte in seiner Rezension der Reisebeschreibungen über Italien in Natur und Geschichte den Ursprung und Zusammenhang des Charakters eines Volkes gesehen. In »Rom, Römer und Römerinnen« ist es jedoch in erster Linie das milde Klima und die üppige Natur, die den italienischen Charakter formen.[37] Müller unterstreicht dies durch die Beschreibung nur der Sommermonate, ja er stößt den Leser geradezu darauf, wenn er gleich in seinem ersten Brief eine lebendige Beschreibung der Sommerhitze liefert. Den Dessauer interessiert dabei, wie etwa noch Zedler, weniger die daraus abzuleitende Dominanz einzelner Temperamente in bestimmten Ländern, sondern vielmehr, wie das Verhältnis zur Natur auch das soziale und gesellschaftliche Verhalten des Menschen bestimmt sowie dessen kulturelle Interessen lenkt. Die natürliche Beschaffenheit der südlichen Halbinsel hat in den Augen Müllers dem Italiener einen nach außen gerichteten, aber auch von außen bestimmbaren Charakter verliehen[38], der sich durch Offenheit[39], Geselligkeit[40], Natürlichkeit, Sorglosigkeit[41] und einen ausgeprägten Schönheitssinn[42] aus-

---

30 MÜLLER 1820, Bd. 1, S. 251. Wegen der anti-französischen Äußerungen wurde Müller als konservativer Romantiker betrachtet. Vgl. Viktor HEHN, Über die Physiognomie der italienischen Landschaft, in: DERS., Italien. Ansichten und Streiflichter, 4. Aufl. Berlin 1892, S. 279. – KIRSTEN 1983, S. 337. – OSWALD 1985, S. 113f. – Zu Hehn vgl. BATTAFARANO, L'Italia ir-reale (s. Anm. 12), S. 155–180.

31 MÜLLER 1820, Bd. 1, S. 253.

32 Ebd., Bd. 1, S. 99–101.

33 Ebd., Bd. 2, S. 40.

34 Ebd., Bd. 1, S. 49.

35 Ebd., Bd. 1, S. 5, 61–68, vgl. auch Bd. 2, S. 147. Müller zitiert (Bd. 1, S. 64) Joseph GÖRRES, Die Teutschen Volksbucher, Heidelberg 1807 (Neudruck in: Ausgewählte Werke, hg. v. Wolfgang FRÜHWALD, Freiburg/Basel/Wien 1978, Bd. 1, S. 143–202).

36 MÜLLER 1820, Bd. 1, S. 83. Vgl. dazu Hildegard EILERT, Wilhelm Müller. »Professore di scienza plebea« in Italia, in: Viaggi in Utopia e altri luoghi, a cura di Maria Enrica D'AGOSTINI, Milano 1989, S. 55–95.

37 Vgl. MÜLLER, Reisebeschreibungen (s. Anm. 18) 1820, Nr. 3, S. 271 sowie MÜLLER 1820, Bd. 2, S. 34.

38 So bereits REHFUES und TSCHARNER, in: Italien (s. Anm. 7), Nr. 4, S. 466–472. Sie sprechen von »Ostentazion«.

39 MÜLLER 1820, Bd. 1, S. 58 u. 69.

40 Ebd., Bd. 1, S. 105 u. 255.

41 Ebd., Bd. 2, S. 32.

42 Ebd., Bd. 1, S. 101 u. 179.

zeichne, andererseits aber zu Ungeduld, Neugier und Oberflächlichkeit[43] neige. Nicht zufällig hätten die Italiener, so Müller, in der Kunst sowie in den Naturwissenschaften Großes geleistet, zögen sie die öffentliche Rede der Schrift vor und basiere ihre Sprache auf »Bildern, äußeren Eindrücken und Vergleichungen«[44].

Wie stark in Italien die Volkskultur daher selbst bei den sogenannten Gebildeten präsent ist, führt der ehemalige Student der klassischen Philologie seinen Lesern an einem neapolitanischen Improvisator vor. Können dessen zwar gekonnte Verse in klassischem Griechisch und Latein nicht beeindrucken, so gelingen dem Stegreifdichter dagegen im heimischen Dialekt Verse voll »Innigkeit und Wärme«. Müller kommentiert dies folgendermaßen:

> »Es war, als ob die Stimme der Natur durch einen schweren Wust von Gelahrtheit, Kunst und Unglauben sich durchwinden müßte; aber die Erinnerung der Kindheit und des heimischen Bodens half sie heraufziehen.«[45]

Auch die so häufig kritisierte Sittenlosigkeit der Italiener ist auf dem Hintergrund ihres andersartigen Naturverhältnisses nach Meinung des Dessauers neu zu bewerten. Der »innige ununterbrochene Umgang mit der freien Natur«[46] habe in Italien nicht nur einen anderen Ehrenkodex, eine weniger verinnerlichte Moral zur Folge, sondern auch die Ausführung der Verbrechen geschehe »offener, natürlicher und weniger verschämt«[47]. Dadurch entstehe bei den Fremden leicht der falsche Eindruck, daß die Anzahl der Verbrechen höher sei als in den nordischen Ländern. Auch in bezug auf die Sexualmoral bzw. den gesellschaftlichen Umgang der Geschlechter konstatiert Müller, daß selbst in den oberen Schichten der Gesellschaft eine »Freiheit und Offenheit« herrsche, gegen die

»die sittliche und gesellige Herkömmlichkeit des verhüllten Nordens«[48] schroff abstreche.

Die reduzierte Sozialdisziplin bringt in Italien nach Meinung Müllers eine Auflösung der schichtspezifischen Verhaltensweisen mit sich. Eine Erscheinung, die – wie schon Winckelmann bemerkte – die Physiognomik der Italiener bereichere. Anstelle von »Uniformgesichtern«, die wie in Deutschland vom Einzelnen nur dessen Stand und Funktion im gesellschaftlichen Gefüge verraten, so daß man »den Offizier, den Hofmann, den Magister auch ohne Degen, Orden und Perücke, bloß an der Nase erkennen«[49] könne, träfe man in Italien auf von der Natur gebildete Gesichter, die den Charakter seines Besitzers, die »reine Menschlichkeit«[50], zum Ausdruck brächten. Eine bezeichnende Ausnahme stellt für Müller im römischen Kirchenstaat dagegen die Geistlichkeit dar.[51] Im Gegensatz zu vielen protestantischen Reisenden, die in der katholischen Kirche einen Hauptverursacher des italienischen Niedergangs sahen, unterscheidet Müller sehr genau zwischen Kirchenstaat und Religion. Kritisiert er den einen wegen der »dogmatischen und mönchsmoralischen Tyrannei« und wegen der »Unordnung und Nachlässigkeit«[52], so verteidigt er dagegen den Katholizismus als die italienische »Volksreligion«[53]. Die Einführung des Protestantismus hätte dagegen, so argumentiert der überzeugte deutsche Protestant, in Italien nicht Fortschritt, sondern Barbarei zur Folge, da dieser dem Bedürfnis der Italiener nach »Bildern, Wundern, heiligen Ehren und heiligen Strafen, Ablaß und Bannfluch«[54] nicht nachkommen würde. In der undifferenzierten Betonung des angeblich obskurantistischen und repressiven Charakters des Katholizismus sieht Müller einen Idealismus am Werk, der im Namen von Fortschritt und Vernunft den vielfältigen Erscheinungsformen des menschlichen Lebens nicht

43 Ebd., Bd. 1, S. 38 u. 108; Bd. 2, S. 69 u. 107.
44 Ebd., Bd. 1, S. 97. Der italienischen Sprache wird daher von Müller eine alle Schichten vereinigende Kraft zugesprochen, so daß Italien im Gegensatz zu Deutschland ein »engeres Nationalband der Bildung« (Bd. 1, S. 255) umschließe.
45 Ebd., Bd. 1, S. 222. Müller liefert auch positive Beispiele der Improvisatorenkunst (Bd. 1, S. 234–248), deren Ursprünge in der Kultur der Renaissance-Akademien er völlig verkennt, wenn er meint, daß sich in ihnen wie in der Volkspoesie poetischer Geist unmittelbar ausspreche.
46 Ebd., Bd. 2, S. 31.
47 Ebd., Bd. 2, S. 138f. u. 204. So noch 1881 Friedrich NIETZSCHE in: Morgenröthe. Gedanken über moralische Vorurtheile, Buch 4, Nr. 388, in: Sämtliche Werke. Kritische Studienausgabe in 15 Bänden, hg. v. Giorgio COLLI u. Mazzino MONTINARI, Berlin/München 1980, Bd. 3, S. 249f.
48 MÜLLER 1820, Bd. 2, S. 31.
49 Ebd., Bd. 2, S. 231. Vgl. den Brief Winckelmanns an Berendis vom 29. 1. 1757, in: HAUFE, Deutsche Briefe (s. Anm. 5), S. 13.
50 MÜLLER 1820, Bd. 2, S. 231.
51 Vgl. ebd., Bd. 2, S. 232. Das Ergebnis des deutsch-italienischen

Gesichtervergleichs findet in der Gegenüberstellung deutscher und italienischer Volksfeste (Bd. 2, S. 40–42) eine weitere Bestätigung, wo Müller wiederum die egalitäre und freiheitliche Komponente einer nationalen Volkskultur unterstreicht. Noch eindeutiger in einer aus derselben Zeit stammenden Besprechung von Hans Sachs-Ausgaben, in: Hermes (1820), Heft 3, S. 118.
52 MÜLLER 1820, Bd. 2, S. 270. Allerdings bringt es die bewußte Ausklammerung der Politik (vgl. Bd. 1, S. 96) teilweise mit sich, daß der Eindruck entsteht, ein wenig organisatorisch und polizeilich präsenter Staat wie der römische sei die ideale Voraussetzung für eine lebendige Volkskultur.
53 Ebd., Bd. 1, S. 94. Keineswegs aber als Staatsreligion, vgl. Müllers Kritik des Mittelalters als unitalienischer Zeit (ebd., Bd. 1, S. 95). In ähnliche Richtung weisen Heines Reflexionen über die Religion in »Reise von München nach Genua«, »Die Bäder von Lucca« und »Die Stadt Lucca«, in: Werke, hg. v. Wolfgang PREISEN-DANZ, Frankfurt/M. 1968, Bd. 2, spez. S. 266 (Katholische Religion eine »Sommerreligion«), S. 338f. u. 413f. Heine lobt (S. 287) ausdrücklich Müller und sein Rom-Buch.
54 MÜLLER 1820, Bd. 1, S. 93.

gerecht wird und daher allen guten Intentionen zum Trotz selbst in Dogmatismus und Repression umschlägt. Ähnliches gilt seiner Meinung nach für die negative Bewertung von Verhalten, Moral und Bildung der Italiener. Diese nach den Gesichtspunkten des Nordens zu bewerten, bedeutet für den Dessauer, ihnen ihre natürlichen Lebensbedingungen vorzuwerfen. In der Italienerkritik vieler seiner Landsleute sieht Wilhelm Müller in »Rom, Römer und Römerinnen« daher Denkfaulheit und Verklemmtheit am Werk, die mit Überheblichkeit kompensiert werden. Die Folge sei, daß seine Landsleute in Italien nicht »aufrichtige Unbefangenheit von unverschämter Frechheit zu unterscheiden«[55] wüßten und »den heiligen klassischen Boden« bemitleideten, den ihrer Meinung nach »ein zerlumptes Geschlecht, unwürdig seines Namens und seiner Väter, entweiht«[56].

6. Die Antike und Rom anno 1820

Der Altphilologe Wilhelm Müller gehört demnach nicht zu jenen deutschen Italienreisenden, die sich als Gralshüter antiker Kultur verstanden, während sie für die italienische Gegenwart kaum ein Auge übrig hatten oder diese an ihrer Vorstellung von Antike maßen. Daß die Realität der Idealität nicht standhalten konnte, sollte nicht weiter verwundern, dennoch berührt der Ton, mit dem viele gebildete Deutsche ihrem Mißfallen Ausdruck verliehen, heute unangenehm. So wertete etwa kein geringerer als Wilhelm von Humboldt den Niedergang Roms positiv, da sich die Größe der Vergangenheit so um so deutlicher abhebe. Er spricht sich sogar gegen eine Verbesserung der Zustände im Kirchenstaat aus, denn von den Schatten der Antike sei »Einer mehr werth [...] als dies ganze Geschlecht«[57]. Auch der bekannte Altertumsforscher Barthold Georg Niebuhr, der etwa zur selben Zeit wie Müller in Rom weilte, war der Überzeugung, daß der neuzeitliche mit dem antiken Römer nichts gemein habe. Er schlägt kurzerhand vor, die Stadt umzutaufen oder sie wie New York zumindest Neu-Rom zu nennen.[58] Gegen eine darin implizierte Umwandlung Roms in ein Museum unter freiem Himmel wendet sich Müller ganz

entschieden. Nach seiner Italienreise bewertet er vielmehr die noch vor wenigen Jahren gescholtenen römischen Elegien Goethes als gelungenes Beispiel einer Vereinigung von »Mitwelt und Nachwelt«[59]. Seiner Meinung nach bedarf die Antike in Italien allerdings solchen Bemühens gar nicht, denn sie habe dort ihren natürlichen Boden und besitze als nationale Kultur Kontinuität. Er selbst führt sich seinen Lesern als Beweis dafür an, daß man erst unter römischem Himmel und in römischer Landschaft zu einem wahren Verständnis antiker Schriftsteller vorstoße.[60] Aber auch das Verständnis italienischer Gegenwart werde durch die Kenntnis der antiken Kultur erleichtert, meint Müller, denn viele der so oft kritisierten römischen Sitten und Bräuche seien zu einem nicht geringen Teil als »Erbtheil aus der nackten antiken Welt«[61] zu erklären. Da es sich hierbei nicht um eine »romantisch aufgestutzte Antike«[62] handelt, wie sie in der »Staatsgeschichte und in den französischen Trauerspielen«[63] zu bewundern sei, erleidet die Antike bei Müller notwendigerweise einen radikalen Entidealisierungsprozeß. Nicht von Göttern und Helden, sondern von Gauklern, Tänzerinnen, Marktschreiern, Vorlesern, Kupplern ist in »Rom, Römer und Römerinnen« die Rede. »Aber sind sie deswegen weniger Römer?«[64], fragt der Dessauer seine deutschen Leser provokatorisch. Viele Szenen des modernen römischen Alltagslebens seien so bereits bei Horaz, Juvenal und anderen beschrieben worden, behauptet Müller, und auch viele seiner Belustigungen und Feste verdanke Rom seiner »klassischen Vorzeit«[65]. Die Sitte der *villeggiatura*, der Sommerresidenz, habe, da im italienischen Sommer eine Notwendigkeit und keine Mode, eine ebensolange Tradition wie die in Reisebeschreibungen so oft heftig kritisierte Unsitte der Italiener, »ohne Scham und Scheu an den Mauern und Thüren, in den Vorhöfen und Säulenhallen dasjenige zu verrichten, [...] was bei uns unter Schloß und Riegel oder doch in abgelegenen Winkeln geschehen muß«[66]. Daß die katholische die italienische Volksreligion sei, findet nach Müller eine weitere Bestätigung in der Tatsache, daß viele der Riten und Zeremonien sich aus antiken Traditionen ableiten.[67] Insgesamt ist Wilhelm Müller der Überzeugung, daß die »Ruinen des altrömischen Lebens«[68] im Vergleich

---

55 Ebd., Bd. 2, S. 31.

56 Ebd., Bd. 2, S. 22.

57 Wilhelm von Humboldt, Werke in fünf Bänden, hg. v. Andreas Flitner u. Klaus Giel, Stuttgart 1981, Bd. 5, S. 217.

58 Vgl. Brief an Savigny vom 17. 10. 1816, in: Haufe, Deutsche Briefe (s. Anm. 5), S. 195f.

59 Müller 1820, Bd. 1, S. 23.

60 Vgl. ebd., Bd. 1, S. 11f., 29, 117; Bd. 2, S. 165f. Üblich ist in Reisebeschreibungen eine ›Lektüre‹ des Landes durch klassische Zitate zwecks philologisch-kritischer Vergleichung oder emotionaler Vergegenwärtigung der Vergangenheit. Vgl. dazu Albert Meier, Klassische Literatur und Italienwahrnehmung im 18. Jahrhundert, in: Deutsches Italienbild und italienisches Deutschlandbild im

18. Jahrhundert, hg. v. Klaus Heitmann u. Teodoro Scamardi, Tübingen 1993 (Reihe der Villa Vigoni 9), S. 26–36.

61 Müller 1820, Bd. 2, S. 18.

62 Ebd., Bd. 2, S. 217.

63 Ebd., Bd. 2, S. 22.

64 Ebd.

65 Vgl. ebd., Bd. 2, S. 4–11, 16–18, 24, 196, 206, 213–215.

66 Ebd., Bd. 2, S. 25. Müller nennt hier ausdrücklich Archenholtz.

67 Vgl. ebd., Bd. 2, S. 197–200. So bereits der Schule machende Patrick Brydone, A Tour Through Sicily and Malta, London 1773 (dt. Leipzig 1774 u. Bern 1783).

68 Müller 1820, Bd. 2, S. 15.

zu den steinernen Überresten der Antike größer seien, nur hätte man »diese Forschung der Mühe für unwerth«[69] erachtet und lieber »antike Backsteine in Pompeji«[70] zusammengelesen. Es fehle daher, so Müller, an einer »Parallelcharakteristik [...], in welcher die sittlichen Grundzüge der alten und neuen Römer durch sichere Beispiele nebeneinander«[71] stünden. Der Schüler von Friedrich August Wolf[72] zweifelt keinen Augenblick daran, daß jedes Element eine moderne Entsprechung finden würde. Bereits in Körperform und Körperbewegung zeige sich die nationale Identität des modernen und antiken Römers, vor allem aber der Römerin, da die Frauen die stammlichen Eigenthümlichkeiten am besten bewahrten.[73] Ironisch merkt Müller an, daß sie ja gerade deswegen besonders »den antikisierenden Deutschen so gefährlich seyn«[74].

Nicht an den italienischen Universitäten und Schulen, nicht bei Gelehrten und Improvisatoren begegnet der ehemalige Student der klassischen Philologie lebendiger antiker Tradition, sondern in den Sitten und Bräuchen des Volkes, das um deren antiken Ursprung zum großen Teil gar nicht weiß. Dort hat die Antike unangefochten die Zeiten überdauert und bedarf keiner künstlichen Wiedergeburt. In Deutschland könne das klassische Altertum dagegen nur in »Gelehrtenstuben und Antiquitätensälen«[75] überleben, führt Müller aus, weil es eben dort nicht »seinen natürlichen Boden, Luft und Leben dazu«[76] habe.

7. Müllers Italien – ein Modell für Deutschland?

Die entschiedene Betonung des nationalen Charakters von Sitte und Kultur sowie die ungewöhnlich positive Bewertung des zeitgenössischen Italien, wie sie »Rom, Römer und Römerinnen« charakterisiert, haben Implikationen, auf die zumindest ansatzweise eingegangen werden muß. Wenn Wilhelm Müller einmal seine Leser mahnt: »Ich denke doch, wir müssen die Römer mit ihrer eigenen Nase beurteilen«[77], so setzt er damit zweierlei voraus: Einmal, daß der Leser weiß, wie eine römische

Nase beschaffen ist, wie sie empfindet etc.; zum andern, daß der deutsche Leser bereit und fähig ist, sich von seinem eigenen Empfinden zu distanzieren und auf hypostasierte allgemeingültige oder auch eingestandenermaßen deutschnationale Beurteilungskriterien zu verzichten. Der Autor muß daher dem Leser die Erscheinungswelt in ihrer Vielfalt und jeweiligen Eigenart vermitteln sowie ihn stimulieren, sein hergebrachtes Empfinden, seine Sichtweise und Bewertungskriterien zu erweitern, zu verändern oder gänzlich zu revidieren. Müller versucht, sowohl der einen als auch der andern Aufgabe gerecht zu werden. Er scheint sich jedoch durchaus bewußt gewesen zu sein, daß die eigentliche Schwierigkeit für seine Leser darin besteht, die mit der Öffnung auf das Fremde einhergehende Relativierung der eigenen Position, deren Bedingtheit und damit deren Fragwürdigkeit, zu akzeptieren.

Deklariert Müller gleich einleitend seine Begeisterung für Italien als unabdingbare Voraussetzung der Wahrheitsfindung[78], so stellt er außerdem seinen eigenen Revisionsprozeß in puncto Italien als Bereicherungsvorgang heraus und betont, daß seine Liebe zu Italien seiner Vaterlandsliebe keinen Abbruch tue.[79] Nicht zufällig macht sich auch verstärkt erst im zweiten Teil von »Rom, Römer und Römerinnen« eine kritische Position gegenüber einem sich in Überheblichkeit wandelnden deutschen Patriotismus bemerkbar, distanziert der Autor sich von jenen, die zu sehr von sich und ihren Ansichten überzeugt sind.[80]

Doch Müller redet keinem absoluten Relativismus das Wort. Bei aller Anerkennung nationaler Eigenart wird in »Rom, Römer und Römerinnen« doch auch immer wieder die Frage der Wertung sowie der Relevanz und Verbindlichkeit nationaler Traditionen für den einzelnen aufgeworfen. Müller gibt darauf in »Rom, Römer und Römerinnen« – für einen Schriftsteller nicht unbedingt ein Mangel – weder eine direkte noch eine eindeutige Antwort. Mit seinem Werk stellt er seinen deutschen Lesern eine nationale Kultur vor, die sich durch Natürlichkeit, durch Freiheit, Gleichheit und Gemeinschaftlichkeit auszeichnet. Italien ist für Müller weit mehr als ein Beispiel

69 Ebd., Bd. 2, S. 27.
70 Ebd.
71 Ebd., Bd. 2, S. 21.
72 Wolf war Müllers Lehrer in Berlin gewesen. Er hatte in »Prolegomena ad Homerum« (Halle 1795) die These von der mündlichen Überlieferung von »Ilias« und »Odyssee« vertreten. An anderer Stelle bezeichnete er »die Kenntniss der alterthümlichen Menschheit selbst« als das Ziel der Altertumswissenschaft, vgl. Museum der Alterthums-Wissenschaft, hg. v. Friedrich August WOLF u. Friedrich BUTTMANN, Berlin 1807, Neudruck mit einem Nachwort v. Johannes IRMSCHER, Weinheim 1986 (Museum der Altertumswissenschaft 1), S. 124f.
73 MÜLLER 1820, Bd. 1, S. 42f.
74 Ebd., Bd. 2, S. 19.

75 Ebd., Bd. 2, S. 166.
76 Ebd.
77 Ebd., Bd. 2, S. 162.
78 Vgl. ebd., Bd. 1, S. 3.
79 Vgl. Anm. 24. Die Stelle lautet weiter: »Italien wird mir auch in der Heimath unvergeßlich bleiben, mit seiner hellen, heitern Lebensbläue, seinem seligen Leichtsinne, seinem unerschöpflichen Reichthume, seiner fröhlichen Genügsamkeit, seinem sprudelnden Feuer, seinen brausenden Leidenschaften, seiner kindlichen Lenksamkeit, seiner gesunden Sinnlichkeit und seiner heiligen Schönheit. Aber, werd' ich darum mein Vaterland weniger lieben? Werd' ich es nicht im Gegensatze desto tiefer erkennen und ergründen?«
80 MÜLLER 1820, Bd. 2, S. 31, 34, 91 u. 205.

noch intakter nationaler Kultur, die auf einer lebendigen Kultur der unteren und mittleren Schichten basiert. Es steht vielmehr für die Möglichkeit eines der menschlichen Natur entsprechenden herrschaftsfreien Zusammenlebens, für eine individuell und gesellschaftlich nicht repressive Kultur, in der sich nicht Standes- oder anderwertige Partikularinteressen, sondern »reine Menschlichkeit« ausspricht. Mit andern Worten: Italien ist eine utopische Chiffre, an der Wilhelm Müller die Hoffnung festmacht, daß in Europa eine vom Volk getragene, auf nationalen Traditionen aufbauende freiheitliche Entwicklung möglich ist. [81]

Und doch scheint Müllers Argumentationsweise in »Rom, Römer und Römerinnen« Anlaß zu Mißverständnissen zu bieten. Die Bedeutung des Volkscharakters für die Eigenart der italienischen Kultur und dessen Herleitung letztlich aus klimatischen Bedingungen sowie der sich daraus ergebende negative nördliche und positive südliche Pol europäischer Kulturgeschichte lassen für die deutsche Situation wenig Hoffnung zu. Andererseits macht jedoch gerade die Betonung der natürlichen Grundlagen nationaler Volkskultur, die zwar an Italien festgemachte, in seiner Bedeutung aber Italien übersteigende, naturwüchsige, alle Schichten umfassende Kultur darauf aufmerksam, daß Müller nicht an eine bloße Übertragung italienischer Verhältnisse auf deutschen Boden denkt, sondern daß er mit »Rom, Römer und Römerinnen« vielmehr die Frage nach Art und Weise einer deutschen national-populären Kulturidentität aufwirft. Daß deren Definition, Kreation, Bewahrung und Tradierung keineswegs die Altertümelei und das Zurückschrauben der Geschichte impliziert, was in Müllers Augen hingegen gerade seit dem Wiener Kongreß in romantischen Kreisen verstärkt ins Werk gesetzt wurde, darauf verweist Müller gleich einleitend, wenn er sich eindeutig sowohl von Nazarenern als auch von Neoklassizisten absetzt und seine Überzeugung in der These zusammenfaßt: »Die Kunst kann die Zeit nicht formen, aber die Zeit beherrscht die Kunst«. [82]

Das Reflexionsangebot, das Wilhelm Müller mit dem Italien-Buch »Rom, Römer und Römerinnen« seinen Landsleuten macht, läßt sich in folgenden Punkten resümieren:

a) Der Stolz auf die eigene nationale Tradition muß nicht notwendigerweise eine kritische oder gar pejorative Sicht des andern implizieren, ein konstruktives Neben- und Miteinander ist möglich.

b) Eine lebendige Volkstradition fördert die liberaldemokratische Entwicklung eines Landes, ja sie stellt deren prä-politische Voraussetzung dar. In Zeiten der Restauration ist sie einziges Refugium eines demokratischen Bewußtseins – auch wenn die Gefahr, daß sie Surrogatfunktion übernimmt, nicht von der Hand zu weisen ist. Für Deutschland hieße das, die enge Verbindung, die die Vorstellung von bürgerlicher Freiheit im Bewußtsein vieler Deutscher seit der Französischen Revolution und der Herrschaft Napoleons mit französischer Überfremdung eingegangen ist, aufzulösen, und bürgerliche Freiheit *unvoreingenommen* mit national-populärer Kultur derart zu verbinden, daß preußisch-österreichische Restauration gänzlich ausgeschlossen bleibt.

c) Wohlstand und technischer Fortschritt sind mit Glück, einem erfüllten Leben, nicht unbedingt gleichbedeutend. Durch Sozial- und Gefühlsdisziplinierung geht vielmehr die unmittelbare Beziehung zur Natur, zu den Mitmenschen und auch zum eigenen Ich verloren.

d) Die Kunst hat nicht Partikularinteressen, sondern der Menschheit in zeit- und volksgemäßer Form zum Ausdruck zu verhelfen.

8. »Rom, Römer und Römerinnen« – eine Reisebeschreibung?

Müllers Rom-Buch unterscheidet sich mehrfach von den Reisebeschreibungen der Zeit. [83] Weder die örtliche Folge der Reise noch ihr chronologischer Ablauf findet einen Niederschlag. Der bereits im Titel verkündeten Konzentration auf Rom als Mittelpunkt Italiens entspricht eine zeitliche auf die Sommermonate Juli bis Oktober. Sowohl die örtliche als auch die zeitliche Eingrenzung korreliert mit einer thematischen. Das für die Reisebeschreibung typische reihende Prinzip der Darstellung wird also zugunsten eines bewußt kompositorischen Prinzips verlassen, mit dessen Hilfe Müller seiner These von der Existenz einer lebendigen italienischen Volkskultur Nachdruck verleiht. Der »professore di scienza plebea« beläßt es nämlich in »Rom, Römer und Römerinnen« keineswegs bei einer Berichterstattung, die durch seine Präsenz Beglaubigung erfährt. Ganz bewußt wählt er vielmehr die Sommermonate, verlegt das Geschehen zunächst und immer wieder nach Albano, der griechischen Mutter

---

81 Müller formuliert das in einem Brief an Helmina von Chézy, wo es heißt: »Mein Italien trage ich aber in mir.« Vgl. LOHRE 1927, S. 348.

82 MÜLLER 1820, Bd. 1, S. 9. Noch 1827 bringt Müller dieselbe Überzeugung zum Ausdruck, vgl. MÜLLER 1827. Müller führt die Überlegungen von Gottfried August BÜRGER in »Herzensausguß über Volks-Poesie« (1776) weiter.

83 Vgl. Anm. 10, spez. Der Reisebericht, hg. v. Peter J. BRENNER, Frankfurt/M. 1989 sowie DERS., Der Reisebericht in der deutschen Literatur. Ein Forschungsüberblick als Vorstudie zu einer Gattungsgeschichte, Tübingen 1990 (Internationales Archiv für Sozialgeschichte der deutschen Literatur, 2. Sonderheft).

Roms und akzentuiert außerdem den ländlichen bzw. kleinstädtischen Charakter der Großstadt.[84] Müller spielt damit offensichtlich auf die seit Herders Theorie der Volkspoesie in Deutschland verbreitete Auffassung an, welche die Volkskultur an die Frühzeit der Geschichte band, wo sie im »schönen griechischen Klima«[85] ihre erste Blüte erreicht hätte, während sie in der Gegenwart nur in den Randgebieten der Zivilisation oder Gesellschaft überleben würde. Nicht zufällig wird also zunächst die kaum übernationalen Kultureinflüssen ausgesetzte, ländliche und speziell die weibliche Bevölkerung von Albano als Beweis für eine lebendige italienische Volkskultur vorgestellt[86], während erst in einem zweiten Schritt auch die städtisch-römische als Volkskultur charakterisiert und danach erst der nationale, traditionsreiche Charakter der italienischen Kultur unterstrichen wird.

Gleich einleitend elaboriert Müller den geeigneten fiktionalen Rahmen für seine Vorgehensweise: Der Autor entschuldigt sich bei seinem angeblichen Briefempfänger für seine Schreibfaulheit. Er verspricht den verspäteten Schreibbeginn durch besonderen Fleiß wettzumachen und gibt zu bedenken, daß der Abstand zwischen Erleben, Schreiben und Druck dadurch geringer, die Spontaneität also größer sei. In Wirklichkeit aber schafft sich der Autor damit die Möglichkeit der thematischen Selektion und Organisation im Hinblick auf seine Leserschaft. Müllers Bemühen, bei seinem deutschen Leser eine zumindest vorurteilsfreie Haltung dem südlichen Land gegenüber zu erzielen, hat zur Folge, daß der Autor nach anfänglicher Begeisterung zum Sprachrohr traditioneller Kritik wird, die dann allmählich einer skeptischen Haltung sowohl übertriebener Italienbegeisterung als auch blindem deutsch-nationalen Patriotismus gegenüber Platz macht.

Die vertrauten Briefe an einen deutschen Freund sowie die Bruchstücke aus dem römischen Tagebuch geben ihrem Verfasser außerdem die Möglichkeit, Information und Unterhaltung zu mischen, was für die Vermittlung relativer Wertmaßstäbe im Hinblick auf Müllers nationale Kulturauffassung ganz wesentlich ist. Der privat-subjektive, unterhaltende Charakter der Briefe wechselt daher mit manchmal seitenlangen Zusätzen und Belegen, in denen Gedichte oder Dialogszenen auf italienisch mitgeteilt oder Literatur zu einem im Brief angeschnittenen Thema referiert werden. Diese strukturelle Mischung von Subjektivität und Objektivität, von Information und Unterhaltung, von Empirie und Fiktionalität prägt auch die Schreibweise. Diese ist einerseits darum bemüht, den Leser durch Detailtreue und Anschaulichkeit, durch die Evozierung von Farben, Gerüchen und Geräuschen unmittelbar am italienischen Leben teilhaben zu lassen, andererseits wird der Leser stets und häufig abrupt an die Präsenz des Schreibers erinnert und damit an die deutsche Kulturtradition, also auch an die deutschen Vorurteile gegenüber Italien. Ausführungen über die angebliche Faulheit der Italiener werden etwa plötzlich mit folgender Bemerkung unterbrochen:

> »Doch, ich muß abbrechen, denn meine Apologie könnte jetzt vielleicht etwas verdächtig klingen, da ich mich eben von einem Ruhebett erhebe, wohin mich die Schreibung eines Briefes geworfen hat.«[87]

Das durch die Briefform erleichterte Spiel mit Unmittelbarkeit und Distanz, mit Realität und Phantasie steht im Dienst der Überzeugung, daß ein fremdes Land, seine Einwohner und seine Kultur nicht mit angeblich objektiven Maßstäben und Kriterien erfaßt werden können, sondern teilnehmendes, auch das Subjekt in Frage stellendes Verstehen verlangen. Ist der deutsche Leser dazu bereit, wird er hinter der mehr oder weniger perfekten italienischen Alltagsfassade eine Kultur erblicken, in der sich der Geist eines Volkes frei und selbständig ausspricht. Für eine solche Kultur will Müller seine Leser gewinnen, ihrer Darstellung gilt sein eigentliches Bemühen. Mit den zwei beliebtesten Formen des Genres Reisebeschreibung, Brief und Tagebuch, spielend, hat der Dessauer dessen Grenzen überschritten.

---

84 Vgl. spez. die ersten vier Briefe und Brief 7. Zu Rom als Kleinstadt vgl. MÜLLER 1820, Bd. 2, S. 159–161.
85 Johann Gottfried HERDER, Auch eine Philosophie der Geschichte zur Bildung der Menschheit (1774), hg. v. Hans Dietrich IRMSCHER, Stuttgart 1990 (Reclams Universalbibliothek 4460), S. 23. Vgl. auch Johann Gottfried HERDER, Auszug aus einem Briefwechsel über Oßian und die Lieder alter Völker (1773), in: Herder/Goethe/

Frisi/Möser, Von deutscher Art und Kunst. Einige fliegende Blätter, hg. v. Hans Dietrich IRMSCHER, Stuttgart 1968/1988 (Reclams Universalbibliothek 7497), S. 7–62.
86 MÜLLER 1820, Bd. 1, S. 39–43. Müller setzt hier noch den französischen Modeputz der Römerinnen gegen die durch alle Stände gehende Tracht der Albanerinnen ab.
87 Ebd., Bd. 1, S. 59.

Titelblatt einer Prachtausgabe der »Schönen Müllerin« von Wilhelm Müller und Franz Schubert

»Die Winterreise« des Wilhelm Müller (und des Franz Schubert)

Versuch einer behutsamen, gegenseitigen Distanzierung

Von Hans-Udo Kreuels

Die oft geäußerte Ansicht, die Musik Schuberts verlebendige, erhebe und veredle »Die Winterreise« Wilhelm Müllers, ist geläufig. Sie ist sicherlich berechtigt und besonders aus der Sicht polyästhetischer, künstlerischer Verklammerung relevant, so, wie es das wache Gefühl des Musikliebhabers aufgrund tiefen musikalischen Erlebens der hinzugewonnenen, gigantisch geformten und beseelten, musikalischen Dimension entnimmt. Es hat sich jedoch, durch 170 Jahre »Winterreise«-Rezeption hindurch, ein uneingestandenes Ambivalenzdenken in der Wertigkeit von Musik und Dichtung herausgebildet, welches – in Anbetracht eines bekannten und häufig auftretenden ›Splitting‹-Vorgangs dieser Art, und zwar in Richtung polar entgegengesetzter Bewertungsstandpunkte – das Musikalisch-Geniale durch eine Herabsetzung der dichterischen Vorgabe zu heben und zu apostrophieren sucht.[1] Es gäbe etliche Beispiele künstlerisch-ambivalenter Verschwisterung, aus denen klar würde, daß wir Menschen dazu neigen, eine Polarisierung zwischen der großen, nicht einordnbaren Tat (Schuberts Komposition) und den abgewerteten geistigen Herkunftsfaktoren (in diesem Fall die mit gönnerischem Wohlwollen ins Gesamtkunstwerk integrierte, doch leicht despektierlich übersehene Dichtung Wilhelm Müllers!) ins Überdimensionale zu strecken. Ohne deshalb das Genie Schubert vom Sockel zu stoßen – handelt es sich doch um eines der größten musikalischen Kunstwerke der klassisch-abendländischen Kultur –, tut es dringend not, nicht nur aus Pietätsgründen in Anbetracht des 200. Geburtstages Wilhelm Müllers die organisatorische Kraft, die tief menschliche und dichterisch filigran eingefaßte, weltanschauliche Dimension in ihrer spezifischen Eigenart zu erkennen und aufzuwerten.

Wenn man sich vergegenwärtigt, daß, nach dem Bericht des Schubertfreundes Josef von Spaun, die erste Aufführung der »Winterreise« durch Schubert und Vogl zu allererst ›Verblüffung‹ auslöste, so daß Johann Schober zu sagen sich veranlaßt fühlte, »es habe ihm nur ein Lied, ›Der Lindenbaum‹, gefallen«[2], erhält dagegen das Wort von Müllers Dichterkollegen Johann Mayrhofer einen absoluten Aussagewert: »Die Ironie des Dichters, wurzelnd in Trostlosigkeit, hatte ihm zugesagt; er [Schubert] drückte sie in schneidenden Tönen aus. Ich wurde schmerzlich ergriffen.«[3]

Die »romantische Ironie« ist – nach Heinrich Heine, dem engagierten »Kritiker der Romantischen Schule« –, »nur ein Zeichen unserer politischen Unfreiheit«. Sie sei aber auch »der einzige Ausweg, welcher der Ehrlichkeit noch übriggeblieben, und in der ironischen Vorstellung offenbart sich diese Ehrlichkeit noch am rührendsten.«[4] Diese zuweilen schonungslos spöttische bis letztlich depressiv-resignative Ironie, durch welche sich in Wilhelm Müllers »Winterreise« das Künstler-Subjekt unter quälender Bewußtwerdung seiner Werteinbuße zur Gänze dementiert, entspricht dem von Heine geäußerten, dichterischen ›Ton‹ eines neuen, kritischen bürgerlichen Realismus und drückt verschlüsselt in der »Winterreise«, – vielleicht wie sonst nirgends in Müllers dichterischem Werk –, das politisch-kulturelle Vakuum der Restaurationszeit aus.

Rolf Vollmann beschreibt in seinem Essay »Wilhelm Müller und die Romantik« detailliert und höchst eindrucksvoll, daß es ziemlich unerklärlich sei, wie inmitten Müllers Leben und Schaffen, – gekennzeichnet durch leicht goutierbare Reisebeschreibungen, zuweilen durch kämpferisch engagierte Rollengedichte wie die »Lieder der Griechen« und dem insgesamt stark ausgeprägten, volksnahen Tändelton –, wie also auf einmal, – nicht aus ›heiterem Himmel‹, sondern ›unterkühlter Erde‹ – so etwas wie die »Winterreise« entstehen konnte.

»Daß man überhaupt nach einem Anlaß fragen kann, ist schon sonderbar genug. Es deutet darauf hin, daß diese Gedichte, darin völlig verschieden von allen anderen,

---

1 Ein gängiges Beispiel antipodisch-menschlicher Wertschätzung ist die Sicht auf das Genie Wolfgang Amadeus Mozart gegenüber der auf dessen Vater Leopold, der häufig zum Repräsentanten von scholastischer Verengung und Kleinbürgertum zurückgestuft wird.
2 Aus: Josef von Spaun, Aufzeichnungen über meinen Verkehr mit Franz Schubert (1858), zit. nach: Schubert. Die Erinnerungen seiner Freunde, gesammelt u. hg. v. Otto Erich Deutsch, Leipzig 1966, S. 161.

3 Aus: Johann Mayrhofer, Erinnerungen an Franz Schubert (1829), zit. nach: Deutsch 1966 (s. Anm. 2), S. 20.
4 Zit. nach: Harry Goldschmidt, Schuberts »Winterreise«, in: Ders., Um die Sache der Musik. Reden und Aufsätze, 2. Aufl. Leipzig 1966, S. 116–140, hier S. 116f.

tatsächlich ein erlebendes und leidendes Subjekt zu haben scheinen. Nicht zwar im Sinne jener subjektiven Lyrik, die wir als Erlebnislyrik bezeichnen, denn auch die Gedichte der ›Winterreise‹ sind Rollengedichte: darin ist Müller sich treu. Aber die Rolle ist mit so eigentümlichem Leben gefüllt, als wäre sie jemanden auf den Leib geschrieben, und doch kann man sich zugleich niemanden in dieser Rolle vorstellen, am wenigsten Wilhelm Müller. Von den früheren Motiven ist nur eines geblieben, freilich das Hauptmotiv: das Wandern.«[5]

Interessant ist in diesem Zusammenhang die Tatsache, daß die im Jahre 1823 veröffentlichte erste Folge von 12 Liedern der »Winterreise« von Wilhelm Müller als »Wanderlieder« betitelt worden sind, im Gegensatz zum »Zweiten Bändchen« mit den hineingearbeiteten weiteren 12 Liedern der »Winterreise«, welche nun den Untertitel »Lieder des Lebens und der Liebe«[6] erhielten.

Vollmann setzt fort: »[...] zwar ist von Liebe die Rede, von einem Mädchen, das dann an einen andern vergeben worden ist – aber diese Liebe tritt immer mehr in den Hintergrund, so sehr, daß schließlich überhaupt nicht mehr deutlich wird, welches denn nun eigentlich der Grund für die Ruhelosigkeit des Wanderers, für seine Sehnsucht nach dem Altern und nach dem Tod ist. – Es macht sich hier eine Verzweiflung breit, an der gar nichts Poetisches mehr ist.«[7]

Die Antwort, die Harry Goldschmidt gibt, ist meines Erachtens die einzig sinnvolle. Denn was ihn, den Wanderer, aus der »unbarmherzigen Schenke«, der ihm verwehrten letzten Ruhestätte, vertrieben hat, was ihn so »zum Weggefährten des Bettlers und Leiermannes«[8] macht, das ist die Last eines erdrückenden, überpersönlichen Schicksals, unter der er zusammenbricht.

Das scheint mir der wesentliche, sich von Schuberts Auffassung abhebende, thematische Hintergrund der »Winterreise« Wilhelm Müllers zu sein, ohne, daß es tunlich oder sinnvoll wäre. Schuberts weltanschaulicher, vorwiegend ethischer Sicht das politische Ausdrucksbedürfnis abzusprechen, wie es ebenso unmöglich ist, Müllers subjektive, ethische Verankerung menschlicher Schicksalhaftigkeit aus der Veranschaulichung einer überpersönlichen, künstlerischen Notwendigkeit zu eliminieren.

Das Außergewöhnliche im ›Ton‹ der »Winterreise« Wilhelm Müllers sei in einigen Beispielen veranschaulicht.

»Das Unglaubliche [...] ist, daß Müller auf Bilder und Wendungen kommt, die ihm sonst einfach nicht eingefallen sind, oder die er, wären sie ihm eingefallen, ganz ohne Zweifel, und das ist das beinah noch Unglaublichere, nicht zugelassen hätte. Es sind Bilder und Wendungen, die Müllers ganzer sonstiger Dichtungsart so sehr widersprechen, daß man sie geradezu als unpoetisch bezeichnen muß.«[9] Der anfangs zitierte, aus der Blickrichtung Heines formulierte Begriff der romantischen Ironie, genügt nicht, um das psychologische Netzwerk von Müllers Semantik – bei aller volksnahen Einfachheit – zu charakterisieren. Hier arbeitet sich das Unbewußte in eine filigrane Ausdrucksweise hinein, welcher auf den ersten Blick nur zu leicht mit Unverständnis begegnet wird. So wähnt der Leser bereits im ersten Lied »Gute Nacht« hinter einigen Satzwendungen eine dichterisch scheinbar nicht ausgeformte Unverbindlichkeit, wie z. B.: »Ich kann zu meiner Reise nicht wählen mit der Zeit« (zweite Strophe, Beginn) oder: »Was soll ich länger weilen, daß man mich trieb hinaus?« (dritte Strophe, Beginn). Solche grammatikalisch unklar gebauten Satzwendungen sind im Kontext der »Winterreise« nicht etwa dichterische Insuffizienzen oder gar Nachlässigkeiten, sondern charakterisieren und enthüllen den Gemütszustand des Individuums tiefenscharf. Gunzelin Schmid Noerr spricht in ihrer Interpretation des Liedes »Gute Nacht« von »der über eine kurze Episode des Glücks übergreifenden Fremdheit«[10], ausgedrückt im beinahe lakonisch formulierten Grundgedanken: »Fremd bin ich eingezogen, fremd zieh ich wieder aus«.

»Form und Inhalt verschmelzen zu einer musikalisch-poetischen Symbolisierung, die sich umschreiben ließe als schmerzhaft verzögerte Enthüllung eines seit je schon maßgeblichen, nur vorübergehend und scheinbar aufgehobenen Alleinseins.«[11] Wenn man sich vergegenwärtigt, daß die Aktivität des Individuums, das Wandern, schon gleichsam in ein passives Erleiden verkehrt wird – Passivität als »Ausdruck eines Nichtverstehens im Erleiden«[12] –, wenn man bemerkt, wie der Leser (und Hörer) im Unklaren gelassen wird über die Art der Enttäuschung, über das Ende der Liebe und deren inneren Trennungsvollzug, dann wird man gewahr, daß es hier um eine tiefere, seelisch richtungsweisende Konsequenz geht, als eine unglückliche Liebesepisode auszulösen vermag. »Der Bogen wird buchstäblich über einen schwarzen Abgrund gespannt.«[13]

5 Vollmann, 1975, S. 182.
6 Erschienen bei Christian Georg Ackermann in Dessau 1824.
7 Vollmann 1975, S. 182.
8 Goldschmidt 1976 (s. Anm. 4), S. 117.
9 Vollmann 1975, S. 182.
10 Gunzelin Schmid Noerr, Der Wanderer über dem Abgrund. Eine Interpretation des Lieds ›Gute Nacht‹ aus dem Zyklus ›Winterreise‹ von Franz Schubert und Wilhelm Müller. Zum Verstehen von

Sprache und Musik, in: Zur Idee einer psychoanalytischen Sozialforschung. Dimensionen szenischen Verstehens. Alfred Lorenzer zum 65. Geburtstag, hg. v. Jürgen Belgrad u. a., Frankfurt/M. 1987, S. 367–397, hier S. 383.
11 Ebd., S. 383 f.
12 Ebd., S. 384.
13 Ebd.

So, wie die Entscheidungskräfte absorbiert werden, das subjektive Erleben und der Verlust der Liebe insgesamt ausgeblendet werden, so scheint der Wanderer an die bereits zuvor programmierte Gesetzmäßigkeit des Leidens und Ertragens gefesselt zu sein.

»Beschrieben wird [in der zweiten Strophe] die Not des Auszugs und die Beschwernis des Weges. Jene Not besteht zunächst darin, daß der Wanderer die Zeit seines Abschieds nicht bestimmen kann. ›Ich kann zu meiner Reisen nicht wählen mit der Zeit‹, heißt es, grammatisch verschroben. Das mag ein Kompromiß sein aus Formulierungen wie ›... nicht wählen mir die Zeit‹ und ›... nicht rechnen mit der Zeit‹. Die erste Formulierung würde in der Verneinung ein aktiv-selbstbestimmtes Subjekt voraussetzen, die zweite ein mit der Gunst der Stunde oder der Heilkraft der Zeitdauer kalkulierendes [...].«[14] In dieser intuitiv-rhetorischen Kompromißfassung Müllers ist die Brüchigkeit des Subjekts, sein Verlust von gesundem ›Eigensinn‹, bereits spürbar. Das Passive dominiert. Man könnte laufend solche semantischen Eigenheiten in Müllers »Winterreise«-Sprache finden, wie das oben zitierte: »Was soll ich länger weilen, daß man mich trieb hinaus?«, eine aus zwei ungleichen Versatzstücken gefertigte Phrase, welcher sinngemäß zu eigen sein könnte: ›... länger darauf warten, daß ...‹ oder ›... weilen in Anbetracht dessen, daß ...‹. Die seelische ›Zuschnürung‹, Verengung, die bald Formen der »Erstarrung« annehmen soll, wird unmerklich, da die Nähe zum Ungekünstelten, Volksnahen stets erhalten bleibt, in eine dem augenblicklichen Zustand entsprechend verschärfte, geschickt verschweißte sprachliche Komprimation gegossen.

Die intuitive Kraft von Müllers Bildern und Satzbauweisen wird von Vollmann so charakterisiert: »Am auffälligsten ist wohl wirklich die fast entsetzliche Kindlichkeit dieser Bilder und Gesichte. Daß man einen zugefrorenen Fluß anreden kann: ›liegst kalt und unbeweglich im Sande ausgestreckt‹ – das erfordert ein Auge, dem noch jede Gewohnheit fremd ist oder das sich jeder Gewohnheit entfremdet hat. [... Diese Kindlichkeit ist] aber eine irgendwie ganz unnatürliche Kindlichkeit, weder so, daß jemand in sie zurückfällt, noch so, daß jemand sie etwa wiedergewinnt; eher so, daß man sagen möchte: hier wird einer mit Kindlichkeit geschlagen.«[15]

Ich glaube, daß diese dichterische, mitunter geradezu mediale Kraft in der Übermittlung seelischer Inhalte, in seiner feinstofflichen Gestaltwerdung stetigen Absterbens und des Ich-Verlustes, Schubert in besonderem Maße angesprochen haben muß, weil es seine musikalische Semantik der Darstellung seelischer Prozesse, insbeson-

dere seiner eigenen seelischen Lagerung, herausgefordert hat. Doch sehen wir bereits am ersten Lied »Gute Nacht«, wie Schuberts Auffassung sich von der Wilhelm Müllers abhebt. Schon Müllers Titel »Gute Nacht!« gegenüber Schuberts »Gute Nacht« (ohne Ausrufezeichen) spricht eine rhetorisch größere Eindringlichkeit, eine in ihrer Ambivalenz sowohl Lossagung wie erlittenen Schmerz zusammenfassende Abschiedsformel aus. Der Gute-Nacht-Gruß, der ja hier nichts familiär Vertrautes besitzt, abgesehen davon, daß am folgenden Morgen, wenn der Gruß von der Geliebten entdeckt würde, er seine Wirkung schon eingebüßt hätte, offenbart, gerade auch ›im Vorübergehen‹ geschrieben, eine gewisse Kommunikationsfeindlichkeit, überhaupt aber einen menschlich destruktiveren Hintergrund, als Schubert in seinem Versuch einer ›traumhaften‹ Enthebung und Schmerzüberwindung des Wanderers (mittels Verdurung der letzten Strophe usw.) dem ersten Lied angedeihen läßt.

Schmid Noerr sieht in der psychologischen Faktur des Textes eine zweifache Dimension der Todesnähe: »Der Wanderer schreibt nicht etwa einen Gruß wie ›lebe wohl‹, der situativ angemessener wäre, sondern ›gute Nacht‹, das, aus seinem pragmatischen Kontext herausgenommen, das Mädchen auf Dauer der Nacht überantwortet. Verdeutlichen wir uns diese – nur auf den ersten Blick absurde – Imagination, dann ergibt sich das Bild eines zweifachen Todes. Der ruhelose Wanderer sucht den Tod; aber damit will er zugleich seine Geliebte, die Liebe selbst, zu Grabe tragen. Er spricht die Schlafende an, die ihn, gleich einer Toten, nicht hört, er verschließt sacht die Türe, gleich dem Deckel eines Sarges, er setzt darüber schließlich eine Inschrift, gleich der auf einem Grabstein, die davon zeugt, daß er der Toten gedacht hat. Noch jenes Bild der ›irren Hunde‹ [die scheinbar zwecklos und ohne Ende am Grab ihres Herren heulen können, H.-U.K.] wird so im nachhinein plausibel.«[16]

Wenn man die gesamte Metaphorik der Todessehnsucht und der Orientierungslosigkeit des Wanderers in ihrer tief destruktiven Dimension zu lesen versteht, einer Dimension, die all das dem vereinsamten Menschen Angediehene mit hinunter in den Abgrund zieht, so kann man dieser tiefenpsychologischen Deutung ihre Folgerichtigkeit nicht absprechen, auch wenn das Bewußtsein des Wanderers sich dieses innerpsychischen Sachverhaltes glaubhaft erwehrt: »sollst meinen Tritt nicht hören, sacht, sacht, die Türe zu« usw., in Form einer Reaktionsbildung, die für eine liebevolle Ummäntelung dieses dunklen Vorgangs steht. Schubert absorbiert mehr als Wilhelm Müller die subjektive Eigeninszenierung des

14 Ebd., S. 386.
15 VOLLMANN 1975, S. 183.
16 SCHMID NOERR 1987 (s. Anm. 10), S. 391.

Wanderers. Indem er die letzte Strophe, quasi im gegenteiligen Sinne, verklärt, als Symbol einer beinah geglückten, reinen Versöhnung, ändert er auch Müllers Formulierung: »Ich hab an dich gedacht« in: »an dich hab ich gedacht«.

In den folgenden Liedern wird greifbar, daß der intendierte ›Eigensinn‹ Müllers nicht – wie im Sinne Schuberts – untrennbar mit Verzweiflung und seelischer Zerrüttung verbunden ist, sondern, daß die durchscheinende rationale Sinnfrage, wenn auch metaphorisch, so doch vorbehaltlos in ihrer Absicht, nicht geglättet und in unverblümter, karger Eindringlichkeit an den Leser adressiert wird. So sind die zahlreichen Wortänderungen – zumeist in abgeschwächte Begriffe – durch Schubert zu verstehen, da dieser im Sinn hatte, dem kranken Individuum eher ›antipodisch‹ die Umwelt als Auseinandersetzungsfaktor gegenüberzustellen entgegen Müller, der dem Lebensgefüge und der Umwelt des Individuums doch mehr ›kontradiktorische‹ Funktionen zumißt. Ein eindrückliches Beispiel hierfür ist das 17. Lied »Im Dorfe«, wo Müller den aufgelegten Konflikt zwischen Individuum und Gesellschaft bis zuletzt bestehen läßt, – indem er eingangs bissig formuliert: »Es schnarchen die Menschen in ihren Betten«, Schubert ändert in: »Es schlafen die Menschen [...]«–, während Schubert die Richtungsänderung des vom gänzlichen Ich-Verlust bedrohten Wanderers (siehe »Letzte Hoffnung«) mit den Worten »was will ich unter den Schläfern säumen?« auf einem neu ausbalancierten, harmonischen Grund mit ausgleichender Ruhe erfüllt.

Ein kurzer, komprimierter Gang durch die »Winterreise« Wilhelm Müllers in ursprünglicher zyklischer Anordnung mag dem Leser neben den von der Auffassung Schuberts abweichenden geistigen Bestimmungsfaktoren den intendierten, dramaturgischen Aufbau der Müllerschen Gedichtfolge näherbringen.

Wilhelm Müller, der ja – vor Schubert – den Zyklus auf einer totalen Handlungslosigkeit aufbaut, schafft im zweiten Lied »Die Wetterfahne« das Unglaubliche, daß bei absoluter, ›äußerer‹ Passivität des Wanderers – der leibhaftig vor uns stehende Mensch schaut nur hoch zur Wetterfahne, während sonst nichts passiert! – dem gesamten Zyklus ein dramaturgisch wirkungsvoller, psychologisch bedingter Bewegungsschub mit auf den Weg gegeben wird. Nachdem die Kräfte in der »Erstarrung« total verausgabt sind und der seelische Grenzwert der Erregbarkeit keine Steigerung mehr zuläßt, muß eine Wende erfolgen. Müller verwirklicht eine phantastische Idee: ein grüner Lindenbaum im Winter! Es soll hier sogleich auf die thematische Nähe dieses Liedes zum »Wirtshaus« verwiesen werden, da beiden Liedern die Funktion einer psychischen Entspannung zukommt, und zwar als tröstliches Gefühl heimatlicher Geborgenheit im Ausdruck von Todessehnsucht. Die Tendenz der Zuschnürung und seeli-

schen Verengung kennzeichnete die beiden voraufgegangenen Lieder »Gefrorne Tränen« und »Erstarrung«. Jetzt kann, aufgrund des Spannung lösenden Liedes der Tränenfluß in der »Wasserflut« fließen, – nachdem das Lied »Die Post«, das in Müllers Folge an den »Lindenbaum« anschließt, das räumliche und gesellschaftliche Bezugsfeld beibehält und gerade dadurch, durch die Enttäuschung des nicht Dazugehörens bzw. wehmütigen Aufbegehrens die Leidenssituation des Wanderers steigert. Das Lied »Am Flusse« spielt in genial gefaßter Metaphorik mit der Verkrustung des Leids und seiner nicht verdrängbaren Urkraft. Der Bach hält dem Wanderer kalt und unmenschlich den Spiegel vor. Der Wanderer vermag nur in unzusammenhängenden Wendungen ängstlich zu stammeln: »Mein Herz, in diesem Bache – erkennst du nun dein Bild?« Es ist das erste Mal, daß die Natur zum Synonym einer unverkraftbaren Realität wird.

Im folgenden Lied »Rückblick« verwirrt anfangs der Titel, handelt es sich doch überwiegend um Flucht! Welch ein Bild: Brennende Sohlen auf einem Boden von Schnee und Eis. Zwar steht dieses Lied für die positive Kraft sehnsüchtiger Rückerinnerung, jedoch ist diese nicht imstande, eine seelische Erleichterung oder gar Gesundung einzuleiten. Der Wanderer fällt in eine tiefe Depression entsprechend Müllers nächstem Lied »Der greise Kopf«. Das Lied »Irrlicht«, welches bei Schubert dem »Rückblick« nachfolgt, wirkt hier nicht so zwangsläufig motiviert, da zu diesem Zeitpunkt die ganz und gar nihilistische Einstellung eines personellen Habitus, gemäß dem »Irrlicht«, etwas verfrüht erscheint.

Grundsätzlich seien hier einige Gedanken über die divergierende Anordnung der Gedichte bzw. Lieder bei Wilhelm Müller und Franz Schubert angesprochen. Schubert hat die »Winterreise« bekanntlich in zwei Partien komponiert. Die erste Folge von 12 Gedichten von Wilhelm Müller erschien in der Sammlung »Urania. Taschenbuch auf das Jahr 1823«, welches wahrscheinlich Schubert als Textvorlage gedient hat. Die zweite, vollständige Veröffentlichung des gesamten Zyklus von 24 Gedichten sind 1824 im zweiten Bändchen der »Gedichte aus den hinterlassenen Papieren eines reisenden Waldhornisten« in Dessau erschienen. Da nun Schubert den ersten Teil – ohne Kenntnis der zweiten Gedichtfolge – im Februar 1827 fertiggestellt hatte, blieb ihm nichts anderes übrig, als die neu hinzugetretenen Gedichte – die Müller eben schon 1824, mit der ersten Folge zusammen, neugeordnet herausgegeben hatte –, fortlaufend zu vertonen, wollte er die musikalische Einheit und musikdramaturgische Abfolge des fertigen ersten Teiles nicht zerstören! So ergaben sich zwangsläufig in der Konsequenz, der Folgerichtigkeit seelisch-substantieller Absorption und Entpersönlichung – im zyklischen Sinn nicht ›Entwicklung‹, sondern ›Reduktion‹ ausdrückend – Momente der ›Fragwürdigkeit‹ im Verständnis des Schubertschen Zyklus. Dies wäre an der Plazierung einiger Lieder im Hinblick auf die Müllersche Textfolge aufzuzeigen.

Augenfällig ist die Stellung der »Post«. Das reale Situationsbild »die Post bringt keinen Brief für dich« oder »willst wohl einmal hinübersehn [...]«, als äußerer Rahmen, ist sicherlich im Anschluß an den »Lindenbaum« ›sinnvoller‹ als an 13. Stelle im Schubertschen Zyklus – wohlgemerkt entsprechend der oben angeführten Interpretation, und nicht im ›musikalischen Sinn (!)‹. Der Wanderer drückt in der »Post« irgendwie noch eine Erwartungshaltung aus, so bei Müller, während bei Schubert bereits seit dem Lied »Auf dem Flusse« eine Hoffnung auf Kontakt oder gar Kommunikation mit der Geliebten ziemlich ausgeschlossen erscheint. Schubert hat dieses Verständnisproblem in seiner, sich hier von Müllers gedanklicher Determination abhebenden, musikalisch eindeutigen Charakterisierungskunst in der »Post« auf staunende Weise gelöst.

Wilhelm Müller setzt die beiden Gedichtpaare »Irrlicht« und »Rast« sowie »Frühlingstraum« und »Einsamkeit« in die Nähe des Schlusses. Vielleicht ist der Stellenwert des »Irrlichts« bei Schubert noch am ›fragwürdigsten‹, da die Position dieses Liedes bei Müller geradezu Schlüsselfunktion zu besitzen scheint: Nach dem trostlosen Umher-»Irren« im »Wegweiser«, mit der daraus resultierenden, eindeutigen Todesweisung, dem aber daraufhin die erlösende Todesruhe verwehrenden »Wirtshaus«, muß absolut logisch – da die letzte psychische Verankerung an den Mutterboden gescheitert ist –, das »Irregehen« des »Irrlichts« folgen. Schon zuvor ist, eher naiv, kindlich mitleidsvoll, in der »Täuschung« die Ver-Irrung als Verengung des seelischen Lebensraumes angedeutet worden; jetzt wird das »Irregehen« zum personellen Habitus, zur Maxime, die bewußt jegliches Sinngefüge verneint. Wir können nicht anders als diese Einschränkung äußern, daß Müllers Plazierung hier entscheidend sinnfälliger ist.

Nun, es ist sicher nicht so, daß Schubert, handlungsunfähig (?), mit Müllers erster Reihe der Lieder 1 bis 12, und hernach mit den folgenden Liedern 13 bis 20, so vorgefunden vorliebnehmen mußte. Er hatte zwingende musikalische, wahrscheinlich essentiell geistige Gründe, seinen ersten Wurf nicht anzutasten! Während Müller sich doch spürbar, mehr als Schubert, um reale Bezugspunkte, d. h. Wegmarkierungen als Ausdruck seiner Weltanschauung bemüht, konzentriert sich Schubert auf die seelische Wirkungsweise eines jeden Bildes und deren musikalisch korrespondierende, innenliegende Beziehungen. So entsteht bei ihm, unterhalb des ›Sinn‹-Zusammenhangs, die Konsequenz einer gefühlsbedingten Logik des inneren Ablaufs, eines lediglich im Hören erfahrbaren Spiels kontrastierender oder assoziativ verbundener Elemente. Für Schubert ist z. B. – ungeachtet der situativen Gegebenheiten – »Wasserflut« auf die medidativ unverarbeitbare Vision des »Lindenbaums« hin musikalisch einfach

effizienter als die »Post«. Schubert hätte auch, ungeachtet Müllers Neuordnung, nicht »Mut« und »Die Nebensonnen« miteinander vertauschen müssen, er hätte Müllers Folge der beiden Lieder übernehmen können. Doch »Mut«, als vorletztes Lied, war ihm vor dem »Leiermann«, der ja schon irgendwie außerhalb der psychologisch bedingt wirkenden Gesamtform steht, zu abrupt. Hier ist sicher bei Müller der gesellschaftliche Bezug mittels getarnter Anklage, überhaupt die Chiffrierung seines politischen Denkens wichtiger als bei Schubert. Müller scheint bestrebt, das gezwungenermaßen orientierungslose Umherwandernmüssen, schließlich den Tausch des Wanderstabes mit dem Bettelstab in den Raum zu stellen. Darum folgen bei ihm noch sieben Lieder nach dem »Wirtshaus«, wo es heißt: »Nun weiter denn, nur weiter, mein treuer Wanderstab!« Bei Schubert folgen danach nur noch zwei Lieder: »Mut« und »Die Nebensonnen«. Die seelischen Ressourcen sind hier, in seinem Aufbau, bereits erschöpft (!), die Erstellung seelischer, menschenwürdiger Gestaltgebung so weit absorbiert, daß eine Ausdrucksvielfalt von Lebensbildern in mehreren Liedern deplaziert wäre.

Über das Absterben jeglicher Lebenserwartung in den »Nebensonnen« führt der Müllersche Zyklus uns in die letzte Gruppe von vier Liedern, von denen das erste Lied »Frühlingstraum« wiederum als Versuch einer letzten, dramaturgisch bedingten Aufhellung betrachtet werden kann. Der Leser mag indes bemerkt haben, daß sich unmerklich durch Müllers »Winterreise« hindurch ein Prinzip der Gruppierung von je vier Liedern zu erkennen gibt, wobei jeweils das erste einer neuen Gruppe, besser gesagt: das fünfte auf eine Gruppe folgende Lied als eine Form von Erneuerung, Freisetzung psychischer Energien, eine Art Aufhellung, letztlich in einen Hoffnungsschimmer mündend oder auf eine reine Vision reduziert, erscheint. Diesen Stellenwert nehmen ein: »Der Lindenbaum«, »Rückblick«, »Im Dorfe«, »Das Wirtshaus« und »Frühlingstraum«. Bei Schubert ist diese Funktion ausgewertet in den folgenden, eben an diesen Stellen plazierten Liedern: »Der Lindenbaum«, »Die Post«, »Im Dorfe« und »Das Wirtshaus«.

Ohne diesem greifbaren Phänomen weiter nachzuspüren, soll der Zeitbezug Wilhelm Müllers noch anhand der letzten drei Lieder angesprochen werden. In der »Einsamkeit« wird das Vakuum fehlender Kunstverantwortung in der reaktionären Metternichzeit schmerzlich apostrophiert: »Ach, daß die Luft so ruhig! Als noch die Stürme tobten, war ich so elend nicht!« Im Lied »Mut(!)« mobilisiert Müller den Trotz als pervertierende Gegenkraft zum konstruktiven Gemeinschaftssinn, quasi als Ausdruck der Desintegration des künstlerischen Individuums. Diese Kraft ermöglicht ihm, sich gedanklich von dem loszureißen, »was sein Herz im Busen klagt«. Müller will damit auch sagen, daß nicht das Grab, sondern die endlose

Wanderschaft das »Los in dieser Zeit«[17] ist. »Der Leiermann«, Sinnbild einer nicht lebenswürdigen Kreatur, ist
die in der Volksnähe verabsolutierte Bettlergestalt, die
dazu geeignet ist, seine vom leidenden Subjekt losgelösten
Anliegen über die kleine, eingekastelte Welt hinauszutra-
gen. Ein Sinnbild des Zeitalters der verlorenen Illusionen.
Darin hängt sich nach Ansicht Goldschmidts[18] auch
Schubert ein, wenn er der sich dem Künstler unaufhaltsam entfremdenden, bürgerlichen Welt den Spiegel vor-
hält, indem er die »musikalische Sparsamkeit der 24 Lieder, besonders der letzten, bis zur ›Kargheit‹ steigert. Die
Armut erscheint, in der Zeit aufkommender Ausbeutung
und Bereicherung, als einzige Weggefährtin der Wahrheit.«[19] »Und sein kleiner Teller bleibet immer leer« ist die
prosaische Quintessenz.

Da diese, recht frei zusammengestellten, großteils intuiti-
ven Gedankengänge des Verfassers keine Systematik einer
Gesamtinterpretation angestrebt haben, mag der Leser
über viele angedeutete, teils klare, teils verschlüsselte
Erkenntnisse hinaus, speziell einmal der »Winterreise«
Wilhelm Müllers nachspüren, um dadurch auch zur
Bewußtmachung einer außergewöhnlichen Dichtung und
eines unterschätzten Dichters beizutragen und nicht
zuletzt, daraus resultierend, den Zyklus der »Winterreise«
von Franz Schubert in neuem Licht zu erblicken.

WEITERE LITERATUR

Thrasybulos G. Georgiades, Schubert. Musik und Lyrik, Göttin-
    gen 1967.
Dietrich Fischer-Dieskau, Auf den Spuren der Schubert-Lieder,
    Wiesbaden 1971.
Hans-Udo Kreuels, »Die Winterreise« (1. Manuskript), 1976.

Die »Winterreise« in ihrer Reihenfolge der Lied- bzw.
ursprünglichen Gedicht-Anordnungen:

Lfd. Nr.	bei Franz Schubert	bei Wilhelm Müller
1.	Gute Nacht	Gute Nacht
2.	Die Wetterfahne	Die Wetterfahne
3.	Gefrorne Tränen	Gefrorne Tränen
4.	Erstarrung	Erstarrung
5.	Der Lindenbaum	Der Lindenbaum
6.	Wasserflut	Die Post
7.	Auf dem Flusse	Wasserflut
8.	Rückblick	Auf dem Flusse
9.	Irrlicht	Rückblick
10.	Rast	Der greise Kopf
11.	Frühlingstraum	Die Krähe
12.	Einsamkeit (Ende 1. Abt.)	Letzte Hoffnung
13.	Die Post	Im Dorfe
14.	Der greise Kopf	Der stürmische Morgen
15.	Die Krähe	Täuschung
16.	Letzte Hoffnung	Der Wegweiser
17.	Im Dorfe	Das Wirtshaus
18.	Der stürmische Morgen	Irrlicht
19.	Täuschung	Rast
20.	Der Wegweiser	Die Nebensonnen
21.	Das Wirtshaus	Frühlingstraum
22.	Mut	Einsamkeit
23.	Die Nebensonnen	Mut
24.	Der Leiermann	Der Leiermann

---

17 Goldschmidt 1976, S. 138.
18 Vgl. ebd., S. 139.
19 Ebd., S. 140.

Herr Wilhelm Müller von Dessau, Studiosus der Philologie, hat während seiner Anwesenheit hierselbst, vor dem Feldzüge von 1813/4 ein halbes Jahr, und nach demselben ein und ein halbes Jahr meine Vorlesungen fleißig besucht, und mir zugleich als Mitglied des unter meiner Leitung stehenden philologischen Seminars Proben seiner guten Kenntnisse und glücklichen Anlagen gegeben, sowie er mir auch als ein junger Mann von vortrefflichen Sitten bekannt ist. Um dieser seiner Eigenschaften willen ist er mir vorzüglich lieb geworden, und indem ich überzeugt bin, daß er nach Vollendung seiner Studien in dem Kreise der Thätigkeit, für welchen er sich bestimmt hat, dem Staate und der Wissenschaft sehr nützlich werden wird, empfehle ich denselben seinen Gönnern angelegentlichst, und wünsche sehr, daß er durch Unterstützung, deren er sehr bedürftig ist, in den Stand gesetzt werden möge, seine begonnene Laufbahn fortzusetzen.

Berlin d. 11. Mai 1816.

Aug. Böckh, Dr.
Professor der Beredsamkeit auf der hiesigen Universität und Director des philologischen Seminars.

1 Zeugnis für Wilhelm Müller von dessen Berliner Lehrer Prof. August Böckh (Kat.Nr. 13)

2 Chr. Haldenwang, Blick auf Dessau mit Muldbrücke und Schloß, 1799 (Kat.Nr. 26)

3 L. Ahrends, Blick auf Dessau vom ehem. Berenhorst'schen Garten aus, um 1830 (Kat.Nr. 29)

4   Johann Erdmann Hummel, Berliner Wohnzimmer, um 1820 (Kat.Nr. 34)

Gleich und Gleich gesellt sich gern.

[handwritten poem, Wilhelm Müller]

[Ged. 17 Oct. 1815]

5 Wilhelm Müller, »Gleich und gleich gesellt sich gern«, Handschrift, Anhaltische Landesbücherei Dessau (Kat.Nr.46)

6 J. M. Voltz, Napoleonkarikatur »Sein Denckmal«, 1814 (Kat.Nr. 50)

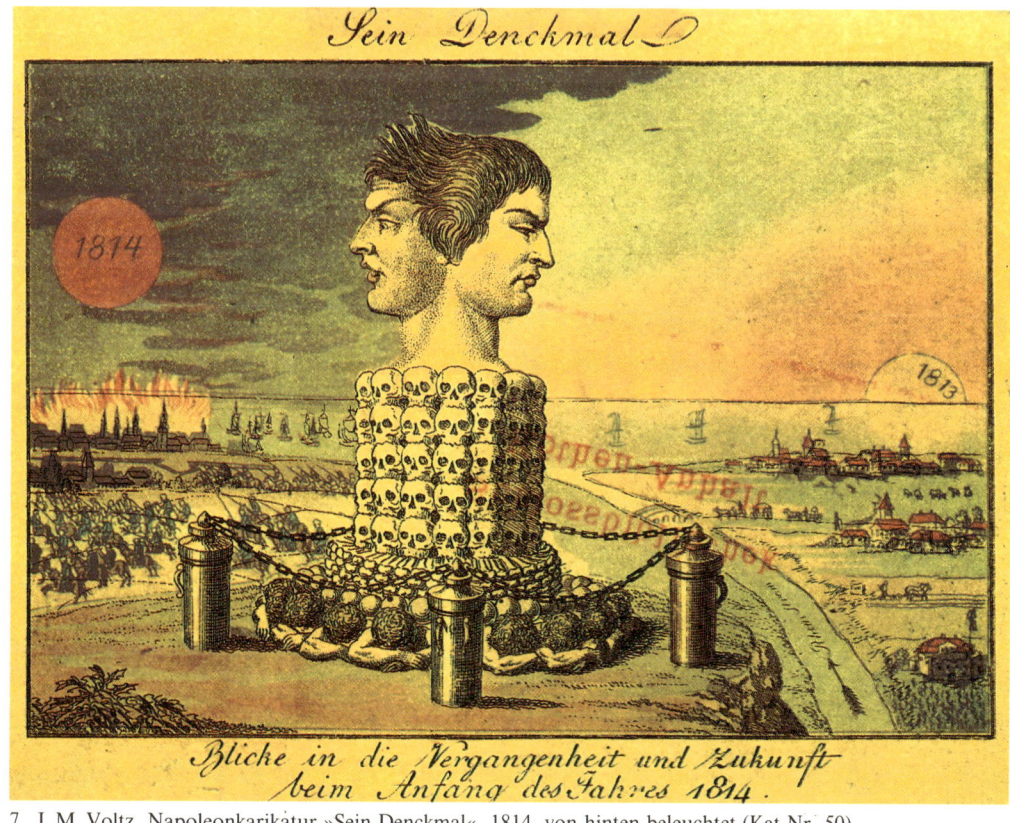

7 J. M. Voltz, Napoleonkarikatur »Sein Denckmal«, 1814, von hinten beleuchtet (Kat.Nr. 50)

8 Hilscher, Wien – Blick auf die Hofburg, um 1830 (Kat.Nr. 57)

9 Brief Müllers an den Dresdner Griechenhilfsverein, 15. 7. 1826 (Kat.Nr. 78)

10   J. W. Walkhoff, Italienische Felsenlandschaft (Kat. Nr. 85)

11 Ernst Fries, Amalfi (Kat.Nr. 82)

12 Romanesca Nr. 7, Handschrift, Nachlaß Müller, Anhaltische
Landesbücherei Dessau

13 Anonym, Blick auf Dresden von der Bautzener Straße, um 1820 (Kat.Nr. 95)

14 C. A. Richter, Eingang in den Plauenschen Grund, 1832 (Kat.Nr. 116)

15 Carl Christian Sparmann, Lochmühle im Liebethaler Grund, 1824 (Kat.Nr. 118)

16 F. W. Schlotter-
beck nach H. T. Wehle,
Der neue Begräbnis-
platz zu Dessau, 1800
(Kat.Nr. 122a)

17 C. G. Hasenpflug,
Klosterruine
im Schnee, 1849
(Kat.Nr. 123)

18 Friedrich Simmler, Rheinlandschaft bei Bingen, 1824. (Kat.Nr. 137)

Katalog

Wilhelm Müller in Dessau

*»Von meinem Leben in Dessau habe ich Ihnen
wohl schon etwas geschrieben: Die Natur ist
gut und grün, die Menschen von gutem Schlag,
hübsche Gesichter – aber wenig dahinter. Mein
geselliger Umgang beschränkt sich auf Wenige: mehr Frauen als Männer«.*[1]

In Dessau verbrachte Wilhelm Müller seine Kindheit und
frühen Jugendjahre (1794–1812) und noch einmal, nach
Studien und längeren Reisen, acht schaffensreiche,
fruchtbare Jahre als Dichter, Bibliothekar und Lehrer
(1819–1827).

Seine geistigen Kräfte vermochte die Stadt auf Dauer
nicht zu binden. Zwar zehrte sie noch von dem Ruhm, ein
Menschenalter zuvor ein Zentrum der Aufklärung und
des Frühklassizismus in Deutschland gewesen zu sein.
Überall vor den Toren der Stadt und in der näheren und
weiteren Umgebung trafen Einheimische und Besucher
auf die Gartenschöpfungen des Herzogs Franz (reg.
1758–1817) und den ideellen Gehalt, den sie verkörperten.
In Wahrheit aber war Dessau in die Reihe der kleinen,
unbedeutenden deutschen Residenzen zurückgetreten, als
die kaum 10 000 Einwohner zählende Hauptstadt eines
Kleinstaates von rd. 17 Quadratmeilen, dem sie den
Namen gab.

Die Vorzüge ihrer natürlichen Umgebung, in die die Hand
des Menschen Akzente gesetzt hatte, waren augenfälliger
als heute: Die Stadt grenzte sich gegenüber der Landschaft
stärker ab und dehnte sich nicht unkontrolliert aus, die
Auenwälder mit herrlichen Eichenbeständen waren im
wesentlichen noch intakt, und im klaren Wasser der
Mulde sprangen zur Laichzeit die Lachse über das jahr-
hundertealte Wehr.

Die Stadt in ihrer noch vorindustriellen Struktur war von
Mauern und Toren umgeben, die abends geschlossen
wurden – ein Bild, das bei Wilhelm Müller mehrfach
wiederkehrt und die geistige Enge auch äußerlich sinnfäl-
lig machte. Sie hatte nur zwei Hauptstraßen: die mittelal-
terliche Zerbster Straße, die in der Steinstraße mit dem
Geburtshaus des Dichters (damals Nr. 17) ihre südliche
Fortsetzung fand, und die barocke Kavalierstraße mit
ihrer Verlängerung, der Franzstraße. An der Kavalier-

straße, der Prachtstraße der fürstlichen Residenz, lagen
die Gebäude der herzoglichen Hauptschule, in der die
künftige geistige Elite des Landes auf die Universität
vorbereitet wurde, des herzoglichen Hoftheaters mit dem
von Pozzi geschaffenen mächtigen Säuleneingang
(1818–22) und, unter anderen Privathäusern der herzoglichen Beamtenschaft, auch das Haus des Schwiegervaters,
des Regierungsrates und späteren Regierungspräsidenten
Ludwig (von) Basedow. Zwischen den beiden parallel
verlaufenden Straßenzügen stand in einer Seitenstraße
das Haus Wallstraße 10 mit der neu eingerichteten herzoglichen Bibliothek und der Dienstwohnung des Bibliothekars. Mit wenigen hundert Schritten waren so der Kern
der Stadt und zugleich der Arbeits- und Lebenskreis des
Dichters ausgemessen.

Der Nachfolger des Herzogs Franz, der jugendliche Leopold Friedrich, ein von der Geschichtsschreibung wenig
geschätzter Herrscher, der das Land patriarchalisch und
vor allem lange regieren sollte (1817–71), begann seine
Regierungsgeschäfte mit der längst fälligen Reform des
höheren Schulwesens. Die Abtrennung der Gelehrten-
von der Bürgerschule war auch der eigentliche Anlaß für
die Rückkehr Wilhelm Müllers nach Dessau, der als
»Kollaborator« (Hilfslehrer) bei der Gelehrtenschule
angestellt wurde, und zwar vorwiegend für alte Sprachen,
wozu ihn seine humanistische Ausbildung an der neuen
Berliner Universität empfahl.

Eine zweite Aufgabe wurde weit halbherziger in Angriff
genommen: der Aufbau der neuen herzoglichen öffentlichen Bibliothek durch Zusammenführung der herzoglichen
Büchersammlungen in Dessau und Wörlitz. Hier war es
Wilhelm Müller zu danken, daß die Sache vorankam, die
ursprünglich nur ein Nebenwerk des Direktors, später des
Kollaborators an der Gelehrtenschule sein sollte.

Trotz einfacher Herkunft, als Sohn eines Schneidermei-
sters, überwand der Dichter Wilhelm Müller rasch die
Schranken der ständischen Gesellschaft und baute sich in
Dessau einen Freundeskreis auf. Dazu zählten sein Verle-
ger Christian Georg Ackermann mit Gattin, ehemalige
Mitschüler und Kollegen der Hauptschule (Levy Rubens,
Noël, Direktor de Marées, Rektor Feldhann), der fast
gleichaltrige Regierungsadvokat Adolf Siegfried, dem

---

[1] Aus einem Brief Wilhelm Müllers an Per Daniel Amadeus
Atterbom vom 18. 4. 1820, in: Lohre 1927, S. 293–296, hier S. 294.

Müller den frühen Liederzyklus »Johannes und Esther« widmete, und unter den Familien der Dessauer Oberschicht besonders die Glaffeys um die literarisch gebildete Annette, spätere Äbtissin in Mosigkau, die während der 48er Revolution ihre vorurteilslose, demokratische Gesinnung offenbaren sollte.

Die Müllers führten ein gastliches Haus, hier kamen fast alle Freunde des Dichters vorbei, unter ihnen die beiden Verleger Brockhaus und Prof. Gruber aus Halle. Mit der Ankunft des Hofkapellmeisters Friedrich Schneider in Dessau Ende März 1821 war ein weiterer Freund gewonnen – gemeinsam arbeitete man für die Dessauer Liedertafel. In späteren Jahren veranstaltete Müller literarische Abende, wo er – in Tieckscher Manier – für seine Freunde Shakespeare, Dante und Calderon in den Originalsprachen las. Es war die Zeit, wo er sich innerlich darauf eingestellt hatte, für immer in Dessau zu bleiben.

Eine kurze Zeit schien es so, als sollte Dessau eines der vielen kleinen literarischen Zentren in den deutschen Bundesstaaten werden, ein Aufenthaltsort der über ganz Deutschland verstreuten, stark vereinzelten spätromantischen Dichtergeneration, die sich über die räumlichen Entfernungen hinweg durch gegenseitige Besuche, Briefe und die Vermittlung von Literaturzeitschriften und Almanachen geistig verständigte.

Schon vor der Eröffnung des ersten ständigen Hoftheaters in der Reitbahn (1794) war es üblich gewesen, in Dessauer Bürgerhäusern literarische Szenen und Singspiele, ja selbst größere Opern mit Laienkräften zur Aufführung zu bringen. Diese Tradition des Liebhabertheaters lebte nach 1815, als das große Theater nur noch saisonmäßig durch reisende Schauspielergesellschaften bespielt wurde, wieder auf. So berichtet später F. Max Müller, der Sohn Wilhelm Müllers, über musikalische und literarische Aufführungen im Hause des Großvaters Ludwig Basedow.

Um die gleiche Zeit ließ Herzog Leopold Friedrich das ältere Schloßtheater umbauen und auf rd. 200 Plätze erweitern. Die Übernahme der Ämter eines Schauspielers und Intendanten bei dem am 1. Januar 1827 eröffneten »Gesellschafts-Theater im herzoglichen Schlosse« war eine der letzten öffentlichen Tätigkeiten des Dichters, dann neigte sich seine Lebensbahn ihrem Ende zu.   U. J.

1

Wilhelm Hensel (1794–1861)

Wilhelm Müller mit seiner Gattin Adelheid, geb. Basedow (1800–1883), 1821

Bleistiftzeichnung
12,6 x 11,0 cm
bez. oben: »Werde glücklich wie der durch ein Weib wie die!«
bez. unten: W. Müller Dessau 9 t; Dezember 21 Adelheid
Berlin, Staatliche Museen zu Berlin, Kupferstichkabinett
Inv. Nr. 2.44

Die Zeichnung zeigt das junge Ehepaar Müller ein halbes Jahr nach ihrer am 22. Mai 1821 erfolgten Heirat. Offenbar hat Wilhelm Hensel, den Müller wegen der ausgebliebenen Gratulation zu seiner Verlobung als »allernachlässigsten vergeßlichsten unfreundlichsten Freund«[1] bezeichnet hatte, dem Ehepaar Müller einen Besuch in Dessau abgestattet, bei dem die vorliegende Zeichnung entstand. Die Gesichtszüge Müllers sind im Gegensatz zu den bekannten Portraitzeichnungen Karl Philipp Fohrs und Julius Schnorr von Carolsfelds (vgl. Abb. 2a) stark gerundet; hierdurch und besonders durch die groß geratenen Augen bekommt Müller ein kindliches Aussehen. Ähnlich fällt die Charakterisierung Adelheids aus: streng im Profil gezeigt, erfaßt Hensel sorgfältig die kunstvoll gelockte Frisur; Adelheid, die einen Arm freundschaftlich um Müllers Schulter gelegt hat, wird mit schamvoll nach unten gerichtetem Blick, nicht in direkter Hinwendung zu ihrem Mann, sondern gleichsam in kindlich-keuscher Beziehung zu ihm gezeigt. Unwillkürlich kommt bei dieser Art von Charakterisierung jenes christlichreine Verhältnis in den Sinn, das Müller als Student zu Hensels Schwester Luise entwickelt hatte.[2] Adelheid dürfte jedoch kaum ähnlich pietistisch ausgerichtet gewesen sein wie die einst von Müller »angebetete« Luise.
Die von dem jungen Ehepaar eingenommene Pose entspricht nicht zuletzt dem Typus der im Biedermeier geläufigen Freundschaftsportraits, die Männerfreundschaften zu dokumentieren pflegten und für die Wilhelm Hensel in seinem großen Oeuvre an Zeichnungen auch Beispiele geliefert hat. Über die Beziehung Müllers zu seiner Frau ist wenig bekannt. Immerhin geben aber einige Briefe aufschlußreiche Hinweise.[3]

1

Seinem Freund Per Daniel Amadeus Atterbom gegenüber betonte der frisch vermählte Müller, »daß meine Ehehälfte sich auch um die Wirthschaft bekümmert, und nicht bloß Ihren Lieblingstalenten lebt, deren sie übrigens manche angenehme besitzt, namentlich den Gesang.«[4]
In den Briefen, die Müller von Reisen an seine Ehefrau in Dessau schrieb, versuchte er fast immer, die Enttäuschung der Daheimgebliebenen, ihre Sehnsucht, aber auch ihre Eifersucht zu mildern. So titulierte er sie in einem undatierten Brief mit Kosenamen wie »liebe Puppe«, »du kleine Virtuosin«, »mein liebes Herz« oder »Herzchen«, um in der Pose des schmachtenden Liebhabers fortzufahren: »Ich brauche dir nicht zu sagen, wie schwer es mir wird, noch länger, als mir bestimmt, ohne dich zu sein.« Unterzeichnet ist der Brief schließlich mit: »Dein Männichen«.[5]
Meinungsverschiedenheiten gab es zwischen den beiden offenbar selten; einzig bei der Erziehung der beiden Kinder vertrat Wilhelm Müller eine andere Ansicht als seine Frau. Noch aus der Ferne versuchte er, Adelheid in ihrem erzieherischen Eifer zu besänftigen, indem er etwa schrieb: »Küsse die lieben Kinder von mir u verziehe sie nicht mit den vielen Prügeln, sonst muß ich mich nachher zu sehr mit der Liebe u Güte anstrengen, u das entgeht dann dir.«[6]

G. B./N. M.

1 Adresse des Briefes an Hensel vom 9. 1. 1821, in: Wahl 1931, S. 879f.
2 Vgl. Bernd Leistner, Aufsatz in diesem Katalog, S. 11.
3 Hier sind insbesondere die 22 Briefe Müllers an seine Frau aus dem Zeitraum zwischen Juli 1822 und August 1826 zu nennen, in: Müller 1903, S. 102–165.
4 Aus einem Brief vom 24. 8. 1821, in: Lohre 1927, S. 300–306, hier S. 301.
5 Brief aus Leipzig, in: Müller 1903, S. 102–104, hier S. 103f.
6 Brief an Adelheid aus Franzensbad vom 10. 8. 1826, in: Müller 1903, S. 155.

2

2
Franz Kühlen (um 1800–?)

Wilhelm Müller, 1826

Handzeichnung, Bleistift, Kreide gehöht
auf gebräuntem Papier
37,2–7 x 29,1–6 cm
bez. unten rechts: F. Kühlen Elisium 1826
Dessau, Anhaltische Landesbücherei
o. Sign.

War Wilhelm Müller von seinen Freunden
Julius Schnorr von Carolsfeld (s. Abb. 2a)
und Karl Philipp Fohr im Jahre 1818 mit
eigentümlich harten Gesichtszügen, sträh-
nigem glatten Haar und Oberlippenbart
portraitiert worden, so hat sich das Aussehen des Dichters in der 1826 entstandenen

Bleistiftzeichnung Franz Kühlens wesentlich gewandelt.
Die Gesichtszüge des Dichters wirken wei-
cher und harmonischer. Der Schnäuzer ist
verschwunden und das einst glatte Haar
gewellt und gelockt. Der akkurate Stehkra-
gen und der wohlsitzende Rock mit Weste
zeugen vom gepflegten Äußeren eines
Mannes, der in Dessau die Position eines
Hofrates zu bekleiden hatte. Ohne Zweifel
liegen zwischen den beiden erstgenannten
Portraits und dem vorliegenden gleichsam
Welten: 1818 war Müller quasi noch Student und befand sich auf einer nicht immer
bequemen Italienreise in ungesicherter Situation; 1826 war Müller junger Familienvater, der eine ansehnliche bürgerliche Existenz vorzuweisen hatte.

Dennoch scheint Franz Kühlen, der als
Malschüler bei Peter Cornelius in München gearbeitet hatte, bei dem Portrait
Müllers nicht ohne gewisse Schönungen
vorgegangen zu sein. Zumindest die »Bril-
le«, die Goethe kurze Zeit später als unangenehm im Gesicht des Dichters empfunden hatte, [1] ist verschwunden. Ob man der
Darstellung von gelocktem Haar Glauben
schenken darf, muß dahingestellt bleiben.
Die beiden weiteren erhaltenen graphischen Portraits Müllers – der Stich von
H. Meyer nach F. Krüger für Schwabs
Werkausgabe von 1830 (s. Abb. 2b) und
der Stich Johann Friedrich Schröters für
»Urania. Taschenbuch auf das Jahr 1829«
folgen zwar dem Typus Kühlens und scheinen ihn zu bestätigen, doch sind diese

2a

2b

2c

Portraits Wilhelm Müllers postum entstanden und basieren möglicherweise nur auf der Vorlage Kühlens. [2]

Diese lag übrigens noch der 1891 von Hermann Schubert fertiggestellten überlebensgroßen Büste des Dichters (s. Abb. 2c), die sich heute im Dessauer Stadtpark befindet, zugrunde. Hier jedoch entfernt sich der Künstler offenbar noch mehr von dem wirklichen Aussehen des Dichters. Der damalige Chronist Hosäus muß zu zahlreichen abstrakten Moralbegriffen greifen, um die von Schubert in den Stein gehauenen Gesichtszüge zu rechtfertigen und leiser Zweifel an dem Ganzen klingt in folgender Äußerung an: »Wieviel von der herrlichen Wirkung des Ganzen im einzelnen dem edlen Material wieviel dem Künstler zufällt, wird sich nicht immer ganz genau auseinanderhalten lassen.« [3]

Gleiches kann man wohl von einer in Bronze gegossenen Büste des Dichters sagen, die nach einem Gipsmodell des in Dessau tätigen Bildhauers und einstigen Gründers der Dessauer Fayencefabrik Friedemann Hunold entstanden ist – dies obwohl Hunold die Büste nach der von ihm angefertigten Totenmaske Wilhelm Müllers gearbeitet hat. [4]

Daß zeitgenössische Dichter und nicht nur die Dichter-Heroen der deutschen Klassik vor verklärenden und überhöhenden Darstellungen ihrer Portraitisten nicht sicher waren, belegt treffend eine von Clemens Brentano überlieferte Anekdote, der über seine von Friedrich Tieck geschaffene Büste sagte: »Er (Tieck) hat meine Büste für Bettinen gemacht, und doch nur wie ich aussehen würde, wenn ich das Ziel meiner Kunst erreicht hätte! Es ist mir ein Trost für die Möglichkeit, daß ich so aussehen kann und von nun an will ich keine Gesichter mehr schneiden.« [5]

Als Indiz für eine von Kühlen im vorliegenden Portrait betriebene Verklärung der Gesichtszüge Wilhelm Müllers kann möglicherweise auch die Bezeichnung des Bildes gewertet werden. Kühlen, der 1826 den erholungsbedürftigen Dichter offenbar im Schloß Luisium aufgesucht hat, scheint die Ortsbezeichnung Luisium zu »Elisium« abgewandelt zu haben. Auch Müller hatte das Luisium als ein paradiesisches Elysium angesehen. In Briefen schlug er die Sorgen seiner Freunde um seine Gesundheit mit Ausdrücken begeisterten Wohlgefühls in den Wind und ignorierte dabei seinen tatsächlichen, angegriffenen Gesundheitszustand. N. M.

1 Vgl. Bernd LEISTNER, Aufsatz in diesem Katalog, S. 11.
2 WAHL 1931, S. 114 erwähnt, daß Adelheid Müller nach dem Tod ihres Mannes Portraits bei Krüger und Hunold in Auftrag gab.
3 Das Wilhelm-Müller-Denkmal zu Dessau. Blätter der Erinnerung an den 30. September 1891, hg. v. Wilhelm HOSÄUS, Dessau 1891, S. 32.
4 Vgl. WAHL 1931, S. 114.
5 Zit. nach Hannelore SCHLAFFER, Epochen der deutschen Literatur in Bildern. Klassik und Romantik 1770–1830, Stuttgart 1986, S. 128.

3   4

3
Friedrich Jentzen (1804–1875)
nach Franz Krüger (1797–1857)

Leopold Friedrich (1794–1871),
Herzog zu Anhalt-Dessau, 1827

Lithographie
bez. unten links: Nach der Natur gez. v.
Fr. Krüger
bez. unten rechts: Lith. v. Jentzen, Leopold Friedrich
bez. unten Mitte: Regierender Herzog zu
Anhalt Dessau
Dessau, Anhaltische Gemäldegalerie
Inv. Nr. G II 1555

Herzog Leopold Friedrich, geboren am
1. Oktober 1794, war nur wenige Tage älter
als Wilhelm Müller. Auch in der weiteren
Biographie des Herzogs und des Dichters
lassen sich manche Parallelen verzeichnen
– etwa die Beteiligung an den Befreiungskriegen 1813, der erste Aufenthalt in Berlin
1815, eine im Fall des Herzogs allerdings
erst 1822 erfolgte Italienreise und eine
Rheinreise. Doch es dürfte auf Grund des
Standesunterschiedes beider Personen in
den frühen Lebensjahren kaum zu persönlichen Begegnungen gekommen sein.
Spätestens mit der 1819 unter Leopold
Friedrich initiierten Vereinigung der Herzoglichen Bibliotheken tritt Wilhelm
Müller – Anfang 1820 zum ersten Bibliothekar der Herzoglichen Bibliotheken ernannt – in den Gesichtskreis des Herzogs.[1]
Durch die herzogliche Anstellung war dem

Dichter nicht nur ein Brotberuf garantiert,
sondern auch ein berufliches Betätigungs-
feld gegeben, das seinen vielfältigen literarischen Interessen und seinem künstlerischen Schaffen entgegenkam.
Durchaus förderlich für Müllers Dichtung
und schriftstellerische Tätigkeit mag auch
gewesen sein, daß unter dem als wohlwollend und kunstliebend charakterisierten
Leopold Friedrich die Zensur in Anhalt-
Dessau im Vergleich zu anderen deutschen
Staaten weniger einengend zu Werke ging.
Von Müller sind keine persönlichen Äußerungen über den Herzog überliefert; doch
die Tatsache, daß Leopold Friedrich dem
erholungsbedürftigen Dichter zu seinem
Lebensende einen von Müller in höchsten
Tönen gepriesenen Aufenthalt im herzoglichen Schloß Luisium ermöglichte, spricht
für das fürsorgliche und väterliche, um
nicht zu sagen brüderliche Verhältnis, das
der anhaltische Regent zu dem Dichter
entwickelt hatte.[2]
Ist der Vermutung Glaube zu schenken,
daß Wilhelm Müller Autor des 1828 anonym erschienenen biographischen Portraits von Leopold Friedrich war, so wäre
hier eine sehr aufschlußreiche Quelle für
die Wertschätzung gegeben, die der Dichter dem Regenten entgegenbrachte.
Interessanterweise ist es offenbar Absicht
des im »Regenten-Almanach« erschienenen Artikels[3] Leopold Friedrich positiv
von seinem früh verstorbenen Vater, dem
Erbprinzen Friedrich, abzusetzen; Leopold
Friedrich erscheint hier ganz als Nachfahre

seines berühmten Großvaters, Leopold
Friedrich Franz, und seiner nicht minder
bedeutenden Großmutter, der Erbprinzes-
sin Christiane Amalie, geb. Prinzessin von
Hessen-Homburg, die sich beide der Erziehung des jungen Herzogs und seiner Einführung in die Regentschaft angenommen
hatten. Daß es sich bei dieser Schilderung
nicht nur um bloße Panegyrik handelt,
zeigt die detaillierte Auflistung der Leistungen Leopold Friedrichs, die auf
rechtlichem, bildungspolitischem, sozia-
lem, städte- und landschaftsplanerischem
und künstlerischem Gebiet liegen. Hierdurch wird der junge Herzog als würdiger
und von seinem Volk verehrter Nachfolger
des berühmten »Vater Franz« ausgewiesen.
In dem nach einer Zeichnung von Franz
Krüger lithographierten Portrait von Leopold Friedrich wird nur mit der im Bildhintergrund erscheinenden Tempelarchitektur
des sogenannten »Weinberg« bei Kühnau
auf »Taten« des jungen Herzogs ange-
spielt. Leopold Friedrich wird nicht in der
anspruchsvollen Form eines ganzfigurigen
Repräsentationsportraits[4], sondern in der
Art großbürgerlicher Portraits gezeigt. Das
spätestens seit van Dyck geläufige Herr-
schermotiv der Säule mit wallendem Vor-
hang hatte zur Zeit des Biedermeiers längst
in die großbürgerliche Bildkultur Einzug
gehalten.[5] Adelige Potentaten nahmen diese Adaption hin, ohne den eigenen Stand
durch eine neue Bildszenerie vom bürgerlichen abgehoben wissen zu wollen. Im Ge-

genteil, auch in den eigenen Gebärden geben sich herrschaftliche Personen unprätentiös, nicht Respekt erheischend, sondern in der bescheidenen und einfachen Natürlichkeit des »Biedermeiers«. [6]

Der in Anhalt geborene und in Dessau zur Schule gegangene Franz Krüger hatte den vorliegenden Typus des Herrscherportraits seit 1824 mit großem Erfolg am preußischen Hof in Berlin eingeführt. Seine Portraitzeichnungen der preußischen Prinzen und einer Vielzahl anderer adeliger Häupter ließ er in der Regel durch Fecherts und wie im vorliegenden Fall durch Friedrich Jentzen in der neuen Drucktechnik der Lithographie vervielfältigen.

Jentzen gilt »als einer der tüchtigsten Berufslithographen seiner Zeit« [7]. Das Portrait Leopold Friedrichs vermag bei aller Versiertheit und Überzeugungskraft der Zeichnung zu zeigen, daß Krüger oder Jentzen nicht nur »nach der Natur« vorging, wie die Bildunterschrift glauben machen will.

Sieht man das Blatt neben Franz Hanfstaengls Lithographie von König Ludwig I. von Bayern, so fällt die verblüffende Übereinstimmung [8] nicht nur des Bildtyps, sondern auch der physiognomischen Details auf. Ob diese Angleichungen als künstlerische Schwäche oder als repräsentative Absicht auszulegen sind, mag dahingestellt bleiben.   N. M.

---

1 Vgl. Annette GERLACH, Aufsatz in diesem Katalog, S. 41.
2 Vgl. Kat. Nr. 121; die »Loblieder« auf das paradiesische Luisium enthalten auch eine indirekte Huldigung des Herzogs. Für die fürsorgliche Haltung des Herzogs Leopold Friedrich mag auch die Tatsache stehen, daß er Müller für seine Rheinreise unbegrenzten Urlaub gewährte.
3 Deutscher Regenten-Almanach auf das Jahr 1828. Historisch-biographische Gallerie der jetzt regierenden hohen Häupter, hg. v. B. F. VOIGT, 3. Jg. mit 7 Portraits, Ulmenau 1828, S. 164ff.
4 Ein solches Portrait von der Hand Franz Krügers sollte erst im Jahr 1848 entstehen.
5 Vgl. etwa das von Carl Ludwig Tischbein 1825 gemalte Portrait von Carl Heinrich Kob, Taf. 135, in: Albrecht KURZWELLY, Das Bildnis in Leipzig vom Ende des 17. Jahrhunderts bis zur Biedermeierzeit, Leipzig 1912.
6 Hierzu mit Bezug auf Franz Krüger: Margarete COHN, Franz Krüger. Leben und Werk, Diss. Breslau 1909, S. 45ff.
7 Art. »Franz Krüger«, in: THIEME-BECKER, Bd. 21, S. 594ff. u. Art. »Friedrich Jentzen«, in: ebd., Bd. 35, S. 521f.
8 Vgl. Heinz GEBHARDT, Franz Hanfstaengl. Von der Lithographie zur Photographie, München 1984, S. 49.

4
Friedrich Jentzen (1804–1875) nach Franz Krüger (1797–1857)

Friederike von Anhalt-Dessau (1796–1850), 1827

Lithographie
39,5 x 32,4 cm
bez. unten links: Nach der Natur gez. v. Fr. Krüger
bez. unten rechts: Lith. v. Jentzen
bez. unten Mitte: FRIEDERIKE, REGIERENDE HERZOGIN ZU ANHALT-DESSAU; GEBORNE PRINZESSIN VON PREUSSEN
bez. unterer Rand links: Gedr. im Königl. Lith. Institut Berlin 1827 v. Helmlenner
bez. unterer Rand rechts: Berlin, bei C. G. Lüderitz
Dessau, Anhaltische Gemäldegalerie
Inv. Nr. G II 1556

Friederike war eine Nichte des Preußischen Königs. Sie begegnete Leopold Friedrich zum erstenmal bei dessen Aufenthalt in Berlin 1815. Ein Jahr später kam es zur Verlobung der beiden; geheiratet wurde jedoch erst nach dem Regierungsantritt von Leopold Friedrich, am 18. 4. 1818. [1]
Über die Begegnung von Friederike und Leopold Friedrich heißt es im Regenten-Almanach von 1828: »Hier knüpfte sich [...] das segensreiche Band zusammen, welches bestimmt war, sein häusliches Leben [des Leopold Friedrich, N. M.] zu beglücken und zu verschönern und seinem Land eine Fürstin zuzuführen, die es verdiente die Liebe und Verehrung der Seinigen mit ihm zu theilen [...]«. [2]
Krügers Portrait der Friederike ist als Pendant zum Portrait Leopold Friedrichs zu sehen. An die Stelle des Herrschermotives der Säule tritt im Bildhintergrund eine ausschnitthafte Ansicht des Dessauer Schlosses. Auch Friederike wird, wie ihr Gatte, ganz biedermeierlich und bürgerlich dargestellt. Repräsentative Züge sind im Portrait Friederikes noch mehr zurückgenommen als bei Leopold Friedrich: An Stelle des ornamentierten Stuhles ihres Gatten, der noch leichte Anklänge eines Thrones aufweist, hat Friederike in einem bequemen Biedermeierstuhl Platz genommen. Der etwas gezwungen über die Stuhllehne ins Bild gesetzte Strauß von Wiesenblumen gibt der Szene häuslichen Charakter. Die einfachen Blumen, Friederikes schlichtes Kleid und ihre akkurate Frisur unterstreichen den offenbar beabsichtigten

Ausdruck der Bescheidenheit, der sogar durch das Motiv der übereinandergekreuzten Hände, ähnlich wie das in alten Darstellungen der Verkündigung oder in Heiligenportraits, zur Andeutung von Demut abgewandelt wird. Im Gegensatz zu ihrem gleichsam »weitblickend« dargestellten Gatten hat die Herzogin die Augen mit Blick aus dem Bild direkt auf den Betrachter gerichtet – auch dies in bescheidener und freundlicher Anmut, ohne durch ein besonders liebenswürdiges Lächeln die Zuneigung des Betrachters herausfordern zu wollen. [3]   N. M.

---

1 Deutscher Regenten-Almanach auf das Jahr 1828. Historisch-biographische Gallerie der jetzt regierenden Häupter, hg. v. B. F. VOIGT, 3. Jg. mit 7 Portraits, Ulmenau 1828, S. 164f.
2 Ebd., S. 164.
3 Wie geläufig diese Typisierung auch in bürgerlichen Kreisen war, kann wiederum ein Beispiel aus dem Kreis Franz Hanfstaengls zeigen: Das Portrait Franziska Hanfstaengls von August Riedel aus dem Jahr 1829 weist große Ähnlichkeit zu Krügers Darstellung der Friederike auf, siehe Heinz GEBHARDT, Franz Hanfstaengl. Von der Lithographie zur Photographie, München 1984, Anm. S. 39.

5
Anonym

*Porträt des Schwiegervaters von
Wilhelm Müller, Regierungspräsident
Ludwig (von) Basedow (1774–1835)*

aus: Neuer Nekrolog der Deutschen 13
(1835)
Lithographie, um 1832
15,0 x 12,5 cm
Leimen, Sammlung Schuckert

5

Ludwig Basedow wurde am 2. Oktober
1774 als Sohn des Pädagogen und Gründers des Philanthropins in Dessau, Johann
Bernhard Basedow und seiner zweiten
Frau, Gertrud Elisabeth, geb. Hammer,
geboren. Seine Mutter war die Tochter
eines Landpfarrers, der in der Nähe von
Kopenhagen tätig war. Der Ehe entstammte eine große Zahl von Kindern, die aber
alle bis auf zwei in jungen Jahren gestorben
waren. Die einzige überlebende Tochter,
Emilie, galt in ihrer Kindheit als ein wahres
Wunderkind. Ludwigs Kindheit war nicht
einfach. Sein Vater verlangte viel – manchmal wohl auch zu viel – von seinem Sohn.
So wurde er bis zu seinem 15. Lebensjahr
von seinem Vater am Philanthropin und
danach privat erzogen. Später besuchte er
für zwei Jahre die Domschule in Magdeburg. Nach deren Abschluß studierte er an
den Universitäten Frankfurt/Oder und seit
1792 in Halle/Saale Rechtswissenschaften.
Seine Studien schloß er im Jahre 1795 ab
und trat 1796 in den Anhalt-Dessauischen
Staatsdienst ein. Hier kam er zunächst als
Gerichtshalter nach Scheuder. 1796 wurde
er Sekretär bei der Rentkammer und 1804
wirklicher Beisitzer der Rentkammer und
Referent für Zoll- und Akzisesachen, 1807
als Vortragender Rat bei der Kriegskom-
mission zum Kammerrat befördert und
Rat in Kabinetts- und Landessachen. Im
Jahre 1814 wurde er auf eigenen Wunsch
ganz von seinen Geschäften bei der
Rentkammer entbunden. Doch nach dem
Tod des ihm freundschaftlich verbundenen
Erbprinzen Friedrich am 27. Mai 1814
wurde er zum Regierungs- und Konsistorialrat ernannt und zum Mitglied der
Regierung. In seiner neuen Funktion hatte
er wesentlichen Anteil an der Revision
sämtlicher zu überarbeitender Landesge-
setze, in deren Folge von ihm verfaßte
Kommentare erschienen. 1828 wurde er
Steuerdirektor und Direktor der Armen-
und Arbeitskommission sowie Mitglied der
Grenzkommission. Er wurde am 24. Februar 1833 von Herzog Leopold IV. Friedrich von Anhalt-Dessau in den erblichen
Adelsstand erhoben. Seit 1831, dem Tod
des Regierungs- und Konsistorialpräsiden-
ten und Wirklichen Geheimen Rats Wolf
Carl August von Wolfframsdorff, war er
dessen Nachfolger als höchster anhalt-des-
sauischer Staatsbeamter. Basedow war ein
realpolitisch denkender Mensch, der dem
Herzog in den politisch schwierigen Zeiten
der nationalen Befreiungskriege und den
Auseinandersetzungen mit Preußen wegen
des Zollvereins manch zutreffende Einschätzung der Lage gegeben hatte.
Basedow kaufte sich im Jahre 1801 das
Haus Kavalierstraße 36 (alte Nr. 470), in
welchem er bis zu seinem Tode lebte. Zuvor, im Jahre 1796, vermählte er sich mit
Johanne Wilhelmine Krüger. Von Base-
dows vier überlebenden Kindern wurde der
ältere Sohn, Friedrich, ebenfalls Regierungspräsident in Dessau, der jüngere,
Karl Adolph, sollte ein berühmter Arzt
werden und ließ sich in Merseburg nieder –
sicher vor dem in Dessau übermächtigen
Familiennamen fliehend.
Die jüngste Tochter, Adolphine Julia, – sie
wurde 1810 als »Nachzüglerin« geboren –
vermählte sich mit dem Major Friedrich
von Hake. Die ältere Tochter, Adelheid,
heiratete am 22. Mai 1821 Wilhelm Müller.
Am selben Tage feierten die Eltern der
Braut ihre Silberne Hochzeit, welche vom
zukünftigen Schwiegersohn am Vorabend
mit einem Gedicht (»Dem elterlichen
Brautpaare«) kommentiert wurde. Dennoch wurde die Ehe der Tochter von den
Eltern argwöhnisch betrachtet.
Müller entstammte bekanntlich einer
Handwerkerfamilie. Die Ehe mit der Tochter eines in höchste Verwaltungsämter em-
porstrebenden und hoch gebildeten Staats-
beamten, der 1833 sogar in den Adelsstand
erhoben werden sollte, brachte dem Braut-
werber einen bedeutenden Prestigeanstieg.
Müller war erst »ehefähig« geworden,
nachdem er seine Anstellung als »Bibliothekar« erreicht und auch als Dichter und
Herausgeber inzwischen anerkannt war.

                                                                        G. Z.

LITERATUR

BRÜCKNER 1975 ff., S. 221, 420.
F. A. SCHMIDT, Art. »Ludwig von Basedow«, in:
Neuer Nekrolog der Deutschen 13 (1835),
S. 1064–1070.
HATFIELD 1906, S. 394–396.

6

Anonym

Porträt des Sohnes von Wilhelm Müller,
Friedrich Max Müller (1823–1900)

Lithographie, 1879
20,0 x 15,0 cm
Leimen, Sammlung Schuckert

Friedrich Max Müller, der einzige Sohn
von Wilhelm Müller und seiner Frau
Adelheid, geb. Basedow, wurde am 6. Dezember 1823 in Dessau geboren. Die Familie lebte damals noch in der Dienstwohnung des Vaters am Theaterbau in der
Wallstraße. Die Mutter kehrte aber wieder
in ihr Vaterhaus in der Kavalierstraße zurück. Hier wohnte – neben ihrem Vater und
ihrer Mutter, die 1835 beziehungsweise
1837 starben – zunächst auch noch ihr
älterer Bruder, der damalige Regierungsrat
Friedrich Basedow, der nun wiederum aus
Platzmangel für sich und seine Familie das
Haus »Oranien« (alte Nr. 592) in der Zerbster Straße erwarb. Max Müller schrieb
darüber in seinen Lebenserinnerungen:
»Meine frühesten Erinnerungen knüpfen
sich an das grosselterliche Haus. War doch
meine Mutter nach dem frühen Tode meines Vaters, der mir schon im vierten Lebensjahr entrissen wurde, in ihr Elternhaus
zurückgekehrt. Das geschah damals nicht
selten. Es wohnten häufig zwei, auch drei
Generationen unter einem Dach; und bei
guten Familien galt das Haus als das gemeinsame Heim, das (man) vom Vater auf
den Sohn und den Enkel vererbte.«
Max Müller besuchte die Hauptschule, an
der auch schon sein Vater zunächst Schüler
und später Lehrer gewesen war. Dazu erinnerte er sich später: »In meiner Schulzeit in
Dessau zählte dieses Hauptstädtchen des
kleinen Herzogtums Anhalt-Dessau [...]
nicht über 10–12 000 Einwohner. Jeder
kannte jeden. [...] Dessau war eine merkwürdige Stadt mit einer langen, sehr breiten, auf beiden Seiten mit Trottoirs versehenen Strasse, der Kavalierstrasse. Aber
die Strasse mußte von Zeit zu Zeit gejätet
werden, da der geringe Verkehr nicht verhinderte, dass das Gras zwischen den Steinen wucherte. Die meisten Häuser waren
nur einen Stock hoch; die zwei oder gar
dreistöckigen Häuser waren fast sämtlich
vom Herzog für seine Freunde und höheren Beamten erbaut. Dazwischen gab es
noch Hütten, die nur aus dem Erdgeschoss
und einem hohen Dach bestanden. [...]
Den Grossvater, sehe ich vor mir, wie er in
der eigenen Equipage – mit Kutscher und
Diener in voller Livree auf dem Bock – zu
Hofe fuhr, wie alle ihm auswichen und auf
beiden Seiten stehenbleibend mit dem Hute
in der Hand ihm ihren Respekt bezeigten.«
Damit hat er ein gestochenes Bild der Stadt
in der vorindustriellen Zeit gezeichnet.
Nach der Hauptschule in Dessau besuchte
er in Leipzig das Nicolaigymnasium und
anschließend die Universität, wo er Philologie studierte. Besonders wandte er sich
dem Studium des Sanskrit zu, als dessen
erste Frucht 1844 eine deutsche Übersetzung der indischen Fabel »Hitopadeca«
erschien. Im gleichen Jahr ging er nach
Berlin und 1845 nach Paris, wo Burnouf
Müllers Aufmerksamkeit auf die Rigweda
richtete. Um die von Rosen begonnene
Ausgabe dieses ältesten Sanskritwerkes
fortzusetzen, siedelte Müller nach England
über, wo ihm einige Jahre später durch die
Vermittlung des preußischen Gesandten
Bunsen vom Direktorat der Ostindischen
Companie der Auftrag erteilt wurde, den
ganzen Rigweda mit dem ausführlichen
Kommentar des Sayana herauszugeben.
Diese Ausgabe, die seinen Namen zu einem
überall hochgeachteten machte, erschien
erstmals 1849–75. Es folgte eine lange
Reihe von Veröffentlichungen, die insbesondere wichtig waren für das Studium des
Pali und des Buddhismus. Seit 1850 Professor der neueren Sprachen in London hat
sich Müller besonders durch seine »Lectu-
res on the Science of Language« (London
1870) und deren Folgewerke einen Namen
gemacht. Später wendete sich Müller der
vergleichenden Religionsgeschichte zu.
1869 wurde ihm der neugegründete Lehr-
stuhl für vergleichende Sprachkunde übertragen. Ein Aufenthalt in Straßburg, wohin er 1872 bei Gründung der Universität
als Professor berufen wurde, war nur vorübergehend. 1876 wurde er von der Universität Oxford unter Belassung der Professur
von seinen Lehrverpflichtungen entlassen,
um seine ganze Kraft der von ihm veran-
laßten, auf Kosten der Universität unter-
nommenen Herausgabe der »Sacred Books
of the East« widmen zu können. Es ist dies
eine Sammlung von englischen Übersetzungen der wichtigsten Religionsbücher
der Welt, die in 24 Bänden 1879 bis 1885
erschien. Ihr folgte ab 1886 eine zweite
Serie von abermals 24 Bänden. 1881 bewirkte er die erste vollständige Übersetzung von Kants »Kritik der reinen Vernunft« ins Englische. Außerdem hat Max
Müller zahlose Einzelarbeiten philosophischen, philologischen, geschichtli-
chen und biographischen Charakters in
deutscher und englischer Sprache veröffentlicht. So gab er 1875 »Schillers Briefwechsel mit Herzog Friedrich Christian
von Schleswig-Holstein« heraus sowie
1877 die Denkschrift »Basedow. Von seinem Urenkel«. Selbst auf dem Gebiet der
Belletristik hat sich Müller versucht. Er
wurde Ritter des Ordens Pour le mérite und
eines der acht auswärtigen Mitglieder des
Institut de France, das ihm schon 1849 den
Volneypreis zuerkannte.   G. Z.

LITERATUR

Alte Zeiten – Alte Freunde. Lebenserinnerungen
von F. Max Müller, Gotha 1901, S. 11–13.
BRÜCKNER 1975ff., S. 890.

7

Anonym

Das Geburtshaus des Dichters
Wilhelm Müller, Steinstraße 53

Photographie, um 1890
9,0 x 12,0 cm
Dessau, Museum für Stadtgeschichte
Inv. Nr. MSG 31 R

Das Geburtshaus Wilhelm Müllers befand
sich in der ehemaligen Vorstadt auf dem
Sande, die sich seit 1534 südlich vom Stene-
schen Tore außerhalb der alten Stadt »intra
muros« entwickelte. Da sie auf fürstlichem
Boden gelegen war, unterstanden die »Sän-
der« nicht dem Rat der Stadt, sondern
direkt dem Fürsten und wurden vom fürstlichen Amt verwaltet. Erst im Jahre 1834
wurden die alte Ratsstadt und die unter
dem Amte stehenden Vorstädte – neben
der Sandvorstadt waren dies noch die
Muldvorstadt und die Neustadt – endlich
vereinigt. Die Hauptstraße der Sandvorstadt war die Steinstraße. Der Name kann
zum einen darauf hinweisen, daß es sich
hierbei um einen gepflasterten Weg handelte, denn die wichtigsten Straßen waren laut
einer fürstlichen Verordnung von 1690 mit
Feldsteinen gepflastert, die Bürgersteige
mit Ziegelsteinen; über die Gossen führten
kleine Brücken. Eine Straßenbeleuchtung
gab es erst seit 1779 durch Pfahllaternen,
zunächst aber auch nur im Umkreis des
Marktplatzes; sie brannten nur während
mondscheinlosen Nächten. Der Name
kann aber auch auf ihren ursprünglichen
Zielort hindeuten und damit Stenische
Straße gemeint gewesen sein.

7

Die Sandvorstadt war überwiegend eine Gegend der »kleinen Leute«. Schon aus diesem Grunde wurde mit der Erlaubnis für die Ansiedlung von jüdischen Bürgern durch den Fürsten Johann Georg II. von Anhalt-Dessau im Jahre 1672 die Sandvorstadt für deren Ansiedlung bestimmt. So waren den ersten beiden hier niedergelassenen Juden der Handel und der Geldverleih gestattet. Das Geburtshaus Wilhelm Müllers wurde nach 1777 durch den damaligen Grundstücksbesitzer Joachim Jacob Krüger – nachdem das ursprüngliche Gebäude abgebrannt war – neu erbaut. Das Haus, das durch den Schneidermeister Christian Heinrich Leopold Müller im Jahre 1788 erworben wurde, die alte Nr. 17, war ein zweigeschossiger, fünfachsiger Putzbau mit einem (wohl) ausgebauten Dachgeschoß, denn darauf deuten zwei – zu den Achsen versetzte – Dachfenster hin. Zum Grundstück gehörte ein langgestreckter Garten zur Mulde hin, der einen freien Blick bis weit in den Vorderen Tiergarten erlaubte. An das Vorderhaus grenzten Hofgebäude an, die zu unterschiedlichsten Zwecken Verwendung fanden. Im Haus an der Steinstraße wurde der Dichter Wilhelm Müller am 7. Oktober 1797 als sechstes Kind des Ehepaars Christian Heinrich Leopold Müller und Marie Leopoldine, geb. Cellarius (= Keller), geboren. Der Vater, Leopold Müller, erkrankte mehrfach und mußte schließlich den Fürsten Franz um Unterstützung bitten, damit er zumindest das Haus halten konnte. Die

Kinder starben alle bis auf Wilhelm, und im Jahre 1808 nahm ihm der Tod auch noch die Frau, Wilhelms Mutter. Nachdem der Vater des Dichters wieder gesund geworden war und zum zweiten Male geheiratet hatte, besserte sich die wirtschaftliche Lage der kleinen Familie. Er konnte nunmehr seinem einzigen Sohn eine gute Ausbildung angedeihen lassen. Er erlebte noch, daß sein Sohn als Hilfslehrer an die Gelehrtenschule zurückkam und zum Gehilfen bei der neu einzurichtenden Herzoglichen Bibliothek bestellt wurde. Im Jahre 1820 starb er.   G. Z.

LITERATUR

BRÜCKNER 1975 ff., S. 887–890.

8
Anonym

Das Wohn- und Sterbehaus des Dichters Wilhelm Müller mit der 1927 angebrachten Gedenktafel

Photographie, um 1930
12,9 x 18,2 cm
Dessau, Stadtarchiv
o. Sign.

Auf einem großen Grundstück an der Kavalierstraße ließ Fürst Leopold III. nach Plänen von Erdmannsdorff 1797 bis 1799 das sogenannte »Schauspielhaus« errichten. Zur Erbauungszeit wurde westlich zur Kavalierstraße und östlich zur Wallstraße

hin viel Platz für geplante Erweiterungen gelassen.
Für die östliche Begrenzung zur Wallstraße hin ließ der Fürst für den königlich-preußischen Kammerrat Ludwig Rudolph von Pönigkau ein Haus errichten. An dieses rechteckige Gebäude war in fast rechtem Winkel ein Flügel mit elliptischem Saal angebracht worden. Eine architektonische Gliederung der Fassade war nur an der Straßenfront ausgeführt. Hier befanden sich im Erdgeschoß vier – etwa gleichgroße – Räume. Das Gebäude sollte im Kulturleben der Stadt bis zu seiner Zerstörung im Jahre 1945 eine hervorragende Rolle spielen. Es kam 1806 in den Besitz des Fürsten Franz. 1805 ist hier die Tillich-Oliviersche Erziehungsanstalt gegründet worden, nachdem seit 1802 die unter wesentlicher Anregung von Heinrich Ferdinand Ludwig Olivier gebildete »Kasinogesellschaft« den Saal und einige Räume im Haus gemietet hatte. Diese verstand sich als »geselliger Verein gebildeter und gesitteter Menschen aus verschiedenen Ständen« und organisierte unter anderem Konzerte und Bälle. Nun wurde zu Ostern 1805 im Haus Wallstraße 10 das Tillich-Oliviersche Erziehungsinstitut eröffnet. Prof. Olivier war seit 1781 Lehrer am Philanthropin in Dessau und hatte nach Auflösung desselben im Jahre 1793 schon einmal eine private Schule gegründet. Er hatte sich als Erfinder einer neuen Lesemethode einen geachteten Ruf erarbeitet. Die von ihm entwickelten Schautafeln (vgl. Kat. Nr. 9a) zum Lesen-

8

lernen gewähren zudem interessante Einblicke in das Schulmilieu zu Wilhelm Müllers Jugendzeit. Nachdem Olivier in Leipzig Dr. Ernst Tillich – der nach ähnlichen
Kriterien unterrichtete – kennengelernt
hatte, kamen sie überein, in Dessau ein
gemeinsames Erziehungsinstitut zu eröffnen. Im Sommer 1818 mußte der Schulbe-
trieb jedoch wieder eingestellt werden.
Nachdem das Haus dann einige Zeit leer
gestanden hatte, entschied sich der Enkel
und Nachfolger des Fürsten Franz, Herzog
Leopold IV. Friedrich von Anhalt-Dessau,
hier eine Herzogliche Bibliothek einzurichten. Mit dem 4. Januar 1820 wurde Müller
als hauptberuflicher Bibliothekar angestellt. Nachdem Wilhelm Müller im Mai
1820 Adelheid Basedow geheiratet hatte,
bezogen sie Räume im Erdgeschoß von
Wallstraße 10, und wieder wurde das Haus
ein kultureller und künstlerischer Mittelpunkt der Stadt. Nachdem im Jahre 1892
die Herzogliche Hofbibliothek in das
Prinz-Wilhelm-Palais (Johannisstraße 13)
verlegt worden war, wurde das Haus Wallstraße 10 Büro und Wohnung des Hofthea-
ter-Intendanten.   G. Z.

LITERATUR

W. SCHMETZER, Wallstraße 10. Ein kulturgeschichtlich wertvolles Haus, in: Dessauer Kulturspiegel 3 (1956), S. 251 f.
BRÜCKNER 1975 ff., S. 632–642.
Marie-Luise HARKSEN, Die Kunstdenkmale des
Landes Anhalt, Bd. 1: Die Stadt Dessau, Burg
1937, S. 86.

9
Ludwig Sporon (1800–1857) und
Robrahn (?–?)

Die Hauptschule zu Dessau;
ehemaliges Palais des Fürsten Moritz;
Vorder- und Rückfassade

Lithographie
51,4 x 42,7 cm
bez. oben Mitte (Vorderfassade): St: v.
Sporon u. Robrahn in Dessau /
Vordere Seite der Herzogl. Hauptschule zu
Dessau. Bei dem fünfzigjährigen Jubiläum
derselben am 5ten October 1835
bez. unten Mitte (Rückfassade): St. v. Spo-
ron u. Robrahn in Dessau /
Hintere Seite der Herzogl. Hauptschule zu
Dessau
Dessau, Anhaltische Gemäldegalerie
Inv. Nr. G II 348/1

Das Gebäude, in welchem 1785 die Hauptschule eingerichtet wurde, war ursprünglich als Palais für den jüngsten Sohn des
Fürsten Leopold I. von Anhalt-Dessau,
den Prinzen Moritz, in den Jahren 1738 bis
1740 eingerichtet worden. Es war ein drei-
geschossiger Massivbau mit zwei Pavillons
an Nord- und Südseite. Nach dem Tod des
unverheirateten Prinzen im Jahre 1760
blieb das Hauptgebäude zunächst unbe-
wohnt, während die beiden Pavillons weiterhin bewohnt beziehungsweise vermietet
wurden. Gegen Ende des Jahres 1793 entschied Fürst Leopold III. Friedrich Franz
von Anhalt-Dessau, das Gebäude für eine

neue Nutzung vorzubereiten, nämlich zur
Aufnahme der zu gründenden fürstlichen
Hauptschule. Dafür mußten umfangreiche
Um- und Ausbauarbeiten am gesamten
Gebäude durchgeführt werden. Am 3. Oktober 1795 bezogen sodann 192 Schüler
einen Teil der bereits fertiggestellten Räume. Durch die umfangreichen Umbauar-
beiten zwischen 1793 und 1795 wurde das
Gebäude zu einem dreigeschossigen Putzbau mit zwei ausgebildeten Vollgeschossen
und einem Mezzaningeschoß. Der Bau war
an der Hauptfront mit einer klassischen
Profilierung versehen. Die Gartenseite war
weit weniger aufwendig ausgearbeitet. Sie
wurde ganz wesentlich durch die beiden
Treppentürme bestimmt, über die der Zugang zu den Obergeschossen erfolgte. Das
Gebäude der Hauptschule erhielt »ausser
den sehr hellen, hohen und geräumigen
Klassen einen Saal für die jährlich zu
Ostern stattfindenden öffentlichen Prüfun-
gen, einen Saal für die Büchersammlung,
ein Zimmer mit Werkzeugen für die Natur-
kunde und die Größenlehre und die Woh-
nungen der Direktoren [. . .] und einiger
anderer Lehrer.«
Im Jahre 1819 wurde die Hauptschule in
die Gelehrtenschule mit fünf Klassen, die
Bürgerschule mit drei Klassen und die Vorschule mit vier Klassen umgestaltet. Die
Stelle des Direktors der Gelehrtenschule
wurde dem aus Zeitz nach Dessau berufe-
nen Johann Friedrich Stadelmann übertragen. Gleichzeitig erhielt er die Leitung der
Hofbibliothek. Nach Ostern 1820 wurde

Vordere Seite der Herzogl. Hauptschule zu Dessau.
Bei
dem fünfzigjährigen Jubiläum derselben am 5ᵗᵉⁿ October 1855.

9

Wilhelm Müller an der Gelehrtenschule als Kollaborator (Hilfslehrer) angestellt. Da Müller neben der Lehrtätigkeit an der Schule zugleich als Gehilfe in der Hofbibliothek tätig war, war Stadelmann gleichsam sein doppelter Vorgesetzter. Persönliche Probleme zwischen den beiden führten dazu, daß Müller versuchte, durch Herzog Leopold IV. Friedrich von Anhalt-Dessau vom Unterricht an der Gelehrtenschule befreit zu werden. Mit dem 4. Januar 1820 wurde er schließlich alleiniger Bibliothekar und damit erster hauptberuflicher Hofbibliothekar in Dessau.   G. Z.

LITERATUR

BRÜCKNER 1975ff., S. 1371–1373.
August FUCHS, Dessau, Wörlitz und Oranienbaum, Dessau 1843 (Nachdruck Wörlitz o. J.), S. 36f.

4
Carl Wilhelm Kolbe (1759–1835)

Lehrtafel II

aus: D. F. Olivier: Orthoepigraphisches Elementarwerk. 2. prakt. Theil. Dessau 1806 (1. theoret. Theil Dessau 1804)
Radierung
52,0 x 37,3 cm
Dessau, Anhaltische Gemäldegalerie
Inv. Nr. G 763

zu 9

9a

10

Protokoll der Vernehmung von arretierten Schneidergesellen nach deren Aufstand im Juni 1794

Oranienbaum, Landesarchiv
Abt. Dessau, C 20 II h Nr. 65, fol. 53ʳ–55ᵛ
aufgeschlagen: fol. 53ᵛ

Die Verhöre der Dessauer Schneidergesellen,[1] von denen mehrere beim Vater Wilhelm Müllers in Arbeit standen, hatten am Morgen des 21. Juni begonnen, wurden am 22. Juni, einem Sonntag, unterbrochen und am 23. und 24. Juni fortgesetzt und beendet. Sie fanden auf der fürstlichen Regierung unter Vorsitz des Regierungspräsidenten von Krosigk statt, die Arretierten wurden jeweils aus der Schloßwache beziehungsweise dem Armen- und Arbeitshause zugeführt. Unser Text beginnt mit den Worten:
»Actum Dessau d. 23.ᵗ· Jun. 1794
          Nachmittags um 3 Uhr.
Da die am Sonnabend freygelaßenen Schneidergesellen heute nachmittags die im Armenhause im Arrest sitzenden durchaus besuchen und da man ihnen solches nicht gestatten wollen mit Ungestüm sich hineingedrängt und die öffentliche Ruhe gestöret haben, so sind selbige manu militari [durch die Hand des Militärs, das heißt der Schloßwache] in die Wache gebracht worden und sollten hiernächst über dieses factum vernommen werden [...]«.
Da die Vernommenen auch angeben mußten, bei welchem Meister sie beschäftigt waren, läßt sich folgende Verteilung auf die verschiedenen Meister erkennen: 7 standen bei Meister Müller in Arbeit, 5 bei Meister Eberius sen., 4 bei Meister Hennig, jeweils 2 bei den Meistern Jonack, Schirmer, Propst und Schapitz; die übrigen Meister beschäftigten einen oder gar keinen fremden Gesellen.   U. J.

1 Zum Ausstand der Schneidergesellen vgl. Ulla Jablonowski, Aufsatz in diesem Katalog, S. 33f.

11

Protokoll über die Anklage der Schneidermeister Johann Carl Eberius jun. und Christian Heinrich Leopold Müller wegen der von ihnen begangenen Akzis-Defraudation, Oktober 1792

Oranienbaum, Landesarchiv
Abt. Dessau, A 12c Nr. 15, Nr. 1545
aufgeschlagen: fol. 19r

Unter Nr. 1545 der Protokolle des fürstlichen Kabinetts steht die Notiz:
»*Die Cammer* berichtet: Der Thorschreiber im Leipziger Thore alhier, *Kaufmann*, habe wider die Schneidermeister *Eberius jun.* und *Müller* denunciret: Daß sie am 8ᵗᵉⁿ dieses [Monats] in der Nacht bei ihrer Rückkehr von *Leipzig* einen Kasten, worin für 44 Taler Waaren, verheimlichen, und also die Fürstl. Accise um 1 Taler 21 Groschen defraudiren wollen. Die Sachen sein einstweilen bei Fürstl. Accise in Verwahrung. Beide Schneidermeister versichern zwar, daß es ihre Absicht nicht gewesen die Accise zu betrügen; jedoch sein sie, nach der *Cammer* Ermessen nicht ganz für schuldlos zu halten«.
Rechts daneben hat die Hand des Schreibers die Resolution des Fürsten Leopold Friedrich Franz vermerkt:
»Ich erwarte hierüber der Cammer Gutachten.«[1]   U. J.

1 Die Schneidermeister Eberius jun. und Müller waren Schwäger. Über die Art ihrer Beziehungen und die Bedeutung des Vorfalls vgl. Ulla Jablonowski, Aufsatz in diesem Katalog, S. 35.

12

Bewerbungsbrief Wilhelm Müllers vom 28. Dez. 1818 um eine Anstellung als Hilfslehrer (Kollaborator) bei der neu einzurichtenden Gelehrtenschule seiner Vaterstadt

Oranienbaum, Landesarchiv
Abt. Dessau C 18 b I (Nachtrag) Nr. 16 II.
fol. 19–20
aufgeschlagen: fol. 19

»Hochwohlgeborener, Wohlgeborene, Hochwürdiger,
Zum Herzogl. Konsistorium Hochverordnete Herren Präsident und Räthe,
Hochgelehrte Insonders Hochgeehrteste Herren,
Da ich erfahren habe, daß, bei der be-

schlossenen Erweiterung der hiesigen gelehrten Schule und deren Trennung von der bürgerlichen, einige Lehrerstellen an der ersteren zu besetzen sein würden, so fühle ich mich verpflichtet, diese Gelegenheit zu ergreifen, Ew. Hochwohlgeboren, Wohlgeboren und Hochwürden meine durch lange Abwesenheit vielleicht zweifelhaft gewordene Bereitwilligkeit an den Tag zu legen, der Vaterstadt, an die mich die Schuld erster Erziehung und Bildung, wenn auch keine andere Verbindlichkeit, fesselt, nach bestem Willen und Vermögen meine Dienste zu widmen . . .«.
Mit wohlgesetzten Worten, unter Beachtung aller Vorschriften und Titel, läßt Wilhelm Müller sein an das herzogliche Konsistorium gerichtete Anstellungsgesuch[1] beginnen; dann fährt er mit der Beschreibung seiner wissenschaftlichen Vita fort:
»Ich bin seit Michaelis 1812 bei der philosophischen Fakultät der Universität zu Berlin eingeschrieben und habe daselbst bis zum Schlusse des Sommersemesters 1817 mit Abrechnung einer einundeinhalbjährigen Unterbrechung durch Kriegsdienst in der preußischen Armee, ausschließlich philologische Kollegia besucht, welche mein beiliegendes Abgangszeugniß einzeln angiebt. Dieselbe Zeit hindurch habe ich, als Mitglied des philologischen Seminars, Antheil an dessen Übungen unter der Leitung der Herren Professoren Böckh und Buttmann genommen. Ob und wie ich diese Studienzeit benutzt, erbiete ich mich, außer dem angeführten Zeugnisse der Fakultät, mit Spezialzeugnissen meiner Lehrer und namentlich des Hrn. Geheime Rath Wolf, die ich nebst anderen Papieren in Berlin zurückgelassen habe, zu belegen, sobald Ew. Hochwohlgeboren, Wohlgeboren und Hochwürden es befehlen werden [...].«
Der weitere Text läßt die hohe Meinung durchscheinen, die der angehende Dichter und Lehrer von seinen Fähigkeiten und Leistungen hatte. Obwohl er sich um die Stellung eines Hilfslehrers bewarb, erhoffte er sich im Grunde eine andere, besser bezahlte und geachtetere Stellung inner- oder außerhalb des Schuldienstes oder doch wenigstens, wenn er schon Kollaborator sein sollte, genügend Freiheit für bezahlte Nebenarbeiten, wie sie damals allgemein und auch an den Schulen üblich waren.
Dem Schreiben waren handschriftliche Zeugnisse der Professoren Böckh, Wolf und Rühs beigefügt.   U. J.

1 Abgedruckt in: O. FRANKE, Zur Biographie des Dichters Wilhelm Müller, in: Mitteilungen des Vereins für Anhaltische Geschichte und Altertumskunde, Bd. 5, Dessau 1890, S. 34–36, sowie in: LOHRE 1927, S. 362–365.

13   **Farbtafel 1**

Zeugnis von Dr. August Böckh, Professor
für Beredsamkeit und klassische
Philologie an der Universität Berlin,
für den Studiosus Wilhelm Müller

Oranienbaum, Landesarchiv
Abt. Dessau C 18 b I (Nachtrag) Nr. 16 II
fol. 31

Am 18. 1. 1819 reichte der Schneidermeister Heinrich Leopold Müller, der Vater Wilhelm Müllers, im Auftrag seines in Berlin abwesenden Sohnes zwei weitere Zeugnisse auf dem herzoglichen Konsistorium nach, und zwar ein handschriftliches Zeugnis von Prof. Friedrich August Wolf vom 4. 8. 1815 und ein weiteres von Prof. August Böckh vom 11. 5. 1816, dessen Text lautet:
»Herr Wilhelm Müller von Dessau, Studiosus der Philologie, hat während seiner Anwesenheit hierselbst, vor dem Feldzuge von 1813/14 ein halbes Jahr, und nach demselben ein und ein halbes Jahr meine Vorlesungen fleißig besucht, und mir zugleich als Mitglied des unter meiner Leitung stehenden philologischen Seminars Proben seiner guten Kenntnisse und glücklichen Anlagen gegeben, sowie er mir auch als ein junger Mann von untadelhaften Sitten bekannt ist. Um dieser seiner Eigenschaften willen ist er mir vorzüglich lieb geworden, und indem ich überzeugt bin, daß er nach Vollendung seiner Studien in dem Kreise der Thätigkeit, für welchen er sich bestimmt hat, dem Staate und der Wissenschaft sehr nützlich werden wird, empfehle ich denselben seinen Gönnern angelegentlichst, und wünsche sehr, daß er durch Unterstützung, deren er sehr bedürftig ist, in den Stand gesetzt werden möge, seine begonnene Laufbahn fortzusetzen.
Berlin d. 11. Mai 1816.
                    Aug. Böckh, Dr.
        Professor der Beredsamkeit auf der
        hiesigen Universität und Director des
        philologischen Seminars.«
Die Herren Konsistorialräte zögerten eine Entscheidung hinaus, da noch nicht einmal die Person des Direktors, der die Schulreform ins Werk setzen sollte, gefunden wor-

den war und die untergeordnete Stelle eines Kollaborators frühestens im Herbst zu besetzen war. Für Müller aber war die baldige Anstellung eine Existenzfrage. Man kam ihm entgegen, um den vielversprechenden jungen Mann nicht zu verlieren. Nach drängenden Briefen und nachdem der Vater am 3. März 1819 nochmals persönlich nachgefragt hatte, wurde ihm die Gelegenheit zu den geforderten Probelektionen eingeräumt. Am 4. Mai wurde Wilhelm Müller auf dem Konsistorium offiziell vereidigt, nachdem er bereits für den Monat April bezahlt worden war.   U. J.

14

Wilhelm Müllers Gesuch vom 22. Febr.
1823 an das Konsistorium, seine Stellung
an der Gelehrtenschule auf die eines »au-
ßerordentlichen« Lehrers zu reduzieren

Oranienbaum, Landesarchiv
Abt. Dessau C 18 b I (Nachtrag)
Nr. 1 II fol.
aufgeschlagen: fol. 19 v

Die Übernahme des Amtes des herzoglichen Bibliothekars war der erste Schritt auf dem Wege, die Fesseln des Schulbetriebes abzustreifen; eine geringe Änderung in der Schulorganisation (die Einführung einer 5. Klasse) im Frühjahr 1823 nahm Wilhelm Müller dann zum Anlaß, um das Konsistorium mit Schreiben vom 22. Februar 1823 vor die Alternative zu stellen, ihm entweder die Freiheiten eines »außerordentlichen« Lehrers, außerhalb des Kollegiums und der Kontrolle des Direktors, zuzugestehen, oder auf seine Dienste gänzlich zu verzichten.
In der abgebildeten Textstelle schildert er seine Lage:
»Ich habe bereits Sr. Hochfürstlichen Durchlaucht, meinem gnädigsten Herrn, diese meine unterthänigste Bitte zu Füßen gelegt, und mich Hochdesselben fernerer Gnade empfohlen. Sr. Durchlaucht geruhten auch, von mir die aufrichtige Versicherung anzunehmen, daß es meine Absicht nicht sei, mich durch dieses Demissionsgesuch Hochdesselben ehrenvollen Diensten zu entziehen, sondern daß ich vielmehr das lebhafteste Bedürfniß fühlte, für mein Vaterland nach besten Kräften thätig zu sein, daß mir aber der Dienst desselben zu heilig sei, um ihn, als drückende Bürde, mit Widerwillen zu tragen. Hierauf haben Sr. Durchlaucht mir den unschätzbarsten

Beweis gnädigen Vertrauens gegeben, indem Hochdieselben mir befahlen, Ew. Hochwohlgeboren, Hochwürden und Wohlgeboren meine unterthänigste Bitte und zugleich die Frage vorzulegen: ob es nicht möglich sei, meine Verhältnisse an der Gelehrten-Schule so zu stellen, daß die Erfüllung meiner Pflichten der Anstalt ersprießlicher und mir weniger drückend würde:
da Sr. Durchlaucht mich nicht von einem Institute entfernt zu sehen wünschten, das der Gegenstand Hochderselben wärmster Sorge sei, und an dem Hochdieselben mich nicht für ganz überflüssig hielten [. . .]«. Fast klingt der Brief wie ein Hilfeschrei; der Dichter fühlte sich offensichtlich überfordert, in seiner Produktivität und Gestaltungskraft eingeengt, da die Arbeit des Pädagogen – recht verstanden – immer den Einsatz der ganzen Persönlichkeit erfordert. Das heißt nicht, daß er ein schlechter Lehrer gewesen wäre. Das Urteil des Konsistoriums nach seinem Tode, er habe »neben gediegenen Kenntnissen im Griechischen und Lateinischen die unschätzbare Gabe [besessen], die Autorität allein auf sein geistiges Übergewicht zu gründen«, wird durch Erinnerungen von Schülern, die durch ihn für die Sache begeistert wurden, und selbst durch ein Urteil Stadelmanns erhärtet, der 1824 in seinem Schulbericht schrieb: »Bibliothekar Müller lehrt mit Deutlichkeit, Genauigkeit und Wärme«. Ebenso recht aber hatte das Schulephorat, wenn es während der letzten Krankheit des Dichters seufzend an den Herzog schrieb: »Für die Zukunft wird ein eigens sich dem Schulfache widmender, im Lateinischen und Griechischen wohl bewanderter Mann für diese Lektionen [. . .] nötig sein«. Müller hatte übrigens keinen Zweifel daran, daß sein Ansuchen positiv beschieden würde, denn bereits am 26. 2. 1823 schrieb er aus Dresden an seinen Verleger Friedrich Arnold Brockhaus: »Ich habe die Hoffnung, bald recht viel Muße zu gewinnen, da ich meine Stunden in der hiesigen Gelehrten-Schule loszuwerden denke. Alsdann will ich thätiger für Ihre Institute sein«.[1] – Die endgültige obrigkeitliche Bestätigung des von Müller vorgeschlagenen Arrangements erfolgte jedoch erst nach harten Auseinandersetzungen, in denen Müller keinen Fußbreit zurückwich, durch Schreiben des Konsistoriums vom 9. 9. 1823.   U. J.

1 Zit. nach LOHRE 1927, S. 185.

15
Anonym

Christian Georg Ackermann
(1787–1850), Buchhändler, Verleger
und Autor in Dessau

Lithographie
25,0 x 20,0 cm
Dessau, Stadtarchiv
o. Sign.

Christian Georg Ackermann entstammte
einer Familie, die sich bereits seit zwei
Generationen mit dem Buch beschäftigte.
So war sein Großvater Christian Friedrich
Benjamin Ackermann seit 1756 Ratsbuch-
binder und führte in dem Haus Nr. 516
(= Wallstraße 10) einen Buchhandel. Zu-
dem handelte er auch mit antiquarischen
Büchern. Endlich betätigte er sich als Ver-
leger. Sein Sohn Christian erwarb nach des
Vaters Tod im Jahre 1783 das Haus Nr. 498
(= Marktstraße 7) und betrieb neben der
Buchbinderei auch das Geschäft weiter. So
verlegte beziehungsweise vertrieb er Schil-
lers »Musenalmanach«, Lobethans »Lan-
des- und Prozeßordnung«, Werke des
Leipziger Göschen-Verlages oder Kotze-
bues »Almanach dramatischer Spiele« und
den Code Napoleon. Im November des
Jahres 1817 nahm sich der jüngere Sohn
Christian Georg des Buchhandels an und
bewarb sich um ebendieses Privileg. Am
16. Januar erhielt er das Privileg für eine
Verlags- und Sortimentsbuchhandlung.
Mit seinem neuen Geschäft verließ er seines
Vaters Haus und mietete sich in das Haus
Steinstraße 348 ein, das sich nicht weit
entfernt von Wilhelm Müllers Geburtshaus
befand. Im Jahre 1822 heiratete er Caroline
Wilhelmine Luise Hesekiel aus Rehsen und
zog mit seiner Buchhandlung in das Haus
von Börstel (= Nr. 554), in welchem sich
auch zwischen 1781 und 1785 die Buchhandlung der Gelehrten befunden hatte.
Geschäftlich war Ackermann sehr aktiv.
Fast in jeder Nummer des »Fürstlich-An-
halt-Dessauischen Wochenblattes« zeigte
er Neuerscheinungen des deutschen Bü-
chermarktes beziehungsweise seines eigenen Verlages an. Er begann im Jahre 1818
mit der »Ausführlichen Anleitung zur Zim-
merkunst« des Dessauer Zimmermeisters
Leopold Leideritz. 1819 gewann er
Wilhelm Müller als Redakteur für seine
Zeitschrift »Askania«. In seinem Verlag
erschienen unter anderem Wilhelm Müllers »Lieder der Griechen« (1822), »Chro-
nologische Uebersicht der deutschen Ge-

15

schichte« von Carl Friedrich Wilhelm Böttger, nach dessen Tod herausgegeben von Dr. Gustav A. Harald Stenzel (1819), Friedrich Adolf Krummachers »Fürst Wolfgang zu Anhalt« (1820), Schriften unter anderem von Matthisson und nicht zu vergessen »Geschichte und Beschreibung des Landes Anhalt« (1833) von Müllers Nachfolger im Amt des Hofbibliothekars Heinrich Lindner. Während des Zollkrieges mit Preußen förderte er die Herausgabe zweier Broschüren von Müllers späterem Schwiegervater Ludwig Basedow, die unter einem Pseudonym erscheinen mußten. Seine eigene »Darstellung der Kriegsbegebenheiten in Dessau während der Jahre 1806 bis 1815 von einem Augenzeugen«, Dessau 1839, stellen eine wichtige Geschichtsquelle dar. Er verkaufte 53jährig seine Buchhandlung an Richard Mühlmann aus Reideburg bei Halle, der auch die Wohnung in Ackermanns Haus übernehmen wollte. Doch die Regierung verweigerte ihm die Konzession, und die Buchhandlung ging an Carl Adolf Felix Aue über. Aus seiner Buchhandlung wurde die bis weit in die 1970er Jahre in Dessau ansässige Buchhandlung von Walter Schwalbe. Der jüngere Sohn Christian Georg Ackermanns war der spätere Königlich-bayrische Hofbuchhändler Karl Johann Theodor Ackermann in München.

G. Z.

LITERATUR

BRÜCKNER 1975 ff., S. 145, 148, 158, 419 f., 710, 727, 731.

16

Christian Georg Ackermanns Manuskript zu seiner Abhandlung »Dessauische Zustände – Buchhandel«, 1842/43

Dessau, Stadtarchiv
Inv. Nr. U 817
aufgeschlagen: Kapitel 5 und 6

Wilhelm Müllers Verleger in Dessau, der Buchhändler Christian Georg Ackermann (1787–1850), schrieb in späteren Lebensjahren eine Abhandlung »Dessauische Zustände – Buchhandel«, worin er die ehrenden Worte für den verstorbenen Dichter fand:
»Ein mir sehr günstiger Umstand war Wilhelm Müllers Hierherkommen. In aufrichtiger Verehrung werde ich desselben geden

ken, solange ich lebe. Seine aufrichtige Freundschaft gab sich weit weniger durch Worte, als durch die Tat zu erkennen. Mir, den Seinen und der deutschen Literatur ist er nicht wieder ersetzt worden«.
Die Quelle informiert uns über die Höhe der Auflagen, die die bei Ackermann erschienenen Werke Müllers erreichten, über Kosten und den Gewinn, den der Verleger einstreichen konnte. Sie betont die freundschaftlichen Beziehungen zwischen den Familien und erwähnt Projekte, deren Ausführung der frühe Tod des Dichters verhinderte: einen zweibändigen romantischen Roman »Waldemar von Anhalt« und eine neue, volkstümliche Übersetzung der Werke Homers nach der gelehrten von Voß. Darüber hinaus beschreibt sie einen Zeitraum der Dessauer Geschichte, über den die Informationen auf allen Gebieten nur spärlich fließen.
Das umfängliche Manuskript ist eines von ursprünglich 5 vorhandenen Exemplaren. Es war für den Druck bestimmt, blieb aber vermutlich liegen, weil es zu viele offene und versteckte Invektiven gegen Zeitgenossen (vor allem gegen den Buchhändler und -druckereibesitzer Karl Wilhelm Fritsche) enthielt [1].

U. J.

1 Vgl. Ulla JABLONOWSKI, Buchhandel und Buchdruck in der nach-Franzischen Zeit, in: Wissenschaftliche Zeitschrift der Martin-Luther-Universität Halle-Wittenberg. Geisteswissenschaftliche Reihe, Heft 4: Dessau-Wörlitz in der Literaturgeschichte (= Dessau-Wörlitz-Beiträge III (1989)), XXXXI (1992), S. 53–56.

17

Zeitungsannonce von Wilhelm Müllers »Lieder der Griechen« in den »Herzoglich Anhalt-Dessauischen wöchentlichen öffentlichen Nachrichten« vom 6. April 1822

Dessau, Stadtarchiv
Sign.: ZS
aufgeschlagen: S. 163.

Die Herzoglich Anhalt-Dessauischen wöchentlichen öffentlichen Nachrichten, deren erste Ausgabe (als Fürstlich Anhalt-Dessauische ... Nachrichten) am 21. Mai 1763 erschien, waren das Amts- und Anzeigenblatt des Landes; hier annoncierte auch Ackermann regelmäßig die wichtigsten Neuerscheinungen seiner Verlags- und Sortimentsbuchhandlung.

U. J.

18

August Rodes »Unmaßgebliche Vorschläge zur Einrichtung der allhier zu errichtenden Herzoglichen Öffentlichen Bibliothek« aus den Akten zur Gründung der Herzoglichen Bibliothek Dessau, 1819

Oranienbaum, Landesarchiv
Abt. Dessau A 14a, Nr. 4, Bl. 12–15
aufgeschlagen: Bl. 12^v

Die in der Akte des Landesarchivs zur Gründung der Herzoglichen Bibliothek in Dessau enthaltenen »Vorschläge« Rodes vom 30. 11. 1819 sind eine Zusammenfassung der vorbereitenden Überlegungen zur von Rode geplanten und vorangetriebenen Gründung der Bibliothek. Die »Vorschläge« enthalten Ausführungen zu Öffnungszeiten, Nutzungsbedingungen, Festschreibung eines Erwerbungsetats, Bezahlung der Bibliothekare und den Appell, die gesamten herzoglichen Sammlungen aus Dessau und Wörlitz zusammenzuführen. Besonders interessant sind die Ausführungen zur personellen Ausstattung der Bibliothek. Rode hielt Wilhelm Müller für den geeigneten Bibliothekar, der diese Arbeit alleinverantwortlich ausführen sollte. Damit einher ging unverhohlene Kritik an Stadelmann, der seit 1819 mit der bibliothekarischen Arbeit betraut war. Müller wurde für qualifiziert gehalten aufgrund seiner philologischen Studien und Kenntnisse, seiner Reisen und auch seiner dichterischen Arbeit, namentlich genannt ist hier das Werk »Rom, Römer und Römerinnen«.

A. G.

19   **Abb. S. 40**

Bibliothek deutscher Dichter des sieb-
zehnten Jahrhunderts,
Bde. 1–10. Hg. v. Wilhelm Müller.
Leipzig (Brockhaus) 1822–1827;
Bde. 11–14. Hg. v. Karl Förster.
Leipzig (Brockhaus) 1828–1838.
Gedruckt bei Johann Christian Fritsche
in Dessau

Dessau, Anhaltische Landesbücherei
Sign.: HB 7727 – HB 7739

Folgende Dichter des 17. Jahrhunderts
sind mit ihrer Lyrik in der von Wilhelm
Müller herausgegebenen und von Karl
Förster fortgesetzten Anthologie vertreten:
Bd. 1:   Martin Opitz
Bd. 2:   Andreas Gryphius
Bd. 3:   Paul Fleming
Bd. 4:   Rudolf Weckherlin
Bd. 5:   Simon Dach, Robert
           Roberthin,
           Heinrich Albert
Bd. 6:   Friedrich von Logau, Hans
           Aßmann von Abschatz
Bd. 7:   Julius Wilhelm Zinckgref,
           Andreas Tscherning, Ernst
           Christoph Homburg, Paul
           Gerhard
Bd. 8:   Johann Rist, Daniel Georg
           Morhof
Bd. 9:   Georg Philipp Harsdörffer,
           Johann Klaj, Sigmund von
           Birken, Andreas Scultetus,
           Justus Georg Schottel, Adam
           Olearius, Johann Scheffler
Bd. 10:   Johann Christoph Günther
Bd. 11/12: Jacob Schwieger, Georg
           Neumark, Joachim Neander
Bd. 13:   Zacharias Lund, David
           Schirmer, Philipp Zesen
Bd. 14:   Christian Hoffmann von
           Hoffmannswaldau, Daniel
           Caspar von Lohenstein,
           Christian Wernicke, Friedrich
           Rudolf Ludwig Freiherr von
           Canitz, Christian Weise,
           Johann von Besser, Heinrich
           Mühlpfort, Benjamin
           Neukirch, Johann Michael
           Moscherosch, Nicolaus
           Peucker.   A. G.

20–21

Theaterzettel für die erste Vorstellung auf
dem »Gesellschafts-Theater im
Herzoglichen Schlosse« am Montag,
dem 1. Januar 1827

Dessau, Stadtarchiv (Archiv des Anhaltischen Theaters)
Zettelbuch, o. Sign.

Auszug aus einem Textbuch des Herzog-
lichen Hoftheaters von 1810; Personen
der Handlung und erste Szene aus:
»Die Zerstreuten«, Posse in einem Akt,
von August von Kotzebue

Dessau, Stadtarchiv (Archiv des Anhaltischen Theaters)
o. Sign.

»Ich hatte den Plan, diesen Winter nach
Berlin zu kommen, aber nun ist mir eine
Theaterregie dazwischen gekommen, die
ich habe übernehmen müssen. Ich sehe Sie
lachen. Schule, Bibliothek, Encyklopädie,
Kritik, Poesie und Theaterregie – wie reimt
sich das zusammen? – Aber sehen Sie, da
ich nun einmal Hofrath heiße, und der Hof
in Dessau keinen Rath wußte, sich diesen
Winter zu amüsieren, so habe ich als wirklicher Hofrath Rath schaffen müssen durch
ein Dilettanten-Hof- und Schloßtheater.
Zu Ostern aber denke ich loskommen zu
können [...]«.[1]
Diese halb scherzhaft, halb ernst gemein-
ten Ausführungen Müllers in einem Brief
vom 5. Dezember 1826 an Kriegsrat von
Meusebach, Berlin, lenken unsere Aufmerksamkeit auf eine besondere Aufgabe,
die der Dichter in seinem letzten Lebensjahr – gewiß nicht ungern – übernahm: die
eines Schauspielers und Intendanten am
neu eingerichteten »Gesellschafts-Theater
im Herzoglichen Schlosse«.
Schon in der ersten Vorstellung am 1. Januar 1827 wirkte Müller als Schauspieler
mit (Kat. Nr. 20), und in der Schlußvorstel-
lung der Saison, am 4. April, trat er zum
siebenten und letzten Mal auf. Vierzehn
Theaterabende hatte es gegeben, teils mit
mehreren Stücken; der Schauspieler Müller
gehörte also zu den Stützen des Ensembles.
Den größten Anteil an den Aufführungen
hatte die Oper, wie an damaligen Hofthea-
tern und besonders im musikliebenden
Dessau zu erwarten. Es handelte sich also
zwar um eine Laienbühne, aber um ein
Unternehmen von Anspruch, von höherem
Anspruch als beispielsweise ein Lustspiel

wie »Die Zerstreuten« des damals sehr
erfolgreichen Bühnendichters Kotzebue
vermuten läßt, das in der dritten Vorstellung, am 17. Januar, gegeben wurde und in
dem Müller die Rolle des invaliden, pensio-
nierten Hauptmannes von Mengkorn übernahm (Kat. Nr. 21).   U. J.

1 Zit. nach LOHRE 1927, S. 340.

22–24

Rechnung des Buchdruckereibesitzers
C. Schieder über 202 Theaterzettel für
zwei Vorstellungen und über
300 Theaterbillets

Dessau, Stadtarchiv (Archiv des Anhaltischen Theaters)
o. Sign.

Rechnung von F. W. Reinicke für ausge-
schriebene Rollen von Theaterstücken

Dessau, Stadtarchiv (Archiv des Anhaltischen Theaters)
o. Sign.

Rechnung des Modehändlers
L. Alexander für »2 Pots Rouge«

Dessau, Stadtarchiv (Archiv des Anhaltischen Theaters)
o. Sign.

Die andere Tätigkeit Wilhelm Müllers am
Gesellschaftstheater, die des Intendanten,
ist weniger bekannt. Es scheint eine Unter-
schätzung des Amtes und der Person vor-
zuliegen, wenn in Proskys Theatergeschichte als Leiter der Bühne einzig Hofmarschall von Loën genannt wird, während Müller nur unter den Schauspielern
Erwähnung findet. Aber zum künstlerischen Leiter eines Theaters wurde der Intendant erst im 20. Jahrhundert; Müller
war in der Theaterorganisation mit Ver-
waltungs- und Rechnungsangelegenheiten
beschäftigt, auch mit scheinbaren Neben-
sächlichkeiten. Die Rechnungen und Belege zeigen, wie viel Zeit und Aufmerksamkeit erfordert wurden.
Das erste Blatt der Akten ist die Rechnung
für die »auf gütiges Verlangen des
P. P. Herrn Hofrath Müller« gedruckten
Theaterzettel und Billetts (Kat. Nr. 22).
Die Rechnung ist aufschlußreich für die
Theatergeschichte Dessaus, denn sie belegt, daß pro Aufführung 150 Billetts und
100 Theaterzettel für die geladenen Gäste

(wobei wohl häufig zwei Personen gemeinsam ins Programm schauten) benötigt wurden. Das Gesellschaftstheater, über dessen
Einrichtung nichts bekannt ist, bot mit rd.
150 Plätzen demnach 50 % mehr Zuschau-
ern Platz als das Jahrzehnte zuvor im selben Saal eingerichtete sogenannte Erd-
mannsdorff-Theater.

Müller war als Intendant zuständig vor
allem für den Druck der Zettel und für die
Vervielfältigung der Rollen durch Abschrift. Typisch ist die quittierte Schreiber-
rechnung, auf der auch die Titel der ersten
Stücke stehen, mit Müllers Sichtvermerk
(Kat. Nr. 23).

Für Requisiten war dagegen der Kammerherr von Berenhorst zuständig. Für eine in
Bagdad spielende Oper ließ er unter anderem einen krummen Säbel und einen Tur-
ban liefern. Von Berenhorst sollte Müller
im Amt des Intendanten folgen. Die Abrechnung von Musikalien war Friedrich
Schneiders Aufgabe. Aus einer Rechnung
geht hervor, daß er im voraus Geld erhielt,
etwa, um die vielen Stimmen einer Oper
aus Leipzig kommen zu lassen. Er konnte
in einem gewissen Rahmen selbständig
handeln – und war doch gleichzeitig für
grundlegende Alltäglichkeiten des Opern-
betriebes zuständig: er berechnet an letzter
Stelle den Transport der Instrumente.

Die leitenden Mitarbeiter des Liebhabertheaters mußten ihre Verwaltungsangele-
genheiten selbst erledigen. Das galt sogar
für den Hofmarschall von Loën, der die
Kosten eines auf der Bühne getragenen
Hutes und seiner zweimaligen Umarbeitung quittierte – welche Sparsamkeit und
exakte Rechenschaft.

Es verwundert nun nicht mehr, daß
Wilhelm Müller als Intendant auch für die
Schminke zuständig sein konnte, und nicht
einmal, daß er bei einer späteren Gelegenheit die »2 Pots Rouge« selbst abholte, wie
er auf der Rechnung bestätigte (Kat.
Nr. 24). Das Liebhabertheater mit seinem
anspruchsvollen (Opern-)Repertoire und
den Laiendarstellern konnte nur gedeihen,
wenn keine der vielen kleinen Notwendig-
keiten unter der Würde der Beteiligten war,
und Wilhelm Müller trug als erster die
Auszeichnung, für seine Mühen den Titel
eines Intendanten zu führen.   U. J.

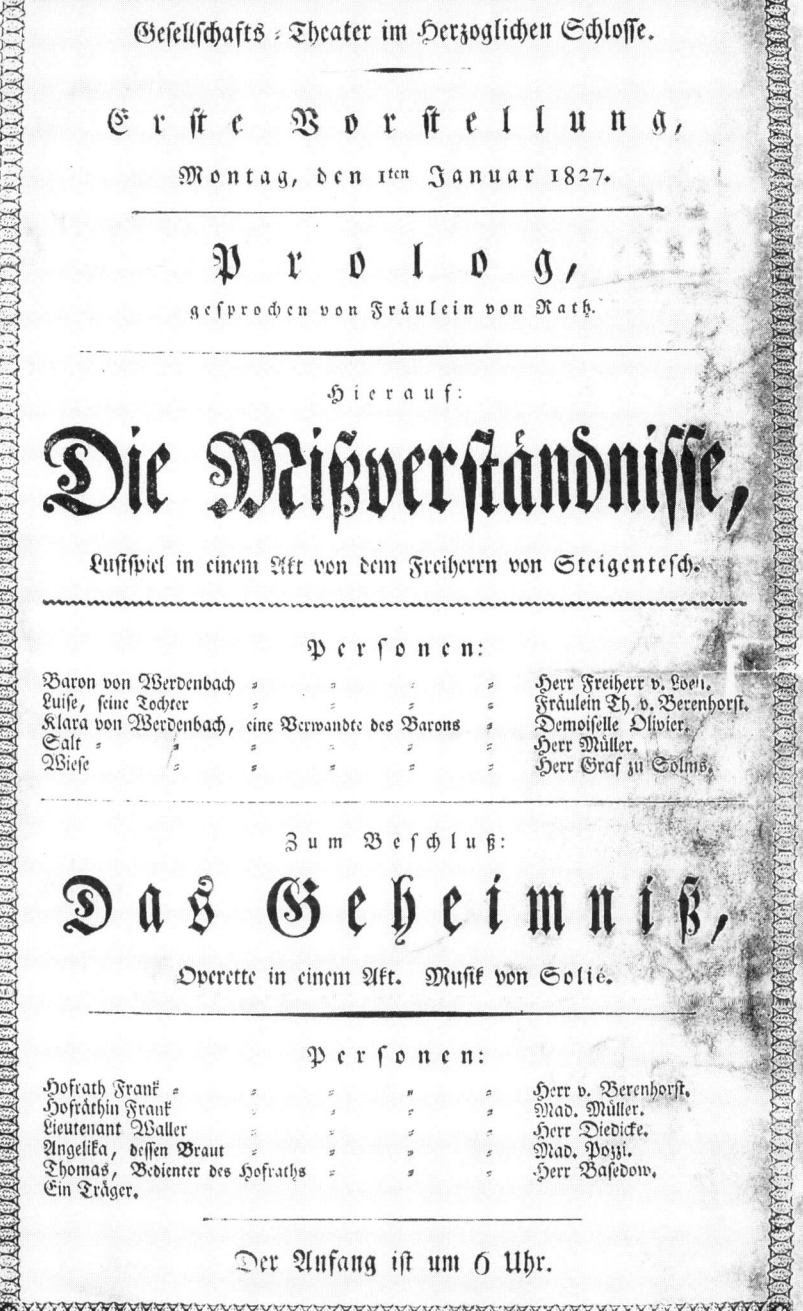

20

25

25

Johann Carl Mare (1776–1835) nach Heinrich F. Vieth (1804–1883)

Stadtplan von Dessau und Umgebung, 1834

Kupferstich und Radierung
51,6 x 47,5 cm
bez. oben Mitte: GRUNDRISS der Stadt
DESSAU mit den UMGEBUNGEN / 1834
/ Gezeichnet von H. F. Vieth, Bauinspector
/ Gestochen von Carl Mare, ord. Professor
und Mitglied der Königl. Akad. der Künste
zu Berlin
bez. unten rechts: Dessau bei C. G. Ackermann Buchhändler, Zerbster Strasse
N. ro 880
Dessau, Anhaltische Gemäldegalerie
Inv. Nr. G II 872

Neben der für die Umgebung von Dessau
typischen Landschaft an der Elbe und
Mulde, des Dessau-Wörlitzer Gartenreiches, prägten Alleen und innerstädtische
Gärten die Stadt. Erstaunlicherweise ist
dieses grüne Dessau kaum bildhaft überliefert.
Auch vor den Toren der Stadt, insbesondere östlich und südlich, erstreckten sich die
bei den Dessauern beliebten Gärten und
Ausflugslokale, die mit Vergnügungen,
Theateraufführungen und Konzerten
lockten.
Die Viethsche Karte von Dessau aus dem
Jahre 1834 läßt deutlich die neu entstandenen Promenaden im Norden der Stadt
beim »Grünen Thor« und im Osten im
Bereich des »Thiergartens« erkennen. In
letzterem durchschneidet die »Neue Promenade« in unregelmäßigem Bogen das
gleichsam noch zentralistische und dem
18. Jahrhundert zugehörige System der fächerförmigen Sichtachsen des »Thiergartens«. Auf sinnfällige Weise begegnen sich
mit diesen beiden unterschiedlichen Wegesystemen die alte herrschaftliche und die
neue bürgerliche Weise der Aneignung von
Natur.
Wilhelm Müller äußerte sich nur kurz und
in wenigen Briefen zur grünen Lage Dessaus. In der Steinstraße nahe der Mulde
und der Herzoglichen Mühle aufgewachsen, war ihm die Muldauenlandschaft besonders vertraut. Wenn ihm auch die
Landschaft ein willkommenes, ausgleichendes Erlebnis bringen konnte, ließ ihn
wohl seine kritische Haltung gegenüber
Dessau in seinen Schilderungen keine
Überschwenglichkeit anstimmen. Zudem

dürfte auch das in seinen Gedichten zum
Ausdruck kommende zwiespältige Verhältnis zur Natur dafür verantwortlich zu machen sein, daß Müller den heimatlichen
Gefilden bei all ihren Reizen nicht vorbehaltlos begegnen konnte!

N. M./M. Sch.-Z.

26   **Farbtafel 2**

Christian Haldenwang (1770–1831)

Blick auf Dessau mit der Muldbrücke und dem Herzoglichen Schloß, 1799

Aquatinta, koloriert
25,0 x 33,0 cm
bez. unten links: Gezeichnet und in Kupfer
bez. unten rechts: gearbeitet von Haldenwang
bez. Mitte unten: DIE MULDBRÜCKE
und das Schloss zu Dessau. Chalcographische Gesellschaft zu Dessau 1799
aus: Ansichten von Dessau und Wörlitz,
1799–1801, 1. Heft.
Dessau, Anhaltische Gemäldegalerie
Inv. Nr. G 1248

Dem regierenden Fürsten Leopold III.
Friedrich Franz von Anhalt-Dessau
(1740–1817) ist die Entstehung des Dessau-Wörlitzer Gartenreiches zu verdanken,
dessen einzelne Parkschöpfungen in die
umgebende Auenlandschaft einfließen und
so besondere Höhepunkte innerhalb der
umfassenden Landesverschönerungen darstellen. Diese bewußte Landschaftsgestaltung, die bis heute die Illusion von Natürlichkeit in ihrer Vollkommenheit nährt,
vereinigte zugleich das Nützliche der Landwirtschaft mit dem großen Ziel des Schönen der kultivierten Natur.
Die 1796 in Dessau gegründete Chalcographische Gesellschaft vermittelt genau dieses Bild des Dessau-Wörlitzer Gartenreiches, das Bemühen um die einigende Wiedergabe von heimatlichen Gegebenheiten
und einer erstrebten idealen Landschaft
voller Verheißung. Der philanthropische
Anspruch, durch Bildung eine Läuterung
zu bewirken, galt auch für die Hoffnung,
über das kultivierte Naturerlebnis Heilung
von Entfremdung zu erfahren. Der Wert
der Natur sollte sich erst in einer urbar
gemachten Landschaft offenbaren, die
durch wilde Natur als kultiviertem Bestand
kontrastiert wurde.
Besondere Beachtung verdienen in diesem
Zusammenhang die rechts im Bild beim
Betrachten der »freien Natur« dargestell-

ten Personen, welche vom westlichen
Muldeufer aus, etwa in der Höhe der Orangerie des damaligen Amalienstiftsgartens,
von einem eigens hergerichteten Aussichtsplateau aus auf die Mulde schauen und sich
dabei inmitten der sie vollends umgebenden Natur aufhalten. Das in einer nicht den
natürlichen Gegebenheiten entsprechenden Landschaft an der Mulde wiedergegebene Aussichtsplateau ist in zeitgenössischen Plänen und Berichten nicht nachweisbar. Daß es mehr eine der Schaulust
geschuldete Erfindung des Künstlers ist,
dafür spricht, daß der herrschaftliche
Amalienstiftsgarten nicht öffentlich zugänglich war und ein nicht zu betretender
Hochwasserwall den Garten zur Mulde
abgrenzte. Das Motiv kann als eine fiktive
Vorwegnahme bürgerlicher Aussichtspunkte gewertet werden.
Wilhelm Müller war mit dem namhaften
Kupferstecher Christian Haldenwang persönlich bekannt. Auf seiner Rheinreise besuchte er gemeinsam mit seiner Frau Adelheid am 28./29. August und 3./4. September
1827 Haldenwang und seine Familie in
Karlsruhe. In seinem Tagebuch vermerkte
er am 28. August 1827 »die herzliche Aufnahme« der beiden aus Dessau, »die uns
vergessen machte, daß wir in der Fremde
waren.«[1] Die Tochter Haldenwangs, Amélie, begleitete das weiterreisende Ehepaar
nach Baden-Baden, am 3. September 1827
trafen sie wiederum in Karlsruhe ein.

M. Sch.-Z.

1 WAHL 1931, S. 39.

LITERATUR

Ausst. Dessauer Ansichten aus vier Jahrhunderten, Dessau, Staatliche Galerie / Schloß Georgium, 1988, S. 74 sowie Abb. S. 33.
Georg BOETTGER, Die Chalkographische Gesellschaft zu Dessau, Dessau 1896, S. 31.
Albrecht Friedrich HEINE / Ludwig GROTE
(Hgg.), Die Chalkographische Gesellschaft in
Dessau 1795–1803, Dessau 1930, S. 65 (Kat.
Nr. 84), Abb. S. 11.

27

28

27
Heinrich Olivier (1783–1848)

*Das Herzogliche Schloß mit Gestänge
und Lachsfang*

Öl auf Karton
10,5 x 15,3 cm
Dessau, Anhaltische Gemäldegalerie
Inv. Nr. 979

Eine ähnliche Ansicht mit variiertem Vordergrund, in Gouache ausgeführt, gleicher
Größe, monogrammiert und datiert 1825,
erwähnt Ludwig Grote[1] damals in Dessauer Privatbesitz. Der Verbleib ist unbekannt.

Deutlich wiedergegeben ist die Anlage des
großen Lachsfanges mit zwei Lachsfallen,
welche in der zweiten Hälfte des 16. Jahrhunderts von Fürst Joachim Ernst
(1536–1586) am Gestänge bei der Dessauer
Mühle veranlaßt worden war und seit jeher
von wichtiger wirtschaftlicher Bedeutung
für die Stadt an der Mulde.   M. Sch.-Z.

1   Ludwig Grote, Die Brüder Olivier und die
deutsche Romantik, Berlin 1938, S. 19, Abb. 10,
Abb.verz. S. 384.

LITERATUR

Ausst. Dessauer Ansichten aus vier Jahrhunderten, Dessau, Staatliche Galerie / Schloß Georgium, 1988, S. 63.

28
Christian Hankel? (1795–1875)

*Blick auf Dessau vom Tiergarten aus,
rechts ein Muldbrückenhaus, um 1820*

Graphit, Feder in Schwarz, Pinsel in
Braun, braun laviert
25,0 x 38,7 cm
Dessau, Anhaltische Gemäldegalerie
Inv. Nr. Z II 1465

Der Blick über die Mulde auf Dessau mit
der herausragenden Architektur der
Schloßkirche St. Marien und des Schlosses
als wichtigste Repräsentationsbauten der
Residenzstadt erfaßt gemeinsam mit dem

30

hier nicht sichtbaren Rathausturm eine charakteristische und attraktive Ansicht der Stadt. Diese Silhouette von Südosten bevorzugten die Maler über die Jahrhunderte hinweg, und es war zugleich auch etwa seit 1800 die Sicht des Spaziergängers, der nun vor der Stadt auf den blickbezogenen Wegen im Tiergarten promenieren konnte. Bemerkenswert ist bei dieser Darstellung die Zurücknahme der repräsentativen Silhouette zugunsten des Vordergrundes mit den spazierenden Personen. Der Tiergarten war einst am Muldeufer gegenüber dem Residenzschloß für die Jagdbedürfnisse des Adels angelegt und privilegiertes Terrain. Diese traditionelle Nutzung wurde nicht gänzlich aufgegeben und setzte sich in einer herrschaftlichen vor allem als Weideflächen für Pferde fort. Einbezogen in die Gestaltung des Dessau-Wörlitzer Gartenreiches, erfuhr die Auenlandschaft des Tiergartens nicht nur landwirtschaftliche Rechtfertigung. Die Neue Promenade entlang des östlichen Muldeufers, ausgehend von dem Muldtor und als einen gewissen Endpunkt das Badehaus erreichend, durchkreuzte drei bereits vorhandene, barocke, strahlenförmig auslaufende Jagdschneisen in Richtung Oranienbaum, Gräfenhainichen und Kleutsch, welche nun Sichtachsen auf die Stadt und ebenso aus der Stadt hinaus in die Natur hinein bedeuteten. Die Anlage der Neuen Promenade, die dem neu erwachten Bedürfnis der bürgerlichen Bevölkerung nach Spaziergängen »vor den Toren der Stadt« entgegenkam, wurde im Anschluß an die

Einweihung der Muldbrücke (29. Juni 1797) und der nach Entwürfen Erdmannsdorffs erfolgten Errichtung der beiden Muldbrückenhäuser in den Jahren 1796/97 geschaffen.   M. Sch.-Z.

LITERATUR

Ausst. Dessauer Ansichten aus vier Jahrhunderten, Dessau, Staatliche Galerie / Schloß Georgium, 1988, S. 63.

29   **Farbtafel 3**
Leopold Ahrends? (?–?)

*Blick auf Dessau vom ehemaligen
Berenhorst'schen Garten aus, um 1830*

Öl auf Weißblech
25,1 x 34,7 cm
bez. auf der Rückseite: Ansicht von Dessau aus dem ehemalig von Berenhorstschen Garten
Dessau, Anhaltische Gemäldegalerie
Inv. Nr. 1424

Dieser Blick auf Dessau von dem am Grünen Tor gelegenen Berenhorstschen Garten aus ist als Motiv einmalig und bisher in keiner weiteren Darstellung überliefert. Das Grüne Tor war im Nordosten der Stadtmauer zu finden (heute Friederikenplatz) und ermöglichte, vom Anger auf die Wiesen vor der Stadtmauer zu gelangen. Auf treffliche Weise wird mit dem im Vordergrund flanierenden bürgerlichen Ehepaar das im Biedermeier bei breiten Krei-

sen in Mode kommende Spazierengehen vor den Toren der Stadt zur Darstellung gebracht. Der Maler nimmt mit dem originell gewählten Bildausschnitt gleichsam selbst die Perspektive des Spaziergängers ein. Es ist unmittelbar nachvollziehbar, wie sich die Wahrnehmung von Natur und Stadt verändert hat: Das Interesse gilt vordergründig dem Naturerlebnis beim Spazieren durch die Auenlandschaft. Die bei früheren Veduten so wichtige Darstellung der repräsentativen Bauten der Stadt wird fast zur Nebensache, die ganz in den Hintergrund rücken kann.   M. Sch.-Z./N. M.

30
Leopold Ahrends (?–?)

*Blick in die Franzstraße bis zur
Johanniskirche am Neumarkt, 1830*

Öl auf Weißblech
43,0 x 63,0 cm
bez. auf der Rückseite: Aussicht vom Leipziger Thore nach der Lutherischen Kirche, in Dessau. 1830. (Augenpunkt 15 ¾ Zoll.)
Dessau, Anhaltische Gemäldegalerie
Inv. Nr. 988

Zu sehen ist die damals noch vorhandene Stadtmauer mit den beiden gegenüberliegenden Sitznischen. Der Durchbruch erfolgte erst 1791 anläßlich der Vermählung (1792) und des Einzuges des Erbprinzen Friedrich von Anhalt-Dessau (1769–1814) und seiner Gemahlin Christiane Amalie,

31

geborene Prinzessin von Hessen-Homburg (1774–1846).
Westlich der Franzstraße ist das nach Plänen Friedrich Wilhelm von Erdmannsdorffs von 1766 bis 1770 errichtete Armenhaus zu erkennen.
Schon 1788 wurde mit der Anlage einer halbovalen und baumbestandenen Grünfläche begonnen. Die Arbeiten fanden jedoch erst nach dem Tod des Fürsten Franz (1817) im Jahre 1819 ihre Fortsetzung.
Auch der weiter südlich vorgesehene Neubau des Leipziger Tores ist während der Regierungszeit des Herzogs Leopold Friedrich von Anhalt (1794–1871) in den Jahren 1826/1827 ausgeführt worden. Der Baurat Carlo Ignazio Pozzi (Mannheim 1766–1842 Dessau) wurde mit dem Entwurf beauftragt. Die beiden Torhäuser standen am Schnittpunkt dreier Straßen, der Mauer-, Franz- und Leipziger Straße, von wo aus auch Leopold Ahrends die Blickrichtung wählte.
Mit der Beseitigung der alten Stadtbefestigungen im Verlaufe des 19. Jahrhunderts wird nicht allein dem Anwachsen der Städte entsprochen, sondern auch der Tendenz, die umgebende Natur als Erlebnisraum einzubeziehen, freie Weiträumigkeit der Landschaft zu erfahren.   M. Sch.-Z.

LITERATUR

Ausst. Dessauer Ansichten aus vier Jahrhunderten, Dessau, Staatliche Galerie / Schloß Georgium, 1988, S. 51.
BRÜCKNER 1975 ff., Abb. S. 1737.
Marie-Luise HARKSEN, Die Kunstdenkmale des Landes Anhalt, Bd. 1: Die Stadt Dessau, Burg 1937, S. 62.
Heinrich LINDNER, Geschichte und Beschreibung des Landes Anhalt, Dessau 1833, S. 254.

31
Johann Heinrich Beck (1788–1875)

Blick in die Grünstraße von der Franzstraße aus, um 1835

Öl auf Leinwand
57,5 x 70,0 cm
Dessau, Anhaltische Gemäldegalerie
Inv. Nr. 287

Der Hofmaler Beck malte den Blick in die Grünstraße von seinem Haus Franzstraße Nr. 204 aus, welches er von 1819 bis zu seinem Tod im Jahre 1875 bewohnte. Wiedergegeben ist der westliche Teil der Grünstraße mit den Hausgärten, gelegen auf der Nordseite der Grünstraße, die ab 1890 mit Wohnhäusern bebaut wurde. Im Hintergrund erscheint die Stadtmauer. Zum Ausdruck gebracht ist die Ruhe und Behaglichkeit eines Nachmittages nach getaner Arbeit, trotz der beiden sich raufenden Knaben, eine biedermeierliche Idylle.
Die Hausecke ganz links gehört zur Franzstraße Nr. 220, einem nach 1800 errichteten Gebäude, in dem sich das für das Schulwesen Dessaus nennenswerte Stötzersche, ab 1840 Braunesche Erziehungsinstitut befand, welches in diesem Sinne bis 1880 existierte.   M. Sch.-Z.

LITERATUR

Ausst. Dessauer Ansichten aus vier Jahrhunderten, Dessau, Staatliche Galerie / Schloß Georgium, 1988, S. 51.
BRÜCKNER 1975 ff., S. 1084–1086, Abb. S. 1085, S. 1684 f., Abb. S. 1684.
Julie HARKSEN, Johann Heinrich Beck 1788–1875. Ein Maler der Dessauer Landschaft und des Dessauer Bürgertums im Biedermeier, in: Dessauer Kulturspiegel 6 (1956), S. 209.
Bärbel SCHWERDT, Die Dessauer Landschaftsmalerei im 19. Jahrhundert, Diplomarbeit Berlin 1964, S. 53, Abb. 21.
Eva-Marie ZIEGLER, Johann Heinrich Beck. Ein Dessauer Maler aus der Zeit der Romantik (1788–1875), Diss. Marburg 1942, Textbd. S. 121–123, S. 222 (Kat. Nr. 39), Dokumentationsbd. S. 83.

Wilhelm Müller in Berlin

»Denn von meinem Studium der Philosophie verführt hatte ich mich im Leben wie im Gesange in jene heidnische Welt, die man gewöhnlich die schöne antike zu nennen pflegt, ganz und gar verloren und verstrickt [...]. Wie ich da manchmal lachte, wenn mir so zufällig ein ehrbares altdeutsches Heldenbild zwischen meinen nackten Götterbildern begegnete und sich vor Scham und Zorn beide Augen mit dem heiligen Kranzesmantel verhüllte«. [1]

Nationale Romantik und klassischer Humanismus, Germanophilie und Antikenstudium – das sind die Pole, zwischen denen sich Wilhelm Müllers Berliner Studienjahre (1812/13 und 1815–17) spannungsvoll bewegten. Und versuchte er auch, der patriotischen Seite ein stärkeres Gewicht zu verleihen, ja anderen sogar abzuschwören, so hinderte ihn dies nicht daran, sich 1817 auf eine lange Italienreise zu begeben, die allen deutschtümelnden Tönen ein Ende bereiteten.

Ebenso zwiespältig, wie Müllers Studieninteressen und Berliner Kontakte sich gestalteten, entwickelte sich auch sein lyrischer Ausdruck: unvermittelt stehen von vaterländischem Furor geprägte Gedichte und betont harmlose anakreontische Tändeleien neben Gedichten, in denen erstmalig der Ton existentieller und schwebender Selbstaussprache anklingt, der schließlich die berühmten Zyklen »Die schöne Müllerin« und »Die Winterreise« vor den übrigen Gedichten Müllers auszeichnen wird. Zwar entstanden diese beiden Zyklen erst später in ihrer endgültigen Form, doch stellt die Berliner Zeit sowohl biographisch – mit der unerfüllten Liebe zu Luise Hensel – als auch hinsichtlich der lyrischen Entwicklung Müllers eine Art Keimzelle für den poetischen Ausdruck der berühmten »Gedichte aus den hinterlassenen Papieren eines reisenden Waldhornisten« dar:

»Ach Mutter, liebe Mutter,
Ihr müßt geblendet sein,
Die Augen, die blauen, sie stehen
Ja mitten im Monde drein.

Sie schauen so sehnlich hernieder,
Sie blinken und winken mir zu.
Ach, Mutter, könnt' ich doch fliegen!
Hier hab' ich keine Ruh'.« [2]   R. S.

---

1 Brief Müllers an Friedrich de la Motte Fouqué vom 5. August 1815, zit. nach der Abschrift in der Anhaltischen Landesbücherei (Nachlaß Müller, Originalbriefe u. Autographen, Mappe 6, VIII 1. 3. 5556 H), vgl. Kat. Nr. 41.
2 Aus dem Gedicht »Der blaue Mondenschein«, entstanden 1815 in Berlin (vgl. Kat. Nr. 47), abgedruckt in: HATFIELD 1906, S. 369 ff.

32

32

Eduard Gaertner (1801–1877)

Portal der Universität zu Berlin, 1829

Lithographie
30,4 x 25,1 cm
bez. unten rechts: E. Gaertner 1829
Berlin, Berlin Museum
Inv. Nr. GDR 67/28

Als Wilhelm Müller sich 1812 an der Berliner Universität immatrikulierte, bestand diese gerade seit zwei Jahren. 1810 von Wilhelm von Humboldt nach dessen Bildungskonzept gegründet, sollte sie die 1807 verlorenen preußischen Universitäten westlich der Elbe ersetzen. Johann Gottlieb Fichte, der 1807 die »Reden an die deutsche Nation« gehalten hatte, wurde zum ersten Rektor ernannt, Schleiermacher erhielt einen Ruf als Professor an die Berliner Universität, die bis 1945 den Namen Friedrich-Wilhelm-Universität trug. Die Universität fand Platz im ehemaligen Palais des Prinzen Heinrich, eines Bruders Friedrichs des Großen, welches von Johann Boumann in der Mitte des 18. Jahrhunderts als Teil des Forum Fridericianum errichtet worden war. Als geistiges Zentrum Preußens stellte die Berliner Universität nun den Kreuzungspunkt konvergierender Zeitströmungen dar, die auch auf den jungen Studenten Wilhelm Müller nicht ohne Einfluß blieben: So wurde Müller hin- und hergerissen zwischen zwei Professoren der klassischen Philologie, Friedrich August Wolf und August Böckh, jener gänzlich der Antike verpflichtet, während dieser die klassischen Forschungen mit Vaterlandsromantik zu verknüpfen bestrebt war.
Gaertners Lithographie hält die Universität als Stätte geistiger Auseinandersetzung fest. Gaertner, den zahlreiche Reisen durch ganz Europa führten, malte vor allem Stadtveduten und -panoramen, bevorzugt von Berlin, aber auch von Moskau und anderen Städten. Die abgebildete Lithographie stellt in seinem Oeuvre insofern eine Besonderheit dar, als über ihr »ein Hauch von – bei dem Architekturmaler Gaertner kaum vermutbar – Romantik liegt. An den Torhäusern der Universität, die im Sinn einer Architekturzeichnung als einzige deutlich wiedergegeben sind, plaudern und diskutieren Studenten miteinander. Durch das noch halb geöffnete Eisengitter erblickt man das gegenüberliegende Opernhaus. Nur schwach in den Umrissen ist die Hedwigskirche, sind die schemen-

haften Gestalten und Fuhrwerke unter dem Abendhimmel mit seinen hellen, wohl bereits vom Mondschein beleuchteten Wolken erkennbar. Mit dieser Lithographie ist dem sonst auf exakte, gelegentlich bis zur Trockenheit reichende Wiedergabe aller Details versessenen Künstler eine höchst stimmungsvolle Darstellung geglückt.«[1]   R. S.

1 Edit Trost, Eduard Gaertner, Berlin 1991, S. 30.

32a
Carl Justus Ludwig Pescheck (1803–1847) nach Carl Georg Enslen (1792–1866)

Panoramische Ansicht von Berlin, vom Zeughaus aus gesehen, um 1837

Radierung auf aufgewalztem Chinapapier
23,3 x 69,0 cm
bez. unten links im Bild: CP
aus: Enslen's malerische Reise im Zimmer
Berlin, Berlin Museum
Inv. Nr. GDR 66/52

Im Jahre 1815 aus den Befreiungskriegen zurückgekehrt, lebte Müller noch ungefähr zwei Jahre lang – bis zum August 1817 – in Berlin. In dieser relativ kurzen Zeit war Müller bestrebt, sein bereits 1812 begonnenes Studium der klassischen Philologie einer Korrektur zu unterziehen: Unter dem Einfluß der patriotischen Zeitstimmung begann Müller, sich enger an die »entschiedenen Vaterlandsromantiker unter den Professoren«[1] anzuschließen. Allerdings standen germanophile und nationale Strömungen in starkem Kontrast zur barocken und klassizistisch geprägten Architektur im Zentrum der Stadt Berlin, wie sie sich in Enslens Panorama der Straße ›Unter den Linden‹ zeigt; dort orientieren sich sowohl die Gebäude der linken Straßenseite – von links nach rechts: das Kronprinzenpalais, das Prinzessinnenpalais und die Oper – als auch diejenigen der rechten Straßenseite – die Neue Wache (vorn) und der dahinterliegende Gebäudekomplex der Universität – direkt oder indirekt an der Architekturtradition der Antike.
Die Spannung zwischen der vaterländischen Gesinnung und dem Interesse an der klassischen Antike entwickelte sich zu Müllers Berliner Zeit bei den Lehrenden und Studierenden an der Universität und in universitätsnahen Kreisen zur Glaubensfrage. Sie spiegelt sich auf dem zwanzig

Jahre später entstandenen Panorama Enslens in zwei Gebäuden von Schinkel wider, die erst kurz nach Müllers Weggang aus Berlin errichtet wurden: in der Neuen Wache (1818/19) auf der einen und in der Friedrichswerderschen Kirche (1824–30), deren Türme hinter dem Kronprinzenpalais zu sehen sind, auf der anderen Seite. Ist die Neue Wache, der erste Staatsbau nach den Befreiungskriegen, »einem römischen Castrum ungefähr nachgebildet«[2], bezieht sie sich also in ihrem Klassizismus auf antike Baumuster, so knüpfte Schinkel bei der Friedrichswerderschen Kirche stilistisch an Bauwerke der englischen (Neo-) Gotik an, weil letztere als originär nordisch-germanischer Baustil angesehen wurde.
Die Spannung zwischen klassischer Antike und ›gotischem‹ Mittelalter prägte im frühen 19. Jahrhundert aber nicht nur das Werk eines Architekten wie Schinkel. Sie trieb auch den Dichter Wilhelm Müller in seinen Berliner Jahren um und löste sich während dieser Zeit für diesen eher zugunsten der Vaterlandsromantik auf.   R. S.

1 Bernd Leistner, Aufsatz in diesem Katalog, S. 14.
2 Schinkel, zit. nach: Reclams Kunstführer Deutschland, Bd. 7: Berlin, hg. v. Eva u. Helmut Börsch-Supan, Stuttgart 1977, S. 107.

33
Karl Friedrich Thiele (ca. 1780–ca. 1836) und Laurens nach Friedrich August Calau (ca. 1770–1830)

Die Zelte im Thiergarten bei Berlin, um 1820

Aquatinta
12,9 x 17,1 cm
bez. oben rechts: 19
bez. unten links: Calau del. / Laurens und Thiele scnt
bez. unten Mitte: Berlin bei L. W. Wittich
Berlin, Berlin Museum
Inv. Nr. GDR 70/28

Als Wilhelm Müller Anfang Juli 1812 nach bestandener Reifeprüfung von Dessau nach Berlin kam, um sich an der dortigen Universität einzuschreiben, war er erst 17 Jahre alt. Offenbar bestrebt, Dessau rasch hinter sich zu lassen und das Leben im unbekannten, größeren Berlin zu erkunden, fand Müller sich mit anderen Studenten zusammen und besuchte mit ihnen regelmäßig das Vergnügungsetablissement ›In den Zelten‹. Die ungefähr zehn Jahre früher entstandene Zeichnung Friedrich August Calaus zeigt die Zelte, wie sie zu Müllers frühester Studienzeit noch ausgesehen haben könnten.
Calau war als Vedutenzeichner, Aquarellist und Miniaturmaler von Berliner Stra-

33

Die Zelte im Thiergarten bei Berlin   Les tentes ou la promenade du Parc de Berlin

ßen- und Häuseransichten zwischen 1790 und 1830 in Berlin tätig. Über seine Werke heißt es: »Die Wiedergabe der Architektur ist trotz der Kleinheit des Formats durchaus korrekt und sauber, die zierliche Figurenstaffage spiegelt das Berliner Biedermeiertum in Haltung und Tracht auf das glücklichste wider.«[1]

Calaus Bild der Zelten vermittelt deren eigentümlichen Reiz, der auf der Verbindung von städtischer Repräsentation mit einer ländlichen Atmosphäre, von kühler Strenge mit lauschiger Behäbigkeit beruhte. Sehr gut kann man sich in diesem Ambiente den jungen Studenten Wilhelm Müller vorstellen. Dieser erinnerte sich 1815 in seinem Tagebuch leicht spöttisch an seine erste Berliner Zeit, in der er ›In den Zelten‹ durch die »Säle stutzerte und lorgnierte«[2]. R. S.

1 Art. »F. A. Calau«, in: THIEME-BECKER, Bd. 5, Leipzig 1911, S. 374f.
2 Bernd LEISTNER, Aufsatz in diesem Katalog, S. 12.

34 **Farbtafel 4**
Johann Erdmann Hummel (1769–1852)

Berliner Wohnzimmer, um 1820

Federzeichnung, aquarelliert
40,7 x 52,8 cm
Frankfurt/Main, Museum für Kunsthandwerk
Inv. Nr. LHZ 178

Der Zutritt zum Donnerstagskreis im Hause Stägemann bedeutete für Müller eine nicht zu unterschätzende gesellschaftliche Anerkennung. Der Salon in Häusern des Großbürgertums oder des höheren Beamtentums stellte als Schnittpunkt zwischen der privaten und der öffentlichen Sphäre den Ort dar, an dem repräsentiert und musiziert, Causerie betrieben und Stegreiftheater gespielt wurde, hier konnten geistreiche Rede und künstlerisches Geschick unter Beweis gestellt werden. Hummel zeigt mit seinem Interieurbild das Wohnzimmer einer Familie der gehobenen Gesellschaftsschicht, der auch die Stägemanns angehörten. In diesem Gemälde Hummels wird sein besonderes Interesse an ausgeklügelten Spiegelungen – der dargestellte Raum besitzt vier Spiegel –, geometrischen Konstruktionen und architektonischem Zeichnen deutlich.[1] Diese Vorliebe trug ihm den Spitznamen »Perspek-

tivhummel« ein.[2] Als Lehrer der Architektur, Perspektive und Optik an der Berliner Akademie (ab 1809) hatte er zu diesem Themenbereich viele Publikationen verfaßt. Aber sein starkes Interesse an mathematischer Exaktheit kann nicht der einzige Grund für die Kühlheit, ja Sterilität sein, die das wiedergegebene Berliner Wohnzimmer verbreitet. Die starre, unterkühlte Atmosphäre noch steigernd, sind fünf wie verloren wirkende Frauen in steifer Haltung an den Zimmerwänden plaziert und scheinen auf die großen gesellschaftlichen Ereignisse geduldig zu warten. Hummel hat mit diesem Bild nicht nur seiner Vorliebe für Konstruktion und Spiegelung gefrönt, sondern durch die Kälte, die dieses biedermeierliche Interieur beherrscht, auch die Zwanghaftigkeit und Unerbittlichkeit der gesellschaftlichen Etikette auf beunruhigende Weise zum Ausdruck gebracht. R. S.

1 Vgl. Irmgard WIRTH, Berliner Malerei im 19. Jahrhundert, Berlin 1990, S. 175–178.
2 Charlotte STEINBRUCKER, Art. »Johann Erdmann Hummel«, in: THIEME-BECKER, Bd. 18, S. 128f., hier bes. S. 128.

35

35
Wilhelm Hensel (1794–1861)

Hedwig von Olfers, geb. Stägemann (1799–1891), um 1819

Bleistiftzeichnung, aquarelliert, auf rosa Karton
22,0 x 15,7 cm
Widmung: »Lassen Sie es sich beide nicht reun zuweilen an eine Phisionomie erinnert zu werden die einem Herzen gehört welches nie vergißt was ihm lieb geworden ist. Hedwig«
Berlin, Staatliche Museen zu Berlin, Kupferstichkabinett
Inv. Nr. 11/3

Bereits 1815 wurde Wilhelm Müller durch die Geschwister Hensel in das Haus des preußischen Staatsrates und engen Mitarbeiters des Fürsten Hardenberg, Friedrich August von Stägemann, eingeführt. Um dessen sechzehnjährige Tochter Hedwig bildete sich ein Kreis, zu dem neben Müller und den Hensels auch Friedrich Förster, Clemens Brentano und der Komponist Ludwig Berger gehörten. In ebendiesem Kreis, der sich jeden Donnerstag versammelte, entstand im Zusammenhang mit einem gesellig-poetischen Liederspiel, in dem die jugendliche Hedwig als Müllerin den Mittelpunkt bildete, der Grundstock zu Müllers Liederzyklus »Die schöne Müllerin«. Auch nach ihrer Heirat mit Ignaz von Olfers im Jahre 1823 erfreute sich Hedwig Stägemanns Berliner Salon großer Beliebtheit: Schriftsteller und Gelehrte, Adlige, Beamte und Musiker verkehrten dort. Hedwigs Tagebücher sind daher noch heu-

36   37   38

---

te eine aufschlußreiche Quelle, die über das
Leben in der Hauptstadt von Anfang des
vorigen Jahrhunderts bis zum Jahre 1880
ausführlich Auskunft gibt.   R. S.

36
Wilhelm Hensel (1794–1861)

Selbstportrait, um 1829

Bleistiftzeichnung
22,2 x 17,1 cm
Berlin, Staatliche Museen zu Berlin, Kupferstichkabinett
Inv. Nr. 10/13

Wilhelm Hensel und Wilhelm Müller hatten sich zwar bereits 1812/13 in Berlin
kennengelernt, waren sich auch während
der Befreiungskriege begegnet, aber befreundeten sich erst 1815 enger. Diese
Freundschaft bedeutete für Müller, der
»im Hause der gutsituierten Hensels ein
und aus ging«[1], auch einen sozialen Auf-
stieg, nicht zuletzt, weil Hensel es verstand,
Müller 1816 in den Salon des preußischen
Staatsrats und »vaterländischen Barden«[2]
Friedrich August von Stägemann einzu-
führen, wo später das Stegreifspiel »Die
schöne Müllerin« aufgeführt wurde.
Hensels Lebensweg war ein Weg des gesellschaftlichen Erfolgs: geboren als Pfarrers-
sohn in Trebbin/Mark Brandenburg kam
er bereits mit fünfzehn Jahren auf die Berliner Bauakademie, wechselte zwei Jahre
später auf die Kunstakademie und begann
nach den Befreiungskriegen, sich mit
Zeichnungen für Kalender und Taschenbücher, die »durchaus in der Berliner Tradi-

tion eines Chodowiecki und Gottfried
Schadow, Gubitz und Menzel« standen[3],
in der Gesellschaft umzutun. »Sein märki-
scher Witz, der oft in gelungenen Kalau-
ern, Wortspielen und Gelegenheitsgedich-
ten Form fand, brachte ihn vielfach mit
literarischen Köpfen in Berührung, für deren Almanache er dann auch wohl das
Konterfei nahm«.[4] Der Durchbruch zum
gesellschaftlichen Erfolg gelang Hensel mit
dem Stellen ›lebender Bilder‹ anläßlich einer Aufführung der Dichtung »Lalla
Rûkh« zu Ehren des russischen Großfür-
sten im Winter 1821.[5] Offenbar war Hensel
zu dieser Zeit derart beschäftigt, daß er es
versäumte, seinem Freund Wilhelm
Müller in Dessau zur Verlobung mit Adelheid Basedow zu gratulieren, worüber
Müller sich bei dem »allernachlässigsten,
vergeßlichsten unfreundlichsten Freund«[6]
beschwerte. Immerhin verlieh Hensel 1822
seiner Liebe zu Fanny Mendelssohn, der
Schwester des Komponisten Felix Mendelssohn-Bartholdy, die er nach einem
fünfjährigen Italienaufenthalt 1828 in
Berlin heiratete, mit dem Geschenk des
ersten Bandes der Müllerschen »Waldhornisten«-Lieder Ausdruck: »Vor das eigentliche Titelblatt hatte Hensel ein von ihm
gefertigtes weiteres Titelblatt gesetzt; oben
zeigte es ein Portrait des Verfassers Müller,
unten ein Selbstportrait Hensels und dazu
als Titel die Worte: ›Sieben und siebzig
Gedichte‹ und ein Gedicht ›An Fanny‹ von
Hensel«.[7] 1829 wurde Hensel zum Hofmaler ernannt, 1831 als Professor an der Akademie bestallt: «man bewegte sich mit
Selbstverständlichkeit in der Großen
Welt«.[8] Neben Ölgemälden (»Christus vor

Pilatus«) hinterließ er nach seinem Tode
1861 eine Bildnissammlung von über tau-
send Blättern, Portraits meist berühmter
Zeitgenossen, die trotz idealisierender Tendenzen als der wichtigste Teil seines Oeuv-
res angesehen werden müssen. Rave weist
auf die verwandten Züge hin, »die Hensels
Bildniskunst in ihrer Entwicklung mit den
Anfängen der Photographie gemein hat«,[9]
während Fontane in weit ausgreifender
Weise die Portraits als historische Quellen
gewürdigt wissen will: der größte Teil dieser Sammlung »wird über kurz oder lang
einen Wert repräsentieren, ähnlich den In-
itialenbüchern des Mittelalters, aus denen
oft Städte, Stände, Persönlichkeiten allein
noch zu uns sprechen. Die Mappen Wilhelm Hensels werden dann ein Bibliothe-
kenschatz sein«.[10]   R. S.

1 Bernd Leistner, Aufsatz in diesem Katalog,
S. 14.
2 Ebd., S. 16.
3 Paul Ortwin Rave, Die Bildnis-Sammlung
Wilhelm Hensel, in: Berliner Museen. Berichte
aus den ehem. preussischen Kunstsammlungen,
N. F. 6 (1957). H. 2, S. 37–44, hier S. 38.
4 Ebd.
5 Dazu ausführlich: Theodor Fontane, Sämtliche Werke, Bd. 12: Wanderungen durch die
Mark Brandenburg. Spreeland, München 1960,
S. 386–389.
6 So die Adresse auf Müllers Brief an Wilhelm
Hensel vom 9. 1. 1821, abgedruckt in: Wahl
1931, S. 79 f., hier bes. S. 80.
7 Cécile Lowenthal-Hensel, Einführung zu
Wilhelm Hensel, in: Wilhelm Hensel, Preußische
Bildnisse des 19. Jahrhunderts, Berlin 1981,
S. 14.
8 Rave 1957 (s. Anm. 3), S. 40.
9 Ebd., S. 42.
10 Fontane 1960 (s. Anm. 5), S. 396.

37

Wilhelm Hensel (1794–1861)

Luise Hensel (1798–1876), um 1828

Bleistiftzeichnung auf Karton
17,3 x 11,5 cm
bez.: »O Bruder! nicht eine der Bitten kann,
von Liebe für Liebe an Liebe gesendet,
umsonst sein. Bamberg, d. 14. Oktbr: 1828
Luise«
Berlin, Staatliche Museen zu Berlin, Kupferstichkabinett
Inv. Nr. 7/26

1815 nach Berlin zurückgekehrt, befreundete sich Wilhelm Müller nicht nur mit
Wilhelm Hensel, sondern er lernte auch
dessen vier Jahre jüngere Schwester Luise
kennen, in die er sich verliebte. Diese Liebe
aber blieb insofern unerfüllt, als Müller
Luise zur Idealgestalt einer »keuschen
christlich-deutschen Jungfrau«[1] verklärte,
ja sie zu einer Heiligen stilisierte, der gegenüber er sich in anbetender Distanz zu halten hatte. Vom Umgang mit Luise Hensel
erwartete Müller eine Läuterung seiner se-
xuellen Bedürfnisse, die er in zeitspezifi-
scher Weise als unrein und sündhaft empfand. Sein Ziel war, Luise »in reinster
Reinheit«[2] lieben zu können, wobei er
Rückfälle und selbstauferlegte Kasteiun-
gen in seinem Tagebuch andeutet: »Heute
morgen hatte ich wieder einen Kampf mit
der bösen Erdenlust in mir, den ich nicht
ohne Wunden bestand«.[3] Als aber im
Herbst 1816 Clemens Brentano, den Luise
im Hause Stägemann kennenlernte, eine
nähere Beziehung zu ihr anknüpfte, konnte
Müller den ohnehin schon etwas gelocker-
ten Kontakt bis zu seiner Abreise im August 1817 reduzieren und schließlich auf-
geben.
Luise selbst war nicht unschuldig an der
verklärenden und anbetenden Haltung ihres Verehrers. 1815 hatte sie, ein schönes,
frommes und anmutiges Mädchen, sich
»ganz und gar von der neupietistischen
Erweckungsbewegung des Berliner Spittelkirchenpastors Georg Hermes ergreifen
lassen«[4], die das Martyrium Christi in den
Mittelpunkt ihres innerlichen Glaubens
stellte. Drei Jahre später legte Luise in der
Berliner St.-Hedwigs-Kirche das Katholische Glaubensbekenntnis ab, sicherlich unterstützt von Pastor Hermes, der später als
Verfasser einer dreibändigen »Christka-
tholischen Dogmatik«[5] hervortrat. Luise
Hensel, die ihr Leben lang immer wieder
erwogen hat, Nonne zu werden, und die im

westfälischen Rheda-Wiedenbrück eine
zweite Heimat fand, war vor allem erziehe-
risch tätig und schrieb Gedichte, schlichte
geistliche Lieder in spätromantischer Tradition. »So nimm denn meine Hände« und
»Müde bin ich, geh' zur Ruh« sind als
(Kinder-)Gebete so populär geworden, daß
der Name der Autorin darüber gänzlich in
Vergessenheit geraten ist.[6]   R. S.

1 Bernd LEISTNER, Aufsatz in diesem Katalog,
S. 14.
2 Ebd.
3 Tagebucheintrag Müllers vom 28. 12. 1815,
MÜLLER 1903, S. 70.
4 LEISTNER (s. Anm. 1), S. 14.
5 Georg HERMES, Christkatholische Dogmatik,
3 Bde., Münster 1834.
6 Winfried FREUND, Müde bin ich, geh' zur
Ruh. Leben und Werk der Luise Hensel, mit
einem Geleitwort von Erzbischof Degenhardt,
Paderborn, u. Zeichnungen v. Wilhelm Hensel,
Rheda-Wiedenbrück 1984.

38–39

Wilhelm Hensel (1794–1861)

August Johann Zeune (1778–1853), 1820

Bleistiftzeichnung
11,4 x 9,4 cm
bez.: WH (ligiert) 1820, den 12ten Juli
Berlin August Zeune
Widmung (Feder): »Deutsche Treue, deutsche Liebe!«
Berlin, Staatliche Museen zu Berlin, Kupferstichkabinett
Inv. Nr. 2/3

Das Nibelungenlied

Die Urschrift, nach den besten Lesarten
neu bearbeitet und mit Einleitung und
Wortbuch zum Gebrauch für Schulen versehen von August Zeune mit einem Holz-
schnitt von Gubitz, Berlin 1815
Berlin, Staatsbibliothek zu Berlin – Preußischer Kulturbesitz
Sign.: YF 8366
aufgeschlagen: Titelseite

August Johann Zeune war der Gründer der
»Gesellschaft für deutsche Sprache« in
Berlin (1814), der ab Juni 1815 auch Wil-
helm Müller aktiv angehörte. 1813 hatte
Zeune, der als Geograph und Blindenleh-
rer arbeitete und schließlich als Dozent der
Germanistik an der Berliner Universität
Vorlesungen hielt, eine Übersetzung des
Nibelungenlieds veröffentlicht, die er 1815
als »Feld- und Zeltausgabe« in kleinem

39

Format drucken ließ, »da viele Jünglinge
dies Lied als ein Palladium in den bevorste-
henden Feldzug mitzunehmen wünschten«.[1] In seinen patriotisch anfeuernden,
öffentlichen Vorlesungen an der Universität rief er zur Lektüre der Nibelungen und
zur Nachahmung ihrer Taten auf, wodurch
es ihm gelang, dreihundert Hörer in seinen
Bann zu ziehen, während sich bei dem
klassischen Philologen Friedrich August
Wolf zur gleichen Zeit nur einhundertsieb-
zig Hörer einfanden. Die »Gesellschaft für
deutsche Sprache«, der neben Zeune, Müller und anderen auch Friedrich Rühs und
der Turnvater Friedrich Ludwig Jahn angehörten, stellte für Müller ein Forum dar,
das er für Lesungen – so las er dort erstmalig die Vorrede der »Blumenlese aus den
Minnesingern« – nutzen konnte und dabei
in seinen »echt deutschen«[2] Bestrebungen
unterstützt wurde. Zeune stellte die Haupt-
stütze der »Gesellschaft für deutsche Sprache« dar, war ihr eifrigstes Mitglied und ein
unermüdlicher Werber, dem es vor allem
um Sprachpurismus ging, um eine schnelle
Beseitigung aller Fremdwörter aus der
deutschen Sprache; so nannte er Paris und
London aufgrund ihrer Baugeschichte
»Schlammstadt« und »Schiffstadt« und
versuchte – allerdings vergeblich – seine
Vereinsbrüder für das gemeinsame Erler-

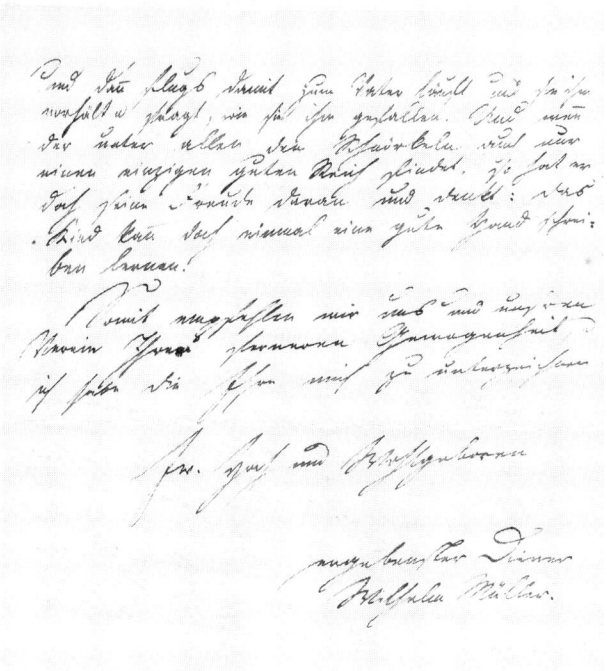
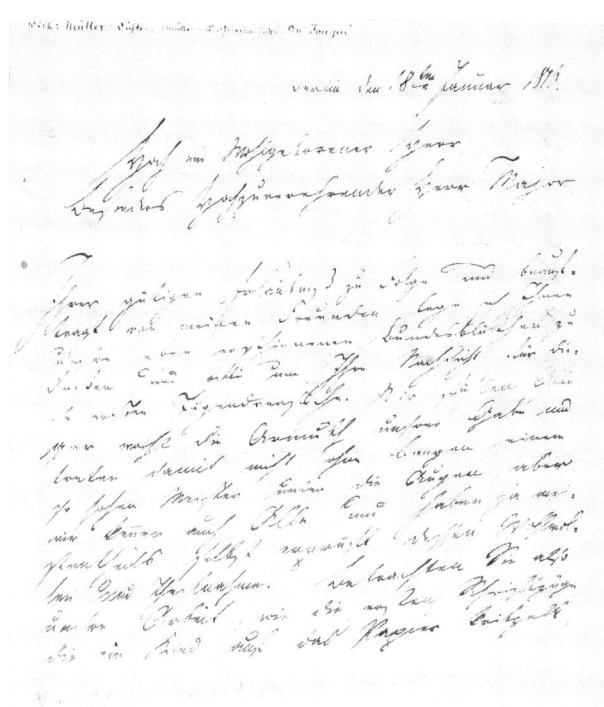

41

---

nen des Gotischen zu erwärmen. So verwundert es nicht, wenn Heine über einen Gefährten Zeunes spottete:»nur Altdeutsch verstand er, der Patriot, nur Jakob Grimmisch und Zeunisch.«[3] R. S.

1 Friedrich VON DER HAGEN, zit. nach Ludwig FRÄNKEL, Art. »Johann August Zeune«, in: Allgemeine Deutsche Biographie (ADB), 56 Bde., Leipzig 1875ff., hier Bd. 45, S. 121–128, bes. S. 125.
2 Bernd LEISTNER, Aufsatz in diesem Katalog, S. 14.
3 Zit. nach ADB, Bd. 45, S. 126.

40–41
Caroline Bardua (1781–1864)

Friedrich Baron de la Motte Fouqué
(1777–1843), 1827

Öl auf Leinwand
56,0 x 45,0 cm
Dessau, Anhaltische Gemäldegalerie
Inv. Nr. Gal 228

Brief Wilhelm Müllers an Friedrich
Baron de la Motte Fouqué, 18. 1. 1816

Dessau, Anhaltische Landesbücherei
Müller-Nachlaß, Mappe 6,
VIII 1.3.5556 H

Bereits im Januar 1816 sandte Wilhelm Müller dem von ihm hochgeschätzten Baron Friedrich de la Motte Fouqué ein Exemplar der »Bundesblüthen« mit der Bitte, seine Einschätzung mitzuteilen. Ein halbes Jahr zuvor hatte Müller sich schon einmal an Fouqué gewandt, um ihm seine Anthologie »Blumenlese aus den Minnesingern« anzukündigen und ihn im vorhinein zu einem »aufrichtigen deutschen Ritterurteil« aufzufordern. Dieser Brief Müllers vom 5. 8. 1815 ist insofern von größtem Interesse, als Müller Fouqué in bekenntnishafter Weise von einer Art Damaskuserlebnis berichtet, das ihn während seiner Lektüre von Fouqués »Undine« (1811) ereilte. Erst durch diese Lektüre hatte er, Müller, seine eigene – deutsche – Seele entdeckt und es vermocht, sich von den Verführungen der antiken Welt zu befreien, indem er deren Seelenlosigkeit erkannte. So wie das dem Wasser verhaftete Naturgeschöpf Undine durch ihre Heirat mit einem Ritter beseelt wird, so geschah es auch Wilhelm Müller durch die Lektüre dieser märchenhaften Erzählung, die in einem historisch nicht fixierbaren, phantastischen Mittelalter spielt und auf dem romantischen Bruch zwischen Natur und Geist, zwischen Naivität und Sündenfall basiert. Müller sah offenbar seine Beschäftigung mit der Antike als Sündenfall an: »Denn von meinem Studium der Philosophie verführt hatte ich mich im Leben wie im Gesange in jene heidnische Welt, die man gewöhnlich die schöne antike zu nennen pflegt, ganz und gar verloren und verstrickt und wenig fehlte, so hätte ich mich ganz heimisch darin gefunden und wäre wohl nie wieder ganz herausgekommen. Wie ich da manchmal lachte, wenn mir so zufällig ein ehrbares altdeutsches Heldenbild zwischen meinen nackten Götzenbildern begegnete und sich vor Scham und Zorn beide Augen mit dem heiligen Kranzesmantel verhüllte.«[1] Dagegen erhoffte Müller sich von Fouqués »Un-

dine« eine Läuterung hin zu einer größeren
Innerlichkeit und Einfalt.

Fouqué, der als Freiwilliger und Offizier an
den Befreiungskriegen teilnahm, verfaßte
Dramen und Romane, in denen er seine
preußisch-patriotische Gesinnung mit der
Größe des germanischen Heldentums verknüpfte. In der Dramentrilogie »Der Held
des Nordens« (1808–10) und im Roman
»Der Zauberring« (1813) verherrlichte er
das Mittelalter als eine Ritterzeit mit christlichen und höfischen Tugenden. Daneben
schuf er mit »Undine« eines der volkstüm-
lichsten Märchen der Romantik, das sich
unmittelbar auf Paracelsus' Lehre von den
Elementargeistern stützte und sich einer
ungeteilt begeisterten Rezeption erfreute.
Das Ölgemälde der Berliner Portrait- und
Historienmalerin Caroline Bardua zeigt
Fouqué als relativ jugendlich wirkenden
Fünfzigjährigen, der sich, wohlsituierter
Dichter, der er war, in einer Uniform mit
militärischen Auszeichnungen darstellen
ließ.   R. S.

1 Brief Wilhelm Müllers an Baron de la Motte
Fouqué, 5. 8. 1815; in einer Abschrift erhalten im
Müller-Nachlaß, Anhaltische Landesbücherei
Dessau.

40

42

**Georg Graf von Blankensee, Wilhelm
Hensel, Friedrich Graf von Kalckreuth,
Wilhelm Müller, Wilhelm Studnitz**

Bundesblüthen, Berlin 1816

Dessau, Anhaltische Landesbücherei
Sign.: 49 612
aufgeschlagen: S. 174

Im Januar 1816 erschien in der Maurerschen Buchhandlung zu Berlin der Gedichtband »Bundesblüthen«, in dem sich
fünf Autoren, unter ihnen Wilhelm Müller
und Wilhelm Hensel, aufgrund ihrer Erinnerung an die teilweise gemeinsam verbrachte Kriegszeit mit Gedichten zusam-
menfanden. Während von Blankensee und
von Studnitz hauptsächlich tändelnde Lie-
besgedichte und Rheinweinlieder stammen
und Kalckreuth den Freundschaftsbund
und Preußens Gloria lyrisch beschwor, finden sich ausgerechnet in den Gedichten
Hensels und Müllers besonders kriegsbe-
geisterte und patriotische Klänge. Der Ton
der Müllerschen Beiträge (S. 171–222), die
zwischen 1813 und 1815 entstanden, ist
ebenso heterogen wie konventionell: So
stehen betont harmlose, anakreontische
Gedichte (»Amors Triumph«, »Weckt sie
nicht!«, »Der Zephyr«, »Ihr Schlummer«),
Epigramme und an Bürger angelehnte,
modische Romanzen (»Die zerbrochene
Zither«, »Der Ritter und die Dirne«, »Die
Blutbecher«) neben deutschtümelnden
Versen, wie
»Und klingen hör ich deutschen Sang
In reinen Väterweisen
Und Minneglück und Waffenklang
Und Gott und König preisen«
(S. 178, aus: »Erinnerung und Hoffnung.
Nach dem Rückzug über die Elbe im Mai
1813«)
und Gedichten, die den Krieg zu einem
gottgewollten Ereignis und den Sieg der
preußischen Armee über die Franzosen zu
einer Szene aus dem Jüngsten Gericht stili-
sieren:
»Aus Franzenschädeln trinken wir
Dort unsern deutschen Trank
Und feiern Wilhelms Siegeszier
Mit altem Bardensang.
[. . .]
Gott hat uns seinen Blitz geliehn
Wir halten sein Gericht.
Seht, wie die Sünderheere fliehn
Vor unsrem Rachelicht.

Gleich Todesengeln folgen wir
Mit flammendrothem Schwerd

Bis durch die offne Höllenthür
Die Höllenrotte fährt«.
(S. 174–176, aus: »Morgenlied am Tage
der ersten Schlacht«)

Neben einigen freundlichen Rezensionen
der »Bundesblüthen« überwogen kritische
Stimmen, nicht zuletzt in Hinblick auf die
Müllerschen Gedichte; so empfahl die
»Leipziger Literatur-Zeitung« Müller, in
Zukunft nur »mit denjenigen Musen, welche nicht singen, in Unterhaltung«[1] zu
treten. Offensichtlich hatte bereits die zeitgenössische Kritik ein Gespür dafür, wie
konventionell oder gar abstoßend diese
zusammengezwungene Mischung aus anakreontischer Minne und blutrünstigem patriotischen Waffengerassel auf die heutige
Leserschaft wirkt.   R. S.

1 Bernd LEISTNER, Aufsatz in diesem Katalog,
S. 15.

43
Wilhelm Müller

***Blumenlese aus den Minnesingern,
Erste Sammlung, Berlin 1816***

Berlin, Staatsbibliothek zu Berlin – Preußischer Kulturbesitz
Sign.: Yf 7031
aufgeschlagen: Titelseite

Im März 1816 erschien, angeregt durch
Tiecks »Minnelieder« und Zeunes Übersetzung des Nibelungenliedes, Wilhelm Müllers Sammlung von Dichtungen mittelal-
terlicher Minnesänger wie Walther von der
Vogelweide, Wolfram von Eschenbach,
Hartmann von Aue, Ulrich von Lichten-
stein, Gottfried von Straßburg, Heinrich
von Morungen und anderer, deren Lieder
Müller ins Neuhochdeutsche übersetzt und
mit Anmerkungen versehen hatte. Im Vorwort erinnert Müller zunächst an Gleim,
den ersten Erneuerer der Minnedichtung
(1773), versucht sodann eine eher romantisch geprägte als philologisch korrekte Ur-
sprungserklärung der manessischen Handschriften und erläutert schließlich das Prinzip seiner Übersetzungen: »Ich habe keineswegs auf Wörtlichkeit gesehen, aber wohl
auf innere Treue; denn Wörtlichkeit gleicht
einer äußeren Prunktreue in Gelübden oder
Verschwörungen oder in Blicken und Gebärden, die ja fast nimmer hier wie da mit
der wahren, einzig ihres Namens werten
Treue zusammenwohnt.« (S. II). Der Akt
des Übersetzens selber funktionierte so,

»daß ich die Urschrift drei bis vier Mal
aufmerksam durchlas, dann das Buch weg-
legte und das Gedicht aus meinem Inneren
wieder heraussang«.
(S. II f.) James Taft Hatfield schreibt dazu
in der Einleitung zu seiner Ausgabe der
Gedichte Wilhelm Müllers: »Gleichfalls
›aus seinem Inneren heraus‹ stellte der
junge Dichter neue Theorien über den Ursprung des manessischen Codex und eine
›Wiederherstellung‹ des Nibelungenliedes
in dreifüßigen gereimten Versen auf, die
dann von Jakob Grimm in der Leipziger
Literatur-Zeitung (1817) unbarmherzig
zerpflückt wurden: Jakob Grimm machte
mit Müllers vermeintlichen neuen Entdek-
kungen kürzesten Prozeß und zieh ihn eines
strafbaren Mangels an Kenntnis der Quellen. Die ›Blumenlese‹ ist bei der ›Ersten
Sammlung‹ geblieben«.[1] Die Beschäftigung mit ›altdeutschen‹ Sujets ist als Suche
nach nationaler Identität zu verstehen und
gipfelte im Tragen »altdeutscher Tracht« –
einer Kleidermode, der auch Wilhelm Müller folgte.[2]   R. S.

1 HATFIELD 1906, S. VIII f.
2 Vgl. Bernd LEISTNER, Aufsatz in diesem Katalog, S. 14.

44   Abb. S. 56
Ludwig Berger

***Gesänge aus einem gesellschaftlichen
Liederspiel. Die schöne Müllerin,
mit Begleitung des Pianofortes, op. 11,
um 1817***

Berlin, Staatsbibliothek zu Berlin – Preußischer Kulturbesitz, Musikabteilung mit
Mendelssohn-Archiv
Sign.: MUS.O.6850 (oder DMS.17533)
aufgeschlagen: Titelblatt

Im Jahre 1816 traf Wilhelm Müller im
Hause Stägemann, zu dem ihm Wilhelm
Hensel den Zutritt ermöglicht hatte, auf
den Komponisten Ludwig Berger
(1777–1839). Dieser hatte bereits ein unru-
higes Reiseleben hinter sich: 1804 wurde
Berger in Berlin ein Schüler Clementis,
folgte diesem ein Jahr später nach Peters-
burg, reiste 1812 über Stockholm nach
London, wo sich Clementi mittlerweile
aufhielt, und kehrte erst 1814 nach Berlin
zurück. Bergers Karriere als Klaviervirtuo-
se wurde hier aufgrund einer nervösen Läh-
mung seines Armes vereitelt; gleichwohl
komponierte er nach dem Vorbild Mozarts
und Beethovens, später auch Glucks, Kla-

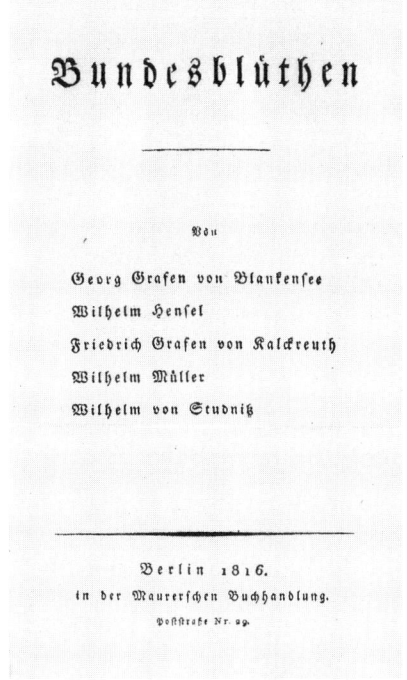

42

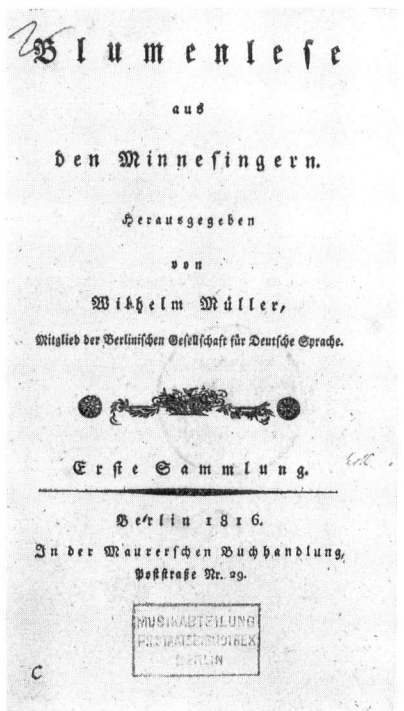

43

viersonaten, Etüden, Variationen, Sinfonien und Lieder für Gesang und betätigte sich als Musiklehrer, zu dessen Schülern Felix Mendelssohn-Bartholdy, Fanny Hensel und Ludwig Rellstab zählten: »Hier [in Berlin, R. S.] schuf er mit B. Klein, G. Reichardt und L. Rellstab 1819 als Gegengründung gegen die nach außen hin allzu sehr abgeschlossene Zeltersche die jüngere Liedertafel, die namentlich dem aufblühenden Männergesang starke Antriebe gab, hier wirkte er vor allem als einer der bedeutendsten Musikpädagogen seiner Zeit.«[1] Beim Zusammentreffen mit Müller drängte Berger darauf, daß den Versen des im Hause Stägemann aufgeführten Liederspiels »Die schöne Müllerin«, das Berger als erster vertonte, ein hohes Maß an Musikalität eignen sollte. Denn gerade das Liedhafte eines Stückes war ihm als romantischem Komponisten ein großes Anliegen. »Bergers Stellung zwischen Früh- und Hochromantik wird von einer starken Neigung zum Lyrischen, Liedhaften auch in seiner Kl. [= Klavier]-Musik bestimmt, [. . .]. Mit seinen Liedern, unter denen die erste Vertonung der W. Müllerschen ›Schönen Müllerin‹ als Liederspiel eine besondere Bedeutung gewonnen hat, eröffnet Berger das Schaffen der dritten Berliner Liederschule, romantisch in der fortschrittlichen Harmonik und der die Stimmung vertiefenden Begl. [= Begleitung].«[2]

R. S.

1 Willi KAHL, Art. »Ludwig Berger«, in: Die Musik in Geschichte und Gegenwart. Allgemeine Enzyklopädie der Musik, hg. v. Friedrich BLUME, Bd. 1, Kassel/Basel 1949–51, Sp. 1691–1693, hier Sp. 1692.
2 Ebd., Sp. 1693.

WEITERE LITERATUR

Ludwig RELLSTAB, Ludwig Berger, Berlin 1846.
D. SIEBENKÄS, Ludwig Berger – Sein Leben und seine Werke unter besonderer Berücksichtigung seines Liedschaffens, Berlin 1963.

45

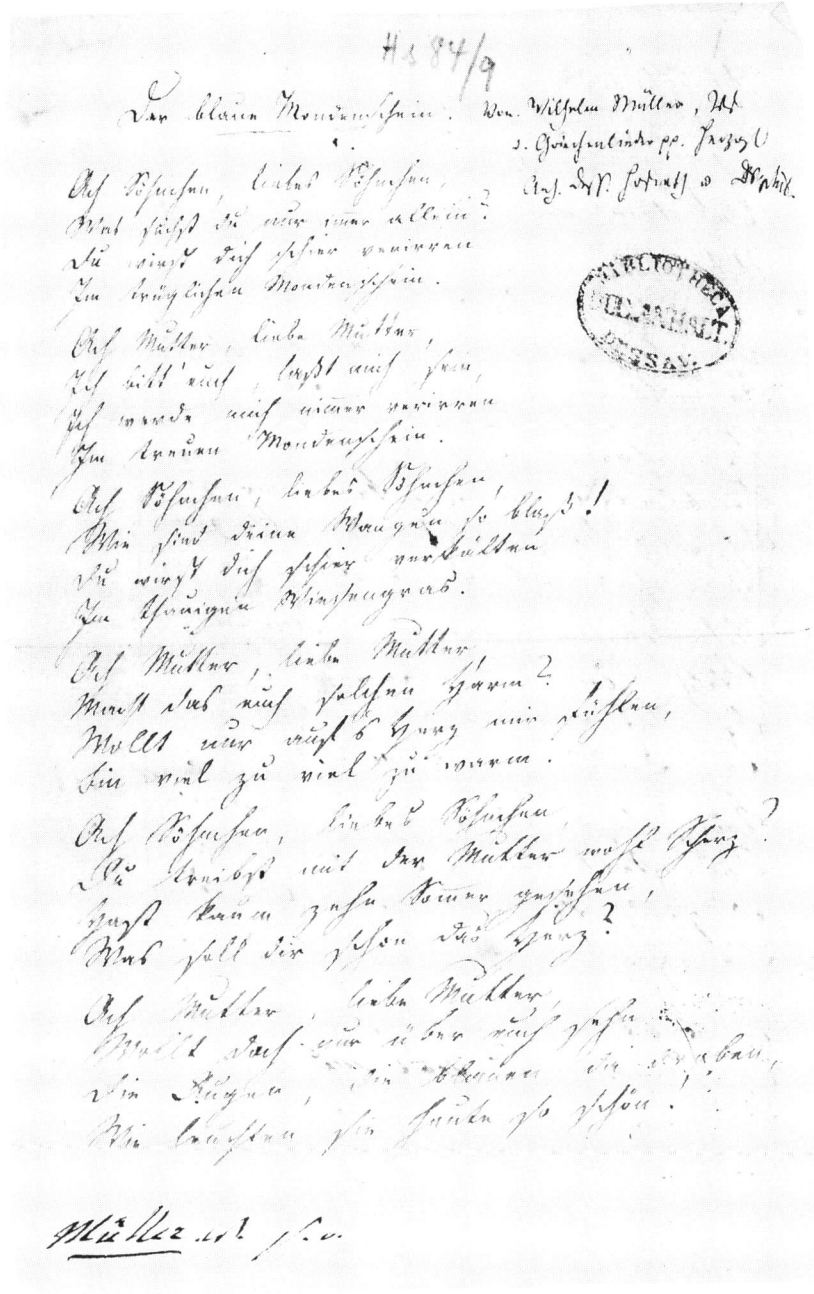

47

45–47
Wilhelm Müller

Ein Paar Epigramme auf ein Paar
Epigrammatiker, 1815

Dessau, Anhaltische Landesbücherei
Müller-Nachlaß, Mappe 4, VII
1.3.4591 H.

Wilhelm Müller   **Farbtafel 5**

Gleich und gleich gesellt sich gern,
27. 10. 1815

Dessau, Anhaltische Landesbücherei
Müller-Nachlaß, Mappe 4, VII
1.3.4591 H.

Wilhelm Müller

Der blaue Mondenschein, 1815

Dessau, Anhaltische Landesbücherei
Müller-Nachlaß, Mappe 15, Hs 84/9

Nicht erst während der Befreiungskriege
hatte Wilhelm Müller Gedichte geschrieben, von denen später einige in der Gedichtsammlung »Bundesblüthen« veröffentlicht wurden, sondern bereits als Primaner soll er »des öfteren die ›ganze Tafel‹
mit seinen Versen vollgeschrieben« haben.[1] Ist der Tenor seiner Kriegsgedichte
eindeutig patriotisch und kriegsbegeistert,
so finden sich im Nachlaß einige Gedichte
von 1814/15, in denen ein verhaltenerer
Ton angeschlagen wird, ja in denen sogar
erstmalig das Fremdlingsmotiv auftaucht,
was offenbar einen Reflex auf Müllers exi-
stentielle Krisensituation während seiner
Brüsseler Zeit darstellt.[2]
Die drei ausgestellten Gedichte Müllers
entstanden 1815 entweder in Dessau oder
in Berlin; lediglich das Gedicht »Gleich und
gleich gesellt sich gern« stammt sicher aus
Müllers Berliner Zeit, da es mit einem
Datum vom Oktober 1815 versehen ist.
Vergleicht man die drei Gedichte, so fällt
auf, daß bereits zu diesem frühen Zeitpunkt seines lyrischen Schaffens die Ausdrucksmöglichkeiten Müllers äußerst heterogene Formen annahmen – ein Zug, der ja
seiner gesamten poetischen Produktion zugrunde liegt: so stehen der spöttische Ton
der auf die Eitelkeit und die Massenpro-
duktion anderer Epigrammschreiber ge-
münzten Epigramme und die Persiflage
einer Ritterromanze (»Gleich und gleich
gesellt sich gern«) recht unvermittelt neben
dem balladesken Gedicht »Der blaue Mondenschein«, dessen unheilvoller Ton sich

an Gottfried August Bürgers Balladen (»Lenore«, 1773) anlehnt. Wird das Empfindungsspektrum in der Ritterromanpersiflage auf das Gegensatzpaar »Juchhe!« – »O weh'« reduziert und damit banalisiert, so handelt es sich bei der »Mondenschein«-Ballade immerhin um ein Gedicht über das Drama der Pubertät, das für den jugendlichen Protagonisten tödlich endet; sieht nämlich die Mutter in ihrem Sohn noch ein Kind, das lieber mit »Puppen und Stecken« spielen sollte, anstatt sich zu verlieben, so ist der Sohn von zwei blauen Augen bezaubert, die ihn vom Mond herab imaginär anblicken:

»[…]
Die Augen, die blauen, sie stehen
Ja mitten im Monde drein.

Sie schauen so sehnlich hernieder,
Sie blinken und winken mir zu.
Ach, Mutter, könnt' ich doch fliegen!
Hier hab' ich keine Ruh'!«

Diese Stelle scheint mit ihrem Ton, ihrer Motivik und ihrer Melodie eine Art Keimzelle für den »Müllerin«-Zyklus (»Tränenregen«) zu sein, der aber erst einige Jahre später entstehen sollte.   R. S.

1 Bernd LEISTNER, Aufsatz in diesem Katalog, S. 13.
2 Vgl. ausführlich ebd.

48
Christopher Marlowe

Doktor Faustus; aus dem Englischen übersetzt von Wilhelm Müller. Mit einer Vorrede von Ludwig Achim von Arnim, Berlin 1818 (Nachdruck München 1911)

Berlin, Staatsbibliothek zu Berlin – Preußischer Kulturbesitz
Sign.: Ag^{7242}/$_{15}$ – 2

Nachdem Wilhelm Müller seine Fähigkeiten als Übersetzer bereits in der »Blumenlese aus den Minnesingern« unter Beweis gestellt hatte und in seinem Tagebuch vermerkte, auch das Nibelungenlied ins Neuhochdeutsche übertragen zu wollen, widmete er sich 1816/17 einer Übersetzung von Christopher Marlowes Drama »The Tragical History of the Life and Death of Doctor Faustus« ins Deutsche. Zwar wird in der Vorrede des Nachdrucks von 1911 Erstaunen darüber geäußert, daß Müller sich mit der Geschichte des machtbesessenen und genußsüchtigen Renaissancemenschen

Faust beschäftigte, obwohl ihm selbst »kein Tropfen faustischen Blutes in den Adern« flösse und er sich vielmehr zu »rauschenden Bächlein«, der »Schönen Müllerin« und zu theologischen Studien zusammen mit Luise Hensel hingezogen fühlte (Vorrede 1911, S. 16). Aber nicht nur der enge Kontakt zum welterfahrenen Universitätslektor Dr. Beresford, der Müller englische Sprache und Literatur nahebrachte, sondern auch der Fauststoff selbst scheint Müller zu diesem Übersetzungsunterfangen angeregt zu haben. Der Ausgabe von 1818 ist eine Vorrede von Achim von Arnim vorangestellt, die sich auf Tiecks Ausführungen zum »Altenglischen Theater« stützt; darin heißt es, daß das altenglische Schauspiel im Gegensatz zum griechischen das romantische sei, da es eine nationale Identität zu stiften in der Lage sei: »[…] daß der deutsche Genius endlich auf die wahre Art sich begeistern werde, so daß von hier aus eine Schule ensteht, die ein nationales Theater begründen wird, das, indem es sich dem großen Briten anschließt, eigentümlich wird.«
Marlowe gestaltete 1592 nach der Vorlage des deutschen Volksbuches »Historie von D. Johann Fausten« (1587) den Helden zu einem nach unbeschränkter Macht strebenden Intellektuellen um. Die Konzeption des Mephistopheles als innerlich gespaltener, gefallener Engel, der tragisch an der Gottferne leidet und dennoch durch seine Verführungskünste Befriedigung erfährt, geht weit über die Satansauffassung der morality plays des 15. und 16. Jahrhunderts hinaus und weist voraus auf die komplexe theologische Deutung Satans in Miltons »Paradise Lost«. »Die sprachliche Intensität, mit der Fausts Ringen um Reue und Vergebung und seine furchtbare Vision der ewigen Verdammnis gestaltet sind, die Unmittelbarkeit, mit der seine Gedanken und Assoziationen den Zuhörer ansprechen […], stellen einen Höhepunkt in der Monologkunst der elisabethanischen Tragödie dar, der erst wieder von Shakespeare erreicht wurde.«[1]
Müller, dem romantischen Erneuerungsprinzip verhaftet, legte in seiner Übersetzung Wert auf die »innere Treue«; in der Vorrede von 1911 wird ihm trotz einiger philologischer Ungenauigkeiten konzediert, daß er es nicht nur vermocht habe, eine besonders klangvolle Übersetzung zu erstellen, sondern auch die »ungeheure Kondensiertheit der englischen Verse« durch gleiche Zeilenzahl und gleichen

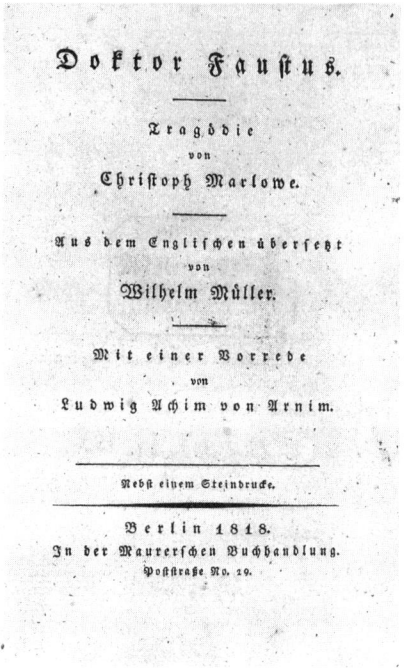

48

Rhythmus zum Ausdruck zu bringen, wodurch Müller dem »scharfen Rhythmus der strengen Gewalt des Marloweschen Verses« in hohem Maße gerecht werde (Vorrede 1911, S. 20).   R. S.

1 Manfred PFISTER, Art. »The Tragicall History of D. Faustus«, in: Kindlers Literatur Lexikon, Bd. 10, Zürich 1973, S. 9496f.

48a

Ernst Wilhelm Straßberger (1796–1866)

Kampf an der Tabaksmühle, nach 1830

Öl auf Leinwand
77,0 x 105,0 cm
Leipzig, Stadtgeschichtliches Museum
Inv. Nr. X 18

Der Aufruf des preußischen Königs an alle
Studenten, sich freiwillig zum Krieg zu melden, der am 10. 2. 1813 veröffentlicht wurde, fiel auf fruchtbaren Boden: sofort kam es
zu Massenabmeldungen beim Rektor der
Universität, in patriotischen Versammlun-
gen wurde der Kampfeswille der Studenten
bekräftigt. Obwohl Wilhelm Müller sich
erst zwei Wochen später abmeldete, läßt
sich daraus nicht schlußfolgern, daß er sich
für den Krieg nicht begeistert hätte. Denn
seine frühen »Bundesblüthen«-Gedichte
von 1813 (so »Morgenlied am Tag der ersten
Schlacht«) weisen Müller als antinapoleoni-
schen, patriotischen Kämpfer aus, der auch
vor kriegsverherrlichender Lyrik nicht zu-
rückschreckte.
Müller, der während des Kriegs zum Leutnant befördert wurde, kämpfte zumindest
in vier Schlachten mit. Das Gemälde des
Militärmalers und Prospektzeichners Ernst
Wilhelm Straßberger zeigt eine zwei Jahrzehnte später entstandene Interpretation
des Kampfes an der Tabaksmühle während
der Völkerschlacht in und um Leipzig. Die
Erinnerungen an die »große Zeit« von
1813/14, die Straßberger als Jugendlicher
miterlebt hatte, bildeten das Hauptthema
seiner künstlerischen Tätigkeit. Trotz der
zeitlichen Kluft vermittelt das Gemälde
den patriotischen Furor und das Kriegs-
pathos um einiges deutlicher als die Kriegs-
bilder aus der Zeit der Befreiungskriege
selbst, die äußerst stilisert, verhalten, sogar harmlos wirken, während zeitgleiche
Schriften den Kriegsjubel und die Verteu-
felung des Feindes in sehr direkter Weise
zum Ausdruck bringen.
Ein eindrucksvoll-gruseliges Beispiel dafür
ist das Gedicht »Landsturm« von Friedrich
Rühs, dem späteren Vereinsbruder Müllers
in der »Gesellschaft für deutsche Sprache«,
das kurz vor Beginn der Befreiungskriege,
zu Ostern 1813, veröffentlicht wurde:

»Hervor die alten Klingen
Die auf die Knochen dringen,
Die Flinten von der Wand!
Bewaffnet Euch mit Keulen
Mit Spießen, Gabeln, Beilen
Was sonst Euch kommt zur Hand.

Glück auf! Ihr deutschen Brüder!
Dringt in des Feindes Glieder,
Verbreitet Tod und Graus!
Vertilgt die lange Schande,
Und jagt aus deutschem Lande
Undeutsches Volk hinaus.

[...]

Drum laßt mit Faust und Eisen
Den Grenzstein ihnen weisen,
Sie müssen übern Rhein!
Macht ohne Gnade nieder,
Wer tot ist kommt nicht wieder –
Nun drauf! und hinterdrein!«[1]   R. S.

1 Aus: Friedrich Ludwig JAHN, Deutsche
Wehrlieder für das königlich-preußische Frei-
Corps, 1. Sammlung, Berlin 1813.

49–53

Johann Gottfried Schadow (1764–1850)

Dat Hallische Dor, 1813

Radierung, aquarelliert
15,7 x 20,3 cm
bez.: Dat Hallische Dor, 22. August 1813,
Gilrai a Paris
bez. im Bild: »cet Ours nous l'avions spi-
voisé, mais il a répris son naturel«, »Tappe-
drû dérouté«, »dat fluscht«, »ah, les beaux
quartiers«, »ferme aplomb«, »France! ton
tambour tombe . . .«, »Wer da«
Dessau, Anhaltische Gemäldegalerie
Inv. Nr. Jest G 54

Farbtafel 6 u. 7
Johann Michael Voltz (1784–1858)

Sein Denkmal, 1814

Radierung, aquarelliert
11,3 x 15,1 cm
bez. oben Mitte: Sein Denckmal
bez. unten Mitte: Blicke in die Vergangenheit und Zukunft beim Anfang des Jahres
1814
verlegt bei F. Campe, Nürnberg
Dessau, Anhaltische Gemäldegalerie
Inv. Nr. Jest G 45

Anonym

**Christian Gottfried Heinrich Geißler?
(1770–1844)**

*Helft, die große Kugel erdrückt mich,
1814*

Radierung, koloriert
18,4 x 21,3 cm
bez. rechts auf dem Stein: Mortuus est
1814; bez. unten Mitte: Das Lied Ende. 24
Dessau, Anhaltische Gemäldegalerie
Inv. Nr. Jest G 159.

Anonym

**Christian Gottfried Heinrich Geißler?
(1770–1844)**

*Juché, heute ist der 15. te August!
heute ist Festtag!, um 1814*

Radierung, koloriert
18,0 x 20,8 cm
bez.: »Englische Waaren«, »Er verdient
den Kranz«
Dessau, Anhaltische Gemäldegalerie
Inv. Nr. Jest G 55

Anonym

E. T. A. Hoffmann? (1776–1822)

*Das Brechmittel / Die Radikalkur,
um 1814*

Radierung, koloriert
21,8 x 19,7 cm
bez. im Bild (Landkarte): Großherzogthum
Franckfurth, Norwegen, Westphalen, Bei-
ern, Italien, Pohlen, Würtemberg, Sachsen, Holland, Spanien
bez. im Bild (Erbrochenes): Holland, Dan-
zig, Dresden, Stettin
Dessau, Anhaltische Gemäldegalerie
Inv. Nr. Jest G 36

Die deutsche Napoleonkarikatur

Einhellig besteht in der Literatur das Urteil, daß in Deutschland vor 1813 keine
eigenständige politische Karikatur existiert
habe, was mit dem Mangel an Pressefrei-
heit und politischer Artikulationsmöglich-
keit begründet wird. Die deutsche Napole-
on-Karikatur orientierte sich vor allem an
den englischen Spottblättern eines Cruis-
hank und Gillray (1757–1815), welcher
durchaus dazu berufen war, mit seinem
weltpolitischen Überblick und seiner extre-
men, nervös-expressiven Bissigkeit das sa-
tirische Erbe Swifts anzutreten. Die deutschen Blätter dagegen neigten zur Konventionalität, ja zur Ideenbequemlichkeit und
hielten sich, indem sie darauf verzichteten
zu verformen und zu outrieren, zumeist an
den guten Ton, der Anstößiges zu vermeiden trachtete. Dabei standen der deutschen
Karikatur recht traditionelle Ausdrucks-
mittel zur Verfügung – etwa das Sinnbild,
die Arcimboldeske, das Vexierbild, das
Bilderbogenmodell, der Steckbrief –, wobei durch den Zusammenhang zwischen
Bild und explizierendem Text das belehr-
rend-moralische Moment stark in den Vordergrund trat. Die meisten deutschen Kari-
katuristen hüllten sich aufgrund der Zen-
surgesetzgebung zumeist in schützende

49

52

Anonymität; daher ist es schwierig, die Autorschaft vieler Blätter eindeutig zu bestimmen. Auch Johann Gottfried Schadow veröffentlichte seinen Zyklus von vier Karikaturen im Sommer 1813 unter dem programmatischen Pseudonym »Gilrais – Paris« und »Gilray – London«. Das ausgestellte Blatt »Dat Hallische Dor« erläuterte Schadow selber sehr genau: »Der aufgerichtete Bär ist das Stadtwappen Berlins, er ist als Landwehrmann gewappnet und hat die Kreuzmütze auf. Darauf bezieht sich der Ausspruch der französischen Offiziere am anderen Ende: wir hatten ihn gezähmt, aber er hat sein Naturell wieder. Das Hallische Tor kann nun wohl das Triumphtor heißen, denn was gegen den Feind zog, und was an Gefangenen und Beute ankam, ging durch dies Tor. [...] Die drei Frauenspersonen sind in der Berliner Haube, der dicke Mann und diese sollten bloß die Ruhe der Leute an dem Tag bezeichnen. ›Dat fluscht‹ ist eine uns Berlinern wohlbekannte Redensart [...]: es fördert oder es gibt viel auf einmal. [...] Das Übrige ist immer eine spöttische Anspielung über den Gebrauch der Silbe: GRAND bei Ämtern und Würden und bei dem Namen der Nation.«[1] Ein anderer, namentlich bekannter, sehr produktiver und erfolgreicher Napoleonkarikaturist war Johann Michael Voltz, dessen »Januskopf« eine recht aufwendige Arbeit darstellt: »auf den ersten Blick ist das rechtsrheinische Deutschland zerstört und menschenleer, Frankreich aber, links des Rheins, blüt und gedeiht. Gegen das Licht gehalten wird das Blatt transparent und enthüllt, auf den zweiten Blick, wie die Sonne von 1814 blutrot über Frankreich steht, wo Truppen das Land überziehen und die Städte brennen, während in Deutschland die Häuser wieder aufgebaut sind und die Felder bestellt werden. Tatsächlich brauchten die Deutschen nach Jahren der Ausbeutung und Erniedrigung nun Zuversicht und Genugtuung, was in vielen Blättern dieses Jahres deutlich wird.«[2]

Drei der ausgestellten Karikaturen sind möglicherweise dem Zeichner der Leipzi-

ger Völkerschlacht, C. G. H. Geißler, zu-
zuschreiben, eine weitere, »Die Radikalkur«, mit dem dramatischen Motiv des
Erbrechens, der englischen Karikatur entlehnt, vielleicht dem romantischen Dichter, Musiker und Zeichner E. T. A. Hoffmann. Über die pflichteifrige Auflehnung
der Deutschen gegen Napoleon, die sich
auch auf die niemals mehrdeutigen Karikaturen erstreckt, spottete Heinrich Heine,
der darin nur einen neuerlichen Beweis der
Autoritätshörigkeit der Deutschen sah:
»Man befahl uns den Patriotismus und wir
wurden Patrioten; denn wir tun alles, was
uns unsere Fürsten befehlen. [. . .] Als
Gott, der Schnee und die Kosaken die
besten Kräfte des Napoleon zerstört hatten, erhielten wir Deutsche den allerhöch-
sten Befehl, uns vom fremden Joch zu
befreien und wir loderten auf in männli-
chem Zorn ob der allzulang ertragenen
Knechtschaft und wir begeisterten uns
durch die guten Melodien und schlechten
Verse der Körnerschen Lieder, und wir
erkämpften die Freiheit; denn wir tun alles
was uns von unseren Fürsten befohlen
wird.«[3]   R. S.

1   L. GEIGER, Vom alten Schadow, in: Wester-
manns Monatshefte 39 (1894), Nov./Dez.,
S. 236f.
2   Ausst. Die Kehrseite der Medaille. Napole-
onkarikaturen aus Deutschland, Frankreich und
England, hg. v. Ekkehard EGGS u. Hubertus
FISCHER, Hannover, Inst. Français, 1985, S. 118.
3   Heinrich HEINE, Die Romantische Schule, in:
ders., Sämtliche Schriften in 12 Bänden, hg. v.
Klaus BRIEGLEB, Bd. 5: Schriften 1831–1837,
München/Wien 1976, S. 379.

der Kat. Nr. 49 und Nennungen von Kat. Nr. 52
und 53).
Eduard FUCHS/Hans KRAEMER, Die Karikatur
der europäischen Völker, Bd. 1, Berlin 1901 (mit
Abb. der Kat. Nr. 49).
A. M. BROADLEY, Napoleon in Caricature
1795–1821, 2 Bde., London 1911.
Ausst. James Gillray. 1757–1815. Meisterwerke
der Karikatur, Hannover, Wilhelm-Busch-
Museum, 1986.
Ausst. Die Kehrseite der Medaille. Napoleon-
Karikaturen, Hannover, Inst. Français, 1985
(mit Abb. von Kat. Nr. 50).

WEITERE LITERATUR

Ausst. Ereignis-Karikaturen – Ereignis Karikaturen. Geschichte in Spottbildern 1600–1930,
hg. v. Siegfried KESSEMEIER, Münster, Westfäli-
sches Landesmuseum für Kunst- und Kulturgeschichte, 1983.
Friedrich SCHULZE, Die deutsche Napoleonkarikatur. Eine Auswahl und Würdigung der be-
zeichnendsten Blätter, Weimar 1916 (mit Abb.

Auf dem Weg nach Griechenland

Wilhelm Müller in Wien und sein Einsatz für die Griechen

Noch bevor Wilhelm Müller sein Studium abgeschlossen hatte, wurde er im Sommer 1817 von der Königlich preußischen Akademie der Wissenschaften dazu bestimmt, den Kammerherrn Baron Albert von Sack auf einer Reise in den Orient zu begleiten. Versehen mit der Instruktion der Akademie sowie mit Empfehlungsschreiben der Professoren Philipp Buttmann und Friedrich August Wolf, verließen Müller und Baron Sack am 20. August 1817 Berlin. Nach einem kurzen Zwischenaufenthalt in Dresden war Wien die erste Station der Reise. Hier traf Müller mit herausragenden bildenden Künstlern zusammen. Er besuchte die Wiener Theater und knüpfte Kontakte zu den Redaktionen des Wiener »Conversationsblatts«, der literarischen Zeitschrift »Janus« und der »Wiener Zeitschrift für Kunst, Literatur, Theater und Mode«. In diesen Journalen erschienen zwischen 1817 und 1820 Erstdrucke von Gedichten Müllers.

Die zwei Monate in Wien nutzte er zum Erlernen des Neugriechischen. Dabei trat er in Verbindung zu führenden Exilgriechen der Gemeinschaft Philomousos Hetairia, die in Wien die Zeitschrift »Hermes ho Logios« herausgaben. Wohl nicht zuletzt aus dieser Begegnung entwickelte sich wenige Jahre später Müllers leidenschaftliches Engagement für Griechenland.

Als die Griechen 1821 begannen, sich gegen die über 300jährige Fremdherrschaft der Osmanen zu erheben, um die staatliche Selbständigkeit zu erlangen, erhielten sie die volle Unterstützung des Dichters. Der junge Autor erregte mit seinen vielen pro-griechischen Gedichten (Griechenliedern) ab 1821 viel Aufsehen und erlangte Berühmtheit als »Griechen-Müller«.

Der griechische Kampf um Unabhängigkeit wurde zwar von den Großmächten politisch verurteilt. Bei den europäischen Liberalen stieß er dagegen auf Begeisterung. Aus einer Welle der Hilfsbereitschaft und Anteilnahme am Schicksal der Griechen entstand auch in Deutschland die »philhellenische« (griechenfreundliche) Bewegung. Sie konnte zwischen 1821 und 1826/28 breite Bevölkerungskreise mobilisieren, die entweder durch Spenden – wie etwa bei Müller, der den Erlös seiner Griechenlieder stiftete – oder durch aktive Unterstützung, das heißt durch soldatischen Kampf in Griechenland, ihre Solidarität bekundeten.

M.-V. L./B. C.

54

Schreiben der Königlich preußischen Akademie für Philosophie und Wissenschaften zu Berlin an die griechische Nation, August 1817

Berlin, Berlin-Brandenburgisches Akademiearchiv
Sign.: Nr. II: VI e, Bl. 40

Am 8. August 1817 hatte die Königlich preußische Akademie für Philosophie und Wissenschaften Wilhelm Müller zum Begleiter des preußischen Kammerherrn Baron Albert von Sack bestimmt, der eine Reise in den Vorderen Orient und nach Griechenland plante. Am 20. August 1817, 3/4 11 Uhr, empfing Müller die vom Klassensekretär Philipp Buttmann ausgefertigte Instruktion. Darin wurde ihm der Auftrag erteilt,
1) bisher ungedruckte griechische Inschriften abzuschreiben,
2) von bereits abgeschriebenen Inschriften Kopien zu erwerben,
3) bei den wissenschaftlichen Institutionen in Korfu, Chios und Athen um Unterstützung für seine Unternehmung nachzusuchen.
Zugleich erhielt Müller das in griechischer Sprache ausgefertigte Empfehlungsschreiben, unterzeichnet von Philipp Buttmann. Die in Wien erscheinende Zeitschrift »Hermes ho Logios« (»Der gelehrte Merkur«) veröffentlichte in Nr. 21, 1. November 1817, dieses Schreiben, ergänzt durch einen Zusatz der Redaktion. Im »Morgenblatt für gebildete Stände«, Nr. 18, 21. Januar 1818, wurden unter der Überschrift »Fortschritt im Guten« beide Texte in deutscher Übersetzung abgedruckt:

»Nachricht an die Hellenen

Herr Wilhelm Müller, Preuße, aus Berlin, ein wissenschaftlich gebildeter junger Mann und speziell der Altertumskunde beflissen, hat sich entschlossen, um das archäologische und ethnische Wissen zu vermehren, unseren heimischen Boden, Griechenland, und einen Teil Asiens zu bereisen. Bei seinem Scheiden aus Berlin wurde er versehen mit folgendem Empfehlungsschreiben der dortigen gelehrten Akademie an das gesamte hellenische Volk und seine Gelehrten.«

»Die Königlich preußische Akademie für Philosophie und Wissenschaften entbietet den Griechen und allen Gelehrten ihren Gruß.

Der sehr gebildete und in den Wissenschaften des Altertums sehr wohl unterrichtete Jüngling Wilhelm Müller gedenkt eine Reise durch Griechenland und die Gegenden von Asien zu machen und bedarf zu diesem Unternehmen der Hilfe und des Wohlwollens des menschenfreundlichen und der Wissenschaft geneigten Volkes der Neugriechen. Die Akademie, in der Überzeugung, daß seine Beobachtungen und Entdeckungen, wenn er sie einst durch Schriften bekannt macht, zur Vermehrung der Einsicht und der Kenntnisse nicht weniger dienen und zum größten Ruhm der Griechen selbst ausschlagen werden, bittet Euch Hellenen alle, ihm, soviel in Eurer Macht steht, nützlich und behilflich zu sein bei der Auffindung alter Inschriften, wo immer solche Reste und Denkmäler der alten Blüte der Hellenen verborgen noch vorhanden sind. Dagegen versprechen wir auch unsererseits und beteuern, daß, wer immer von den Griechen zu irgendeiner Zeit in unser Land kommt, Gleiches von uns erfahren wird. Lebt wohl!
Berlin, August 1817.

Philipp Buttmann«
M.-V. L.

55

Wilhelm Müllers Brief an den klassischen Philologen Friedrich August Wolf, Wien, den 12. Oktober 1817

Uniwersytet Jagiellóński, Biblioteka Jagiellońska Kraków, vormals Staatsbibliothek zu Berlin, Sammlung Autographa o. Sign.

»Sr. Wohlgeboren
Dem Königl. Preuß. Geheimerath
    H. F. A. Wolf
              in
d. G.   Berlin.

Wien den 12ten Oktober 1817
Verehrter Herr Geheimerath,
Ich halte es für meine Pflicht, Ihnen meine Erkenntlichkeit für die freundlichen Empfehlungen, die Sie mir nach Wien gegeben haben, zu bezeigen. Wenn mein zweimonatlicher Aufenthalt in dieser Stadt nicht allein angenehm, sondern auch für die Fortsetzung meiner Reise von dem besten Nutzen war, so bin ich Ihnen zunächst dafür verbunden. Denn, obschon Anthimus Gazes nicht in Wien ist, sondern die Stadt, (abgesehn von seinem gelehrten Rufe) nicht mit dem besten Rufe verlassen und

sich nach Odessa begeben hat, ferner Alexander Basilii als türkischer Konsul in Triest wohnt – so war mir doch der Name Ihres Schülers Empfehlung genug bei allen Griechen. Der Nachfolger des Gazes, Theocletus, Mitherausgeber des Hermes Logius, übernahm die Besorgung Ihres Briefes an Alexander Basilii und schon in 8 Tagen hatte ich von letzterem eine Menge offener Empfehlungsbriefe nach allen Gegenden Griechenlands und Kleinasiens in Händen.
Derselbe Theocletus, so wie der andere Herausgeber des Hermes Kokinakis, erboten sich mir zu Lehrern in der Romanischen Sprache. Ich habe keinen Tag versäumt, von ihrem Anerbieten Gebrauch zu machen: da die Geschäfte dieser Herren aber sehr groß sind, so haben sie mir einen dritten griechischen Gelehrten zum professor ordinarius gegeben (Doktor Athanasius Bogorides), während ich bei den beiden andern nur zuweilen hospitire. – Wenn die Aussprache des Romaïschen und die Accentherrschaft nur nicht wären, so würde es mit meinen Fortschritten schneller gehn.
Die Pest in Constantinopel hat übrigens unsren Reiseplan umgekehrt. Wir reisen Ende dieses Monats nach Italien ab – u so wird der Rath, den Sie mir gegeben, (Italien eher als Griechenland zu sehn) durch das Schicksal ausgeführt. [...]
    Mit inniger Hochachtung
    Ihr dankbarer Schüler
Wilhelm Müller. [...].«
M.-V. L.

56

Johann Adam Klein (1792–1875)

Retour-Gelegenheit nach Wien, 1816/45

Radierung
20,3 x 12,9 cm
bez. unten Mitte: Retour-Gelegenheit nach Wien
bez. unten rechts: Klein del: 6. Juni 1816, in Theierling, geätzt 1845, München
Wuppertal, Von der Heydt-Museum
Inv. Nr.: KK 1836/186

Ein Jahr vor Wilhelm Müllers Ankunft in Wien reiste Johann Adam Klein mit seinem Malerfreund Erhard in die Stadt. Auf miserablen Straßen mit Kutsche und Pferdegespann war das Reisen nicht immer vergnüglich. Von den Gefahren, denen die Reisenden mitunter ausgesetzt waren, berichtet zum Beispiel die Fürstin Luise

von Anhalt-Dessau im Zusammenhang einer ihrer vielen Reisen: »in einem Hohlweg brachen die Räder gänzlich zusammen und nach langem Harren bekamen wir endlich die Räder von einem alten Munitionskarren. [...] Der Postillion fuhr mit der Chaise einen Eichenzweig so hart an, daß sie [die Kutsche, H. H.] unter uns zerriß.«[1]
Die normale Reisegeschwindigkeit betrug pro Tag ca. 22 Kilometer. Trotzdem wurde zu dieser Zeit viel und gern gereist. Dabei stand das Interesse an der Bildung der Persönlichkeit im Vordergrund. Von den Romantikern wurde dieses zweckorientierte Ziel dagegen abgeschwächt, die Reise der Protagonisten romantischer Literatur ist geprägt von unauflösbarer Sehnsucht; der reisende Romanheld sucht »ein fernes Glück, das ihm symbolhaft in der unbekannten Geliebten vorschwebt«[2].   H. H.

1 Zit. nach dem Tagebuch der Fürstin Luise in Matthissons Abschrift, Landesarchiv Oranienbaum, Abt. Dessau, A 9e Nr. 19.
2 Lothar PIKULIK, Frühromantik. Epoche – Werke – Wirkung, München 1992, S. 292.

WEITERE LITERATUR

Kat. Deutsche Graphik des Klassizismus und der Romantik, Wuppertal, Von der Heydt-Museum, 1989.

57   **Farbtafel 8**
Hilscher (?–?)

Wien – Blick auf die Hofburg, um 1830

Umrißradierung, koloriert
35,7 x 48,0 cm
bez. unten rechts : Hilscher sc.
bez. unten Mitte: Die Kaiserliche Königliche Hofburg in Wien (v. Innen.), gedruckt bei L. v. Kleist in Dresden
Dessau, Anhaltische Gemäldegalerie
Inv. Nr. Jest G 1456

Im Jahr 1815, zwei Jahre bevor Wilhelm Müller nach Wien reiste, hatten der russische Zar, der König von Preußen und der Kaiser von Österreich sich in der Heiligen Allianz verbündet. Fortan sollten christlich-konservative Grundtendenzen die Politik bestimmen. Ziel war, den politischen Zustand vor der Französischen Revolution wieder herzustellen.
Zum eindrucksvollen Machtgebaren der österreichischen Monarchie gehörten die Militärparaden im Innenhof der Wiener Hofburg, die viele Schaulustige anzogen.

Ganz sicher war das nicht die Atmosphäre, die Müller in Wien suchte. Er hielt sich vor allem in Künstler- und Literatenkreisen auf und interessierte sich besonders für die Theaterkultur der Metropole.   H. H.

LITERATUR

Art. »Hilscher«, in: THIEME-BECKER, Bd. 17, S. 105.

58
Georg Heinrich Busse (1810–1868) nach Ferdinand Olivier (1785–1841)

Die Karlskirche in Wien, 1831

Stahlstich
30,5 x 20,2 cm
bez. unten links : Gem. v. Olivier
bez. unten rechts: gest. v. Busse
bez. unten Mitte: ST. CARLS KIRCHE IN WIEN
Angekauft vom Sächsischen Kunstvereine, auf das Jahr 1831
Dessau, Anhaltische Gemäldegalerie
Inv. Nr. G II 1553 a

Ferdinand Olivier lieferte mit seinem Gemälde der barocken Karlskirche in Wien die Vorlage zu Busses Stahlstich. Auf dem seit langem verschollenen Gemälde ist ein Motiv aus der Umgebung der Olivierschen Wohnung, dem Carolyschen Garten, in der ländlichen Vorstadt Wieden unweit des Palais Sternberg und des Schwarzenberg-Palais, zu sehen.
Zwei Geistliche, als Spaziergänger in den Vordergrund des Bildes gerückt, verweisen auf Wien als Stadt des Katholizismus. In der Karlskirche heiratete Ludwig Ferdinand Schnorr (1788–1835), der zum Katholizismus übergetreten war. Gerade in Wien hatte die romantische Bewegung eine Vielzahl von Übertritten zum Katholizismus ausgelöst. Die Oliviers und Julius Schnorr von Carolsfeld konvertierten nicht.
Oliviers Bild der Karlskirche ist keine reine Architekturzeichnung; die Kirche wird in die sie umgebende Landschaft eingebettet wiedergegeben. Das kleine Gemälde wurde auf Veranlassung Johann Gottlob Quandts vom Sächsischen Kunstverein in Dresden für die Verlosung erworben. Eine Vorzeichnung hat sich in der Anhaltischen Gemäldegalerie Dessau erhalten (Inv. Nr. Z 343). Heute sind der Stahlstich und die Zeichnung die einzigen Überlieferun-

58

gen des Gemäldes »Die Karlskirche in Wien«.

Oliviers Wiener Zeit von 1811 bis 1830 umfaßt den Höhepunkt seines Schaffens. Hier war er die längste Zeit seßhaft. Sein Haus war einer der Mittelpunkte des gesellschaftlichen Lebens in Wien. Neben seiner vielseitigen Begabung auf dem Gebiet der bildenden Kunst und der Musik konnte Ferdinand Olivier in Wien seiner schriftstellerischen Neigung als Mitherausgeber des »Janus«, der zweimal wöchentlich erschien, frönen. Daß Autoren aus Dessau, wie Wilhelm Müller und Friedrich von Raumer, hier zu Wort kamen, ist ganz sicherlich auch sein Verdienst. Friedrich Wähner, ebenfalls aus Dessau kommend, war der Herausgeber der Zeitschrift. Nach dem Bankrott des »Janus« schrieben Olivier, Müller und Wähner für die »Wiener Zeitschrift für Kunst, Literatur, Theater und Mode« weiter.

Wenn sich bisher weder bei Wilhelm Müller noch bei Ferdinand Olivier von einer Begegnung der beiden eine Erwähnung finden ließ, so deuten viele Spuren, wie gemeinsame Interessen, Herkunft und Freunde doch darauf hin. Julius Schnorr von Carolsfeld lebte in Wohngemeinschaft mit den Oliviers, bis er seine Romreise mit Wilhelm Müller von Wien aus antrat. Nach Grote [1] soll Wähner die Verbindung Müllers zu den Oliviers geschaffen haben. Es wäre aber auch möglich, daß Ferdinand Olivier den um neun Jahre jüngeren Müller noch aus Dessau gekannt hat.　　H. H.

1　Ludwig GROTE, Die Brüder Olivier und die deutsche Romantik, Berlin 1938, S. 379 Anm. 4.

WEITERE LITERATUR

Heinrich SCHWARZ, Ferdinand Oliviers »St. Carls Kirche in Wien«, in: Festschrift Otto Erich Deutsch zum 80. Geburtstag, Kassel u. a. 1963, S. 361–367.
Fritz NOVOTNY, Ferdinand Oliviers Landschaftszeichnungen von Wien und Umgebung, Graz 1971.
Ausst. Die Brüder Olivier. Gemälde, Zeichnungen und Druckgraphik aus der Staatlichen Galerie Dessau, Ludwigshafen, Wilhelm-Hack-Museum, 1990.
Ausst. Von Caspar David Friedrich bis Ferdinand Hodler. Meisterwerke aus dem Museum Stiftung Oskar Reinhart Winterthur, Berlin, Nationalgalerie, 1993.

59
Ferdinand Olivier (1785–1841)

Weg zwischen Bretterzäunen im Wiener Wald, 1814/15

Bleistiftzeichnung
19,4 x 32,8 cm
Dessau, Anhaltische Gemäldegalerie
Inv. Nr. Z 8

In einem musischen Elternhaus in Dessau aufgewachsen, studierte Ferdinand Olivier in Berlin und Dresden. 1811, nach einem Parisaufenthalt, siedelte er nach Wien über. Hier gehörten er und seine Brüder Friedrich und Heinrich sowie Julius Schnorr von Carolsfeld zum romantischen Kreis der vorwiegend protestantischen Künstler, die sich in seinem Haus trafen. Von der Vorstadt Wieden, zeichnete Ferdinand Olivier die Umgebung, etwa Steinbrüche, Wege, Haus- und Schloßansich-

ten, nicht selten in merkwürdiger Ausschnitthaftigkeit. Nach der Entdeckung der Salzburger Landschaft faszinierten den Künstler die bis dahin kaum für die Zeichenkunst wahrgenommenen menschenleeren Ansichten von einer ungewöhnlichen Perspektive aus gesehen.

Wenn die Landschaft sich auch öd und verlassen zeigt, so deutet der zerklüftete Weg zum Bretterzaun, der vom Hinübersteigen schon ganz durchlässig geworden ist, daß hier oft ein reges Treiben herrscht und nur sonntägliche Ruhe über der Gegend liegt. Der Sonntagsausflug vor die Tore der Stadt, wie ihn Goethe im »Urfaust« beschrieb, war bei den Romantikern ebenso beliebt wie die großen Bildungsreisen oder die gefahrvollen Bergbesteigungen.　　H. H.

60

Artikel Wilhelm Müllers »Über die Theater in Wien«

in: Gesellschafter oder Blätter für Geist und Herz, 1. Jg., 1817, Nr. 197
Dresden, Sächsische Landesbibliothek
Sign.: Eph. lit. 238
aufgeschlagen: S. 799

Müller gab in dem ausführlichen Bericht eine Charakteristik der bedeutenden Wiener Theater: Kärntnertortheater, Burgtheater, Theater an der Wien, Leopoldstädter Theater und Theater der Josephstadt. Außerdem erwähnte er Sommertheater sowie Theaterkolonien der großen Häuser. Das Repertoire der jeweiligen

59

60

zu 60

62

Wilhelm Müller

»Die zwey Sterne«

Gedicht-Erstdruck: »Wiener Zeitschrift für
Kunst, Literatur, Theater und Mode«,
Nr. 88, 1. November 1817, S. 312f.
Photo-Reproduktion

63

Wilhelm Traugott Krug (1770–1842)

*Griechenlands Wiedergeburt. Ein
Programm zum Auferstehungsfeste,
Leipzig 1821*

Leipzig, Universitätsbibliothek
Sign.: S.-O.-Europa 8v

Der am 5. März 1821 begonnene griechische Freiheitskampf wurde von den Großmächten der Heiligen Allianz einmütig verurteilt. Auch die deutsche Öffentlichkeit
reagierte zunächst überrascht und zurück-
haltend.
Der Leipziger Philosophieprofessor Wilhelm Traugott Krug trat mit dieser Schrift
am 15. April 1821 der politischen Verurteilung des Griechenaufstandes als erster entgegen. Der Aufstand, so Krug, sei keine
Rebellion gegen eine rechtmäßige Herr-
schaftsordnung, sondern die gerechtfertig-
te Ausübung eines Notwehrrechtes gegen
die illegitime türkische Zwangsherrschaft.
Krugs Schrift löste eine nachhaltige öffentliche Diskussion in Deutschland aus und
erlebte mehrere Auflagen. Zahllose Presse-
artikel und Broschüren griffen Krugs Ar-

Bühne und die wichtigsten Ensemblemit-
glieder wurden vorgestellt. Das Wiener Publikum verglich Müller mit dem Berliner
und kam zu dem Ergebnis: »[...] die Schaulust der Wiener ist in allen Klassen größer
[...], als die der Berliner« (S. 799). – Müllers ersten Artikel der Folge versah der
Herausgeber des »Gesellschafters«, Friedrich Wilhelm Gubitz (Abb. zu 60), mit der
Fußnote: »Der Verfasser, jetzt auf einer
Reise nach Aegypten, wird mir von jedem
Orte, wo er sich aufhält und allem Bedeut-
samen Briefe zum Drucke mittheilen.«
                                                        M.-V. L.

61

*Zwei Quittungen mit der Unterschrift
Wilhelm Müllers*

Wien, den 6. September 1817, und Wien,
den 30. Oktober 1817
20,2 x 12,6 cm
Dessau, Anhaltische Landesbücherei
Müller-Nachlaß, Mappe 1

Von einem Berliner Bankhaus waren Müller 33 beziehungsweise 127 Gulden nach
Wien überwiesen worden. Es handelte sich
dabei um Vorschüsse des Berliner Verlegers und Redakteurs Friedrich Wilhelm
Gubitz an Müller für Berichte, die er für die
Zeitung »Der Gesellschafter oder Blätter
für Geist und Herz« von den verschiedenen
Stationen seiner Reise schreiben sollte.
                                                        M.-V. L.

gumentation auf und sorgten für ihre Verbreitung. Innerhalb kürzester Zeit stellte
sich die öffentliche Meinung in Deutschland auf die Seite der aufständischen Grie-
chen.   B. C.

64

Gerard Fontallard (1777–1858)

*Sammelstelle eines Komitees der Philhel-
lenen, undatiert (nach 1821)*

Photo-Reproduktion der originalen Lithographie
bez.: »SECOUR AUX GRECS«
Berlin, Archiv für Kunst und Geschichte
Nr. 3 FK – G 45 – E 1

Sekundiert von einer durchweg griechen-
freundlichen Presse, fanden die Vorschläge
zur Unterstützung der griechischen Sache,
wie sie von Wilhelm Traugott Krug, Heinrich Gottlieb Tzschirner, Friedrich
Thiersch und anderen publiziert worden
waren, überall in Deutschland breite Zustimmung.
Seit dem 9. August 1821 bildeten sich auf
Initiative besonders des Bildungs- und Be-
sitzbürgertums in fast jeder größeren Stadt
Hilfsvereine für die griechische Sache. Diese Vereine sammelten kleinere und größere, einmalige oder auch fortlaufende Spen-
denbeiträge, die in hohem Maße auch von
Kleinbürgern und Arbeitern sowie den
bäuerlichen und unterbäuerlichen Schichten geleistet wurden. Eine rein bürgerliche
Angelegenheit blieben jedoch die Leitungs-
und Organisationsfunktionen dieser Vereine.

Die philhellenische Bewegung hatte so innerhalb kürzester Zeit ein breites Spektrum aller sozialen Schichten zur tätigen Parteinahme für die aufständischen Griechen und ihren Freiheitskampf mobilisiert. Auch die Bevölkerung Anhalts hat sich an den Geldsammlungen für die griechische Sache beteiligt. Zwischen 1821 und 1826 sind hier Spenden in Höhe von 254 Gulden und 17 Kreuzern geleistet worden.[1]   B. C.

1 Vgl. HAUSER 1990, S. 74.

65

Medaille o. J.

Zinn
Durchmesser 4 cm
Av.: Im unten unterbrochenen Perlkreis ein vorwärts strebender uniformierter Reiter mit erhobenem Säbel. Im Abschnitt: YPSILANDI. / Verzierung. Umschrift: FÜR FREIHEIT UND FÜR VATERLAND
Rv.: Behelmte antike Kriegerbüste auf einem mit Waffenschmuck umgebenen Altar. Im Abschnitt: UNS VERLASSENE GRIECHEN. Umschrift, durch Helmzier geteilt: BELLONA = HILF SIEGEN
Dessau, Museum für Stadtgeschichte
Inv. Nr. V 1709 Mü

Die Gesellschaft der »Philomusen«, eine Sammlungsbewegung patriotischer In- und Auslandsgriechen und ihrer europäischen Sympathisanten, hatte seit ihrer Gründung 1813 die allmähliche Selbständigkeit Griechenlands angestrebt. Dagegen war das Ziel der 1814 gegründeten revolutionären Geheimgesellschaft der »Philiken« die sofortige Herstellung der staatlichen Autonomie Griechenlands. Durch Beschaffung von Waffen und Geldmitteln bereitete sie den griechischen Aufstand gegen die Türken vor.
Seit 1820 hatte dieser Geheimgesellschaft, deren Kontakte bis in die Spitze der russischen Regierung reichten, Alexandros Ypsilantis vorgestanden, ein in russischen Diensten stehender Generalmajor griechischer Herkunft. Als Ypsilantis und seine »Heilige Schar« am 5. März 1821 den russisch-türkischen Grenzfluß Pruth überschritten, war dies das Signal und der Beginn der allgemeinen Erhebung Griechenlands gegen die über 300jährige Türkenherrschaft.
Ursprung und Zweck der ausgestellten Ereignismedaille sind nicht bekannt. Die Minderwertigkeit in Material und Verar-

beitung spricht jedoch für die Vermutung, daß es sich bei ihr um eine massenhaft hergestellte und verkaufte Ware gehandelt haben muß. Für die griechische Sache waren seit August 1821 durch Theateraufführungen, Benefiz-Konzerte und direkte Kollekten bei allen Schichten der Bevölkerung Geldspenden gesammelt worden. Es ist wahrscheinlich, daß der Erlös aus dem Verkauf dieser Ereignismedaille ebenfalls den Griechen zugute gekommen ist.   B. C.

66

Paul Wahl

Dessau und der Philhellenismus

aus: Luginsland. Heimatkundliche Beilage des Anhalter Anzeigers Nr. 30, 26. November 1931, unpaginiert (4 Seiten)
Dessau, Anhaltische Landesbücherei
Sign.: Z 7799
aufgeschlagen: Deckblatt

Zu der großen Anzahl an deutschen Kriegsfreiwilligen, die sich sehr bald nach Beginn des griechischen Freiheitskampfes auf den Weg nach Griechenland gemacht hatten, zählte auch der aus Dessau stammende Gustav Feldhann.
Einem Aufruf des Generals Normann-Ehrenfels aus Stuttgart zur Bildung eines Philhellenenkorps folgend, hatte Feldhann seine Vaterstadt bereits im Juni 1821 verlassen. Er wurde Adjutant des Generals. Auf Befehl Normanns hatte Feldhann unter anderem den Auftrag, der inzwischen ausgerufenen griechischen Regierung in Argos die Ankunft der deutschen Philhellenen zu melden. Nach nur fünfmonatigem Kriegsdienst in Griechenland fiel der 26jährige Feldhann am 17. Juli 1822 in der Nähe von Peta. Feldhanns Reise- und Kriegserlebnisse in Griechenland, die er in Briefform abgefaßt hatte, wurden 1822 in Deutschland publiziert.
Besonderen Wert erhält der 1931 in »Luginsland« erschienene und in der Ausstellung gezeigte Aufsatz Paul Wahls durch die Wiedergabe zweier Bildnisse des Gustav Feldhann, die heute verschollen sind. In dem 1936 unter anderem Titel erneut – jedoch gekürzt und leicht verändert – abgedruckten Wahlschen Aufsatz im Hellas-Jahrbuch[1] fehlen sie.   B. C.

1 Paul WAHL, Dessau als Philhellenenstadt. Wilhelm Müller – Christian Bork – Gustav Feldhann, in: Hellas-Jahrbuch 3 (1936), S. 59–67.

65

67–68
Wilhelm Müller

»Byron«

in: Literarisches Conversations-Blatt
Nr. 157, 9. Juli 1824
Halle, Universitäts- und Landesbibliothek
Sachsen-Anhalt
Sign.: Af 583,4 (1824,2)
aufgeschlagen: S. 625

Anonym

Lord Byron, 1. Hälfte 19. Jh.

Kupferstich
11,7 x 18,5 cm
bez. unten Mitte: Lord Byron
Dessau, Anhaltische Gemäldegalerie
Inv. Nr. G II 1549

en und ausbilden. Nach seiner Abreise aus Livorno am 24. Juli und einem Zwischenaufenthalt auf den Ionischen Inseln erreichte Byron am 3. Januar 1824 die Stadt Missolunghi an der griechischen Westküste. Hier begann er auf eigene Kosten mit dem Aufbau eines Suliotenkorps, starb jedoch bereits am 19. April 1824 an Malaria. Die griechische Regierung gebot Landestrauer und ehrte den nur 37 Jahre alt gewordenen Byron mit 37 Kanonenschüssen von den Festungswällen Missolunghis. Sein Tod löste in ganz Europa Trauer und Bestürzung aus. Wenige Tage später zog sich der Londoner Hilfsverein von seinen Aktivitäten in Griechenland zurück.   B. C.

69–76
Wilhelm Müller

Lieder der Griechen 1821, 1. Heft

Dessau 1821
München, Bayerische Staatsbibliothek
Sign.: P. o. germ. 965[hbc]

Wilhelm Müller

Lieder der Griechen 1821, 2. Heft

Dessau 1822
Dessau, Anhaltische Landesbücherei
Sign.: HB 10868 a

67

68

Mit der farbig-impressionistischen Darstellung seiner Orientreise in der Reisedichtung »Child Harold's Pilgrimage« (1812/1818) war der englische Dichter Lord George Gordon Noel Byron (1788–1824) durch seine darin geäußerten Reflexionen über die bereisten Länder (unter anderem auch Griechenland) sowie über die Freiheit rasch in ganz Europa berühmt geworden. Nachdem Byron aus gesellschaftlichen Gründen 1816 England hatte verlassen müssen, hielt er sich vor allem in der Schweiz und in Italien auf. In Genua erreichte ihn am 22. Mai 1823 die Ernennung zum Beauftragten des Londoner Griechenhilfsvereins. Byron sollte in Griechenland die versprengten Gruppen europäischer Philhellenen wieder zusammenführen sowie ein griechisches Truppenkorps aufbau-

Wilhelm Müller

Neue Lieder der Griechen, 1. Heft

Leipzig 1823
Dessau, Anhaltische Landesbücherei
Sign.: HB 10868 b

Wilhelm Müller

Neue Lieder der Griechen, 2. Heft

Leipzig 1823
Dessau, Anhaltische Landesbücherei
Sign.: HB 10868 c

Wilhelm Müller

Lieder der Griechen 1821, 1. Heft

Zweite, mit dem Gedicht »Byron« ver-
mehrte Auflage, Dessau 1825
Dessau, Anhaltische Landesbücherei
Sign.: HB 10868 a

Wilhelm Müller

Neugriechische Volkslieder.
Hg. von Claude Fauriel, übersetzt
von Wilhelm Müller

Leipzig 1825
Leipzig, Universitätsbibliothek
Sign.: Litt. Neogr. 105 c

Wilhelm Müller

Missolunghi. Der Ertrag des Verkaufes ist
für die nothleidenden Griechen bestimmt

Dessau 1826
Leipzig, Universitätsbibliothek
Sign.: Lit. Germ 83574

Der Philhellenismus hat eine unübersehba-
re Anzahl pro-griechischer Gelegenheitsge-
dichte hervorgebracht, die heute jedoch
lediglich kulturhistorische Bedeutung haben. Anders verhält es sich mit den Griechenliedern Wilhelm Müllers. Müller gehörte zu den bedeutendsten Repräsentanten philhellenischer Poesie; als »Griechen-
Müller« ist er in die deutsche Literaturgeschichte eingegangen.
Insgesamt 52 Gedichte Wilhelm Müllers
wurden von 1821 bis zu seinem Tode 1827
veröffentlicht. Von der zeitgenössischen
Rezension wurde fast ausnahmslos ihr besonderer Wert hervorgehoben. Auch beim
Leser hatten Müllers Griechenlieder großen Erfolg; so war die erste Auflage seines
in Dessau gedruckten ersten Gedichtbänd-
chens innerhalb weniger Wochen vergrif-

fen. Das im Juni 1826 publizierte Heft
»Missolunghi« wurde innerhalb weniger
Tage allein im Anhaltischen 1250 Mal verkauft (vgl. Kat. Nr. 76). Den Verkaufserlös
von fast 400 Reichstalern spendete Wilhelm Müller dem Berliner Hilfsverein
»zum Besten der griechischen Sache«. Einige seiner politisch-oppositionellen Charakter tragenden Griechenlieder wurden 1823
von der Zensur unterdrückt. »Verpestete

Freiheit« und einige andere Gedichte konnten erst 1844 in einer postumen Gesamtausgabe erstmals publiziert werden. – Von
seiner philologischen Auseinandersetzung
mit der altgriechischen Literatur zeugt
Müllers 192seitige Abhandlung »Homerische Vorschule«. 1825 besorgte Wilhelm
Müller auch die Übersetzung neugriechischer Volkslieder, die Fauriel in Paris herausgegeben hatte, ins Deutsche.   B. C.

69

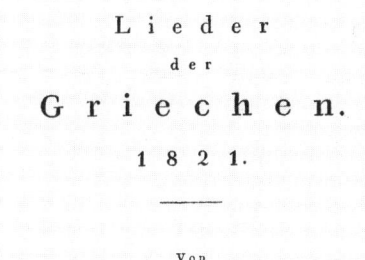

73

75

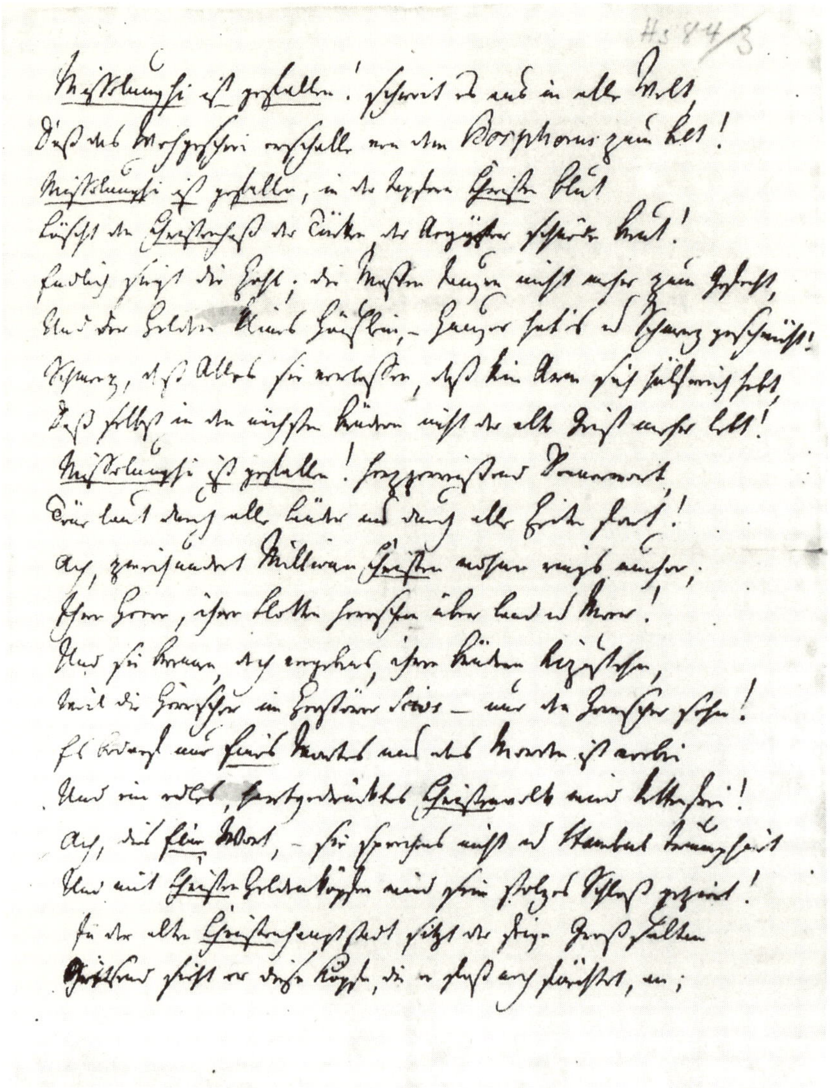

77

77
Wilhelm Müller

Autograph des Gedichtes
»Missolunghi ist gefallen!«, 1826

19,6 x 14,9 cm
Dessau, Anhaltische Landesbücherei
Müller-Nachlaß, Mappe 15, Hs 84/3

»Missolunghi ist gefallen! schreit es aus in
alle Welt,
Daß das Wehgeschrei erschalle von dem
Bosporus zum Belt!
Missolunghi ist gefallen! in der tapfern *Chris-*
ten Blut
Löscht den *Christen*haß der Türken, der
Ägypter schnöde Brut!
Endlich siegt die Zahl; die Waffen taugen
nicht mehr zum Gefecht,
Und der Helden kleines Häuflein, Hunger
hat's und Schmerz geschwächt!
Schmerz, daß alles sie verlassen, daß kein
Arm sich hilfreich hebt,
Daß selbst in den nächsten Brüdern nicht
der alte Geist mehr lebt!
Missolunghi ist gefallen! Herzzerreißend
Donnerwort,
Töne laut durch alle Länder und durch alle
Zeiten fort!
Ach, zweihundert Millionen *Christen* woh-
nen rings umher,
Ihre Heere, ihre Flotten, herrschen über
Land und Meer!
Und sie brennen, doch vergebens, ihren
Brüdern beizustehn,
Weil die Herrscher im Zerstörer Scios nur
den – Herrscher sehn!
Es bedarf nur *eines* Wortes – und das
Morden ist vorbei,
Und ein edles, hartgedrücktes *Christen*volk
wird kettenfrei!
Ach, dies *eine* Wort – sie sprechens nicht,
und Stambul triumphiert,
Und mit *Christen*heldenköpfen wird sein
stolzes Schloß geziert!
In der alten *Christen*hauptstadt sitzt der
feige Großsultan,
Grinsend sieht er diese Köpfe, die er fast
noch fürchtet, an. /
»Seht«, ruft er, »die *Christen*hunde fielen
durch der Brüder Kunst,
Und der andern Christen Herrscher buhlen
doch um meine Gunst!«
Missolunghi ist gefallen! – der schweren,
blutgen Schmach,
Die *der* Tag nur, der das *Kreutz* in Stambul
aufpflanzt, tilgen mag!
Tag der Rache, Tag der Ehre, *aller Christen*
Tag, brich an,

Daß des Greises müdes Auge sich in Frie-
den schließen kann!«

Dieses Gedicht ist zu Lebzeiten Wilhelm
Müllers nie publiziert worden. Im Gedichtbändchen »Missolunghi« erschienen 1826
die Gedichte »Die Veste des Himmels«,
»Missolunghi's Himmelfahrt« und »Das
neue Missolunghi«.   B. C.

79

78   Farbtafel 9

Brief Wilhelm Müllers an den Dresdner
Griechenhilfsverein, Dessau, 15. Juli
1826

Dortmund, Bibliotheken der Stadt Dortmund
Sign.: 5663

»Dem verehrten Griechenverein in Dresden übersendet Unterzeichneter ein Exemplar seines Gedichtes Missolunghi als Manuskript zu beliebiger Verfügung und Benutzung, mit folgenden Bemerkungen.
Die hiervon gedruckten
1250 Exemplare
sind binnen wenigen Tagen bloß in Deßau,
Zerbst, Coswig und einigen benachbarten
anhaltischen Orten abgesetzt worden und
haben bis dato einen Ertrag von nahe an
400 Th. geliefert, die, zufolge früherer Be-
kanntmachung, an // den Griechenverein in
Berlin eingeschickt worden sind. In das
Ausland sind, auf besonders dringende
Anfragen, nicht mehr gegangen als
30 Ex. nach Halle
25 Ex. nach Berlin.
Demnach würde die Arbeit für das Ausland ungeschwächt sein. Ich überlasse es
dem verehrten Verein ganz, in welcher
Menge, Format, zu welchem Preis pp er
einen neu zu veranstaltenden Druck besorgen will, und wünsche nur, durch eine
größere Verbreitung jener Gedichte eine
größere Beisteuer zu der heiligen Sache zu
bestärken, als es nun in unserm kleinen
Vaterland mög- // lich ist.
Mit hochachtungsvoller Verehrung
zeichnend
W. Müller (Unterschrift)
Herzogl. AnhaltDeßauischer Hofrath
und Bibliothekar.
Dessau
den 15ten Juli
1826«

Das mitgeschickte Manuskript umfaßte die
drei Gedichte, die Müller 1826 in dem
Bändchen »Missolunghi« publiziert hatte.
                                      B. C.

79
Carl Barth (1787–1853)

Allegorie auf die Befreiung
Griechenlands, 1826

Federzeichnung in Schwarz
11,1 x 15,4 cm
bez.: Carl Barth 1826
Tübingen, Graphische Sammlung am
Kunsthistorischen Institut der Universität
Inv. Nr. Z 299

»Für die Entstehung der philhellenischen
Bewegung besonders bedeutsam war einerseits die unerhörte Grausamkeit, mit der
vor allem auf der türkischen Seite, so
berichteten jedenfalls die zeitgenössischen
Blätter, gekämpft wurde, andererseits die
Zähigkeit und der Opfermut der Griechen.«[1] Beispielhaft hierfür stand das Blut-
bad von Chios im April 1822, welches nur
ein geringer Teil der griechischen Inselbe-
wohner überlebt hatte. Einen zweiten an-
haltenden Schub von Anteilnahme und
Hilfsbereitschaft bei den Griechenfreun-
den löste 1826 der Fall der seit 1822 von den
Türken belagerten westgriechischen Festungsstadt Missolunghi aus. Bevor die
Stadt am 23. April 1826 nach verzweifel-
tem Kampf in türkische Hand fiel, sprengten sich die letzten griechischen Verteidiger
mit ihren Frauen und Kindern in die Luft.

In Verknüpfung antiker Mythologie und
christlicher Symbolik versinnbildlichte
Carl Barth 1826 den verzweifelten Befreiungskampf des griechischen Volkes gegen
die türkische Herrschaft als einen Kampf
zwischen dem (zivilisierten) Christentum
und der grausamen, todbringenden Macht
des barbarischen (nichtchristlichen) Bösen.[2]   B. C.

1 TISCHLER 1981, S. 49.
2 Vgl. Ausst. Studie, Vorzeichnung, »Bild«.
Zeichnungen und Aquarelle 1750–1880, bearb.
v. Peter MÄRKER, Tübingen, Theodor-Haering-
Haus, 1985/86 (Tübinger Kataloge 25), S. 25f.
Kat. Nr. 26.

Antike – Landschaft – Volksleben

Italienbilder Wilhelm Müllers und seiner Zeitgenossen

Im Sommer 1817 war Wilhelm Müller von Berlin aus aufgebrochen, um als Begleiter des preußischen Kammerherrn Albert Baron von Sack eine philologische Forschungsreise nach Griechenland und Ägypten zu unternehmen. Der Rückweg sollte über Italien führen. Doch noch während eines Zwischenaufenthalts in Wien wurde die Reise nach Griechenland wegen einer Pestepidemie in Konstantinopel verschoben; am 6. November 1817 reisten Baron von Sack und Müller stattdessen nach Italien. Über Triest, Venedig und Florenz gelangten sie nach Rom, wo sie am 4. Januar 1818 eintrafen. Ostern 1818 trennten sich die beiden Reisegefährten. Während von Sack weiter nach Ägypten zog, blieb Müller in Rom. Von dort ging er Mitte April nach Neapel, wo er sich bis Ende Mai aufhielt und unter anderem die Ruinen von Pompeji und Paestum besuchte. Anschließend kehrte er nach Rom zurück. In den Sommermonaten Juli und August floh er vor der brütenden Hitze nach Albano, einer Stadt in den Bergen südöstlich Roms. Mitte August wieder in Rom, bereitete Müller seine Rückreise vor, die ihn über Florenz und Verona nach München und von dort aus wieder an den Ausgangspunkt seiner Reise, nach Berlin, führte.

In Albano entstand der erste Teil des Buches »Rom, Römer und Römerinnen«, das 1820 in Berlin erscheinen sollte und in dem Müller seine Beobachtungen zur römischen ›Volkskultur‹ ausbreitete. Er versuchte, mit seinen volkskundlichen Studien die Lebensweise der Italiener einer völligen Neubewertung zu unterziehen, indem er dazu aufforderte, neben den freigelegten Relikten antiker Kunst und Architektur auch die Gebräuche der unteren Bevölkerungsschichten Italiens – wenngleich nur in ihren Grundzügen – als Zeugnisse antiker Lebensweise zu betrachten. Die ungezwungene Haltung, der unverbildete Charakter und die eigentümlichen Sitten der einfachen Leute erschienen Müller zugleich als Modell einer Nationalkultur, die es in dem unter dem lähmenden Druck der Restaurationspolitik stehenden Deutschland erst wiederzubeleben galt.

Eine Auswahl von Bildern soll die sich wandelnde Sicht auf Italien vor Augen führen, weil sie durch die bildende Kunst im frühen 19. Jahrhundert vermittelt wurde. Die durch Winckelmann in der zweiten Hälfte des 18. Jahrhunderts angeregte, breite wissenschaftliche Beschäftigung mit der Antike brachte ein Ausblenden des zeitgenössischen Italien mit sich, das im Bereich der Literatur teilweise schon von Goethe (»Fragmente über Italien«), später aber besonders durch Müllers Rom-Buch korrigiert wurde.

Selbst in der Veduten- und der Landschaftsmalerei machte sich das neue Interesse an Italien bemerkbar. Landschaftsveduten, die sich der Darstellung eines parkähnlichen Landschaftsausschnitts (Kat. Nr. 88) oder eines Ortes mit reicher antiker Vergangenheit (Kat. Nr. 81) verschrieben, wurden durch eine Landschaftsmalerei verdrängt, die mit ihren Bildkompositionen bemüht war, der physiognomischen Vielfalt der Landschaften Italiens gerecht zu werden (zum Beispiel Kat. Nr. 85). Anhand der lavierten Zeichnung von Ernst Fries (Kat. Nr. 82) wird deutlich, daß nun ästhetisch-formale Anliegen bei der bildlichen Wiedergabe einer Landschaft verstärkt in den Vordergrund rückten.

Auch Wilhelm Müllers volkskundliche Studien konnten sich auf einschlägiges Bildmaterial stützen: vor allem auf Serien radierter ›Volkslebenbilder‹ von Bartolomeo Pinelli (zum Beispiel Kat. Nr. 92). In diesen Blättern – Müllers häufige Verweise auf Pinellis Bilder geben zu der Vermutung Anlaß, daß sie weit verbreitet waren – wurden Genre- und Trachtenbild verschmolzen, die soziale Wirklichkeit durch eine klassizistische Darstellungsweise idealisiert. Wie beliebt der Blick auf das ›einfache‹ Volk bald geworden war, zeigt sich nicht zuletzt an dem Bild von Senff (Kat. Nr. 94) und dem von Frommel (Kat. Nr. 93), der in seiner Ansicht der »Villa d'Este in Tivoli« Vedute und Volkslebenbild harmonisch miteinander verbunden hat.   G. B.

LITERATUR

MÜLLER 1820.
KIRSTEN 1983.
OSWALD 1985.
Hildegard EILERT, Aufsatz in diesem Katalog.

80

Carlo Ignazio Pozzi (1766–1842)

*Prozession am Dogenpalast in Venedig
(Porta della Carta)*

Bleistiftzeichnung, koloriert
17,9 x 14,0 cm
Dessau, Anhaltische Gemäldegalerie
Inv. Nr. Jest Z 596, Nr. 87

Am 6. November 1818 brachen Wilhelm Müller und der preußische Kammerherr Baron Albert von Sack sowie der Maler Julius Schnorr von Carolsfeld[1] in Wien auf; zehn Tage später erreichten sie in Triest die Adria. Von dort aus fuhren sie – Müller und Sack per Kutsche, Schnorr auf dem Seeweg – nach Venedig. In seinem Buch »Rom, Römer und Römerinnen« hat Müller vor allem seine Begegnung mit dem venezianischen Theater hervorgehoben.[2] Seine Bewunderung für die Lagunenstadt selbst sprach er deutlicher in dem 1824 erschienenen Lexikon-Beitrag über »Italienische Reisen und Reisebeschreibungen«[3] aus, in welchem er dem Leser Route und Zeitplan einer idealen Italienreise[4] vorstellte und Venedig gegenüber anderen Zielen in Oberitalien den Vorzug gab, mit der Begründung: »Venedig […] ist immer neu und unvergleichbar, auch jetzt noch in dem Zustande seines langsamen Unterganges.«[5]
Die Stadt war zu Müllers Zeit noch durch Zerstörungen gezeichnet, die napoleonische Truppen im Jahre 1797 angerichtet hatten. Auch das Hauptportal des Dogenpalastes, die sogenannte Porta della Carta, war beschädigt, der monumentale plastische Bildschmuck abgeschlagen worden. Im Jahre 1817 hatte Venedig seine Funktion als Zentrum einer bedeutenden Seemacht und Republik eingebüßt und war in die Hände der Habsburger gelangt. In Carlo Ignazio Pozzis[6] Darstellung des spätgotischen Prachtportals zieht eine Prozession durch das unversehrte Tor auf den Markusplatz; die Kleidung der Teilnehmer und Zuschauer versetzt das Geschehen in die Renaissancezeit. Der Dessauer Architekt und Dekorationsmaler zitiert in seiner Zeichnung Motive aus einem Gemälde von Gentile Bellini (1429–1507). Dieses Vorbild aus dem Jahre 1496 zeigt einen großen, zeitgenössischen Prozessionszug, der durch die vergoldete Porta della Carta hinauszieht.[7] Pozzi wollte mit seinem kleinen Blatt offensichtlich die Erinnerung an die längst vergangene Blütezeit Venedigs heraufbeschwören. G. B.

1 Schnorr machte auch Angaben zum Verlauf der Reise, vgl. Julius Schnorr von Carolsfeld, Briefe aus Italien geschrieben in den Jahren 1817 bis 1827. Ein Beitrag zur Geschichte seines Lebens und der Kunstbestrebungen seiner Zeit, hg. v. Franz Schnorr von Carolsfeld, Gotha 1886, S. 21, 24, 26, 34 u. 37.
2 Vgl. Müller 1820, Bd. 2, S. 92–96.
3 Wilhelm Müller, Art. »Italienische Reisen und Reisebeschreibungen«, in: Conversations-Lexikon, Bd. 11/II (N. F. in zwei Bänden, Bd. 1/II), 6. Aufl. Leipzig (Brockhaus) 1824, S. 713–719.
4 Zu Müllers Angaben und der üblichen Route am Beginn des 19. Jahrhunderts vgl. Oswald 1985, S. 80–85.
5 Müller 1824 (s. Anm. 3), S. 715.
6 Zu Carlo Ignazio Pozzi vgl. Thieme-Becker, Bd. 27, S. 334.

81

Wilhelm Friedrich Gmelin (1760–1820)

Das Mare morto bei Neapel

Kupferstich und Radierung
49,2 x 67,7 cm
bez. links unten: W. F. Gmelin fec. Romae.
1798
Tübingen, Graphische Sammlung am Kunsthistorischen Institut der Universität
o. Sign.

Am Kap Miseno gelegen, das den Ostabschluß der Bucht von Neapel bildet und dessen kegelförmiger Hügel rechts im Bild zu sehen ist, war das »Mare morto« in der Antike das hintere Becken eines römischen Flottenhafens, das später vom Meer ganz abgetrennt wurde. Wilhelm Friedrich Gmelins[1] Bild bietet dem Betrachter einen Blick über diesen Binnensee und über den Golf von Neapel hinweg gen Osten auf den qualmenden Vesuv, hinter dem indes die Sonne aufgeht. In den Vordergrund, der von einer riesigen Palme dominiert wird, hat der Künstler eine antikisch gekleidete, trauernde Frau mit zwei Kindern eingefügt, die sich an eine von Pflanzen überwucherte Ruine eines Kolumbariums anlehnt. Die großformatige Vedute ist das Pendant zu Gmelins Darstellung des Lago Albano; beide Arbeiten sind in den Jahren 1796 bis 1798 im Auftrag des Nürnberger Kunsthändlers und Verlegers Johann Friedrich Frauenholz[2] entstanden. Goethe spendete den beiden Blättern ausdrücklich Beifall.[3] Seiner Besprechung in den »Propyläen« folgte im Jahre 1801 eine ausführliche, positive Rezension in Wielands »Neuem Teutschen Merkur«, in der hervorgehoben

wird, daß es dem Künstler »nicht blos darum zu thun war, den Liebhaber reizender Aussichten zu ergötzen, sondern auch den Alterthumsforscher zu befriedigen, welchen jene Gegenden vornemlich wegen der merkwürdigen Ueberbleibsel der Vorwelt interessiren, die dort noch zerstreut umher liegen […].«[4] Anschließend erläutert der Rezensent die beiden dargestellten Landschaften in ihrer Bedeutung als Orte antiker Dichtung und Geschichte: »Hier an den Ufern des *Mare morto* sehen wir einen Theil jener elysischen Gefilde des glücklichen *Kampaniens*, welche den Alten, Dichtern und Geschichtsschreibern, zu begeisterten Schilderungen so reichliche Veranlassungen gaben. Wem sind sie nicht bekannt aus den Gesängen eines *Horaz* und *Virgil*, […].«[5]
Auch Wilhelm Müller dürfte die Landschaft am Golf von Neapel mit dem Blick des antiquarisch Gebildeten betrachtet haben, zählten doch die Schriften des Vergil und des Horaz zu seiner Lieblingslektüre in Italien.[6] Obgleich er nicht zu denen gehörte, die ihre Augen vor dem zeitgenössischen Italien verschlossen, besuchte und genoß er wie alle anderen, den Spuren der Antike folgenden Italienreisenden die bei Neapel gelegenen Orte Paestum und »Pompeji, wo man so gern, sich selbst überlassen, still und langsam durch die alte Welt wandern möchte, […].«[7] G. B.

1 Zu Gmelin vgl. Thieme-Becker, Bd. 14, S. 273 f. sowie Gerda Kircher, Die badischen Kupferstecher Gmelin, Haldenwang, Frommel. Ein Beitrag zur Geschichte der Kunstpflege und insbesondere der Landschaftsdarstellung im Übergang vom 18. zum 19. Jahrhundert, masch. Diss. Heidelberg 1922, bes. S. 1–10.
2 Zu Frauenholz vgl. Edith Luther, Johann Friedrich Frauenholz (1758–1822). Kunsthändler und Verleger in Nürnberg, Nürnberg 1988 (Nürnberger Werkstücke zur Stadt- und Landesgeschichte 41).
3 Johann Wolfgang von Goethe, Zwey Italiänische Landschaften. von Gmelin, in: Propyläen. Eine periodische Schrift, hg. v. dems., Bd. 3, I. Stück, Tübingen 1800, S. 150–152.
4 Häfeli, Ueber zwei Landschaften von Gmelin, in: Der Neue Teutsche Merkur, hg. v. Christoph Martin Wieland, Bd. 2 (Mai), 1801, S. 16–30, hier S. 17.
5 Ebd., S. 22.
6 Vgl. unter vielen Erwähnungen zum Beispiel die seiner Vergil-Lektüre in Albano, Müller 1820, Bd. 1, S. 92 f. oder die seiner nächtlichen Horaz-Lektüre, ebd., Bd. 2, S. 24. Zu Müllers nicht zuletzt durch seine Antike-Kenntnisse geprägten Sicht auf Italien und die Italiener, vgl. bes. Hildegard Eilert, Aufsatz in diesem Katalog, 6. Die Antike und Rom anno 1820, S. 92 f.
7 Müller 1820, Bd. 2, S. 136.

81

82   **Farbtafel 11**
Ernst Fries (1801–1833)

Amalfi

Bleistiftzeichnung, in Sepiamanier laviert
20,5 x 29,8 cm
Dessau, Anhaltische Gemäldegalerie
Inv. Nr. Z 504

Von Neapel aus machte Wilhelm Müller einen Ausflug an den Golf von Salerno; sein Ziel waren die Ruinen des antiken Paestum. Jahre später gab er einer Gruppe erotisch gefärbter, volksliedhafter Gedichte, die das Meer als zentrales Motiv kreisen, den Titel »Lieder aus dem Meerbusen von Salerno«[1]. Obwohl diese Lieder so gut wie keinen direkten Bezug zu der titelgebenden Landschaft enthalten, verweisen sie immerhin darauf, daß diese Bucht beim Dichter einen besonderen Eindruck hinterlassen hatte.

Der Golf von Salerno, der sich dem von Neapel nach Südosten hin anschließt, wurde nicht nur von antiquarisch interessierten Italienreisenden aufgesucht, dort fanden auch die romantisch geprägten Landschaftsmaler viele ihrer Motive. Zu letzteren gehören Ansichten des an der Südküste der Halbinsel von Sorrent gelegenen Amalfi.

Ein Beispiel dafür liefert das Bild von Ernst Fries.[2] Es lenkt den Blick durch die runde Öffnung einer Grotte über die Terrasse des Kapuzinerklosters S. Francesco hinunter auf die an steile Uferfelsen angelehnte Hafenstadt. Fries hat die Zeichnung durch Lavieren in ein vielfach abgestuftes Licht getaucht und so seinem vorrangigen »Interesse an malerisch-luministischen Qualitäten der Landschaft«[3] Ausdruck verliehen. Dieses künstlerische Interesse war wohl überhaupt der Grund, weshalb er die Gegend im Hochsommer – die Zeichnung entstand wahrscheinlich Anfang August 1826[4] – bereiste, zu einer Jahreszeit, in der das Sonnenlicht in Italien eine enorme Intensität erreicht.

Die Reisenden aus Nord- oder Mitteleuropa pflegten sich während dieser Phase in hochgelegene, kühlere Orte zurückzuziehen, und selbst die Italiener gingen dem starken Sonnenlicht möglichst aus dem Wege. Wilhelm Müller beobachtete: »Die Italiener meiden den Sonnenschein in der heißen Zeit mit ängstlicher Gewissenhaftigkeit und schelten die Fremden tollkühn, die sich demselben zuweilen aussetzen: und das nicht ohne Grund, denn es gibt Bei-

spiele genug, besonders in Neapel und Sizilien, daß der Sonnenstich einen Menschen augenblicklich todt niederstreckte oder ihm den Verstand raubte [...].«[5]   G. B.

1   Unter diesem Titel erschienen die Gedichte erstmals in: Wilhelm Müller, Lyrische Reisen und epigrammatische Spaziergänge, Leipzig (Voß) 1827.
2   Weitere Beispiele, die mit Fries' Dessauer Bild von Amalfi verwandt sind, nennt Hans Ost, Einsiedler und Mönche in der deutschen Malerei des 19. Jahrhunderts, Düsseldorf 1971 (Bonner Beiträge zur Kunstwissenschaft 11), S. 151f. Das Dessauer Blatt diente dem Künstler als Vorlage für ein 1829 datiertes Ölbild, das sich heute in der Neuen Pinakothek in München befindet, vgl. Kat. Neue Pinakothek. Erläuterungen zu den ausgestellten Werken, 4. Aufl. München 1982, S. 101, Nr. 12528.
3   Elisabeth Bott, Ernst Fries (1801–1833). Studien zu seinen Landschaftszeichnungen, Diss. Heidelberg 1978, S. 76.
4   Eine in der Karlsruher Kunsthalle befindliche Zeichnung von Ernst Fries mit der Darstellung des Kapuzinerklosters, von Amalfi aus gesehen, datiert vom 2. August 1826. Vgl. Kat. Die deutschen Zeichnungen des 19. Jahrhunderts, 2 Bde., bearb. v. Rudolf Theilmann u. Edith Ammann, Karlsruhe, Staatliche Kunsthalle, Kupferstichkabinett, 1978, hier: Textband, S. 182, Nr. 1051.
5   Müller 1820, Bd. 1, S. 146f.

83–84
Johann Wilhelm Walkhoff (1789–1822)

Blick aus einer Höhle auf den Vesuv

Öl auf Leinwand
23,0 x 30,5 cm
bez. unten: W. Walkhoff p. Roma 1819
Tübingen, Gemäldesammlung der Universität (Sammlung Kölle)
o. Sign.

Eine Ziegenherde am Brunnen unter Bäumen

Öl auf Leinwand
23,0 x 30,5 cm
bez. unten rechts: W. Walkhoff p. Roma 1819
Tübingen, Gemäldesammlung der Universität (Sammlung Kölle)
o. Sign.

Als Wilhelm Müller am 4. Januar 1818 in Rom ankam, empfingen ihn vor einem Gasthaus in der Via Condotti, in dem er seine erste Nacht in Rom verbringen wollte, sogleich mehrere Deutsche: »Deutsche Röcke standen vor der benachbarten Thüre des Caffé Greco, ein deutscher Kellner hob

mich aus dem Wagen, ein deutscher Wirth hieß mich willkommen, und als ich die erste Treppe hinaufstieg, flog mir ein Freund und Landsmann entgegen.«[1] Bei dem »Freund und Landsmann« könnte es sich um den Maler Johann Wilhelm Walkhoff gehandelt haben, der seit 1815 in Italien weilte, um seine künstlerischen Fähigkeiten zu erweitern, und der – wie kurz darauf auch Müller – in der Via Sistina seine Unterkunft gefunden hatte.[2] Zunächst war der Gröbziger Pastorensohn Walkhoff Schüler von Carl Wilhelm Kolbe an der Dessauer Hauptschule gewesen, hatte dann aber zwischen 1807 und 1810 in Helmstedt und Halle Theologie studiert. Anschließend war er als Lehrer, als sogenannter »Kollaborator und Kirchenkandidat«, an die Hauptschule in Dessau zurückgekehrt. Spätestens in dieser Zeit dürfte er Müller – damals noch Schüler – kennengelernt haben. Nachdem in Dessau Walkhoffs hohe künstlerische Begabung entdeckt wurde, schickte ihn Herzog Leopold Friedrich Franz mit einem jährlichen Stipendium von 300 Talern nach Italien. Hier begleitete er mehrmals als Zeichner deutsche Gelehrte an historische Stätten.[3]

Vier Gemälde Walkhoffs wurden im Frühjahr 1819 in der berühmten Ausstellung im Palazzo Caffarelli gezeigt, die anläßlich des Besuches des österreichischen Kaisers in Rom organisiert worden war und die den Kunstwerken der sogenannten ›Nazarener‹ durch den Streit um ihre künstlerische Qualität zu großer Bekanntheit verhalf.[4] Der württembergische Geschäftsträger in Rom, Friedrich Kölle (1781–1848), der für das Cottasche »Morgenblatt« einen Bericht über die Ausstellung verfaßte,[5] erwarb einige Jahre später neben drei weiteren Gemälden Walkhoffs eines der vier 1819 ausgestellten Bilder. Dem Sammler dienten sie wohl vor allem als Andenken an Italien,[6] vielleicht aber auch als Erinnerung an den Maler Walkhoff, der sich am 30. Juni 1822 in Neapel das Leben genommen hatte.   G. B.

1   Müller 1820, Bd. 2, S. 154.
2   Zu Walkhoff, vgl. auch im folgenden R. Ammann, Beiträge zur Geschichte der Familie Walkhoff, hg. v. E. Walkhoff, Staßfurt 1939, S. 40–44 (Kap. V: Johann Wilhelm Walkhoff, ein Maler der romantischen Schule), hier bes. S. 41 u. 43. Vgl. außerdem (mit weiterer Literatur): Art. »Wilhelm Walkhoff«, in: Thieme-Becker, Bd. 35, S. 91.
3   So etwa den Historiker Friedrich von Raumer oder den Germanisten Friedrich von der Hagen, vgl. Ammann 1939 (s. Anm. 2), S. 41ff.

4 Dazu vgl. Judith HUBER, Ausstellungen deutscher Künstler in Rom 1800–1830, in: Ausst. Die Nazarener in Rom. Ein deutscher Künstlerbund der Romantik, hrsg. v. Klaus GALLWITZ, Rom, Galleria Nazionale d'Arte Moderna, 1981, S. 44–51.
5 Ausstellung der Werke deutscher Künstler im Palast Cafarelli zu Rom. April 1819, in: Morgenblatt vom 4. 5. 1819, Kunstblatt Nr. 7, S. 25–27.
6 Die Bilder sind von Kölle erst nach dem Tode Walkhoffs erworben worden. Der Sammler hielt die beiden gleich großen Landschaftsgemälde aus dem Jahre 1819 für Ansichten sizilianischer Gegenden; der »Blick aus einer Höhle auf den Vesuv« wurde als eine Darstellung der »Ziegenhöhle am Ätna« angesehen, vgl. Gerd BRÜNE, Die Köllesche Gemäldesammlung. Eine Kunstsammlung aus dem 19. Jahrhundert im Besitz der Universität Tübingen (Publikation in Vorbereitung).

85   Farbtafel 10
Johann Wilhelm Walkhoff (1789–1822)

Italienische Felsenlandschaft

Öl auf Leinwand
74,0 x 99,0 cm
Dessau, Anhaltische Gemäldegalerie
Inv. Nr. 296

Im Blickfeld der kunstinteressierten Reisenden aus Deutschland standen um 1820 vor allem die sogenannten Nazarener, die sich als christlich-altdeutscher Künstlerbund der Nachahmung vorraffaelischer Kunst verschrieben hatten. Die meisten Zeitgenossen belächelten deren Vorhaben, die Kunst auf diesem Wege zu erneuern, und auch Wilhelm Müller erteilte der seiner Meinung nach anachronistischen Haltung eine Absage: »[...] das Mittelalter läßt sich nun einmal nicht durch deutsche Haare und Röcke, noch durch Fasten und Kasteien in uns hineinzwingen. Die Kunst kann die Zeit nicht formen, aber die Zeit beherrscht die Kunst.«[1]
Unumstritten waren jedoch die deutschen Vertreter der Landschaftsmalerei in Rom, wenngleich das Landschaftssujet nach alter Tradition ein geringeres Ansehen als das Historienbild besaß. Landschaftsmaler wie Joseph Anton Koch, Johann Christian Reinhart oder Johann Martin von Rohden waren die Vorbilder einer großen Anzahl junger Künstler, die in den 1810er und 1820er Jahren nach Rom kamen. Theoretisch untermauert durch Carl Ludwig Fernows Schrift »Über die Landschaftsmalerei«,[2] huldigte diese Gruppe deutsch-römischer Maler, denen sich auch Johann Wilhelm Walkhoff anschloß,[3] der italienischen Landschaft als einem unerreichten Ideal. In der Nachfolge Claude Lorrains und Nicolas Poussins verliehen sie ihren Landschaftsbildern durch mythologische oder christlich-religiöse Staffagefiguren neue inhaltliche Dimensionen, um sie so von der Vedutenmalerei abzugrenzen und zugleich den Abstand zur Gattung des Historienbildes aufzuheben.
Walkhoff führt dem Betrachter in seinem Dessauer Leinwandgemälde genau diese idealtypische italienische Landschaft vor Augen: in ihr sind Gebirgs-, Küsten- und Flußlandschaft zu einer Einheit verschmolzen. Ein rechts im Bildvordergrund beginnender Weg erschließt die Tiefe der Landschaft und lenkt so den Blick bis an die in der Ferne sichtbare Meeresbucht. Doch erst durch die menschliche Figur in der

rechten unteren Bildecke erhält die harmonisch komponierte Landschaft eine tiefere Bedeutung: der Pilger, der an einem ›locus amoenus‹ – ausgewiesen durch eine Quelle und den Schatten hoher Bäume – eine Ruhepause einlegt, macht diese Landschaft zu einem Sinnbild des (christlichen) Lebensweges, der mit seinen Höhen und Tiefen durchschritten werden muß.   G. B.

1 MÜLLER 1820, Bd. 1, S. 9.
2 Carl Ludwig FERNOW, Über die Landschaftsmalerei, in: DERS., Römische Studien, Bd. 2, Zürich 1806, S. 5–130.
3 Walkhoff war in Italien Schüler und Freund Martin von Rohdens, vgl. Ausst. Carl Wilhelm Kolbe und sein Schülerkreis in der Hauptschule zu Dessau, bearb. v. Maria BARTMUSS und Karl00000 mäldegalerie, 1937, S. 14.

86

Adolphe Jean-Baptiste Bayot (geb. 1810) und Alexandre Jules Monthelier geb. 1804) nach Nicolas-Marie-Joseph Chapuy (1790–1858)

Rom mit Blick auf den Tiber

Lithographie
34,0 x 51,0 cm
bez. unten links: Dessiné d'après nature par Chapuy
bez. unten Mitte: Imp. de Lemercier, Bernard et C.
bez. unten rechts: Lith. par Monthelier; Fig. par Bayot
Bildunterschrift: ROME / Vue générale prise au dessus du Tibre
Dessau, Anhaltische Gemäldegalerie
Inv. Nr. G II 1540

Die Vorlage der für den Pariser Kunsthandel arbeitsteilig angefertigten Lithographie stammte wahrscheinlich von dem als Architekturzeichner bekannten Nicolas-Marie-Joseph Chapuy,[1] die Ausführung auf Stein übernahmen Bayot[2] und Monthelier[3] als Könner ihres Faches. Das Blatt zeigt einen Blick von Westen auf einen Teil des Panoramas der Großstadt Rom, vom nördlichen Rand des Monte Gianicolo aus gesehen. Links im Vordergrund sieht man den Turm von S. Spirito in Sassia, im Mittelgrund den sich oberhalb des Tibers erhebenden Bau der Engelsburg mit der Engelsbrücke, hinter der die Sicht bis zu den östlich von Rom gelegenen Gebirgszügen des Umlandes der Stadt reicht. Der Rest der Stadt erscheint als ein Meer von

86

Häusern und Kirchtürmen, teils verdeckt
durch einen mit einer Balustrade ausgestat-
teten Vorsprung im Bildvordergrund, wo
sich unter dem Schatten eines Baumes ein
Ziegenhirte niedergelassen hat.
Wilhelm Müller unterstellte den unterschiedlichen Nationen und Gruppen, die
Rom bereisten, eine jeweils eingeschränkte
Sicht auf die »Allerweltsstadt« (»Kosmo-
polis«); jede nehme sich nur einer »Poly-
gonseite« der Stadt an: »Der Deutsche fühlt
sich von den deutschen Polygonseiten angezogen, der Franzose von den französischen, der Profane von den antiken, der
Heilige von den romantischen.«[4] Auf der
vorliegenden Lithographie erscheint Rom
als Großstadt, in der noch Winkel vorhanden sind, die ländliche Züge besitzen, und
in der Idylle und Altehrwürdigkeit (repräsentiert durch Bauten wie der Engelsburg)
verschmolzen sind, antiquarisches Interesse gleichwohl auffälligerweise zugunsten
der Darstellung von Größe und Atmosphäre der Stadt zurückgenommen ist. Dem
Pariser Publikum, für das die Graphik ge-

schaffen wurde, lieferte diese Darstellung
Roms nicht zuletzt ein Gegenbild zu ihrer
eigenen Stadt, die von Zeitgenossen auch
als »das moderne Rom«[5] betrachtet wurde.
Ob die Einschätzung der Stadt am Tiber
mit der damaligen Wirklichkeit überein-
stimmte, sei hier dahingestellt; Wilhelm
Müller jedenfalls bemerkte »mancherlei
Kleinstädtisches«[6] an Rom: »Ein großer
Theil der Einwohner der Stadt besteht aus
Landbauern, Gärtnern und Winzern, [...].
Der vornehme Arbeitsstand der französir-
ten Hauptstädte gedeihet hier nicht.«[7]

G. B.

1 Vgl. Thieme-Becker, Bd. 6, S. 382.
2 Vgl. ebd., Bd. 3, S. 104.
3 Vgl. ebd., Bd. 25, S. 92.
4 Müller 1820, Bd. 1, S. 25.
5 Vgl. I. Oesterle, Paris – das moderne Rom?,
   in: Rom – Paris – London. Erfahrung und Selbsterfahrung deutscher Schriftsteller und Künstler
   in den fremden Metropolen, hg. v. Conrad
   Wiedemann, Stuttgart 1988, S. 375–419.
6 Müller 1820, Bd. 2, S. 159.
7 Ebd., Bd. 2, S. 160f.

87
Victor Jean Nicolle (1754–1826)

Die Porta S. Paolo mit der
Cestiuspyramide

Sepiazeichnung, aquarelliert
15,5 x 22,2 cm
bez. links: V. J. Nicolle
Dessau, Anhaltische Gemäldegalerie
Inv. Nr. Z II 372

Wohl kaum ein antiquarisch interessierter Reisender versäumt in Rom, die Grabstätte des Caius Cestius zu besichtigen. Der Zeitgenosse des Augustus, ein Praetor und Volkstribun, ließ sich eine Pyramide als Grabmal errichten, die im dritten Jahrhundert n. Chr. in die aurelianische Stadtmauer eingefügt wurde. Die Pyramide und die Reste der spätantiken Befestigungsanlage mit der Porta S. Paolo gehörten schon lange zum festen Motivschatz der römischen Vedutenmaler, als der französische Künstler Victor Jean Nicolle die kleine aquarellierte Skizze um 1800[1] anfertigte.
Nicolles Augenmerk lag offenbar besonders darauf, die ungewöhnliche Nachbarschaft des zinnenbekrönten Stadttors und des pyramidalen Grabmonuments festzuhalten. Als Staffagefiguren dienten ihm Spaziergänger – voran ein Mann, der eiligen Schrittes mit einem Papierbündel unter dem Arm die Stadt hinter sich läßt, eine Anspielung auf die Präsenz einer großen Zahl von Künstlern, die in Rom und seiner Umgebung Studien betrieben. Etwa um die gleiche Zeit entstandene Bilder anderer Maler oder Zeichner zeigen die Pyramide von der Innenseite der Stadtmauern mit den Gräbern nicht-katholischer Toter, die hier zwar traditionsgemäß, genau genommen jedoch illegal beerdigt wurden.[2] Von vielen Reisenden wurde die Pyramide auch deshalb aufgesucht, weil berühmte, meist protestantische Künstler und Gelehrte zu Füßen des antiken Bauwerks ihre letzte Ruhestätte gefunden hatten.
Müller selbst äußerte in seinem Rom-Buch den Wunsch, »einst an dieser Stätte zu ruhen.«[3] Später hat er in seiner Novelle »Debora« auf eine eher ironische Weise der Cestius-Pyramide mit dem inoffiziellen protestantischen Friedhof gehuldigt: Der katholische (!) Marquis, mit dem der Protagonist der Geschichte, Arthur, nach Italien gereist ist, wird in Rom vom Tod heimgesucht und verfügt mit einem Deuten auf das Bild der Pyramide, welches in

seinem Sterbezimmer hängt, daß er dort beerdigt werden möchte.[4]   G. B.

1 Zu Nicolle vgl. THIEME-BECKER, Bd. 25, S. 458. Nicolle verbrachte zwischen 1787 und 1799 sowie zwischen 1806 und 1811 jeweils längere Zeit in Italien, vornehmlich in Rom.
2 Vgl. zum Beispiel Ausst. Künstlerleben in Rom. Bertel Thorvaldsen (1770–1844). Der dänische Bildhauer und seine deutschen Freunde, Nürnberg, Germanisches Nationalmuseum / Schleswig, Schleswig-Holsteinisches Landesmuseum Schloß Gottorf, 1991/92, Kat. Nr. 3.34 (Bartolomeo Pinelli) u. Kat. Nr. 3.40 (Jakob Wilhelm Mechau).
3 MÜLLER 1820, Bd. 2, S. 44. Friedhof und Pyramide erwähnt Müller aber auch im Zusammenhang einer Anekdote um einen skurrilen englischen Reisenden, vgl. ebd., Bd. 1, S. 22.
4 Vgl. Wilhelm MÜLLER, Debora, in: Schwab 1830, Bd. 3, S. 105–275, hier bes. S. 200f.

88
Johann Baptist Hössel (tätig 1799–1824)
nach Jacob Philipp Hackert (1737–1807)

Die Via Appia bei Albano, 1799

farbige Radierung und Aquatinta
39,5 x 50,5 cm
bez. im Bild: I. B. H.
bez. unten links: Nach Zeichnung in Wasserfarben von J. Hackert
bez. unten rechts: In vier Platten geätzt von Hössel
Dessau, Anhaltische Gemäldegalerie
Inv. Nr. G II 1554

»Sobald die letzte Girandola das Fest des heiligen Petrus beschlossen, welches mit dem Eintritte der heißen Jahreszeit etwa zusammenfällt, ziehen die Fremden [...] zur Stadt hinaus. Denn in ihrem römischen Tagebuche stehen im Julius, Augustus und September, statt glänzender Feste und Prozessionen, böse Luft und Fieber aller Arten. [...Viele] suchen inzwischen Schutz und Erholung in den kühlen Berggegenden von Tivoli, Frascati und Albano.«[1] – Wilhelm Müller schrieb diese Zeilen in Albano, wo ein großer Teil seines Buches »Rom, Römer und Römerinnen« entstand. Müller würdigte den Ort an zwei Stellen dieses Werkes: der vierte Brief des Buches ist der Tracht und einigen Gebräuchen der Albaner(innen) gewidmet,[2] und im siebten Brief äußert sich Müller zur antiken Vergangenheit der Stadt.[3]
Zu den Relikten der Antike gehört das sogenannte Grabmal der Horatier und Curiatier, von den Fremden bestaunt und ein beliebtes Motiv der Ansichtenmaler. Im

vorliegenden Blatt ist dieses berühmte Monument im wörtlichen Sinne an den (linken) Rand gedrängt; ein an der Via Appia gelegenes Portal zu einem Park und ein daneben liegendes Kirchen- oder Klostergebäude dominieren das Bild. Johann Baptist Hössels mit vier Platten gedruckte Graphik nach einer Gouache oder einem Aquarell ist ein beispielhaftes Zeugnis für das hohe technische Niveau der für die Chalcographische Gesellschaft arbeitenden Künstler. Man kann auf diesem Blatt fünf verschiedene Farbtöne erkennen, was darauf zurückzuführen ist, daß von einer der Platten zweimal und mit zwei verschiedenen Farbtönen gedruckt wurde.
Als Vorlage diente wohl eine Arbeit von Jacob Philipp Hackert. Gemäß den Auswahlkriterien im Verlagsprogramm der Chalcographischen Gesellschaft war festgeschrieben, daß neben Thema und künstlerischem Wert einer Vorlage der Ruhm des Künstlers ausschlaggebend sein sollte.[4] Tatsächlich zählte Hackert, der seit 1768 vornehmlich in Italien lebte und arbeitete, zu den erfolgreichsten Landschaftsmalern seiner Zeit.[5] Seine zumeist adelige Kundschaft verteilte sich über ganz Europa.[6] Hackerts Darstellung der Via Appia bei Albano wurde offensichtlich ›nach der Natur‹ gezeichnet. Die ›Alltagsszene‹ mit antikem Grabmonument und ruinösen Bauten zwischen wild wuchernden Bäumen und Sträuchern zielte freilich auf das empfindsame Erlebnis von Natur und Geschichte, das Sehnsucht und Interesse der Käuferschichten bestimmte.   G. B.

1 MÜLLER 1820, Bd. 1, S. 12.
2 Ebd., Bd. 1, S. 38–46.
3 Ebd., Bd. 1, S. 119f.
4 Vgl. den einführenden Aufsatz zu Ausst. Die Chalcographische Gesellschaft zu Dessau. Profil eines Kunstverlages um 1800, bearb. v. Susanne NETZER, Coburg, Kunstsammlungen der Veste Coburg, 1987, S. 7–31, hier bes. S. 13.
5 Zu Hackert vgl. Wolfgang KRÖNIG, Jacob Philipp Hackert (1737–1807). Ein Werk- und Lebensbild, in: Ausst. Heroismus und Idylle. Formen der Landschaft um 1800 bei Jacob Philipp Hackert, Joseph Anton Koch und Johann Christian Reinhart, Köln, Wallraf-Richartz-Museum, 1984, S. 11–16.
6 Einen Überblick bietet THIEME-BECKER, Bd. 15, S. 412–414.

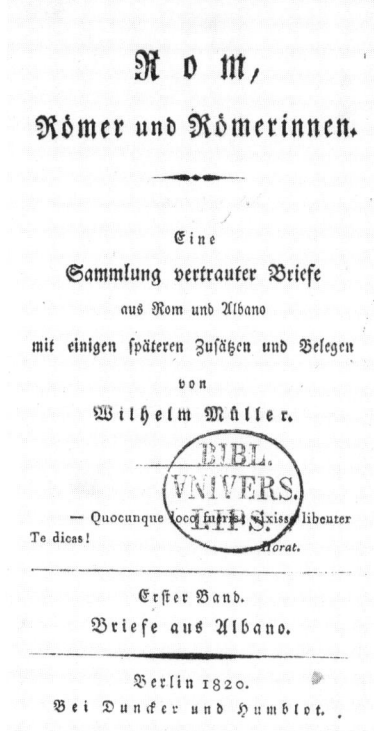

89a

89b

89c

89
Wilhelm Müller

Rom, Römer und Römerinnen. Eine Sammlung vertrauter Briefe aus Rom und Albano, mit einigen späteren Zusätzen und Belegen 2 Bde. (1. Briefe aus Albano; 2. Briefe aus Rom, Orvieto, Perugia, Florenz und Anhang), Berlin (Duncker und Humblot) 1820

Leipzig, Universitätsbibliothek
Sign.: Hist. Ital. 1103^n
aufgeschlagen: Titelblatt des ersten Bandes;
erste Seite der Widmungsrede an Per Daniel Atterbom zu Beginn des zweiten Bandes

Wilhelm Müllers zweibändiges Werk über »Rom, Römer und Römerinnen«, das im Jahre 1820 erschien, besteht aus zwanzig Briefen, die in die Monate Juli bis Oktober 1818 datiert sind und denen sich Tagebuchaufzeichnungen aus dem Zeitraum von Januar bis September des Jahres 1818 anschließen. Seine darin niedergelegten Beobachtungen und Erfahrungen hat Müller mit Belegen und Beispielen ergänzt sowie

am Schluß mit einem ausführlichen Anhang erweitert. Der Autor versuchte mit seinem Buch, »der viel gezeichneten und gemalten Stadt [Rom, G. B.] manche versteckte Seite abzugewinnen, oder doch den bekannten Gegenständen in neuer Verbindung und Beleuchtung den Reiz erster Überraschung zu leihen [...]« (Bd. 1, S. 5). Dieses Ziel erreichte er durch die Beschäftigung mit der Kultur, vor allem mit den Sitten und Gebräuchen der unteren Bevölkerungsschichten Italiens, insbesondere aber Roms und seiner Umgebung. Müller bezeichnete seine Ausführungen oft nur als »Bruchstücke«[1] und erhob bewußt keinen Anspruch auf Vollständigkeit, denn »die Darstellung eines lebenden Volkes ist an und für sich unendlich [...]« (Bd. 1, S. 5). Als direktes Vorbild für Müllers Art der Auseinandersetzung mit Italien haben Goethes »Fragmente über Italien«[2] zu gelten, über die er schrieb: »Es sind diese Fragmente großentheils nur geistreiche Anregungen, Andeutungen, Fingerzeige, Standpunctbestimmungen für eine gerechte und vernünftige, von einseitigem Dünkel freie, Ansicht und Beurtheilung Italiens, und in Hinsicht ihrer Form stehen sie noch immer als unerreichte Muster des beschrei-

benden Styles da.«[3] Müllers Grundgedanken sind gleichwohl andere: Er versucht, in den Sitten der unteren Volksgruppen seiner Zeit die »Ruinen des altrömischen Lebens« (Bd. 2, S. 15) auszumachen, und fordert »eine Parallelcharakteristik [...], in welcher die sittlichen Grundzüge der alten und neuen Römer durch sichere Beispiele nebeneinander gestellt würden« (Bd. 2, S. 21). Kommen in solcher Betrachtungsweise die altphilologischen Interessen Müllers wieder zur Geltung, so in Seitenblicken auf deutsche Verhältnisse seine antirestaurativen Ansichten, wenn er etwa römische Volksfeste mit den deutschen Feiern zum Jahrestag der Leipziger Völkerschlacht vergleicht, die seiner Meinung nach keine »eigentliche[n] Volksfeste« mehr waren (Bd. 2, S. 41). Müller beschreibt das römische Leben letztlich als eine Gegenwelt zu seiner Heimat, als eine Welt von utopischer Qualität,[4] betrachtete er doch die »Italiener als Naive«[5], als in ihrer alten Kultur fest verwurzelte Menschen.

G. B.

---

1 So nennt er etwa die Einleitung seines Buches »Bruchstück eines Briefes aus Rom, vom 1sten Juli 1818«.

2 Johann Wolfgang VON GOETHE, Fragmente
über Italien, in: DERS., Poetische Werke, Bd. 14:
Autobiographische Schriften II, 2. Aufl., Berlin
1972, S. 755–776.
3 Wilhelm MÜLLER, Reisebeschreibungen über
Italien, zweiter Artikel: Deutsche Literatur
(1. Abt.), in: Hermes 1821, Nr. 1, S. 247–264,
hier bes. S. 253. Vgl. auch OSWALD 1985, S. 150.
4 Vgl. dazu Hildegard EILERT, Aufsatz in diesem Katalog, bes. 7. Müllers Italien – ein Modell
für Deutschland?, S. 93f.
5 Italo Michele BATTAFARANO, Genese und Metamorphose des Italienbildes in der deutschen
Literatur der Neuzeit, in: Italienische Reise –
Reisen nach Italien, hg. v. DEMS., Gardolo di
Trento 1988, S. 13–101, hier bes. S. 82.

90
Wilhelm Müller

Epigramme aus Rom 1818

in: Urania. Taschenbuch auf das Jahr 1824,
S. 235–241
Leipzig (Brockhaus) 1824
Dessau, Anhaltische Landesbücherei
Sign,: HB 8187
aufgeschlagen: S. 235

Neben der Arbeit an dem Prosawerk
»Rom, Römer und Römerinnen« schrieb
Müller in Italien an einer Reihe von Gedichten, die größtenteils mit einem Datum
und mit der Angabe des Ortes versehen
sind, an dem sie entstanden sein sollen. Zu
diesen Dichtungen gehören etwa »Goethe's
Osterie in Rom«, das »wohl das allererste
von M. s[= Müllers, G. B.] erhaltenen
Trinkliedern«[1] ist, »Die Blutorange«, »Der
Einsame«, der Zyklus »Die Monate«, den
Müller zur Verabschiedung des befreundeten Malers Ludwig Sigismund Ruhl in Florenz vortrug,[2] und die neun »Epigramme
aus Rom 1818«.
Die Veröffentlichung epigrammatischer
Lyrik mit Bezug auf eine italienische Stadt
hatte in Goethes »Venetianische[n] Epigramme[n]«[3] ihren direkten Vorläufer. Ein
Vergleich macht jedoch auch Unterschiede
deutlich: Zwar griff Müller mit dem Disti-
chon als dem grundlegenden Versmaß seiner Epigramme ebenso auf klassisch-antike
Vorbilder zurück; doch ist seine Sprache
einfacher und klarer.
Müller verbindet in seinen Epigrammen
das Bild des Amor-Cupido mit dem Lobge-
sang auf die Natur. Häufig enden diese
Epigramme in spöttischem Ton, so zum
Beispiel das vierte Epigramm (»Lebensfül-
le«), in dem der Dichter eine Empfehlung
zum Umgang mit dem sprudelnden »Leben
in Rom« ausspricht:

»[...] Ihr mäßigen Weisen
Nippet nur immer daran, oder es wäscht
        euch den Kopf.«   G. B.

1 HATFIELD 1906, S. 491.
2 Vgl. ebd., S. 458.
3 Erstmals erschienen unter dem Titel »Epigramme. Venedig 1790« in Schillers »Musenalmanach für das Jahr 1796«.

91
Wilhelm Müller

***Egeria. Sammlung italienischer Volks-
lieder, aus mündlicher Überlieferung und
fliegenden Blättern, begonnen von
Wilhelm Müller, vollendet nach dessen
Tode, herausgegeben und mit erläutern-
den Anmerkungen versehen von
Dr. Oscar Ludwig Bernhard Wolff
Leipzig (Ernst Fleischer) 1829***

Dessau, Anhaltische Landesbücherei
Sign.: HB 14062
aufgeschlagen: Titelblatt

Zwei Jahre nach Wilhelm Müllers Tod
wurde eine Sammlung italienischer Volkslieder aus seinem Nachlaß veröffentlicht,
die ursprünglich ein Supplement zu
Müllers »Rom, Römer und Römerinnen«
bilden sollte (Vorrede, S. IX).[1] Der Herausgeber, Oscar Ludwig Bernhard Wolff,
hat darin aber nicht alle in Müllers hinterlassenen Manuskripten enthaltenen Stücke
publiziert. Dies zeigt ein nicht veröffent-
lichtes Lied im Besitz der Anhaltischen
Landesbücherei.[2]
Sicher gehörten die deutschen Lieder- oder
Sagensammlungen von Arnim und Brentano, von Grimm und von Görres zu Müllers
Vorbildern, als er in Italien begann, von
Improvisatoren dem einfachen Volk vorge-
tragene Lieder und Sagen zu sammeln.
Doch wies er selbst darauf hin, daß bereits
Goethe[3] – wenngleich ohne großen Erfolg
– »in seinen Fragmenten über italienischen
Volksgesang [...] zu genaueren Forschungen«[4] angeregt hatte. Müller zielte also
darauf ab, der »von Einheimischen und
Fremden bisher mit Stolz und Gleichgültigkeit übersehen[en]«[5] Volksliteratur Italiens
zu Ansehen zu verhelfen. Müller ging sogar
noch einen Schritt weiter: er versuchte, die
Motive und Formensprache der italienischen Volksdichtung in deutscher Sprache
nachzuahmen. So entstanden seine »Italienischen Ständchen in Ritornellen aus Albano«[6].

Wolff hat die von ihm in »Egeria« publizierten italienischen Lieder sechs Abteilungen zugeordnet: 1. Liedern in »Büchersprache« beziehungsweise in den Mund-
arten der römischen und der toskanischen
Landbevölkerung, 2. geistlichen sowie
3. politischen Liedern, 4. Lebensregeln,
5 Volksbüchern und 6. »Lieder[n] in Dia-
lekten, welche sehr von der Büchersprache
abweichen«. Den Titel »Egeria« hat er
vermutlich in Anspielung auf die in Ovids
Metamorphosen erwähnte Geschichte der
Ratgeberin und Geliebten des römischen
Königs Numa Pompilius gewählt.   G. B.

1 Müller spricht in seinem Rom-Buch davon,
daß er eine solche Liedersammlung für die Publikation vorbereite, vgl. MÜLLER 1820, Bd. 1,
S. 78. Einzelne Lieder hatte er bereits in Beilagen
zu seinem Rom-Buch vorgestellt, vgl. ebd.,
Bd. 1, S. 110–112 (Egeria, S. 20–22) oder Bd. 1,
S. 198–211 (Egeria, S. 73–82).
2 Romanesca Nr. 7, in: Anhaltische Landesbücherei, Müller-Nachlaß, Mappe 7, Hs. VII
1. 3. 3921 H, 1 r (Farbtafel 12).
3 Johann Wolfgang VON GOETHE, Fragmente
über Italien, in: DERS., Poetsche Werke, Bd. 14:
Autobiographische Schriften II, 2. Aufl. Berlin
1972, S. 755–776, bes. S. 760–776 (Volksgesang).
4 MÜLLER 1820, Bd. 1, S. 78.
5 Ebd.
6 Erstmals erschienen in: Urania. Taschenbuch
auf das Jahr 1824, S. 189–205. Vgl. HATFIELD
1906, S. 248–253.

92   Abb. S. 84
Bartolomeo Pinelli (1781–1835)

***Raccolta di Costumi Pittoreschi,
Roma 1809***

Klebeband mit 50 Radierungen
ca. 27,5 x 40,0 cm (je Platte)
Titelblatt: RACCOLTA / DI COSTUMI
PITTORESCHI / INCISI ALL' ACQUA
FORTE / DA BARTOLOMEO PINELLI
ROMANO / IN ROMA / 1809 / Alla
Trinitá de Monti Via Sistina No. 82
Tübingen, Graphische Sammlung am
Kunsthistorischen Institut der Universität
o. Sign.

Bartolomeo Pinellis[1] Costumi-Serien sind
frühe Beispiele der ›Volkslebenbilder‹[2], in
denen Trachten und Sitten des ›niederen‹
beziehungsweise des Land-Volks bildlich
vorgeführt wurden. Diese Bildgattung entstand zu Beginn des 19. Jahrhunderts, indem der Typus des statuarischen Trachten-
bildes mit den für ein hofisches Publikum
geschaffenen Bildern idyllischen Landle-
bens miteinander verschmolzen wurden.

92

Stavolle Romano

93

VILLA D'ESTE in TIVOLI

Insbesondere die in mehreren Varianten erschienenen Bilderreihen Pinellis belegen, wie neben ein wissenschaftliches, klassifizierendes Interesse an Trachten ein künstlerisches an den kulturellen Ausdrucksformen des ›einfachen‹ Volks getreten war. In diesen Interessen spiegelten sich letztlich die im Gefolge der napoleonischen Okkupation Europas um 1800 forcierten Identitätskrisen der einzelnen europäischen Völker, die mit dem Hervorheben nationaler Eigentümlichkeiten kompensiert wurden. Der ausgestellte Klebeband enthält sämtliche Radierungen der ersten druckgraphischen Serie Pinellis – allerdings noch ohne Numerierung der einzelnen Blätter![3] In Pinellis späteren Costumi-Serien sollten viele Motive, lediglich in Details variiert, übernommen werden, sofern nicht einzelne neue Bildthemen eingefügt wurden. Die vorliegende Serie enthält 18 römische Motive, ebensoviele Genreszenen und Trachtendarstellungen, die römischen Landstädtchen wie Tivoli und Albano sowie neapolitanischen Orten zugeordnet sind, 13 Genreszenen, in denen unter anderem Frömmigkeit und Aberglaube der Italiener festgehalten werden, und schließlich ein Selbstporträt des Künstlers in der Pose eines vornehmen, gebildeten Bürgers, der auf einem Grabstein zu Füßen der Cestius-Pyramide eine Ruhepause einlegt. Indem Pinelli italienische Männer und Frauen in ›klassischem‹ Profil und mitunter in ›klassischer‹ Pose darstellt,[4] erhob er zwar das Leben der niederen Bevölkerungsschichten zum Ideal, doch wurde durch das Selbstporträt des französisch-elegant gekleideten Künstlers zugleich die soziale Distanz zwischen den Trachtentragenden und dem höheren (Bildungs-)Bürgertum betont. Wilhelm Müller hat seine Leser an mehreren Stellen seines Rom-Buches auf Bilder Pinellis verwiesen, um die eigenen Ausführungen zu veranschaulichen.[5] Er griff dazu auf die – zur Zeit seines Italienaufenthaltes – jüngste Serie Pinellis zurück, die aus dem Jahre 1816 stammte.[6] Letztlich ist nicht ganz auszuschließen, daß Pinellis Volkslebenbilder neben ihrer illustrativen Funktion auch prägend für Müllers Wahrnehmung römischer Sitten und Bräuche gewesen ist.   G. B.

1 Zu Pinelli vgl. THIEME-BECKER, Bd. 27, S. 56f. sowie Valerio MARIANI, Bartolomeo Pinelli, Rom 1948.
2 Vgl. Konrad KÖSTLIN, Gemaltes Trachtenleben. Volkslebenbilder in der Gesellschaft des

19. Jahrhunderts, in: Kieler Blätter zur Volkskunde 15 (1983), S. 41–68.
3 Die numerierte Serie ist aufgeführt bei Claudia TEMPESTA, Catalogo delle opere a stampa, in: Ausst. Bartolomeo Pinelli (1781–1835) e il suo tempo, Rom, Centro iniziative culturali Pantheon, 1983, S. 298–331, hier S. 299.
4 Vgl. Kathrin HOFFMANN-CURTIUS, »Alle Wege führen nach Rom«, in: Ausst. Mit den Augen des Touristen, Tübingen, Universität/Kunsthalle, 1981, S. 19–31, hier bes. S. 30.
5 Vgl. zum Beispiel MÜLLER 1820, Bd. 1, S. 39, 85 u. 90; Bd. 2, S. 173 u. 202.
6 Vgl. bes. ebd., Bd. 1, S. 79, wo Müller festhält, Pinellis Arbeiten seien »von Werth für die Kenntniß des römischen Volksthums«.

93
Carl Ludwig Frommel (1789–1863)

Villa d'Este in Tivoli

Kupferstich und Radierung
51,0 x 62,5 cm
bez. unten rechts: Nach der Natur gezeichnet und gestochen von Carl Frommel
Dessau, Anhaltische Gemäldegalerie
Inv. Nr. G 508

»Wer in Tivoli keinen reizenden Anblick verlieren will, muß vor Allem die Ruinen der Villen besteigen und von ihnen herab über die Gegend schauen«, schrieb Wilhelm Müller im Kapitel über die Villeggiatura,[1] die seit der Antike bekannte römische Form des Sommerurlaubs auf dem Lande. Daß Müller bei seinem Tivoli-Besuch besonders die Ruinen des antiken Ortes (Tibur) in Augenschein nahm, wird auch an einer Bemerkung im ersten Brief seines Rom-Buches deutlich: »Die Alten liebten vor allen andern die Berge des rauschenden Tivoli: davon würde, auch ohne schriftliche Zeugnisse, die verhältnismäßig größere Anzahl von Ruinen ihrer Villen in dieser Gegend genügende Kunde geben.«[2]
Dagegen entschied sich der Karlsruher Haldenwang-Schüler, der Stecher und spätere Galeriedirektor Carl Ludwig Frommel für eine Darstellung des neuzeitlichen Tivoli. Er lenkt den Blick des Betrachters zuerst auf eine volkstümliche Szenerie auf der Terrasse der Renaissancevilla d'Este und dann über die Dächer der Stadt Tivoli, die zwischen den Zypressen und Pinien des Parks sichtbar werden, in dunstige Ferne. Es handelt sich hierbei um das 1821/22 entstandene Gegenstück zu dem 1820 angefertigten, gleich großen Kupferstich mit dem Thema »Ariccia bei Rom«.

Ein zeitgenössischer Rezensent urteilte über die beiden Blätter: »Als Gegenstück zu Ariccia [. . .] macht Tivoli einen effektvollen Kontrast; dort ist alles ernst und fast düster, hier verschwimmt alles in fröhlichen Lebenstönen.«[3]
Die beiden Kupferstiche hatten exakte Entwurfszeichnungen zur Vorlage, die wohl aus Frommels Zeit in Italien (1812–1817) herrührten und noch heute erhalten sind.[4] Insbesondere die Komposition des Tivoli-Stichs mit seiner Kombination aus panoramahaftem Landschaftsausblick und tanzenden oder musizierenden Staffagefiguren wirkte weiter. Das Staffagepersonal dieses Stichs ist jedoch seinerseits von Pinellis radierten Serien inspiriert und belegt damit die rasche Verbreitung und Wirkung des Pinellischen Motivkreises.   G. B.

1 MÜLLER 1820, Bd. 1, S. 159.
2 Ebd., Bd. 1, S. 13.
3 Kunstblatt 1822, Nr. 104, S. 416, zit. nach Ausst. Carl Ludwig Frommel. 1789–1863. Zum 200. Geburtstag, Karlsruhe, Staatliche Kunsthalle / Kupferstichkabinett, 1989, Kat. Nr. 78, S. 93f., hier S. 94. Zu »Ariccia bei Rom« vgl. ebd., Kat. Nr. 77, S. 92f.
4 Diese Zeichnungen wurden im April 1818 erstmals öffentlich ausgestellt; später befanden sie sich in den Fürstlich Fürstenbergischen Sammlungen Donaueschingen, vgl. ebd.

94
Adolf Senff (1785–1863) zugeschrieben

Italienerin vor einem Bildstock

Gouache
28,5 x 20,7 cm
bez. unten rechts: A. S. Dez. / 1831
Tübingen, Graphische Sammlung am Kunsthistorischen Institut der Universität
(Von Breitschwertsches Vermächtnis)
Inv. Nr. Z 135

Im Jahre 1831, als das vorliegende Blatt entstand, war das Interesse am italienischen Volksleben – wohl nicht zuletzt auch durch Wilhelm Müllers Rom-Buch – keine Seltenheit mehr. Das Bild einer andächtig vor einem Bildstock stehenden Italienerin erinnert an eine Darstellung, die in Pinellis Costumi-Serien erscheint und die trauernde Frauen vor einem provisorischen Holzkreuz am Wegesrand zeigt.[1] Im Unterschied zu Pinelli, dem Tracht und Gebaren der Figuren gleich wichtig waren, richtete der Maler der Gouache sein Augenmerk deutlich weniger auf die Haltung der Figur als auf ihre farbenprächtige Tracht.

94

Die mit »A. S.« signierte Gouache wird dem Maler Adolf Senff[2] zugeschrieben,[3] der von 1816 bis 1848 in Rom lebte, wo er zum Freundeskreis von Thorvaldsen gehörte. In diesem Kreis wurde mit einer Vielzahl von Bildnissen besonders einer Frau gehuldigt, nämlich der ›schönen Italienerin‹ Vittoria Caldoni.[4] In der Nachfolge dieses Kults steht wohl auch das Senff zugeschriebene Blatt, zeichnet sich doch die Dargestellte insbesondere durch ein ähnlich ›klassisches‹ Profil wie die berühmte Caldoni aus. G. B.

1 Im Tübinger Klebeband (vgl. Kat. Nr. 92) ist dieses Motiv auf Blatt 9 (»Ciociara che prega avanti la croce dove è stato ucciso il Marito«) zu finden. Vgl. Claudia TEMPESTA, Catalogo delle opere a stampa, in: Ausst. Bartolomeo Pinelli (1781–1835) e il suo tempo, Rom, Centro iniziative culturali Pantheon, 1983, S. 298–331, hier bes. S. 299 (verzeichnet als Nr. 40 der Serie von 1809).
2 Zu Adolf Senff vgl. Georg VON KNORRE, Adolf Senff, in: Zeitschrift des deutschen Vereins für Kunstwissenschaft 24 (1970), S. 183–195 sowie Ausst. Adolf Senff. Malerei und Zeichnungen, Halle, Staatliche Galerie Schloß Moritzburg, 1985/86.
3 Vgl. Ausst. Studie, Vorzeichnung, »Bild«. Zeichnungen und Aquarelle 1750–1880, bearb. v. Peter MÄRKER, Tübingen, Theodor-Haering-Haus, 1985/86 (Tübinger Kataloge 25), S. 44 f. Kat. Nr. 40.
4 Vgl. Hermann MILDENBERGER, Vittoria Caldoni und der Kult des Modells im 19. Jahrhundert, in: Ausst. Künstlerleben in Rom. Bertel Thorvaldsen (1770–1844). Der dänische Bildhauer und seine deutschen Freunde, Nürnberg, Germanisches Nationalmuseum / Schleswig, Schleswig-Holsteinisches Landesmuseum Schloß Gottorf, 1991/92, S. 95–103 sowie ebd., S. 466–472, Kat. Nr. 3.57 bis Kat. Nr. 3.64.

Wilhelm Müller und Dresden

»Vielleicht komme ich nächste Pfingsten auf einige Tage nach Dresden, ich kann wirklich schon kein Jahr mehr aushalten, ohne meine Dresdener Freunde zu sehen: Sie haben es mir angethan.« [1]

Wilhelm Müller hat in Dresden keinen ständigen Wohnsitz gehabt, er war immer nur Gast, aber diese Stadt prägte den Menschen und Dichter Müller ganz wesentlich. Dresden war für ihn die offene, weltläufige Stadt, die ihn geistig anregte und belebte, wo ihm Landschaft, Kunst und Freunde Impulse für sein Schaffen gaben. Zu seiner Heimatstadt Dessau scheint sein Verhältnis eher ambivalent gewesen zu sein. 1826 schrieb er – übrigens aus Weimar – an seine Frau: »Ich bringe die Erfahrung mit Partout comme chez nous, wenigstens in allen kleineren Hofstädten. Laß uns daher in Geduld unser Deßau tragen u[nd] ertragen.« [2]

Seit 1820 suchte Wilhelm Müller manchmal sogar zweimal pro Jahr die sächsische Residenz auf. Ein erster Aufenthalt vor den Toren der Stadt kann 1813 angenommen werden, da seine Teilnahme an der Schlacht von Kulm überliefert ist. Im August 1817 und Dezember 1819 machte er Halt in Dresden, als er nach Italien reiste und von da wieder zurückkam. Weder mit Leipzig noch mit Berlin – Städte, die er im Laufe seines Lebens ebenfalls mehrmals aufsuchte – fühlte er sich so eng verbunden, wie mit der Elbestadt. Was führte ihn immer wieder nach Dresden?

Zum einen waren es wohl die Begegnungen mit dem Dichter Ludwig Tieck und mit dem Komponisten Carl Maria von Weber, mit dem Dresdener Liederkreis und einigen Freunden – allen voran Friedrich Graf von Kalckreuth. Zum anderen waren es Kunst und Natur, die in Dresden und seiner näheren Umgebung von besonderem Reiz waren.

Im August 1820 lernte Müller Tieck (Kat. Nr. 98) kennen. Er las ihm aus seinen Gedichten vor, namentlich aus der »Schönen Müllerin«. Bis zu seinem Tode blieb das Verhältnis Müllers zu Tieck das eines verehrenden Schülers. Er dedizierte Tieck 1826 die zweite Auflage seiner ersten Gedichtsammlung und stellte in seiner neuen Dienstwohnung in der Wallstraße die Büste des Dichters auf; »die soll mich vor gar zu argen Mißgriffen bewahren«, [3] äußerte Müller über den somit gleichsam als Genius in seiner Wohnung präsenten Tieck. Das einzige Mal, daß er mit einer Bitte an den älteren Kollegen herantrat, war sein Wunsch, dieser möge ihm für die »Allgemeine Enzyklopädie der Wissenschaften und Künste«, für die Müller seit Ende 1825 als Sektionsleiter tätig war, einen Artikel über den preußischen Staatskanzler Hardenberg schreiben. [4]

Tieck hat Müller bestärkt, zu dichten und Novellen zu schreiben. Auch Müllers Herausgebertätigkeit für die »Bibliothek deutscher Dichter des 17. Jahrhunderts« scheint durch Tieck angeregt und gefördert worden zu sein. Selbst Tiecks berühmte Leseabende in seiner Dresdener Wohnung versuchte Müller in Dessau zu kopieren. Der 50jährige Tieck hatte für den wesentlich jüngeren Autor Müller nichts von jener anregenden Kraft verloren, die bereits zwanzig bis dreißig Jahre vorher Wackenroder, Novalis oder Runge erfahren hatten.

In Dresden gelang es Müller auch, mit dem Komponisten des »Freischütz«, Carl Maria von Weber, Bekanntschaft zu machen (Kat. Nr. 99). Es wurde eine Freundschaft, die sich auf Gemeinsames gründete: den Enthusiasmus für die romantische Oper – Müller hat zum Beispiel gerade den »Freischütz« unzählige Male gehört – und für die Liedertafel. Webers Engagement für das Klopstock-Jubiläum 1824 entsprach Müllers literarhistorischen Ambitionen. Daneben zählte eine Gruppe von Autoren, der sogenannte Dresdener Liederkreis, zu den wichtigen Bekanntschaften Müllers in der sächsischen Residenzstadt. Friedrich Kind (Kat. Nr. 103), Friedrich August Schulz (Laun), Christoph August Tiedge (Kat. Nr. 101), Karl August Böttiger (Kat. Nr. 105), Theodor Winckler (Theodor Hell) und Wilhelm Chezy waren zu ihrer Zeit sehr erfolgreiche Dichter, die sich um das literarische Blatt »Dresdner Abend-Zeitung« sammelten. Müller nannte sie »Musensöhne« der »Musenstadt« [5]. Dieser Kreis verehrte den Dichter der Griechenlieder, von ihm fühlte sich Müller verstanden und anerkannt. Selbst Müllers öffentli-

---

1 Aus einem Brief Müllers an Theodor Winckler vom 21. 4. 1824, abgedruckt in: WAHL 1931, S. 84.
2 MÜLLER 1903, S. 165.

3 Ebd., S. 167f.
4 Vgl. ebd., S. 167.
5 WAHL 1931, S. 84.

che Kritik an Gedichten einzelner Mitglieder des Liederkreises schmälerte die Sympathie der Dresdner Dichter für Müller nicht. Theodor Winckler feierte den Besuch des Dessauer Dichters im Juni 1823 mit dem Sonett »Gruß im Liederkreise«, welches in der Dresdner Abend-Zeitung vom 2. Juni 1823 abgedruckt wurde.

Daß Dresden Müller zur zweiten Heimat wurde, lag aber nicht zuletzt daran, daß sich dessen Jugendgefährte Friedrich Graf von Kalckreuth (Kat. Nr. 100) 1819 in Dresden niedergelassen hatte. Kalckreuth öffnete Türen und ebnete Wege – nicht nur zu Tieck. In Dresden hielt Müller außerdem Freundschaft mit dem Dante-Forscher Karl Förster, mit dem Shakespeare-Forscher Hermann Friesen, mit dem Calderon-Übersetzer Otto von Malsburg und mit dem Dramatiker Friedrich von Uechtritz, um nur einige zu nennen. Hier fühlte er sich als Gleicher unter Gleichen – kein Wunder, wenn er ernsthaft Anstrengungen unternahm, nach Dresden zu ziehen. Im Juni 1820 fragte er bereits nach Anstellungsmöglichkeiten als Lehrer. 1822 forcierte er seine Bemühungen, in Dresden Arbeit zu finden, und als 1823 die Bibliothekarstelle frei wurde, erwog Müller eine Bewerbung. [6]

Die Stadt Dresden und ihre Umgebung haben Müller immer wieder gereizt. Obligat waren seine Besuche auf der Königlichen Bibliothek im Japanischen Palais. Hier schloß er engen Kontakt mit Friedrich Adolf Ebert (Kat. Nr. 102), einem damals herausragenden deutschen Bibliothekar. Hier lieh er Bücher aus für die Herausgabe der »Bibliothek deutscher Dichter des 17. Jahrhunderts«. Im gleichen Gebäude befand sich die Antikensammlung, der Karl August Böttiger vorstand. Die Gemäldegalerie, die Katholische Hofkirche und die Theater (zum Beispiel Kat. Nr. 111) waren andere wichtige Orte, die Müller aufsuchte. Er verhielt sich in Dresden durchaus auch als Tourist und besuchte die vielbesprochenen Stätten der Stadt. Auch in die Sächsische Schweiz ist er mehrfach gewandert. Einen besonders intensiven Eindruck hinterließ bei Müller aber die vielgepriesene Landschaft des ›Plauenschen Grundes‹.

Einer der letzten Briefe Müllers, vom 30. 9. 1827 (also am Tag vor seinem Tod verfaßt), ist an Karl Förster gerichtet und offenbar mit dem Wunsch verbunden, Dresden wieder zu besuchen: »Von meiner Reise währ [sic!] viel zu erzählen, es wird aber wohl bleiben müssen, bis wir uns wieder einmal persönlich begrüßen.«[7] Gustav Schwab resümiert zum Thema Müller und Dresden: »Überhaupt war Dresden fruchtbringend für seine Dichterbildung.«[8]

R. M.

6 Ebd., S. 141.
7 Sächsische Landesbibliothek, Msc Dresd. e 98. II, Nachlaß Karl und Luise Förster Nr. 161.
8 Wilhelm MÜLLER, Gedichte, hg. u. mit einer Biographie Müllers begleitet v. Gustav SCHWAB, Leipzig (Brockhaus) 1837, S. XXXIX.

Vue de Dresde du côté de la ville mœur près du corps de garde Blockhaus

96

95   Farbtafel 13
Anonym

Blick auf Dresden von der
Bautzener Straße, um 1820

Kupferstich, koloriert
25,2 x 39,0 cm
bez.: Vue de prise de la route de Bautzen
Dresden, Stadtmuseum
Inv. Nr. 1978/K 209

Der Blick vom östlichen Elbufer am Rande
der Dresdener Heide westwärts auf die
Stadt war beliebt und ist in vielen Stichen
von vielen Meistern seit Adrian Zingg festgehalten worden. Er zeigt den sich öffnen-
den Elbtalkessel, der vom Strom und der
einzigartigen Stadtsilhouette beherrscht
wird. Im Gegensatz zu ähnlichen Ansichten ist hier ein höherer Standort gewählt,
der die Großzügigkeit und Weite der Landschaft unterstreicht. Am westlichen Horizont markiert sich deutlich der Haken des
Windbergmassivs. Genau darunter befindet sich der tiefe Taleinschnitt des Plauenschen Grundes.   R. M.

LITERATUR

Hans Joachim NEIDHARDT, Dresden, wie es Maler sahen, Leipzig 1983.

96
Carl August Richter (1770–1848)

Dresden-Altstadt vom Blockhaus aus
gesehen, um 1825

Kupferstich, koloriert
52,0 x 62,5 cm
bez. unten Mitte: Vue de Dresde au côté de
la ville neuve prise du corps de garde
Blockhaus.
Dresden, Stadtmuseum
Inv. Nr. 1978/K 206

Carl August Richter gibt den berühmten
Blick auf die Silhouette der Altstadt wieder
mit den Bögen der Augustusbrücke, mit
der Katholischen Hofkirche, mit den Ro-
kokogebäuden auf der Brühlschen Terrasse
und mit der Frauenkirchkuppel als baulichen Akzenten. Auch hier ist am Horizont
der Haken des Windberges und der Taleinschnitt des Plauenschen Grundes erkennbar.   R. M.

LITERATUR

Hans Joachim NEIDHARDT, Die Malerei der Romantik in Dresden, Leipzig 1976.

97
Johan Christian Clausen Dahl (1788–1857)

Die Elbe bei Dresden, 1824

Pinselzeichnung in brauner Tusche
19,0 x 23,0 cm
bez. oben rechts: Der Mond . . . Morgens d.
6. Dezember 24 Dresden Dahl
Privatsammlung Norddeutschland

Der aus Norwegen stammende, seit 1818
vorwiegend in Dresden lebende Landschaftsmaler Johan Christian Clausen
Dahl bewohnte seit 1823 das Haus »An der
Elbe« Nr. 33, in das drei Jahre vorher
bereits der mit ihm eng befreundete Maler
Caspar David Friedrich eingezogen war.
Der Blick von seiner Wohnung zur Augustusbrücke ist von ihm viele Male gezeichnet oder gemalt worden. Dabei erprobte er
vor allem das Festhalten atmosphärischer
Stimmungen. Mit diesen unmittelbaren
und momenthaften Ausschnitten steht er in
enger Beziehung zu den Werken Blechens
und später Menzels. Die Zeichnung, die
das Problem des Zwielichtes zu meistern
versucht, wird vor seiner Haustür, direkt
beim ›Gondelhaken‹ entstanden sein.
Da Wilhelm Müller seinem Verleger 1825
vorschlug, Sepiazeichnungen Friedrichs
von der Insel Rügen als Illustrationen zu

seinem Gedichtzyklus »Muscheln der Insel
Rügen« zu verwenden[1], ist ein Besuch des
Dichters im Haus »An der Elbe Nr. 33«
nicht auszuschließen.   R. M.

1 Vgl. Brief Müllers an Brockhaus vom
7. 12. 1825, abgedruckt in: LOHRE 1927,
S. 262–264, bes. S. 263.

WEITERE LITERATUR

Hans Joachim NEIDHARDT, Die Malerei der Romantik in Dresden, Leipzig 1976.
Hans Joachim NEIDHARDT, Dresden wie es Maler sahen, Leipzig 1983.
Andreas AUBERT, Die nordische Landschaftsmalerei und Johan Christian Clausen Dahl,
Berlin 1947.

98
Anonym

Ludwig Tieck und Familie

Öl auf Leinwand
65,0 x 72,0 cm
Dresden, Stadtmuseum
Inv. Nr. 1978/381

Ludwig Tieck (1773–1853) hielt sich mit
seiner Familie für längere Zeit in Dresden
auf (1801/1802 und von 1819 bis 1842).

97

Hier wurde 1802 Agnes Tieck, seine zweite
Tochter, geboren, und hier starben 1837
seine Frau Amalie sowie 1841 seine Toch-
ter und Mitarbeiterin Dorothea.
Tieck war Literaturkritiker der »Dresdner
Abend-Zeitung« und seit 1825 Dramaturg
des Hoftheaters. Er sammelte einen Dich-
terkreis um sich, zu dem Friedrich Graf von
Kalckreuth, Hermann von Friesen, Otto
Graf Loeben, Friedrich von Uechtritz,
Otto von Malsburg und Karl Förster ge-
hörten und mit dem auch Wilhelm Müller
enge Verbindung und Freundschaft hielt.
Tieck gab die Werke von Kleist (1821/26)
und Lenz (1828) heraus, entwickelte eine
Novellentheorie und schrieb ein umfang-
reiches Prosawerk.
Das vorliegende biedermeierliche Fami-
lienbild gilt traditionell als Darstellung der
Familie Tieck. Es gibt jedoch begründete
Zweifel an der Identität der Dargestellten
mit Mitgliedern dieser Familie.   R. M.

LITERATUR

Klaus Günzel, König der Romantik. Das Leben
des Dichters Ludwig Tieck in Briefen. Selbstzeugnissen und Berichten, Berlin 1981.
A. Morhenn, Ludwig Tieck, Berlin 1943.

99

van Hofe (?–?)

Carl-Maria von Weber, nach 1830

Lithographie
34,8 x 25,6 cm
bez. unten: gez. u. Lith. von van Hofe
Dresden, Stadtmuseum
Inv. Nr. 1981/K 1906

Wilhelm Müller war seit August 1822 mit
Carl Maria von Weber persönlich bekannt.
Nach einer Aufführung des »Freischütz«
hat er sich dem Komponisten und Dirigen-
ten vorgestellt. Offenbar haben beide die
Kontakte recht eng gestaltet. Man nahm
gegenseitig Anteil an Freud und Leid der
Familie. Wilhelm Müller versuchte, Weber
nach dem Quedlinburger Klopstock-Fest
vom 1. bis 3. Juli 1824 zu einem Besuch in
Dessau zu bewegen. Dort hatte seine Frau
als Solistin in Naumanns Vertonung des
Vaterunser mitgewirkt. Offenbar war in
Quedlinburg das letzte Zusammentreffen
beider Künstler.
Müllers Verehrung für Weber resultierte
aus der dem Zeit entsprechenden Enthusiasmus für den »Freischütz« und die Liebe
zum Liedertafelkomponisten. Müller widmete Carl Maria von Weber die zweite
Sammlung der »Waldhornisten«-Lieder.
Von Weber sind keine Vertonungen Mül-

99

lerscher Gedichte überliefert. Beiden
Künstlern ist das Schicksal gemeinsam,
quasi auf einzelne Meisterwerke reduziert
worden zu sein: der eine auf den »Freischütz«, der andere auf die Gedichtzyklen
»Die schöne Müllerin« und »Die Winterreise«.   R. M.

LITERATUR

Karl Laux, Carl Maria von Weber, Leipzig
1966.
Michael Leinert, Carl Maria von Weber, Hamburg 1989.

98

100

101

102

100
Wilhelm Hensel (1794–1861)

Friedrich Graf von Kalckreuth, 1822

Bleistiftzeichnung
Berlin, Staatliche Museen zu Berlin, Kupferstichkabinett
Inv. Nr. 3/16.

Der Lyriker und Dramatiker Friedrich Graf von Kalckreuth (1790–1873) war einer der wichtigsten Freunde Wilhelm Müllers. Kennengelernt haben sich beide in Berlin. Beide zogen als Freiwillige in die Befreiungskriege, gaben 1816 gemeinsam die »Bundesblüthen« (vgl. Kat. Nr. 42) heraus und trafen sich 1818 in Italien. Den ersten Band von »Rom, Römer und Römerinnen« (1820) widmete Müller neben Ludwig Sigismund Ruhl seinem alten Freund Friedrich Graf von Kalckreuth.
Im Jahre 1819 nahm Kalckreuth als Rittmeister seinen Abschied und ließ sich in Dresden nieder. Er erwarb für sich und seine Familie die Villa Grassi, die fortan als gastfreundliches Landhaus diente. Kalckreuth ebnete für Müller wie schon in Berlin so auch in Dresden den Zugang zu den literarischen Kreisen der Stadt. Zum Berliner Freundeskreis Müllers gehörte auch der Zeichner Wilhelm Hensel, mit dem der Dichter lebenslang engen Kontakt pflegte.
R. M.

LITERATUR

Ausst. Preußische Bildnisse des 19. Jahrhunderts. Zeichnungen von Wilhelm Hensel, bearb. v. Cécile LOWENTHAL-HENSEL, Berlin, Nationalgalerie/Staatliche Museen Preußischer Kulturbesitz, 1981.
Gerhard SCHAUB, Art. »Friedrich Graf von Kalckreuth«, in: Neue Deutsche Biographie, Bd. 1ff., Berlin 1953ff., hier Bd. 11, S. 51.

101
Kommernitzky (?–?)

Christoph August Tiedge, um 1830

Lithographie
20,2 x 15,7 cm
Dresden, Stadtmuseum
Inv. Nr. 1981/K 1843

Christoph August Tiedge (1752–1841) nahm seinen festen Wohnsitz ab 1819 in Dresden zusammen mit Elise von der Recke. Beide scharten einen Kreis von

Dichtern um sich und waren eine literarische Institution in der Stadt.
Der Ruhm Tiedges gründete sich auf sein Poem »Urania« (1801), eine poetische, sentimentale Umsetzung Kantscher Philosophie.
R. M.

LITERATUR

Max MENDHEIM, Art. »Christoph August Tiedge«, in: ADB, Bd. 38, S. 281–285.

102
Anonym

Friedrich Adolf Ebert, nach 1825

Bleistiftzeichnung
Dresden, Sächsische Landesbibliothek, Handschriftensammlung
o. Sign.

Friedrich Adolf Ebert (1791–1834) arbeitete seit 1814 an der Königlichen Bibliothek zu Dresden und wurde durch die Erstellung eines Sachkataloges sowie durch systematische bibliographische Studien einer der bedeutendsten Bibliothekare seiner Zeit. 1827 übernahm er die Leitung der Dresdener Bibliothek.
Wilhelm Müller hat sich bei ihm häufig Auskunft eingeholt. Auch war es ihm gelungen, Ebert für die Mitarbeit an der Enzyklopädie zu gewinnen. 1823, als Ebert für zwei Jahre nach Wolfenbüttel ging, erwog Müller, sich auf dessen Bibliothekarstelle zu bewerben. Die Bleistiftzeichnung hält karikierend den stets kränkelnden Sonderling und Büchermenschen Ebert fest.
R. M.

LITERATUR

Hans LÜLFING, Art. »Friedrich Adolf Ebert«, in: Neue Deutsche Biographie, Bd. 1ff., Berlin 1953ff., hier Bd. 4, S. 253f.

103
Anonym

Johann Friedrich Kind

Kupferstich
20,5 x 12,5 cm
Dresden, Stadtmuseum
Inv. Nr. 1981/K 1145

Friedrich Kind (1768–1843) war der Librettist des »Freischütz«. Als ›Vielschreiber‹ gehört er zu den Trivialdichtern der deutschen Romantik. In Dresden spielte er aber eine wichtige Rolle als Mitherausgeber der »Dresdner Abend-Zeitung« (von 1817–26). Ebenso gehörte er zum »Dresdener Liederkreis«, zu dem Müller in freundschaftlicher, gelegentlich aber auch kritischer Beziehung stand.   R. M.

103

104
J. F. Jägel (?–?)

Charlotte Elisabeth Konstantia von der Recke

Kupferstich
17,3 x 12,7 cm
Dresden, Stadtmuseum
Inv. Nr. 82/521

Charlotte Elisabeth von der Recke (1754–1833) hat die letzten 14 Jahre ihres Lebens ständig in Dresden zugebracht. Sie gehörte zu den schillernden Frauenpersönlichkeiten des ausgehenden 18. Jahrhunderts, die wesentlich die Kultur des deutschen literarischen Salons mitprägten. Durch ihre feste Verbindung mit August Tiedge gehörte sie zum Kreis der Dresdener Dichter, mit denen Wilhelm Müller engen Kontakt hatte. Der vorliegende Kupferstich stammt aus dem Besitz der Familie Körner und ist ein schöner Beleg für den Zeitgeschmack. Anton Graff hat Elisa von der Recke in einem bedeutenden Portrait festgehalten (eine Replik z. Zt. im Festsaal des Schlosses Mosigkau).   R. M.

LITERATUR

ECKHARDT, Art. »Charlotte Elisabeth Konstantia von der Recke«, in: ADB, Bd. 27, S. 502f.

104

105
Ludwig Theodor Zoellner (1796–1860)

Baron Hermann von Friesen (1802–1882 Dresden)

Lithographie
28,3 x 23,2 cm
bez. unten links: L. Zoellner ft.
Dresden, Stadtmuseum
Inv. Nr. 1981/K 878

Friesen war Shakespeareforscher und gehört zur Forschergeneration der Nachromantik. Mit Otto von Malsburg (Calde-

105

ron, de Vega), Karl Förster (Dante), Graf Baudissin (Shakespeare) zählte er zum engeren Freundeskreis um Tieck, der sich selbst um Übersetzungen ins Deutsche verdient gemacht hat. Friesen berichtet von einer Eigenschaft Tiecks, von der Müller nicht nur angezogen war, sondern von der er auch für sein literarisches Schaffen profitiert hat. Er habe »das ungewöhnliche Talent [...], mit jedem, den er einmal zu seinen Bekannten rechnete, in dem Tone zu sprechen, der gerade für dessen Individualität der angemessenste war.«[1]   R. M.

1 Klaus GÜNZEL, König der Romantik. Das Leben des Dichters Ludwig Tieck in Briefen, Selbstzeugnissen und Berichten, Berlin 1981.

WEITERE LITERATUR

Friedrich GUNDOLF, Shakespeare und der Deutsche Geist, Berlin 1918.

106

106
Carl Christian Vogel von Vogelstein
(1788–1868)

Karl August Boettiger, 1813

Kreidezeichnung
23,4 x 17,7 cm
Dresden, Kupferstichkabinett
Inv. Nr. C 2889

Karl August Boettiger (1760–1835) war bis
1804 Direktor des Weimarer Gymnasiums
und so mit allen Größen der Weimarer
Klassik, besonders aber mit Herder, eng
verbunden. Seit 1804 war er in Dresden
tätig und übernahm 1814 das Amt des
Oberinspektors der Altertumsmuseen. Seinen Zeitgenossen galt er als Autorität in
den Altertumswissenschaften. Wilhelm
Müller hatte mit Boettiger intensive Kontakte, vor allem durch sein Werk »Homerische Vorschule«[1] (s. Abb. zu 106). Er hatte
dieses Buch erst im Juni 1824 fertiggestellt,
also kurz bevor er nach Dresden abreiste,
um sich von den Anstrengungen dieser
Arbeit zu erholen.   R. M.

1 Wilhelm MÜLLER, Homerische Vorschule.
Eine Einleitung in das Studium der Ilias und
Odyssee, Leipzig (Brockhaus) 1824.

LITERATUR

URLICHS, Art. »Karl August Böttiger«, in: ADB,
Bd. 3, S. 205–207.

107
Fritz Weysser

Fassade des Hauses an der Kreuzgasse 1,
um 1903

Tuschezeichnung
50,5 x 36,5 cm
Dresden, Stadtmuseum
Inv. Nr. 1980/K 1856

Von 1819 bis 1842 wohnte im Haus am
Altmarkt Ecke Kreuzgasse Ludwig Tieck
mit seiner Familie, in unmittelbarer Nachbarschaft zu Carl Maria von Weber. 1819
begannen in dieser Wohnung Tiecks
berühmte Dresdener Leseabende. Tiecks
Haus wurde zu einer Literaturinstitution
ersten Ranges und war als solche nur mit
dem Haus Goethes am Weimarer
Frauenplan vergleichbar. Seit 1820 erhielt
Müller hier wichtige Impulse für sein
Schaffen. An seinen Verleger, Friedrich
Arnold Brockhaus, schrieb der Dessauer
Dichter am 12. August 1820: »Tiecks Bekanntschaft gehört zu dem Angenehmsten,
was Dresden mir bei meinem diesmaligen
Aufenthalte dargeboten hat.«[1]   R. M.

1 Zit. nach: LOHRE 1927, S. 114.

WEITERE LITERATUR

Klaus GÜNZEL, König der Romantik. Das Leben
des Dichters Ludwig Tieck in Briefen, Selbstzeugnissen und Berichten, Berlin 1981.

108
F. Z. Brauer

Carl Maria von Webers Sommerwohnung
in Klein Hosterwitz bei Dresden,
nach 1840

Kupferstich
29,5 x 32,7 cm
bez.: Nach der Natur gez. v. F. Z. Brauer
Dresden, Stadtmuseum
Inv. Nr. 1981/K 3719

Seit 1817 war Carl Maria von Weber
(1786–1826) Kapellmeister in Dresden.
Aufgrund seines schlechten Gesundheits-
zustandes mietete er in Hosterwitz den
Mitteltrakt eines Winzerhauses als Sommerwohnung. 1818, 1819, 1822 und vom
29. April bis in den September des Jahres
1824 hielt sich Weber in den Sommermonaten dort auf. »Euryanthe« ist 1822 in
Hosterwitz fast vollständig erarbeitet wor-

den, und 1824 begann Weber hier mit der
Komposition des »Oberon«.
Wilhelm Müller hat in den ersten Apriltagen
gen 1822 zu Weber persönlich Kontakt
geknüpft. Beide trafen sich später in Hosterwitz. Das geht aus Erwähnungen in
Müllers Briefen an seine Frau hervor, der
er im August desselben Jahres mitteilte:
»Vorige Woche habe ich auch den Freischütz gehört. Weber dirigierte selbst und
ich ward seiner nach der Oper habhaft. Da
aber der Wagen zur Abfahrt bereit stand,
so habe ich ihm versprechen müssen, morgen bei ihm zu Mittag in Hosterwitz bei
Pillnitz zu essen.«[1]
Auch 1824 unternahm Müller während
eines Dresdener Aufenthalts als Gast in der
Villa Grassi mehrfach Abstecher nach Hosterwitz. Über eine dieser Fahrten zu Webers Sommerdomizil berichtete Müller –
nicht ohne Humor: »Für den nächsten Tag
beredete ich mit Tiecks, Mutter u Töch-
tern, eine Parthie nach Osterwitz zu Weber. Der arme Mann ist jetzt so schrecklich
mit Dienstgeschäften geplagt, daß er selten
zu Hause ist. [...] Auf der Pillnitzer Fähre
begegnete uns Weber in seiner sehr brillan-
ten Equipage; er selbst ist aber nicht bril-
lanter geworden, sondern wie immer geblieben.«[2]   R. M.

1 Brief vom 4. 8. 1822, abgedruckt in: MÜLLER
1903, S. 107.
2 Brief an Adelheid Müller vom 4. 6. 1824,
abgedruckt in: ebd., S. 119–123, hier S. 120f.

WEITERE LITERATUR

Karl LAUX, Carl Maria von Weber, Leipzig
1966.
Michael LEINERT, Carl Maria von Weber, Hamburg 1989.

Homerische Vorschule.

Eine

Einleitung in das Studium der Ilias und
Odyssee.

Von

Wilhelm Müller.

Plato in Ione.

Leipzig:
F. A. Brockhaus.
1 8 2 4.

zu 106

109

C. A. Beger (?–?)

*Innenansicht der Katholischen Hofkirche
zu Dresden, um 1830*

Kupferstich, koloriert
11,7 x 18,8 cm
bez.: à Dresde chez C. A. Beger
Dresden, Stadtmuseum
Inv. Nr. 1981/K 3308

Die Kirchenmusik in der Katholischen
Hofkirche, die zwischen 1739 und 1754 von
G. Chiaveri erbaut worden war, gehörte
zum festen Bestandteil des touristischen
Programms eines Dresdenbesuchers. Ihr
Reichtum und ihre klangliche Fülle löste im
protestantischen Norden Erstaunen und
Verwunderung aus und wurde wohl auch
als etwas Exotisches empfunden.
Wilhelm Müller besuchte 1824 die Pfingstmusik:»Den ersten Feiertag bin ich in der
katholischen Kirche gewesen. Messe von
Hasse. Nach der Kirche habe ich Webern
aufgelauert, der sich sehr angelegentlich
nach dir [Müllers Ehefrau, R. M.] erkun-
digt hat.«[1] Zwei Jahre vorher schilderte der
Bernburger Kammerherr von Voß die
Pfingstmusik so:»Nach dem Gottesdienste
besuchten wir noch die katholische Kirche,
um die Kirchenmusik zu hören, welche
heute vorzüglich seyn sollte. Ich fand dies
nicht bestätigt und gestehe, daß sie meinen
Erwartungen nicht entsprochen hat. Die
einzelnen Gesangsparthien des Kastraten
sind freilich von wunderbarer Wirkung
und könnten die widernatürlichste aller
Einrichtungen entschuldigen, in dem die
Töne fast nichts Menschliches haben und
wie Engelsklänge herabzuschweben scheinen. Wenn man aber dem dicken, aufge-
dunsenen Kerl, von die sie ausgehen, oben
auf dem Chore erblickt, wenn man den
ernsten Styl der Kirchenmusik ganz vermißt und statt stark nachhallenden feyerli-
chen Tönen nur ein wahres Operngezwit-
scher vernimmt, das in der Kirche sich
beynah ganz auflöst, so ist es, wenigstens
bei mir, um alle Wirkung auf das Gemüth
geschehen.«[2] Der vorliegende Stich zeigt
die Empore mit der großen Silbermannor-
gel. Vor dem Prospekt sitzen bei Konzerten
die Musiker und Sänger auch heute noch.

R. M.

1   Aus einem Brief an Adelheid Müller vom
7. 6. 1824, abgedruckt in: MÜLLER 1903, S. 125
2   Carl von Voß, Eine Reise nach Dresden.
1822, Pfullingen 1986, S. 72f.

110

Das Japanische Palais gegen Mitternacht.

111

Das alte Hoftheater zu Dresden.

110
Anonym

Japanisches Palais, um 1800

Kupferstich, koloriert
15,5 x 19,0 cm
Dresden, Stadtmuseum
Inv. Nr. 1980/K 2236

Das noch in den letzten Regierungsjahren
Augusts des Starken gebaute Palais sollte
der Aufnahme der ostasiatischen und
meißnischen Porzellansammlung des
Königs dienen. Zwischen 1782 und 1786
wurde es umgebaut, um dort die Antiken-
und die Münzsammlung sowie die Bibliothek unterzubringen. Die Bibliothek sollte
schließlich in diesem Gebäude bis zu dessen
Zerstörung am 13. Februar 1945 ver-
bleiben.
Müller nutzte bei seinen Aufenthalten in
Dresden stets die großen Bestände der Bibliothek, vor allem für die Herausgabe
seiner »Bibliothek deutscher Dichter des
17. Jahrhunderts«. Besonders 1823, nach
dem Weggang des Bibliothekars Ebert,
liebäugelte er mit einer Bewerbung um
diese Stelle. An Theodor Winckler in Dresden schrieb er 1824: »Möchte doch der
freundliche Wunsch [...] wahr werden und
ich zu Ihnen einwandern können!«[1] R. M.

1 Brief vom 21. 4. 1824, abgedruckt in: WAHL
1931, S. 84.

WEITERE LITERATUR

Fritz LÖFFLER, Das alte Dresden, Leipzig 1955.

111
Karl Heinrich Beichling (1803–1876)

Das alte Hoftheater in Dresden, um 1820

Kupferstich, koloriert
11,0 x 12,0 cm
Dresden, Stadtmuseum
Inv. Nr. 1978/K 372

Wenn Müller in Dresden weilte, gehörten
Theaterbesuche zu den wichtigsten Erleb-
nissen des Dichters. Seine Freundschaft
mit Carl Maria von Weber ist 1822 an
diesem Theater nach einer Aufführung des
»Freischütz« begründet worden. R. M.

LITERATUR

Fritz LÖFFLER, Das alte Dresden, Leipzig 1955.

112

112
Christian August Günther (1759–1824)

Grassis Villa, um 1820

Kupferstich, koloriert
43,0 x 54,4 cm
bez. unten Mitte: Grassis Villa
Dresden, Stadtmuseum
Inv. Nr. 1981/K 5080

Das einfache Gebäude der Villa Grassi[1]
erhält einen schloßartigen Impetus durch
die mit Empirevasen geschmückten Terras-
sen und durch ein Giebelfeld, das emble-
matisch mit Schild und Helm der Minerva
und einem Eulennest verziert war. Hier
wohnte Wilhelm Müller vom 29. Mai bis
zum 13. Juni 1824 bei seinem Berliner Stu-
diengefährten Friedrich von Kalckreuth:
»Du kennst die reizende Villa, in der ich
wohne. Jeder, der auf der Landstraße nach
Tharant vorübergeht oder fährt, schauet,
wenn er kein Klotz ist, herüber u[nd] denkt:
›Wer da wohnen könnte!‹ Und ich wohne
da. Meine Stube liegt an der Felsenseite im
zweiten Stock; auf der einen Seite lehnt sich
das Haus aber an den Berg, so daß ein
Fenster meiner Stube eine Glasthüre ist,
aus der man gleich auf die schöne Felsen-
terrasse tritt, auf der wir frühstücken. Auf
den Bergen rechts und links bin ich schon
gestern u heute viel herumgeklettert, und es
ist mir ein großer Genuß, mir selbst die
schönsten Punkte auszusuchen. [...]

Könnt' ich dich nur auf einen Moment
hierher versetzen; wie die Zweige an meine
Fenster schlagen und die Weiseritz in be-
ständigem Rauschen über die Steine u die
Mühlendämme läuft und die Vögel draußen u drinnen; denn auch meine Stube
hängt voll Vögel in Käfichten.«[2]
Im »Stadt- und Landboten für Sachsen«
heißt es 1832 von Grassis Villa, es sei
»schon oft beschrieben, gemalt, gezeichnet
und lithographiert worden, daß es fast eine
europäische Berühmtheit erlangt hat.«[3]
                                    R. M.

1 Geschichte des Hauses (in Stichworten): 1767
Ankauf des Flurstücks für die Anlage eines
Bergwerkes durch die Gebr. Lehmann – 1772
wegen zu geringer Ausbeute des Huthauses Umwandlung in eine Villa – 1799 Vermietung an
Hans Josef Grassi (1757–1838), Maler und Professor an der Dresdener Akademie – 1815 Ankauf durch Friedrich Graf von Kalckreuth – 1830
Umwandlung zur Gastwirtschaft – 1856 Abriß
der Villa.
2 Aus einem Brief an Adelheid Müller vom
31. 5. 1824, in: MÜLLER 1903, S. 115ff.
3 Zit. nach Paul DITTRICH, Zwischen Hofemühle und Heidenschanze. Geschichte der Dresdner
Vororte Plauen und Coschütz, 2. erw. Aufl.
Dresden 1941, S. 108.

WEITERE LITERATUR

Mitteilungen des Landesvereins Sächsischer
Heimatschutz, Bd. 16, Dresden 1927, Heft 3–6.
Hellmut HEINZ, Heimatbuch Plauenscher
Grund. Tal der Unrast, Dresden 1950.

113–117
Johann Friedrich Wizani (1770–1835)

Der Plauensche Grund bei Potschappel,
1823

Kupferstich, koloriert
49,0 x 62,0 cm
bez. unten links: Dessiné et gravé par J. F.
Wizani.
bez. unten Mitte: Potschappel, près de
Dresde à l'entrée de la Vallée de Plauen du
côté de Tharand
Designé et gravé par J. F. Wizani
Freital, Haus der Heimat
Inv. Nr. 2456

Johann Friedrich Wizani (1770–1835)

In der Nähe der Pulvermühle, 1823

Kupferstich, koloriert
52,0 x 64,0 cm
bez.: Vue prise auprès du moulin à poudre
de la vallée de Plauen près Dresde
Freital, Haus der Heimat
Inv. Nr. 1235

Johann Friedrich Franz Bruder
(1782–1838) nach Johann Gottfried
Jentzsch (1759–1826)

Die Königsmühle, um 1820

Kupferstich, koloriert
48,5 x 62,5 cm
bez. unten links: Dessiné d'après nature par
J. G. Jentzsch
bez. unten Mitte: bei Heinrich Rittner in
Dresden
bez. unten rechts: Gravé par J. F. Buder
bez. unten: Vue de la vallée de Plauen près
Dresde, prise du côté du moulin dit
Königsmühle.
Freital, Haus der Heimat
Inv. Nr. 1237

Farbtafel 14
Carl August Richter (1770–1848)

Eingang in den Plauenschen Grund, 1832

Kupferstich, koloriert
62,0 x 75,5 cm
bez. unten Mitte: chez E Arnold ci devant
Rittner a Dresde. C. A. Richter / rot. ad
nat. del. et sc. Dr. / Vue de l'entrée da la
vallée de Plauen près de Dresde.
Freital, Haus der Heimat
Inv. Nr. 1254

Wilhelm Gottlieb Becker

Der Plauische Grund bei Dresden, mit
Hinsicht auf Naturgeschichte und schöne
Gartenkunst, Nürnberg 1799

Freital, Haus der Heimat
Sign.: Ter D 30/190 a / Pl.-Grund

Der nahe Dresden gelegene Plauensche
Grund – ein sehr schroffer Taleinschnitt,
durch den sich die Weißeritz ihren Weg zur
Elbe bahnt – gehörte im 18. und 19. Jahrhundert zu den viel bestaunten Natur-
schönheiten der Umgebung Dresdens und
wurde weit über die Grenzen des Landes
berühmt. Auf Grund der Nähe zur Stadt
war dieses Tal für die Bewohner und die
schon damals zahlreichen Touristen Ziel
eines obligaten Spazierganges in eine wild-
romantische Landschaft.
Wilhelm Müller hielt sich vom 29. Mai bis
zum 13. Juni 1824 im Plauenschen Grund
auf: »Überblickt man alles, was Müller
über gute Stunden seines Lebens aufgezeichnet hat, so empfängt man den Eindruck, daß er sich, Italien ausgenommen,
nie wohler gefühlt habe als in diesem Juni
1824«[1]. Die Briefe an seine Frau Adelheid
künden von dem Hochgefühl, in dem sich
Müller befunden haben muß.[2] Ausgiebige
Wanderungen im Plauenschen Grund bis
Tharand, Kurbäder (Aufgüsse aus erzhal-
tigen Rohschlacken und Wasser) im Eisen-
hammer,[3] das Zusammensein mit Kalckreuth und den anderen Freunden, die Zusammenkünfte mit Tieck, Böttiger und
Weber, all das muß diese geistige Hoch-
stimmung herbeigeführt haben. Der dichterische Ertrag dieses so überaus glücklichen Aufenthaltes in Dresden wurde der
»Frühlingskranz aus dem Plauenschen
Grunde«[4] und seine erste Novelle »Der
Dreizehnte«. Neun Lieder ließ er für das
jährlich erscheinende Taschenbuch »Urania« abschreiben, so daß sie 1826 erscheinen konnten.[5] Die Novelle kam erst ein
Jahr später zum Abdruck. Gustav Schwab
nannte die »Frühlingslieder« 1837: »[...]
die lieblichsten und zugleich klangreichsten
Produkte seiner Muse.«[6] Und Müllers
Sohn Max urteilte 1868: »Die Einfachheit
und Natürlichkeit in der Auffassung der
Natur zeigt sich am schönsten [...] in dem
Frühlingskranz aus dem Plauenschen
Grunde. Nirgends ein mühsamer Gedanke
oder ein mühsames Wort. So wie die schöne Frühlingswelt ist, so wird sie geschildert;
aber überall wird sie belebt und begeistert
durch das Dichterauge und den Dichter-

geist, die das erblicken und das in Worte
aussprechen, was andere nicht sehen und
was die stumme Natur nicht sagen kann.«[7]
Der Ruhm des Tales begann in der Regierungszeit Augusts des Starken (1694–1733).
Im August 1698 veranstaltete dieser für
seinen hohen Gast, Zar Peter den Großen,
in der Nähe der Buschmühle, also da, wo
später Wilhelm Müller wohnen sollte, eine
große Bergparade mit Freiberger
Bergknappen. Noch einmal, am 26. September 1719, erlebte der Plauensche Grund
eine Festlichkeit allergrößten Ausmaßes.
An fast gleicher Stelle wurde ein Saturnfest
mit aller Prachtentfaltung gefeiert, zu der
der augusteische Hof fähig war. Es galt,
vor der Welt die Verheiratung des Kurprin-
zen mit Maria Josepha, der Tochter Kaiser
Josephs, zu demonstrieren, mit der man
sich Erbansprüche auf österreichische Lande und den Kaisertitel sichern wollte.
Mit Johann Alexander Thiele (1685–1752)
beginnt die Reihe bedeutender Maler, die
die Schönheiten dieses Tales festgehalten
haben. Adam Friedrich Oeser (1717–1799),
Johann Christian Klengel (1751–1824),
Adrian Zingg (1734–1816) und Anton
Graff (1736–1813) waren Maler des Plauenschen Grundes. Einen Höhepunkt sowohl für die Naturschwärmerei als auch für
die naturwissenschaftliche Beschäftigung
mit dem Plauenschen Grund ist die große
Monographie des Direktors der Dresdener
Sammlungen und Museen, Wilhelm Gottlieb Becker, die unter dem Titel »Der Plauische Grund bei Dresden mit Hinsicht auf
Naturgeschichte und schöne Gartenkunst«[8] erschien. Illustriert ist dieses Werk
mit Kupfern nach Klengel und Oeser. Bek-
ker wünschte den Plauenschen Grund zu
einem romantischen Paradies auszugestal-
ten. Eine Formulierung Beckers über das
Hegereiterhaus verrät, daß Müller, der in
einem Brief (vgl. Kat. Nr. 112) eine ähnliche Wendung gebraucht, die Monographie
über den Plauenschen Grund gelesen haben muß: »Wer wünscht sich nicht zuweilen hier einige Tage in Ruhe zu wohnen,
und des Morgens und des Abends den
schönen Grund zu genießen, wo die Strah-
len der Sonne nur die Spitzen der Berge
beleuchten und keine Hitze den Wandelnden drückt! Man darf sich nicht wundern,
wenn man hier immer Spaziergänger trifft,
die von der Anmuth der Lage gelockt, dies
Haus zum Ruheplatze suchen, um einige
Erfrischungen zu sich zu nehmen. Oft
macht man Gesellschaft, hier mittags oder
abends zu speisen, weil, aus der Nähe des

Grundes, die Lebhaftigkeit auf der Straße, besonders an festlichen Tagen, diesem Aufenthalt eine Annehmlichkeit gibt.«[9] Caspar David Friedrich (1774–1840), Ludwig Richter (1803–1884) und Johan Christian Clausen Dahl (1788–1857) haben den Plauenschen Grund durchwandert und bildkünstlerisch festgehalten[10].

Heinrich von Kleist schrieb im September 1800 an seine Braut Wilhelmine von Zenge ein Loblied auf den Plauenschen Grund. Dabei nahm er auf ein Haus Bezug, in dem Wilhelm Müller 24 Jahre später wohnte: »Der Weg nach Tharand geht durch den schönen Plauenschen Grund. Man fährt an der Weißritz entlang, die dem Reisenden entgegen rauscht. Mehr Abwechslung wird man selten in einem Tale finden. Die Schlucht ist bald eng, bald breit, bald steil, bald flach, bald felsig, bald grün, bald ganz roh, bald auf das Fruchtbarste bebaut. So hat man das Ende der Fahrt erreicht, ehe man es wünscht. [...]

In der Mitte des Plauenschen Grundes krümmt sich das Tal und bildet da einen tiefen Einschnitt. Die Weißritz stürzt sich gegen die Wand eines vorspringenden Felsens und will ihn gleichsam durchbohren. Aber der Felsen ist stärker, wankt nicht, und beugt ihren stürmischen Lauf. Da hangt an dem Einschnitt des Tales, zwischen Felsen und Strom, ein Haus, eng und einfältig gebaut, wie für einen Weisen. Der hintere Felsen gibt dem Örtchen Sicherheit, Schatten winken ihm die überhangenden Zweige zu, Kühlung führt ihm die Welle der Weißritz entgegen. Höher hinauf in das Tal ist die Aussicht schauerlich, tiefer hinab in die Ebene von Dresden heiter. Die Weißritz trennt die Welt von diesem Örtchen und nur ein schmaler Steg führt in seinen Eingang.«[11]

Daß der Plauensche Grund zu Beginn des 19. Jahrhunderts ein obligater Spazierweg für Touristen wurde, verdeutlicht eine Notiz im Tagebuch des Kammerherrn Carl von Voß, der 1822 den Erbprinzen Alexander Carl von Anhalt-Bernburg nach Dresden begleitete: »Nach Tische wurde Kaffee getrunken und nach vielen Überlegungen

ein Spaziergang über die Berge am linken Ufer der Wesenitz beschlossen. Allein, ob wir gleich auf der Wegstrecke von einer kleinen halben Stunde wie die Schnecken krochen, so kehrte doch der größte Teil der Gesellschaft schon auf halbem Wege um, und nur Hassens gingen mit uns bis zu einer ins Tal hervorspringenden Felsenspitze, von welcher man einen Theil desselben und der umliegenden Gegend übersieht. Es war ein ganz freundlicher Anblick, den Weg von Dresden nach Tharand und die umliegenden Höhen von Spaziergängern bevölkert zu sehen, die das schöne Wetter und der zweite Festtag ins Freye gelockt hatte. Allein die Schönheiten dieses Thales stehen sehr zurück gegen die, welche wir erst neulich in der Sächsischen Schweiz gesehen hatten, als daß sie einen großen Eindruck auf mich hätten machen können. Außerdem strebte ein jeder zu bald nach der kleinen Stube des Hegereiters zurück, wohin auch wir uns dann begaben, um dort nichts Merkwürdiges weiter als die Königliche Familie vorbeygehen zu sehen, welche, was nur äußerst selten geschieht, sich diesmal ihrer Beine bediente, um vorwärts zu kommen [...].«[12]

Die fortschreitende Industrialisierung hat den Plauenschen Grund entromantisiert und grundlegend verändert. Auf dem Stich von C. A. Richter ist im Tale rechts Grassis Villa zu sehen, in der Wilhelm Müller gewohnt hat. R. M.

1 Lohre 1927, S. 80.
2 Vgl. Müller 1903, S. 114ff.
3 Vgl. Heinz Hellmut, Badeort Hüttenschänke, in: Kulturleben. Kreis Freital 1954, H. 2, S. 7ff.
4 Vgl. Lohre 1927, S. 234.
5 Vgl. Hatfield 1906, S. 482.
6 Wilhelm Müller, Gedichte, hg. u. mit einer Biographie Müller's begleitet v. Gustav Schwab, Leipzig (Brockhaus) 1837, S. XXXIX.
7 Gedichte von Wilhelm Müller. Mit einer Einleitung und Anmerkungen hg. v. Max Müller, Leipzig (Brockhaus) 1868 (Bibliothek der deutschen Nationalliteratur des 18. u. 19. Jahrhunderts), S. VIIf.
8 Erschienen bei Frauenholz in Nürnberg 1799.
9 Becker, zit. nach Paul Dittrich, Zwischen Hofemühle und Heidenschanze. Geschichte der Dresdner Vororte Plauen und Coschütz, 2. erw. Aufl. Dresden 1941, S. 95.
10 Caspar David Friedrich hat eine solche Wanderung dichterisch in Verse gefaßt, vgl. K. K. Eberlein, Caspar David Friedrich. Bekenntnisse, Leipzig 1924, S. 74.
11 Aus den Briefen vom 3. und 4. September, zit. nach: Heinrich von Kleist, Sämtliche Werke und Briefe, Bd. 2, 7. Aufl., Darmstadt 1983, S. 543f. und 545.
12 Carl von Voß, Eine Reise nach Dresden. 1822, Pfullingen 1986, S. 73f.

WEITERE LITERATUR

Mitteilungen des Landesvereins Sächsischer Heimatschutz, Bd. 16, Dresden 1927, Heft 3–6.
Hellmut Heinz, Heimatbuch Plauenscher Grund. Tal der Unrast, Dresden 1950.

118   **Farbtafel 15**
Carl Christian Sparmann (1805–1864)

Lochmühle im Liebethaler Grund, 1824

Öl auf Leinwand
151,0 x 117,0 cm
Kassel, Städtische Kunstsammlungen
Inv. Nr. AZ 131

Bis 1824 war Carl Christian Sparmann Schüler Dahls. Sein Gemälde steht in der Tradition Dahlscher Unmittelbarkeit der Naturwiedergabe jedoch ohne dessen Betonung des Atmosphärischen. Der Liebethaler Grund ist von Dresden aus der traditionelle Einstieg in das Elbsandsteingebirge. Wilhelm Müller ist auf diesem Wege zur Bastei gewandert. Sparmanns Gemälde zeigt eine für die Bildsprache der Müllerschen Wanderlyrik typische Situation. R. M.

LITERATUR

Hans Joachim Neidhardt, Die Malerei der Romantik in Dresden, Leipzig 1976.
Loose, Lebensläufe Meißner Künstler, in: Mitteilungen des Vereins für Geschichte der Stadt Meißen, 1888.

Orte der Dichtung

Die freie Natur

»[. . .] wenigstens giebt es vor den Thoren grüne Bäume [. . .]«
Wilhelm Müller an Helmina von Chezy, Sommer 1819

In der Steinstraße nahe der Mulde, bei dem rauschenden Gestänge und der Herzoglichen Mühle aufgewachsen, haben die Eindrücke der Dessauer Landschaft erstaunlicherweise kaum eine unmittelbare Reflexion im dichterischen Werk Wilhelm Müllers gefunden. Es läßt sich keine eindeutig auf Dessau und seine Umgebung bezogene Landschaftsbeschreibung ausmachen, was dem Dichter allerdings wohl auch nicht zum Anliegen gereichte. Eher ermöglichte die Dessauer Landschaft in ihrer heimatlichen Vertrautheit eine persönliche Erfahrung. Wenn die Müllersche Bildhaftigkeit der Worte ihre Kraft vor allem über ihre Naturbezogenheit schöpfte, dann im Sinne der allgemeinen zeitgenössischen Naturempfindungen. Wilhelm Müller folgte der Idee der Naturerlösung auf seine Weise. Seine Hoffnungen blieben Träume. Rastloses Dasein, Orientierungslosigkeit und Fremdsein waren sein Los, also keine Erfüllung in der ›ach so freien‹ Natur. Hier konnte er keine Idylle finden. Diese seine poetisch übermittelte Befindlichkeit wies in ihrer Einsicht, für die die Todessehnsucht steht, eigentlich schon über die Romantik hinaus – ein Stück unerfüllter Sehnsucht bleibt Anliegen nahezu einer jeden Landschaftsschilderung.

Das Bild der ›freien Natur‹ war entsprechend den zeitgenössischen Forderungen an die Landschaftsmalerei mehr oder weniger idealisiert. Carl Wilhelm Kolbe, Gustav Carl Krägen, die Brüder Olivier stehen stellvertretend für die Entwicklung der Landschaftsgestaltung in Dessau, für die bei aller Unterschiedlichkeit das allen gemeinsame Erlebnis der Auenlandschaft von wichtigem Einfluß war. War Kolbe – der Tradition des ausklingenden 18. Jahrhunderts gemäß – der idyllischen Landschaftsauffassung im Sinne Gessners verpflichtet, so verstärkte sich bei seinen Dessauer Nachfolgern eine mehr den natürlichen Gegebenheiten angemessene Naturschilderung, in die mehr oder weniger deutlich ganz persönliche Naturbeobachtungen einflossen; die Ausschließlichkeit einer idealen Landschaft wurde so genommen.

Die Dessauer Umgebung bot dem bei der Naturschilderung zwischen Ideal und Wirklichkeit schwankenden Künstler einen reizvollen Kontrast: Die ›freie Natur‹ lag zum einen in der von Menschenhand gestalteten Dessau-Wörlitzer Gartenlandschaft vor den Toren der Stadt, zum anderen war sie geprägt von der Auenlandschaft entlang der Elbe und Mulde, und beide Elemente schließen einander nicht aus, sondern begegnen einander in fließendem Übergang bis heute. Waren die dem englischen Vorbild folgenden Parkschöpfungen entgegen ihrem Schein an Natürlichkeit künstlich angelegte Natur, so bargen sie schon im Ansatz eine sich wandelnde Naturwertung, welche schließlich auch die nicht kultivierte, eben die unberührte Natur zuließ. Dies setzte voraus, sich darauf einzulassen, die legitimierte Beherrschung der Natur zurückzunehmen.

Wenn etwa seit der Mitte des 18. Jahrhunderts eine verstärkte Besinnung auf die Landschaft vor den Toren der Stadt einsetzte, damit verbunden ein Streben aus der Enge der Stadt hinaus in die Freiheit, so hatte diese Hinwendung zur ›freien Natur‹ gerade für die bürgerlichen Kreise gesellschaftliches und politisches Gewicht. Die erstrebte Unabhängigkeit von den Maßgaben des Adels ließ sich insbesondere durch die beanspruchte Übernahme von Privilegien zeigen. Mit dem Aufkommen des Spazierengehens vor den Mauern der Stadt, in der ›freien Natur‹, ergab sich ein Sinnbild für ein Sich-Freifühlen und eine selbständige Identifikationssuche, für die neue bürgerliche Freiheit. Die Verbindung zur Natur, wie sie in bäuerlicher Arbeit gegeben war, war für die bürgerlichen Schichten mehr und mehr verloren. In Abgrenzung zum Bauernstand konnten Bürger der Natur unabhängig von Arbeit und Geschäft in der Freizeit und zur Muße begegnen.

Dem Spaziergang oder dem Wandern war, abgesehen vom Bekunden eines neuen Standesbewußtseins in einem ideellen Sinne, das unmittelbare Erlebnis der persönlichen Veränderung zugedacht, der so erfahrenen Natur die Rolle eines Schlüssels zum eigenen Ich.

»(D)iese Freiheit der Natur, diese Regsamkeit aller Kreaturen, der reine weite Himmel und der Menschengeist, der all dies zusammenfassen und in einem Gedanken zusammenstellen kann: – Oh glücklich ist der, der bald die eigene Heimat verläßt ... Welche Welten entwickeln sich im Gemüte, wenn die freie Natur umher mit kühner Sprache in uns hineinredet, wenn jeder ihrer Töne unser Herz trifft und alle Empfindungen zugleich anrührt.«[1]

Die Natur als Projektionsgegenstand der Empfindung und Erkenntnis barg aber zugleich ein Moment der Entfremdung in sich, weil die mögliche Einheit von Natur und Mensch verloren schien. Gegenüber der sich vor allem in den Jahrzehnten um 1800 vollziehenden Spezialisierung der Naturwissenschaften, der detaillierten Erfassung und wissenschaftlichen Zergliederung der Natur, wurde immer wieder von seiten der Romantiker die unmittelbare Einheit des Individuums mit der Natur betont. Die Flucht in die Natur hat etwas mit der Sehnsucht nach Verlorengehendem zu tun, nach Verwurzelung, und das große Ziel bleibt die Harmonie zwischen Natur und Gesellschaft. Der Einklang zwischen Natur als Unbewußtem und dem Geist als Bewußtem innerhalb des Universums soll bildhaft vor Augen geführt werden.

M. Sch.-Z.

LITERATUR

Oskar BÄTSCHMANN, Entfernung der Natur. Landschaftsmalerei 1750–1920, Köln 1989.
Hans BELTING, Die gemalte Natur, in: Kunst um 1800 und die Folgen. Werner Hofmann zu Ehren, München 1988, S. 169–180.
Alfred BIESE, Das Naturgefühl im Wandel der Zeiten, Leipzig 1926.
Willi FLEMMING, Der Wandel des deutschen Naturgefühls vom 15. bis 18. Jahrhundert, Halle/Saale 1931.
Sabine KREBBER, Der Spaziergang in der Kunst. Eine Untersuchung des Motives in der Kunst des 18. und 19. Jahrhunderts, Frankfurt/Main 1990.
LOHRE 1927.
Andreas MÜLLER, Landschaftserlebnis und Landschaftsbild. Studien zur deutschen Dichtung des 18. Jahrhunderts und der Romantik, Hechingen 1955.
Lutz REICHHOFF/Wolfhart HAENSCHKE, Zur Geschichte und zum Bestand der Solitäreichen auf den Wiesen der Dessau-Wörlitzer Kulturlandschaft, in: Dessauer Kalender 1985, S. 28–49.
Claus SOMMERHAGE, Deutsche Romantik. Literatur und Malerei 1796–1830, Köln 1988.

1 Worte Franz Sternbalds, in: Ludwig TIECK, Franz Sternbalds Wanderungen 1797, Potsdam o. J., S. 21.

119
Carl Wilhelm Kolbe (1759–1835)

Eichenlandschaft

Radierung
36,1 x 53,3 cm
Dessau, Anhaltische Gemäldegalerie
Inv. Nr. G 744

Wilhelm Müller hatte durch seine Anstellung an der Herzoglichen Hauptschule unmittelbar Kontakt zu den hier als Zeichenlehrer wirkenden Künstlern. Kolbe wurde zunächst 1780 an das Philantrophin als ›Leiter der malerischen Spaziergänge der Zöglinge‹ berufen und war nach einem zwischenzeitlichen Berlinaufenthalt in den Jahren 1785 bis 1789 Lehrer an der Hauptschule, um anschließend bis zu seiner Rückkehr nach Dessau im Jahre 1795 erneut in Berlin eine künstlerische Ausbildung wahrzunehmen. 1799 erfolgte seine Ernennung zum Hofkupferstecher. Bis zu seiner Pensionierung im Jahre 1828 und darüber hinaus war seine Lehrtätigkeit im Zeichnen an der Hauptschule von prägendem Einfluß auf die Entwicklung der Landschaftsdarstellung in Anhalt.
Ein immer wiederkehrendes Motiv im Werk Kolbes ist die majestätisch erscheinende Eiche – ein Symbol für den Zusammenklang von ›Natur‹ und ›Arkadien‹. Unter dem Eindruck der Dessauer Auen-

landschaft gereichte sie ihm zu Sinnbildwürdigkeit. Der Reichtum an Leben in Wald und Flur in sommerlicher Vegetation ergibt eine weitere Assoziation der Sehnsucht.
Das Verborgene, Geheimnisvolle in der Natur zu ergründen, war gemäß zeitgenössischer Ansicht ein Ziel von Ausbildung und Studium des Künstlers. So nahm Kolbe als Zeichenlehrer an der Hauptschule die »promenades pittoresques«, die malerischen Spaziergänge, wie sie ähnlich bereits am Dessauer Philanthropin praktiziert wurden, in sein Lehrprogramm auf. Die Naturbeobachtung war nicht Selbstzweck, sondern sollte vielmehr als eine Schule der Empfindungen dienen.
In der Natur verweilende Figuren übernehmen eine Vermittlung des Erlebnisses und entfernen sich häufiger von ihrer Staffagefunktion im Sinne eines ›freien Menschen‹ in einer ›freien Natur‹. Es finden sich Personen, so der mit Wanderutensilien ausgestattete, ruhende Mann und der Knabe auf der Holzbrücke im Vordergrund, welche offenbar aus einfachem Wohlgefallen mit dem Betrachten der Landschaft beschäftigt sind.
Mit der Französischen Revolution konstituiert sich allgemein die Idee von der Natur als Inbegriff der Freiheit. Die Besinnung auf die Verwurzelung in einer urwüchsigen Landschaft, in der eine vormalige Gesell-

schaft ein idyllisches Leben geführt haben soll, zielt bei Kolbe wie bei Gessner auf den großen Gedanken der Versöhnung mit der Natur. Für die angestrebte bürgerorientierte Erneuerung der Gesellschaft, nicht ohne das Selbstbewußtsein des einzelnen möglich, ergibt sich gerade das Fundament aus der Objektivität der Natur. Der Mensch soll sich in seiner ihm innewohnenden Natürlichkeit finden, dies als eine Voraussetzung für Vernunft und Moral. Die freie Natur dient nicht nur als ein Ort praktischer Bildung, sondern vor allem auch der moralischen Erziehung, was schließlich in eine Verehrung der Natur mündet. Somit bleibt ein verehrendes, ideales Bild der Natur aktuell. Die Berücksichtigung der ewigen Ordnung der Natur wird zugleich als ein Garant für die Dauerhaftigkeit des neuen gesellschaftlichen Zustandes empfunden.   M. Sch.-Z.

LITERATUR

Ausst. Carl Wilhelm Kolbe und sein Schülerkreis in der Hauptschule zu Dessau, bearb. v. Maria BARTMUSS und Karl SCHULZE-WOLLGAST, Dessau, Anhaltische Gemäldegalerie, 1937.
Ernst JENTSCH, Der Radierer Carl Wilhelm Kolbe, Diss. Breslau 1920, S. 102 (Kat. Nr. 198).
Ulf MARTENS, Der Zeichner und Radierer Carl Wilhelm Kolbe d. Ä. (1759–1835), Berlin 1976, S. 116 (Kat. Nr. 270/I), Abb. 44 / Tafel 23.

119

120

120
Gustav Carl Krägen (1784–1839)

Im Tiergarten, 1821

Öl auf Leinwand
56,0 x 70,0 cm
bez. hinten auf dem Keilrahmen:
C. Krägen 1821
Dessau, Anhaltische Gemäldegalerie
Inv. Nr. 937

Eine majestätische Doppeleiche in die Bildmitte als zentrales Bildthema setzend, gibt sich Gustav Carl Krägen als Schüler des sogenannten »Eichen-Kolbe« zu erkennen. Auch das Kompositionsmuster des Bildes – das Hintereinanderstaffeln zweier Gewässer im Vorder- und Mittelgrund, das raumschaffende Einsetzen eine Zaunes und die in die Tiefe führende Brücke – läßt das Vorbild Kolbe erkennen. Schließlich scheinen auch die Staffagefiguren und der Mann mit der Sense, begleitet von einem Kind, aus dem Repertoire von Krägens Lehrer zu stammen. Und dennoch ist Krägens Landschaftsauffassung moderner, eher an der Realität orientiert und darf mit Fug und Recht als »Tiergartenlandschaft bei Dessau« bezeichnet werden.

Denn im Gegensatz zu Kolbe verzichtet Krägen offenbar auf jene vervollkommende Naturschilderung der Tradition, die es als selbstverständlich ansah, Landschaften aus einer Vielzahl von Einzelskizzen zu einem schöneren harmonischen Ganzen zusammenzusetzen. Versatzstücke der Natur, die Kolbe nach seinen großen Vorbildern Potter, Waterloo, Roos und seinem direkten Genius Salomon Geßner im Bild einzusetzen pflegte, fehlen bei Krägen, auch scheint die Natur nicht kompositionell durch eine künstliche Vielfalt von Bäumen und Pflanzen und durch eine Übersteigerung des Wuchses der Natur bereichert, was bei Kolbe, mitunter ins Hypertrophe getrieben, schon bedrückende Züge annehmen konnte.

Krägen hat offenbar Abschied genommen von jenen idealen Vorstellungen der Geßnerschen Idylle, der Kolbe anhing, die aber im ersten Viertel des 19. Jahrhunderts überholt war und hinreichend Kritik erfahren hatte.[1] Ohne den Gedanken der Idylle verpflichtet zu sein, kann Krägen die Ele-

122

mente der Kolbeschen Bildwelt auf ein reales Maß reduzieren und dem gleichsam heimatliches Aussehen geben. Solitäreichen, wie im Bild dargestellt, waren im Tiergarten durchaus vorhanden. Die Kopfweiden im Hintergrund und andere Baumarten und vor allem die Vielzahl des im Vordergrund zu erkennenden Uferbewuchses, Pflanzen, denen Kolbe viele Studien seiner Aufmerksamkeit gewidmet hatte und die er gerne in seinen idealisierten Szenen üppig wuchernd wiedergab, haben bei Krägen eine natürliche Größe. So ist auch der für Dessau charakteristische Blick in eine weite Ebene im Hintergrund möglich, was bei Kolbe höchst selten anzutreffen ist.

Zaun und Brücke sowie die beiden Staffagefiguren im Vordergrund verweisen ebenfalls nicht in eine andere Welt und Zeit. Nichts fremdes Vergangenes oder Arkadisches haftet ihnen an. Die dargestellten Personen sind Zeitgenossen Krägens: ein offenbar von der Arbeit heimkehrender junger Vater mit seinem Kind – auch in der klaren Bestimmung des Alters der Verzicht auf tiefergehende Symbolik, wie sie etwa in Darstellungen der Lebensalter – des Greisen mit dem Kind – anzutreffen ist.

Das Motiv der Heimkehr von der Arbeit sollen wohl auch die beiden in der Ferne zu erkennenden Gestalten unterstreichen. So gesehen reiht sich Krägen mit dem vorliegenden Bild in die traditionellen Schilde-

rungen von Tageszeiten ein. Dies erklärt auch die eigentümlich dunkle Szene, die offenbar von der tiefstehenden Abendsonne beschienen ist. Das Motiv der Heimkehr von der Arbeit sollte in der Dessauer Landschaftsmalerei, die bei Krägen ihren Ausgang nahm, Fortsetzung finden, wie man an typischen Beispielen der Maler Wilhelm Krause und Johann Heinrich Beck sehen kann.   N. M.

1 Vgl. Gotthard FRÜHSORGE, »Nachgenuß der Schöpfung«. Über die Wahrheit des Gesellschaftsentwurfs Gessnerscher Idyllendichtung, in: Ausst. Maler und Dichter der Idylle. Salomon Gessner 1730–1788, Wolfenbüttel, Herzog August Bibliothek, 2. Aufl. Wolfenbüttel 1982, S. 74–80, bes. S. 75f.

121

Gustav Carl Krägen (1784–1839) nach Heinrich Theodor Wehle (1778–1805)

Das Haus des Hüters auf dem Sieglitzer Berg, 1807

Radierung (Nachdruck)
22,1 x 29,8 cm
bez. unten links: H. Wehle gezeichnet
bez. unten rechts: G. C. Kraegen radirt •
1807
bez. unten Mitte: WOHNUNG DES HÜTERS auf dem Sielitzerberge bei Dessau
Dessau, Anhaltische Gemäldegalerie
Inv. Nr. G II 1543

Neben den Tätigkeiten des Gärtners wurden auch einfache Pflege- und Ordnungsarbeiten ausgeführt, zudem war eine Beaufsichtigung der Wallanlagen erforderlich. Um ein Zuwachsen der Wege zu verhindern, waren regelmäßig dafür angestellte ›Läufer‹ unterwegs. Die Gartenarchitektur diente nicht allein der Erbauung am Schönen, sondern war auch für die Unterkunft von Personen und Gerät nützlich. Die dargestellte praktische Arbeit des Waldhüters auf dem Sieglitzer Berg verdeutlicht den Schein der ›wilden Natur‹ und erweckt zudem auch Assoziationen an das Eremitendasein, einem beliebten und mit Einfallsreichtum ausgeführten Motiv der Zurückgezogenheit und Einkehr in der Gartenkunst.   M. Sch.-Z.

122

Friedrich Salathé (1793–1858)

Schloß Luisium bei Dessau

Aquatinta
15,9 x 21,0 cm
bez. unten links: Gez. v. Gest. von Salathé
bez. unten rechts: Imp. de Bougeard
bez. unten Mitte: SCHLOSS ZU LUISIUM BEI DESSAU
Dessau, Anhaltische Gemäldegalerie
Inv. Nr. G II 352/1

Die Frühjahrsmonate Mai und Juni 1826 verbrachte der bereits kranke Wilhelm Müller mit seiner Familie dank des Wohlwollens des Herzogs Leopold Friedrich von Anhalt-Dessau im Luisium, im »Gartenhaus mit grünumgitterten Fenstern, Orangenbäumen vor der Thür etc.«[1], wodurch er zu einer besonders innigen Verbindung zu dieser Parkschöpfung fand. Dieses Erlebnis bewirkte auch eine versöhnliche Kompensation der kritischen Haltung gegenüber den Lebensverhältnissen in Dessau. »Der ländliche oder vielmehr gartenliche Aufenthalt im Luisium, eine halbe Stunde von Dessau, bekommt mir sehr gut, aber die literarische Thatigkeit fördert er nicht [...]«, schrieb allerdings der Dichter an seinen Verleger F. A. Brockhaus.[2]
Salathés sonnenerfüllte Darstellung der liebenswerten kleinen Parkanlage mit dem Schloß gibt etwas von dem wieder, was auch Müller während seiner Zeit im Luisium empfunden haben mag, als er festhielt: »Meine Wohnung ist ein kleines Paradies. Orangenbäume, Granaten und Myrten vor der Hausthür, die Fenster mit gelben Rosen umwachsen, die Aussicht auf grüne Wiesen, hohe Eichen, dunkle Föhren, unter denen die halb zahmen Hirsche und Rehe spielen.«[3]
Die hier entstandenen Gedichte »Erstlinge aus Luisium«, »Morgengruß« und »Der Rosenstrauch« sind ausdrücklich in Dankbarkeit dem Herzog Leopold Friedrich von Anhalt-Dessau gewidmet:

»In des Landes schönstem Garten gab er
     mir ein grünes Haus,
Und ich singe meine Lieder frei in freie Luft
     hinaus.«[4]   M. Sch.-Z.

1 Brief Müllers an Gregor Hartwig von Meusebach vom 27. 6. 1826, in: LOHRE 1927, S. 339.
2 Brief vom 18. 6. 1826, in: ebd., S. 268.
3 Brief an Per Daniel Amadeus Atterbom vom 22. 6. 1826, in: ebd., S. 316.
4 Aus: »Morgengruß«, in: WAHL 1931, S. 58.

LITERATUR

Ausst. Ein Zeichner der Romantik. Friedrich Salathé 1793–1858, Basel, Kunstmuseum 1988.

122a   Farbtafel 16
Friedrich Wilhelm Schlotterbeck (1777–1819) nach Heinrich Theodor Wehle (1778–1805)

Der Neue Begräbnisplatz zu Dessau, 1800

Aquatinta, koloriert
26,3 x 35,5 cm
bez. unten links: gezeichnet von Wehle
bez. unten rechts: geaetzt von Schlotterbeck
bez. Mitte: DER NEUE BEGRAEBNISSPLATZ zu Dessau. Chalcographische Gesellschaft zu Dessau 1800
Aus: Ansichten von Dessau und Wörlitz, 1799–1801, 5. Heft
Dessau, Anhaltische Gemäldegalerie
Inv. Nr. G 1256

Der in den Jahren 1787 bis 1789 westlich vor der neuen Stadtmauer angelegte Historische Friedhof ist ein Beispiel für die praktizierte Konsequenz aufklärerischen Geistes und war seinerzeit von vorbildhafter Wirkung. Die Gleichheit vor dem Tode fand einen augenfälligen Ausdruck in der Gleichmäßigkeit der überdeckenden Rasenfläche, im weitgehenden Verzicht auf Grabsteine, einer Bestattung ohne Rangordnung und konfessionelle Schranken, allerdings unter Ausschluß der Verstorbenen jüdischen Glaubens.
Das von Friedrich Wilhelm von Erdmannsdorff (Dresden 1736–1800 Dessau) entworfene Friedhofsportal (1787) kündet von der antiken Auffassung der Verschwisterung von Schlaf und Tod, deren beide Figuren den Eingang flankieren. Es ist ein Ort des Friedens und der Hoffnung, wie nicht nur die sich auf einen Anker stützende und sinnbestärkend das Portal bekrönende Personifikation der Hoffnung anzeigt, sondern auch die sommerlich ergrünte Natur. Schließlich ist in der Architektur das Vorbild des römischen Triumphbogens gewählt, jedoch hier eben nicht der Triumph menschlichen Machtgebarens gemeint. Die Landschaft atmet den Geist der Versöhnung. Nichts Beängstigendes und Bedrohliches erwartet den Betretenden, im Gegenteil, das neue Leben bietet sich irdisch vertraut. Ein Anspruch findet bildhafte Gestaltung, von dem das Dessau-Wörlitzer Gartenreich nicht ausgeschlossen wird. Deutlicher, als es die beiden Portalinschriften tun, kann es nicht mitgeteilt werden: »tod ist nicht tod / ist nur veredlung sterblicher natur« und »kein drohendes grabmahl und kein tod / wird mehr sein auf der neuen

erde gefilden« (Ludwig Ferdinand Huber (Paris 1764–1804 Ulm)). Von der läuternden Kraft des Naturerlebnisses vermittelt die unter einem Baum im Vordergrund rechts verweilende Gestalt, welche in einem Buch vertieft zudem auf den zeitgenössischen hochgeachteten Stellenwert der Literatur verweist, ihre Beschreibung Arkadiens liefernd.   M. Sch.-Z.

LITERATUR

Ausst. Dessauer Ansichten aus vier Jahrhunderten, Dessau, Staatliche Galerie / Schloß Georgium, 1988, S. 80.
Ausst. Heinrich Theodor Wehle 1778–1805, Görlitz, Städtische Kunstsammlungen, 1978, S. 12ff., S. 91 (Kat. Nr. 147).
Georg BOETTGER, Die Chalkographische Gesellschaft zu Dessau, Dessau 1896, S. 32.
Norbert EISOLD, Das Dessau-Wörlitzer Gartenreich. Der Traum von der Vernunft, Köln 1993, Abb. S. 80.
Marie-Luise HARKSEN, Die Kunstdenkmale des Landes Anhalt, Bd. 1: Die Stadt Dessau, Burg 1937, S. 93, Abb. Tafel 68a.
Albrecht Friedrich HEINE / Ludwig GROTE (Hgg.), Die Chalkographische Gesellschaft zu Dessau 1795–1803, Dessau 1930, S. 65 (Kat. Nr. 97), Abb. S. 14.

123   Farbtafel 17
Carl Georg Adolph Hasenpflug (1802–1858)

Klosterruine im Schnee, 1849

Öl auf Leinwand
37,0 x 42,0 cm
bez. unten rechts: C. Hasenpflug. 1849
bez. hinten auf dem Keilrahmen: Klosterruine im Winter, gemalt von C. Hasenpflug in Halberstadt 1849
Dortmund, Museum für Kunst und Kulturgeschichte
Inv. Nr. C 4731

Von der Architekturmalerei herkommend, wobei Hasenpflugs ausgeprägtes Interesse der mittelalterlichen Baukunst und ihrer Rekonstruktion galt, bewirkten Studienreisen nach Köln und Düsseldorf und die Begegnung mit dem seit 1826 in Düsseldorf tätigen Karl Friedrich Lessing (Breslau 1808–1880 Karlsruhe) eine Änderung der Bildthematik. War noch der Anlaß seiner Reisen ein großformatiges Auftragswerk für den Domherrn von Spiegel, die Wiedergabe des Domes zu Köln in seiner visionären Vollendung, bevorzugte er nun ruinöse Klosterdarstellungen in der einsamen Stimmung des Winters.

Wenn auch hier keine Dessauer Landschaft dargestellt ist, kann dieses Werk wegen seiner Motivnähe zu Müllers Gedichten, insbesondere wegen der Winter- und Todesmetaphorik, angeführt werden – es sei hier nur an Müllers Assoziationen beim Anblick eines »Totenackers« im Gedicht »Das Wirtshaus« aus der »Winterreise« erinnert (s. o. S. 63).

Den Betrachter umfängt die düstere Verlassenheit eines Kreuzganges einer romanischen Klosterkirche und zugleich ein geschichtsträchtiger Ort, den trotz seines verfallenen Zustandes Größe und Erhabenheit nicht gänzlich verlassen haben. Es sind gerade diese unvergänglichen Werte, welche erspürt werden, denn sonst ist es eine erstorbene Gegend. Selbst ein Ausweichen durch die Tür links ist nicht gegeben. Sie ist zugemauert, das Tympanon vergittert. Das große Kreuz begleitet unseren Blick wie ein Gleichnis durch den Rundbogen ins Freie. Schnee und Kälte lassen alles Leben ruhen. Auf dem Klosterfriedhof mahnt eine Tanne, deren Krone abgebrochen ist, in ihrem letzten Dasein an den Tod. Die kleinen, mühsam gewachsenen Bäume auf dem Ruinengemäuer des Langhauses unterstreichen mehr die hoffnungslose Stimmung, als daß sie Hoffnung geben. Diese bleibt in der Aussicht auf die die Klosterruine umgebende Natur hinter dem Nebel

und den angedeuteten Tannen verborgen. Die Wahrscheinlichkeit, daß es sich hierbei um die Verarbeitung eines inneren Erlebnisses einer Harzlandschaft handelt, welche nun in diesen spätromantischen Kulissen Eingang fand, bestärkt durch die geschichtsüberhöhende Wertung des sagenumwobenen Harzes, wird unterstützt durch die Existenz einer schon 1846 entstandenen sehr ähnlichen, in Privatbesitz befindlichen Variante des Gemäldemotives. Der Blick aus einem Kreuzgang durch eine Doppelarkade hinaus erreicht den deutlichen Anblick von Harzbergen mit einer Burg. Mit Natur und Vergänglichkeit, Kirche und Ruine, Unendlichkeit und Einsamkeit sind noch einmal die Register der romantischen Motivwelt eines Caspar David Friedrich und seiner Nachfolger gezogen. Bei aller Ernsthaftigkeit lassen sich zumindest in der illusionistischen Perfektion Hasenpflugs Anfänge in der Theaterdekorationsmalerei nicht leugnen und auch die Tendenz zur späten Zusammenfassung einer überschrittenen Kulmination. Auf zwei Aspekte romantischer Landschaftsmalerei und der damit verbundenen Widerspiegelung des zeitgenössischen Naturgefühles sei in diesem Zusammenhang noch hingewiesen.

Gegenüber der geradezu göttlich und ideal gesehenen südlichen Landschaft war selbst

innerhalb der theoretischen Einordnung der Landschaftsmalerei die rauhe nördliche Landschaft ohne Chance, für die Vermittlung höherer Werte stehen zu können. Es ist ein Verdienst Caspar David Friedrichs (Greifswald 1774–1840 Dresden), zur Bildwürdigkeit der Natur des Nordens beigetragen zu haben und vor allem dazu, daß auch sie in ihrer gerade von den Urkräften der Natur getragenen Ausdrucksstärke erhabene Gedanken vermitteln kann. Die tages- und jahreszeitlich gebundenen Stimmungsabläufe, wie sie für die Natur des Nordens in besonderem Maße prägend sind, kommen dazu seinem großen Ziel des emotionalen Aufgehens in der Landschaft sehr nahe. Naturbeobachtung in andächtiger Versunkenheit, Naturgefühl und Geisteshaltung münden in eine vom protestantischen Kirchenverständnis getragene Entwicklung, welche nunmehr keines gewaltigen Kirchengebäudes zum Gebet bedarf, da nichts Geringeres als die Unendlichkeit der Natur für die Daseinsweise des Göttlichen steht.   M. Sch.-Z.

LITERATUR

Museumshandbuch: Von Funden der Steinzeit bis zu Gemälden des 19. Jahrhunderts, Dortmund 1983, S. 645.

Die Dessauer Liedertafel

Als sich am 15. Oktober des Jahres 1821 einige Gleichge-
sinnte im Hause Berenhorst in Dessau trafen, um eine
Liedertafel zu gründen, gehörte auch Wilhelm Müller zu
den Anwesenden[1] und konnte neben dem befreundeten
Musiker Friedrich Schneider sogar als Mitinitiator der
neuen Vereinigung gelten. In den Folgejahren gehörte die
regelmäßige Teilnahme an den Treffen des kleinen Kreises
mit Sicherheit zu den angenehmeren ›Verpflichtungen‹
des vielbeschäftigten Dichters, handelte es sich doch um
einen Zusammenschluß keineswegs humorloser Männer.
Man pflegte, dem Anspruch gemäß, den Gesang und war
auch dem Wein und gutem Essen zugetan. Dennoch ist die
Geschichte der Dessauer Liedertafel bei allem Spaß mehr
als nur die eines geselligen Zirkels.

Die Liedertafeln – viele entstanden in der ersten Hälfte des
neunzehnten Jahrhunderts in deutschen Städten – sind
vielmehr ein Stück verbürgerlichter Gesellschaftskultur
des Biedermeier. Nach jahrzehntelangen Erschütterungen
durch die Französische Revolution und die Befreiungskriege kehrte spätestens seit 1819 wieder Ruhe in Deutschland ein. Die Karlsbader Beschlüsse, in ihren Zielen
wesentlich darauf gerichtet, die bereits auf dem Wiener
Kongreß festgelegten restaurativen Rahmenbedingungen
der nachnapoleonischen Zeit weiter abzusichern, ver-
schärften die Zensur, verboten die Burschenschaften,
schränkten Versammlungs- und Redefreiheit ein und
behinderten bis 1848 nachhaltig die nationale und liberal-
konstitutionelle Bewegung. Die Mehrheit der Bevölkerung reagierte darauf mit einem Rückzug ins Private,
ohne völligen Verzicht auf soziokulturelle und politische
Bedürfnisse zu leisten. In diesem Umfeld wurden die
Liedertafeln einer der relativ unverfänglichen, weil letztlich auch gehobenen, mehr gemäßigten Organisationsformen, die man auf der Suche nach einem Arrangement
fand.

Die Dessauer Liedertafel zählte am Anfang lediglich zwölf
Mitglieder[2]; ehemalige Angehörige der Singakademie, die
der hiesigen bürgerlichen Oberschicht (vor allem Beamte)
zugerechnet werden müssen. Gleich am Gründungstag
gab sie sich nach dem Vorbild der Leipziger Tafel eine
freilich nicht zu ernstzunehmende »gesetzliche Verfassung«, die vorrangig die Aufgabe hatte, die Vereinskasse
zu füllen. Mit Bußgeldern belegt wurden unter anderem
das Zuspätkommen (»weil er zu lange bei der Braut
geblieben ist«), schlechte Witze, schlechtes Singen und
ironischer Übermut (»weil er das Heftezuschlagen – den
Übergang zu den Freuden des Mahls – für den Haupt-
zweck der Gesellschaft erklärt hat«). Ein zweimaliges
unentschuldigtes Fehlen konnte zum Ausschluß führen,
und schließlich einigte man sich, um Essen und Trinken in
guten Händen zu wissen, auf das Lokal im Hause Witt-
mann als Versammlungsort. Wilhelm Müller, als Sänger
Tenor, bekleidete eines der Ämter; er wurde erster Sekretär der Tafel.[3]

Neben dem Singen bekannter Lieder von Voß, Blum und
natürlich Uhland versuchte man sich in der Liedertafel
häufig auch selbst im Dichten und Komponieren. Daß
Müller im Kreis der Dilettanten der talentierteste Texter
war, ist naheliegend. Manches seiner Lieder wurde während der Treffen gesungen, unter anderem »König Wein«
und eines der gelungensten Tafellieder des Dichters, »Der
neue Demagoge«[4].   A. K.

1 Vgl. das Protokoll der ersten Versammlung der Liedertafel vom
15. 10. 1821, Anhaltische Landesbücherei, Müller-Nachlaß.
2 Vgl. Lohre 1927, S. 70.
3 Vgl. das Protokoll der ersten Versammlung der Liedertafel sowie
Lohre 1927, S. 70f.
4 Vgl. das Protokoll der zweiten Versammlung der Liedertafel vom
15. 11. 1821, Anhaltische Landesbücherei, Müller-Nachlaß.

124   Abb. S. 70
Anonym

Der Denker-Club. Auch eine neue
deutsche Gesellschaft, um 1820

Radierung, koloriert
24,5 x 40,0 cm
Ludwigsburg, Städtisches Museum
Inv. Nr. 4788

In ironisch-bissiger Art und Weise verdeutlicht die Karikatur die teilweise drastische
Beschneidung bürgerlicher Freiheiten nach
den Karlsbader Beschlüssen von 1819, die
auch Müller, wie einige Briefe beweisen,
schmerzlich erfahren hat. In den einzelnen
Bundesstaaten unterschiedlich streng ge-
handhabt, wurden gerade Rede- und Ver-
sammlungsfreiheit stark eingeschränkt,
was den anonymen Verfasser zur rhetorischen Frage reizte: »Wie lange möchte uns
das Denken wohl noch erlaubt bleiben?«
Als charakteristisches Merkmal der empfundenen Situation erscheinen die Maul-
körbe, welche alle im Bild Anwesenden zu
tragen verpflichtet sind.   A. K.

125

Die Gründungsversammlung der
Dessauer Liedertafel

Abschrift des Protokolls vom 15. 10. 1821
Dessau, Anhaltische Landesbücherei
Müller-Nachlaß, Mappe 1, Bl. 137

»Heute hielten die Mitglieder der Deßauer
Liedertafel ihre erste Versamlung im Hause des Herrn K. [Kammerherrn] v. Berenhorst. Sie konte, wegen verspättigter Ankunft des H. Kap. M. [Kapellmeister]
Schneider, erst 7 Uhr eröffnet werden
[...].
Zunächst beschäftigte die Feststellung einer gesetzlichen Verfassung die Gesellschaft, u auf Vorschlag des H. K. M.
Schneider wurden die Gesetze der Leipziger Liedertafel von dem H. B. [Bürgermei-
ster] Siebigk vorgelesen. Noch ehe diese
Vorlesung aber begann, schien es nöthig,
einen Sekretär [...] zu ernennen. Mit der
ersten Würde wurde der B. [Bibliothekar]
Müller [...] bekleidet [...]. Die durch Erfahrung erprüften Gesetze der Leipziger
Liedertafel wurden im Ganzen als paßlich
u genügend für die Deßauer Liedertafel
anerkannt [...]. Namentlich begegneten
sich viele Mitglieder in dem Wunsche, daß

die Versammlung nicht in ihren Häusern,
sondern in einem ein für allemal dazu
eingerichteten Lokal gehalten werden
möchten, so daß ein Wirth gegen Bezahlung für die Bedürfnisse des Leibes an
Speise und Trank sorgen sollte. [...]
Gegen neun Uhr begab sich die Gesellschaft, nachdem sie ihre guten Vorsätze
durch das Absingen des Liedes: Ach, uns
hungert gar zu sehr pp auf eine freimüthige
Weise zu erkennen gegeben hatte, an die
wohlbesetzte Tafel. [...]«   A. K.

126–127
Wilhelm Müller

Gedichte aus den hinterlassenen Papieren
eines reisenden Waldhornisten, 2 Bde.,
Dessau 1824

Dessau, Anhaltische Landesbücherei
Sign.: HB 10871
aufgeschlagen: S. 1 u. 31

Wilhelm Müller   126

Der neue Demagoge

in: Wilhelm Müller, Gedichte. Vollständi-
ge kritische Ausgabe, bearb. v. James
T. Hatfield, Berlin 1906, S. 89 f.
Dessau, Anhaltische Landesbücherei
Sign.: 2857
Aufgeschlagen: S. 89

Bereits seit 1822 trug sich Müller mit dem
Gedanken, eine vollständige Ausgabe seiner Gedichte zu veröffentlichen. Brockhaus, in Kenntnis der relativ schwierigen
Absatzverhältnisse für Lyrik auf dem deutschen Buchmarkt, scheute aber den Verlag
eines solchen Buches. Müller machte aus
der Not eine Tugend und brachte 1824 als
Ersatz ein zweites Bändchen früher nicht
gesammelter »Gedichte aus den hinterlassenen Papieren eines reisenden Waldhornisten« heraus. Der Band erschien auch nicht
bei Brockhaus, sondern bei Ackermann in
Dessau.[1] Die erste Unterabteilung des Buches trug den Titel »Tafellieder für Liedertafeln«.
Müllers Tafellieder, zu einem guten Teil im
2. Band des »Waldhornisten« zusammengefaßt, verkörpern eine merkwürdige Mischung. Einerseits sind es harmlose,
manchmal sogar äußerst anspruchslose
›Gebrauchsgedichte‹, die in mannigfacher
Weise die Freuden von Wein und Geselligkeit preisen (»Die Blume des Weins«,
»Warnung vor dem Wasser«, »Wein, der

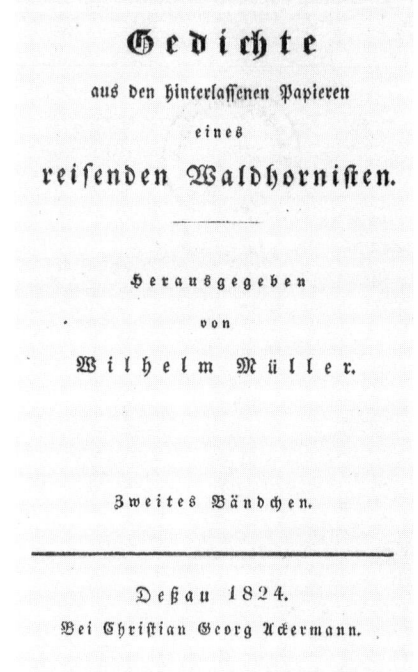

Gedichte
aus den hinterlassenen Papieren
eines
reisenden Waldhornisten.

Herausgegeben
von
Wilhelm Müller.

Zweites Bändchen.

Deßau 1824.
Bei Christian Georg Ackermann.

126

Lebensbalsam«) und gern in gemeinschaftlichen Runden gesungen wurden, andererseits finden sich in der gleichen Sparte und zum selben Verwendungszweck geschrieben auch eine ganze Reihe politisch brisanter Gedichte, die bei näherer Betrachtung rasch ihren harmlosen Deckmantel abwerfen (»Ein Krebs«, »Freiheit im Wein«). Natürlich konnte Müller nur selten Mißstände direkt angreifen – schon die Zensur verhinderte dies –, um so mehr spickte er seine Gedichte mit geschickten, seinen Zeitgenossen nicht verborgen bleibenden Anspielungen und Doppeldeutigkeiten. Ein Beispiel dafür bietet das Lied »Der neue Demagoge«, welches spöttisch die einzige noch verbliebene Freiheit, nämlich die des Weines feiert:

> »Euch, ihr edlen deutschen Reben,
> Sei mein Lied geweiht!
> Sing' ein Andrer von den Helden
> Dieser lieben Zeit.
>
> Fehlen mir auf ihre Namen
> Reime zum Gedicht,
> Und zum Ungereimten brauchen
> Sie den Dichter nicht.
>
> [...]
>
> Deutsch und frei und stark und lauter
> In dem deutschen Land
> Ist der Wein allein geblieben
> An des Rheines Strand.
>
> [...]«. A. K.

1 Vgl. Hatfield 1906, S. 460.

128
Friedrich Schneider

Handschriftliches Manuskript der Autobiographie

Dessau, Anhaltische Landesbücherei
Schneider-Nachlaß, Karton II. Nr. 1
aufgeschlagen: S. 32

Geboren 1786 als Sohn eines Schullehrers in Waltersdorf bei Zittau, war der heute vergessene Friedrich Schneider einer der geachtetsten Musiker seiner Zeit. Bereits als Kind mit dem Komponieren und verschiedenen Instrumenten vertraut, besuchte er das »Johanneum« in Zwickau und studierte seit 1805 in Leipzig. Wichtige Vorbilder wurden Mozart, Haydn und Clementi. 1808 Organist an der dortigen Universitätskirche, später an der Thomaskirche und Dirigent der

Leipziger Singakademie. Nach dem Tod des Musikdirektors Reinecke wurde Schneider nach Dessau berufen und begann 1821 seine Tätigkeit als Herzoglich-Anhalt-Dessauischer Hofkapellmeister, während der er Bedeutendes für die Reformierung der Musikkultur leistete. Er reorganisierte die Hofkapelle, gründete die Singakademie neu und war maßgeblich an der Musikfestbewegung beteiligt. 84 Musikfeste standen unter seiner Leitung. Als Komponist genoß Schneider internationalen Ruf. Sein Werk umfaßte bei seinem Tod im Jahre 1853 unter anderem 23 Sinfonien, 7 Opern und 16 Oratorien. [1]
Mit Wilhelm Müller war Friedrich Schneider vor allem durch die Liedertafel freundschaftlich verbunden, die er in engem Zusammenwirken mit diesem 1821 in Dessau gründete. Für viele der Lieder, die man in der geselligen Runde sang, lieferte Wilhelm Müller die Texte, und einige sind von Schneider, der den Dichter in seiner handschriftlichen Autobiographie »die poetische Seele der Liedertafel«[2] nannte, auch vertont worden, wie die beiden Gedichte »König Wein« und »Arche Noäh«, die bereits auf der ersten Sitzung des Kreises gesungen wurden.[3] Nach Müllers plötzlichem Tod erwies der Komponist dem Verstorbenen mit einem musikalischen Gruß, dem Lied »Traure, traure mein Vaterland« (s. Kat. Nr. 133), nach einem Gedicht von Harsleben[4], die letze Ehre. A. K.

1 Vgl. Günther Eisenhardt, Friedrich Schneider und die zweite Blütezeit im Dessauer Musikleben, in: Zwischen Wörlitz und Mosigkau 22 (1978), S. 16–23 sowie Johannes Rammelt, Friedrich Schneider, in: Mitteldeutsche Lebensbilder, Bd. 2, Magdeburg 1927, S. 125–136.
2 Autobiographie Schneiders, S. 32.
3 Vgl. das Protokoll der ersten Versammlung der Liedertafel vom 15. 10. 1821, Anhaltische Landesbücherei, Müller-Nachlaß.
4 Vgl. das Protokoll der Versammlung der Liedertafel vom 24. 10. 1827, Anhaltische Landesbücherei, Müller-Nachlaß.

129
Anonym

Unterkunftsverzeichnis der Teilnehmer am 3. Elbemusikfest in Zerbst 1827

Dessau, Anhaltische Landesbücherei
Schneider-Nachlaß, Karton I e, Nr. 27/43
aufgeschlagen: S. 4/5

Höhepunkte in der Geschichte der Dessauer Liedertafel sind sicher die Beteiligungen

an den Musikfesten. Da sich in der Schweiz und am Niederrhein bereits eine Reihe von Musikvereinen mit dem Ziel zusammengeschlossen hatten, große Musikwerke, vor allem Kirchenkompositionen, durch gegenseitige Beteiligung aufzuführen, griffen Magdeburgs Oberbürgermeister Franke und Dessaus Hofkapellmeister Friedrich Schneider die Idee auf und regten die Bildung einer ähnlichen Gesellschaft im mitteldeutschen Raum an. Der neue Verein, der sich nach dem großen Strom »Elbemusikverein« nannte, wurde im April 1825 durch die Städte Magdeburg, Dessau, Zerbst, Halle, Quedlinburg, Halberstadt und Nordhausen gegründet. Sein wichtigstes Anliegen wurde die Durchführung eines jährlichen Musikfestes in einer der beteiligten Kommunen.
Nach der vom preußischen König begleiteten Auftaktveranstaltung in Magdeburg (2.–4. 9. 1825) und dem bedauerlichen Ausfall der Festlichkeiten in Nordhausen im darauffolgenden Jahr rüstete man 1827 zum 3. Elbemusikfest in Zerbst, das am 15. und 16. Juni in der gerade restaurierten Nikolaikirche in Anwesenheit des anhaltischen Fürstenhauses verwirklicht werden konnte. Neben den Rahmenveranstaltungen brachte man am ersten Tag Händels Oratorium »Samson« zur Aufführung, und am zweiten standen Mozart und Gluck auf dem Programm. Beide Konzerte wurden durch die Mitwirkung zahlreicher Sänger und Musiker aus den verbundenen Städten ein großer Erfolg und erlebten bei nicht zu unterschätzenden Preisen – am ersten Tag betrug das Eintrittsgeld 1 Taler – jeweils über 1000 Besucher. [1]
Wilhelm Müller und seine Frau Adelheid nahmen, nachdem sie schon in Magdeburg zu den Gästen gezählt hatten, auch an den Zerbster Festspielen teil. Müllers Gattin stand am Tage der ersten Aufführung sogar im Zentrum des allgemeinen Interesses: »Die Altpartie, Michah, vielleicht die bedeutendste von allen Solostimmen, trug Mad. Müller aus Dessau, Gattin des Hofraths Wilhelm Müller, vor, und übertraf darin die gewiß nicht geringen Erwartungen...«[2]
Aber auch ihr dichtender Ehemann gelangte noch zu Anerkennung. Am ersten Abend zog Müller mit der Dessauer Liedertafel im Schein von Fackeln zum Zerbster Schloß, um dem Landesfürsten Ehre und Dank zu erweisen. Gemeinsam sang man das von Friedrich Schneider vertonte Müller-Lied:

»Töne durch die düstre Nacht,
Lied, in hellen Klängen!
Was die Herzen still gedacht,
Wecke zu Gesängen!
Chor: Unsres Festes höchste Zier,
Unsern Fürsten meinen wir.«[3]
A. K.

1 Vgl. Zeitung für die elegante Welt 1827,
Nr. 142–146.
2 Ebd., Nr. 145, S. 1156. Müllers Ehefrau hatte
während der Musikfeste in Magdeburg und
Quedlinburg bereits Partien aus Mozarts Requi-
em, Händels »Messias«, Schneiders »Verlore-
nem Paradies« und Naumanns »Vaterunser« gesungen.
3 Zit. nach ebd., Nr. 146, S. 1164.

130
Anonym

***Aufnahmeurkunde der Nürnbergischen
Liedertafel für Friedrich Schneider,
11. April 1830***

Lithographie, koloriert
43,5 x 54,0 cm
bez. oben Mitte: »Aufnahms-Urkunde der
Nürnbergischen Liedertafel für ihr Ehren-
mitglied, den Herrn Friedrich Schneider,
Fürstlich Anhalt Dessauischen Kapellmeister und Musikdirector [...]«
Dessau, Anhaltische Landesbücherei
Schneider-Nachlaß

In einer Epoche, die sich an der Vergangenheit orientierte und die Grundlagen des
Historismus legte, verwundert es nicht,
daß Hans Sachs – zumal in Nürnberg – ein
Vorbild für die Liedertafeln wurde. Eindrucksvoll dokumentiert wird diese Verehrung im unteren, bildlichen Teil der vorliegenden Urkunde, in dem zeitgenössisch
gekleidete Männer vor dem Hintergrund
der alten Reichsstadt unter der »Aufsicht«
einer rosenbekränzten Sachs-Büste ihren
Gesang pflegen. Das Singen hatte in den
Tafeln im übrigen durchaus meistersänge-
rische Züge. Jedes neu geschriebene Lied
wurde durch den jeweiligen Verfasser vor
der Liedertafel, der er angehörte, vorgetra-
gen, und die Anwesenden fielen mehrstim-
mig ein. Fand das Lied Gefallen, und wurde es an drei folgenden Abenden wieder
aufgenommen, überführte man es in den
gemeinsamen Liederkanon der Runde.[1]
Die Aufnahme Schneiders in die Nürnberger Tafel reihte sich ein in die Vielzahl der
Ehrungen, mit denen Wilhelm Müllers
Weggefährte und Dessauer Tafel-Freund

130

132

in der ersten Hälfte des 19. Jahrhunderts
förmlich überhäuft wurde. Die Universitäten Leipzig und Halle ernannten ihn zum
Doktor der Musik und der Philosophie
sowie zum Magister der freien Künste. In
vielen europäischen Akademien wurde
Schneider Mitglied, und die Stadt Nürnberg verlieh ihm die Ehrenbürgerrechte. [2]
Nicht zu übersehen ist die Zahl der Geschenke und Orden, die dem »Händel unseres Jahrhunderts« [3] von den verschiedensten Gesellschaften, Städten und Fürstenhäusern überreicht wurden.   A. K.

1 So zum Beispiel in der Dessauer Tafel. Vgl.
LOHRE 1927, S. 71.
2 Vgl. Friedrich KEMPE, Friedrich Schneider als
Mensch und Künstler, 1859, zit. nach: Günther
EISENHARDT, Friedrich Schneider und die zweite
Blütezeit im Dessauer Musikleben, in: Zwischen
Wörlitz und Mosigkau 22 (1978), S. 16–23.
3 Ebd., S. 17.

131
Anonym

Zeitungsartikel »Das Musikfest zu Zerbst, am 15. und 16. Junius 1827«

aus: Zeitung für die elegante Welt 1827,
Nr. 146
Dessau, Anhaltische Landesbücherei
Schneider-Nachlaß, Karton I e; Nr. 27/54
aufgeschlagen: S. 1164

132
Wilhelm Müller

Frühlingseinzug

Notenblatt zum Gedicht
22,5 x 32,9 cm
Dessau, Anhaltische Landesbücherei
Müller-Nachlaß
o. Sign.

133
Friedrich Schneider (1786–1853)

Traure, traure mein Vaterland

Komposition auf ein Nachruf-Gedicht
Harslebens für Wilhelm Müller
25,0 x 33,0 cm
Dessau, Anhaltische Landesbücherei
Sign.: Mus. Schn. XV: 13, Nr. 67
aufgeschlagen: Blatt 43/44

131

Die letzte Reise

Wilhelm Müller an Rhein und Neckar im Spätsommer 1827

Die Reise, die Wilhelm Müller und seine Frau Adelheid vom 31. Juli bis zum 25. September 1827 unternahmen, führte zunächst an den Mittelrhein, dann in das Großherzogtum Baden und schließlich in das Königreich Württemberg.

In einem gemeinsam geführten Reisetagebuch (Kat. Nr. 134) hielt das Ehepaar seine Eindrücke von der Reise fest. Für die Nachwelt ist dieses Tagebuch, das im Besitz der Familie des Dichters blieb und erst 1931 veröffentlicht wurde, insofern aufschlußreich, als es zeigt, wie der Dichter und Publizist reiste und was er auf seiner Reise wahrnahm: Wanderungen am Rheinufer, Bootsfahrten, Besuche in Theatern, in Weinstuben oder in Spielsalons, Treffen mit Gelehrten, Dichtern und Künstlern, aber auch Besuche bei Kunstsammlern und -liebhabern gehörten zu den vielfältigen und kräftezehrenden Aktivitäten der beiden Rheintouristen.

Die Auswahl der Reiseziele spiegelt zugleich die nationale Gesinnung des Dichters wider: Höhepunkte bildeten nämlich die Besichtigung des Kölner Doms und des Straßburger Münsters (Kat. Nr. 141), die auf Müllers Interesse am ›deutschen‹ Baustil, der Gotik, verweisen. An diesen Orten wie auch beim Bingener Rochusfest (Kat. Nr. 134) bewegte sich Müller auf den Spuren Goethes, den er später, auf seiner Heimreise, in Weimar besuchen sollte.

In Baden stand dagegen ein Wiedersehen mit dem Kupferstecher Christian Haldenwang (Kat. Nr. 138 u. 139) im Vordergrund, der als ehemaliger Stecher im Dienste der Chalcographischen Gesellschaft den Dessauern wohlbekannt war.

Als Müller Anfang September 1827 Schwaben erreichte, begann für ihn der aus heutiger Sicht wohl wichtigste Abschnitt seiner Reise. Lange bereits waren die Besuchsziele fest ins Auge gefaßt gewesen, immer wieder jedoch hatte der Dichter aus verschiedenen Gründen (Krankheit, Verpflichtungen in Dessau) das Unternehmen verschieben und dortige Freunde, vor allem Schwab, auf später vertrösten müssen. Nun traf er ein, und die folgenden eineinhalb Wochen brachten eine Fülle anregender Begegnungen.

Die zehn Tage in Stuttgart, aber auch die Besuche in Esslingen, Ludwigsburg und Weinsberg sind denkwürdig; neben dem Besichtigungsprogramm (unter anderem Museum, Theater und Bibliothek in Stuttgart, Lustschloß Rosenheim) traf der Dessauer Dichter am Ende seines Lebens, gleichsam räumlich und zeitlich verdichtet, noch einmal bedeutende Repräsentanten der geistig-literarischen Elite seiner Zeit: mit Friedrich Haug lernte er den alten Aufklärer und Mitarbeiter des Cottaschen »Morgenblattes« kennen, welcher seinerzeit den jungen Romantikern ablehnend gegenübergestanden hatte; Friedrich von Matthisson (Kat. Nr. 144 u. 145), mit seinen Gedichten noch um die Jahrhundertwende sehr erfolgreich, inzwischen aber literarisch bereits überholt, begegnete ihm und hinterließ nur einen schwachen Eindruck. Weitere Personen, mit denen er zusammentraf, waren Georg Reinbeck, Johann August Hartmann, Carl Grüneisen, der Maler Karl Jakob Theodor Leybold und der Bildhauer Johann Heinrich Dannecker, dessen Ariadne er kurz zuvor in Frankfurt gesehen hatte.

Am wertvollsten aber erscheinen die Begegnungen mit den führenden Köpfen der Müller geistig und literarisch nahestehenden ›Schwäbischen Romantik‹: Ludwig Uhland (Kat. Nr. 149), Justinus Kerner (Kat. Nr. 152), Wilhelm Hauff (Kat. Nr. 147) und Gustav Schwab (Kat. Nr. 146), der für die Dessauer Gäste einen liebenswürdigen Gastgeber gab. Uhland war – heute kaum mehr vorstellbar – zur Zeit von Müllers Besuch der Inbegriff eines liberalen Denkers und schon fast ein literarisches Denkmal; Kerner widmete sich spiritistischen Experimenten, durch die er fast bekannter werden sollte als durch seine Gedichte (vgl. Kat. Nr. 151), und Schwab galt als anerkannter Herausgeber. Das Werk des jungen Hauff stand ähnlich wie dasjenige Müllers (beide starben im Herbst 1827) kurz vor der Vollendung.

G. B./A. K.

134
Paul Wahl (Hg.)

Wilhelm Müllers Rheinreise von 1827
sowie Gedichte und Briefe, Dessau 1931

Dessau, Anhaltische Landesbücherei
Sign.: 1533/2
Aufgeschlagen: Titelblatt

Das Tagebuch der Reise, die Adelheid und
Wilhelm Müller vom 31. Juli bis zum
25. September des Jahres 1827 unternahmen, wurde erst über hundert Jahre nach
dem Tod des Dichters zusammen mit eigen noch unbekannten Briefen veröffentlicht. Die Aufzeichnungen, die zu den letzten schriftlichen Äußerungen Müllers gehören, waren von der Familie des Verstorbenen in einem Album aufbewahrt
worden.[1]
Obwohl im Titel als »Rheinreise« bezeichnet, bildeten die knapp zwei Wochen am
Mittelrhein, umrahmt von kurzen Aufenthalten in Frankfurt, nur einen Schwer-
punkt dieser Reise. Die folgenden Wochen
in Baden, vor allem aber die Tage mit den
großen Dichtern Schwabens (Schwab,
Matthisson, Uhland, Hauff, Kerner) waren für Müller von ebenso großer Bedeutung. Beim Lesen der Tagebuchnotizen
»können wir beobachten, wie alte Neigungen zum Theater, zur Musik und zur bildenden Kunst, wie der Drang sich Gleich-
gesinnten mitzuteilen oder das Leben zu
genießen auch in seinem [= Müllers] letzten Lebensjahr erkennbar bleiben« (S. 21).
Zu Recht hat jedoch Paul Wahl dem
Tagebuch, das in Teilen von Adelheid
Müller geschrieben wurde, einen literarischen Charakter abgesprochen: »es sind
mehr stichwortartige Aufzeichnungen, die
später umgearbeitet und für Zeitungen
oder Almanache verwendet werden sollten« (S. 21). Die Reisenotizen sollten offenbar vorwiegend als Erinnerungsstützen
dienen, wo und wann auf der Reise sich
eine malerische Aussicht eröffnete, ein besonderer Kunstgenuß geboten oder eine
Bekanntschaft gemacht oder erneuert wurde; Gesprächsinhalte werden nur äußerst
spärlich mitgeteilt. Für eine Umarbeitung
zur Publikation hätte Wilhelm Müller wohl
auf das ›Sachwissen‹ zum Beispiel zeitgenössischer Reisebücher zurückgreifen
müssen.
In Müllers Reiseaufzeichnungen aus
Deutschland vermißt man aber auch den in
seinem Rom-Buch so fruchtbar ausgebrei-
teten Blick auf die ›Volkskultur‹. Diesem

Wilhelm Müller
Von Fr. Hnnold 1827

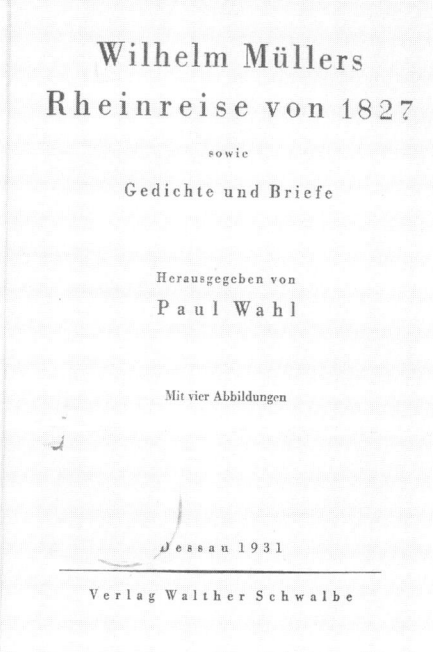
Wilhelm Müllers
Rheinreise von 1827
sowie
Gedichte und Briefe
Herausgegeben von
Paul Wahl
Mit vier Abbildungen
Dessau 1931
Verlag Walther Schwalbe

134

Aspekt widmen sich lediglich die knappen
Notizen zum Besuch des Rochus-Festes, in
denen Müller jedoch – anders als der von
diesem Fest faszinierte Goethe[2] – enttäuscht feststellte, daß die teilnehmenden
Wallfahrer »meist nur von geringer Klasse« (S. 33) wären. G. B.

1 Eine Übersicht über die »wichtigeren Stücke
des Albums« gibt Paul Wahl auf S. 106 f. (Anhang I).
2 Vgl. Johann Wolfgang von Goethe: Sankt-
Rochus-Fest zu Bingen. Am 16. August 1814, in:
ders.: Poetische Werke. Autobiographische
Schriften III, Berlin 1972, S. 495–523.

135
William G. Fearnside

Tombleson's Views of the Rhine,
London 1832

Dessau, Anhaltische Landesbücherei
Sign.: 41328
Aufgeschlagen: The Lurley berg near
St. Goar

Am 10. August 1827 fuhren Wilhelm Müller und seine Frau mit einem Boot von
Bingen rheinabwärts Richtung Koblenz.
Ihre Eindrücke fixierte Adelheid Müller
anschließend mit wenigen Sätzen im

Tagebuch: »Der erste schöne Punkt ist die
neu eingerichtete Burg Rheinstein, überhaupt gewähren die Menge der schönen
Burgen und Ruinen von beiden Seiten des
Flusses einen schönen Anblick. Das Tal
wird nun immer enger, die Felsen schroffer
und die dazwischen liegenden Thäler und
Städte und Dörfer immer romantischer; am
Lurlei Felsen wurde uns leider das Echo
vom Winde entführt.«[1]
Diese kurzen Bemerkungen zeigen, wie
sehr die Wahrnehmung der Rheingegend
zwischen dem Binger Loch und der Burg
Drachenfels auf ›romantische Erlebnisse‹
abzielte. Diese Haltung wurde vor allem
von der Sehnsucht der Menschen bestimmt, in der Begegnung mit der rauhen,
zerklüfteten Flußlandschaft die eigene Entfremdung von der Natur aufzuheben.[2]
Nicht zuletzt durch die Lektüre von illustrierten Reisebüchern wurde ein emotio-
nal geprägtes, ästhetisches Interesse an der
Rheinlandschaft kultiviert und der Leser
darin regelrecht geschult.[3]
Als Beispiel soll hier der in mehreren Sprachen und Auflagen, erstmals 1832 erschienene Reiseführer von William G. Fearnside
dienen, der mit 70 Stahlstichen nach
Zeichnungen des Engländers William
Tombleson ausgestattet ist. Tomblesons
Illustrationen erhielten in dem Reisebuch
besonderes Gewicht, wie schon der Titel

von Fearnsides Buch (dt. »Tomblesons Ansichten vom Rhein«) verdeutlicht.[4] Mit ihnen wurde etwa durch dramatisch aufgewühlte Landschaftsszenen, wie zum Beispiel durch Tomblesons Darstellung des Lorelei-Felsens,[5] dem Rheinreisenden das gewünschte emotional-ästhetische Naturerlebnis nahegebracht. Der dem Buch angebundene Leporello mit dem Panorama des Mittelrheins aus der Vogelperspektive gab dem Leser eine Übersicht über die Vielzahl malerischer Aussichts- und Ansichtspunkte am Rhein zwischen Köln und Mainz. Entwickelt von Friedrich Delkeskamp, kam ein solches Panorama erstmals 1825 auf den Markt.[6] Der schnelle Erfolg dieses Mediums hing wohl nicht zuletzt mit dem 1827 eingeführten, regelmäßigen Dampfschiffsverkehr auf dem Mittelrhein zusammen.[7]   G. B.

1 WAHL 1931, S. 29f.
2 Vgl. Ludger FISCHER / Gustl FRÜH, Seit wann ist es am Rhein so schön?, in: Ausst. Mit dem Auge des Touristen, Tübingen, Universität/Kunsthalle, 1981, S. 103–110, bes. S. 107.
3 Das erste illustrierte Rheinreisebuch stammt von dem Engländer John Gardnor und erschien 1791, ausgestattet mit 14 Aquatintaradierungen, vgl. Gisela ALBROD, Der Rhein im illustrierten Reisebuch des 19. Jahrhunderts, Diss. Aachen 1984, S. 18 sowie FISCHER/FRÜH 1981 (s. Anm. 2), S. 103ff.
4 Zu »Tombleson's Views ...« vgl. ALBROD 1984 (s. Anm. 3), S. 49f. sowie Susanne PFLEGER, Reisebilder vom Rhein. Die Sehnsucht nach einer idealen Landschaft, in: Ausst. Mythos Rhein. Ein Fluß – Bild und Bedeutung, hg. v. Richard W. GASSEN u. Bernhard HOLECZEK, Ludwigshafen, Wilhelm-Hack-Museum, 1992, S. 21–28, bes. S. 25.
5 Vgl. FISCHER/FRÜH 1981 (s. Anm. 2), S. 105f.
6 Vgl. ALBROD 1984 (s. Anm. 3), S. 43 sowie Horst Johannes TÜMMERS, Der Rhein. Ein europäischer Fluß und seine Geschichte, München 1994, S. 259.
7 Vgl. FISCHER/FRÜH 1981 (s. Anm. 2), S. 107. Zur Geschichte der Dampfschiffahrt auf dem (Mittel-)Rhein vgl. TÜMMERS 1994 (s. Anm. 6), S. 226–239.

136
Karl Simrock

Das malerische und romantische Rheinland, Leipzig 1838–1840

Dessau, Anhaltische Landesbücherei
Sign.: 8737
Aufgeschlagen: Ansicht von Bingen (nach S. 340)

Wie viele andere deutsche Rheinreisenden des 19. Jahrhunderts wurde auch Wilhelm Müller nicht nur von der unberührt und urtümlich wirkenden Natur des Mittelrheins angezogen, sondern, wie seine nach Köln führende Bootsfahrt andeutet, ebenso stark vom Rhein als dem mythisch verklärten ›Lieblingsstrom‹ der deutschen Patrioten in Bann gehalten.[1] Galten doch die Dome, die Burgen und Ruinen an den Ufern des Rheins als Zeugen einer großen, bedeutungsvollen deutschen Vergangenheit. Begebenheiten früherer Zeiten, die sich am Rhein abgespielt haben sollten und in alten Sagen und Dichtungen wie dem Nibelungenlied besungen wurden, traten um 1800 ins Blickfeld der romantischen Dichtung; neue Sagen, wie etwa die von der Lurlei oder Lorelei, entstanden und fanden Verbreitung.[2]
Ende der 1830er Jahre konnte der Bonner Germanist Karl Simrock (1802–1876), ein Sammler von Rheinsagen und -dichtungen[3], in der Einleitung seines Rheinreisebuches[4] konstatieren: »Diese Gegend [zwischen Mainz und Köln, G. B.] ist so vielfältig beschrieben, abgebildet und dargestellt worden, daß man zuletzt das Postgeld schonen und sie mit gleichem Genuß in seinen vier Wänden bereisen kann.« (S. 7) Simrock wies damit auf eine wesentliche Funktion von Reisebüchern hin – nämlich den Nicht-Reisenden zu informieren! Damit unterstellte er zugleich, daß die Illustrationen in solchen Büchern bereits sämtliche beachtenswerten Ansichten vom Rhein wiedergeben würden.
Allerdings hatte sich inzwischen ein Kanon der wichtigsten Motive vom Rhein herausgebildet und war eine ›romantisierte‹ Sicht auf diese Flußlandschaft vorherrschend geworden.[5] Dies bestätigen zum Beispiel Carl Frommels Stahlstiche zu Simrocks Werk, die zudem häufig Darstellungen anderer Reisebuchillustratoren imitieren. In diesen Veduten wurde der gesellschaftliche Alltag am Rhein weitgehend ausgeblendet; Menschen erscheinen in diesen Bildern nur als Teil biedermeierlich-idyllischer Staffa-

gen.[6] Daß eine solche Beschränkung in der Wahrnehmung auch beim reisenden Publikum gang und gäbe war, zeigen schließlich die Aufzeichnungen Wilhelm Müllers und seiner Frau, in denen der Blick auf Wirtschaft und ›Volkskultur‹ des Mittelrheins nur eine sehr begrenzte Rolle spielten. G. B.

1 Zur patriotischen Vereinnahmung des Rheins vgl. Horst Johannes TÜMMERS, Der Rhein. Ein europäischer Fluß und seine Geschichte, München 1994, S. 214–225.
2 Vgl. ebd., S. 248–253. Müller selbst hat die Figur »Lurlei« in seiner Novelle »Debora« aufgegriffen. Sie erscheint dort dem Protagonisten der Geschichte, Arthur, im Traum als eine Art Nixe oder Undine, vgl. SCHWAB 1830, Bd. 3, S. 105–275, bes. S. 141f.
3 Vgl. TÜMMERS 1994 (s. Anm. 1), S. 254.
4 Zu Simrocks Reisebuch vgl. Susanne PFLEGER, Reisebilder vom Rhein. Die Sehnsucht nach einer idealen Landschaft, in: Ausst. Mythos Rhein. Ein Fluß – Bild und Bedeutung, hg. v. Richard W. GASSEN u. Bernhard HOLECZEK, Ludwigshafen, Wilhelm-Hack-Museum, 1992, S. 21–28, bes. S. 28 sowie Gisela ALBROD, Der Rhein im illustrierten Reisebuch des 19. Jahrhunderts, Diss. Aachen 1984, S. 48ff.
5 Vgl. ALBROD 1984 (s. Anm. 4), S. 116ff.
6 Staffagefiguren aus Märchen oder Sagen findet man in den Illustrationen dagegen nie, vgl. ebd., S. 72.

137   Farbtafel 18
Friedrich Simmler (1801–1872)

Rheinlandschaft bei Bingen, 1824

Öl auf Leinwand
73,5 x 104 cm
bez. unten links: F. Simler fec. 1824
Euerbach, Sammlung Georg Schäfer
Inv. Nr. 3363

Während seiner ersten Tage am Rhein wohnte das Ehepaar Müller in Rüdesheim. Von dort aus fiel der Blick auf das am anderen Rheinufer gelegene Bingen, wie unter dem 8. August im Reisetagebuch festgehalten ist: »Gang am Ufer, bis Bingen uns gerade gegenüber lag und sich mit seinen Schieferdächern und Thürmen immer klarer vor uns ausbreitete. Brömserburg am Rhein mit den Anlagen der Grafen Ingelheim: ein Fouqué'sches Frauentaschenbuch in einem Folianten von altem gepreßtem Pergament eingebunden. Schön die verschiedenen Aussichten durch die Öffnungen und Fenster: hier die Weinberge hinter Rüdesheim, die verschiedenen Lagen: Hinterhäuser, Rothländer, der Berg zieht sich nach Aßmannshausen bis zur Ruine Ehrenfels hin, dann [Aussichten] nach Bingen mit dem Mäusethurm, nach der Rochuskapelle, nach Rüdesheim.«[1] Friedrich Simmler erfaßte mit seinem Gemälde die Rheinlandschaft bei Bingen vom anderen Ufer aus: Der Blick wird von der Bingener Seite hinüber auf die Rüdesheimer Weinberge gelenkt, die sich bis an die Burg Ehrenfels heranziehen; unten erkennt man den Mäuseturm, der aus dem Rhein herausragt. Von Bingen ist nur am linken Bildrand ein Teil der Stadtbefestigung und eine Anlegestelle mit Kran sichtbar. Davor, im unmittelbaren Vordergrund des Bildes, sieht man Menschen, die auf einem Floß pausieren oder angeln, andere, die sich in einem Nachen über den Rhein setzen lassen, wieder andere, die am Fluß ihre Pferde tränken, sowie Kinder, die am Wasser spielen.

In diesem den Einfluß Wilhelm von Kobells verratenden Frühwerk[2] Simmlers harmonieren Mensch und Natur: die vollkommen beruhigte Flußlandschaft – der Rhein erscheint als großer Teich und keineswegs als gefährlicher Strom, als der er sich am Binger Loch eigentlich darbietet – besitzt ihre Entsprechung in den beschaulich wirkenden Verrichtungen der Figuren im Vordergrund. An dieser Komposition läßt sich beispielhaft aufzeigen, wie die Reisenden im ersten Drittel des 19. Jahrhunderts das Leben am Rhein zu sehen wünschten: nämlich als Idylle. Simmler stellte ein scheinbar ungestörtes Verhältnis der Menschen am Rhein zu ihrer natürlichen Umgebung dar, das für ihn selbst und sein städtisch geprägtes ›Zielpublikum‹, die Gruppe der Rheinreisenden, so nicht mehr zu existieren schien.   G. B.

1 WAHL 1931, S. 28 (mit Ergänzung von Paul Wahl).
2 Vgl. Ausst. Der frühe Realismus in Deutschland 1800–1850. Gemälde und Zeichnungen aus der Sammlung Georg Schäfer, Schweinfurt, Nürnberg, Germanisches Nationalmuseum, 1967, Kat. Nr. 244.

138
Christian Haldenwang (1770–1831) nach Charles François de Graimberg (1774–1864)

Ansicht von Schloß und Stadt Heidelberg, 1815/17

Kupferstich und Radierung
39 x 485 cm
bez. unten links: Dessiné par Charles de Graimberg 1815
bez. unten rechts: Gravé par Ch.[es] Haldenwang 1817
Dessau, Anhaltische Gemäldegalerie
Inv. Nr. Z II 1539 (Schefold 25489)

Am 24. August 1827 erreichten die beiden Reisenden aus Dessau Heidelberg. Am Nachmittag des darauffolgenden Tages stiegen sie hinauf zur Ruine des einstigen kurpfälzischen Residenzschlosses, über die Müller notierte: »eine weitläufige Ruine, eine kleine Stadt, aus verschiedenen Jahrhunderten und Stylen, aber Alles durch die Zerstörung in Einheit gebracht«.[1] Für den Erhalt der prachtvollen Ruine engagierte sich Charles Graf von Graimberg[2], ein französischer Exilant, der seit 1810 in Heidelberg lebte und sich bis an sein Lebensende mit der Geschichte des Schlosses beschäftigte. Müller begegnete dem Verehrer und Beschützer der Ruine am 26. August: »Morgens besuchten wir noch einmal die Schloßruine und H. von Graimberg's Wohnung voll Zeichnungen, Kupferstiche und Steindrucke von Heidelberg und seinen Umgebungen. Er selbst ist ein feiner höflicher Franzose voll Enthusiasmus für seine Kunstbeschäftigungen.«[3] Graimberg verfügte offenbar schon damals über eine große Sammlung von Antiquitäten und Dokumenten zum Heidelberger Schloß und zum pfälzischen Herrscherhaus. Um diese Sammlung ausbauen, die Ruine instandhalten und ihre Anlagen pflegen zu können, ließ er eigene Zeichnungen von Schloß und Stadt Heidelberg stechen und über Deutschlands Grenzen hinaus verkaufen. Das ausgestellte Blatt[4] mit der Ansicht von Stadt und Schloß gehört zu dieser Gruppe von Zeichnungen Graimbergs. Gestochen wurde es von dem badischen Hofkupferstecher Christian Haldenwang[5], einem Freund von Müller und seiner Frau, dem der anschließende Besuch der beiden in Karlsruhe galt.
Die Blätter Graimbergs waren sehr erfolgreich, sowohl als Werbung für Heidelberg und dessen malerische Ruine wie auch als

solche für den Kupferstecher, der die Zeichnung des Dilettanten Graimberg meisterhaft in die Kupferplatte übertragen hatte. Haldenwang, dessen Laufbahn als Stecher in Basel bei Christoph von Mechel begann und ihren ersten Höhepunkt in seiner Arbeit für die Chalcographische Gesellschaft in Dessau fand, wurde besonders für seine Umsetzung der ausgestellten »Zweyten allgemeinen Ansicht von Stadt und Schloß Heidelberg« gefeiert.[6]   G. B.

1 WAHL 1931, S. 37.
2 Vgl. Alfred STARCK, Graf Charles de Graimberg – sein Leben und Wirken in Heidelberg, Heidelberg 1898.
3 WAHL 1931, S. 37.
4 Laut STARCK 1898 (s. Anm. 2), S. 14, gab es von diesem Stich nicht nur Abzüge auf Velinpapier, wie das ausgestellte Exemplar, sondern auch solche auf Chinapapier.
5 Vgl. Adolf SCHMID, Christian Haldenwang (1770–1831). Das vergessene Künstlergrab in Bad Rippoldsau, in: Die Ortenau. Veröffentlichungen des Historischen Vereins für Mittelbaden, Offenburg/Baden 1991, S. 466–485.
6 Vgl. STARCK 1898 (s. Anm. 2), S. 14.

139
Johann Stanislaus Schaffroth (um 1765–1851)

Die Katholische Kirche in Karlsruhe, 1826

Gouache
40,5 x 53,0 cm
bez. unten rechts: J. S. Schaffroth Baden im März 1826
bez. unten Mitte: Die Katholische Kirche in Carlsruh
bez. Rückseite: Studie zu einem liegenden weiblichen Akt; Mischtechnik
sign.: J. S. Schaffroth
Karlsruhe, Stadtarchiv
Inv. Nr. 8/PBS XV 1373 (Schefold 27431 a)

Von Heidelberg aus reisten Wilhelm Müller und seine Frau am 27. August weiter nach Karlsruhe, der Residenzstadt des Großherzogtums Baden, wo sie den Kupferstecher Christian Haldenwang und dessen Familie besuchten. Das Erscheinungsbild der im 18. Jahrhundert gegründeten Stadt hat Müller im Tagebuch folgendermaßen gewürdigt: »Diese neue Stadt mit breiten Straßen, gewährt, wenn man von Durlach kömmt, keinen besonderen Anblick. Die Häuser sind ein- und zweistökkig, die Straßen öde. Gegen den Markt und

SECONDE VUE GÉNÉRALE DU CHÂTEAU DE LA VILLE ET DU VALLON DE HEIDELBERG   ZWEYTE ALLGEMEINE ANSICHT DES SCHLOSSES DER STADT UND DES THALES VON HEIDELBERG

138

das Schloß zu wird der Anblick residenz-
mäßiger. Großer Marktplatz, protestantische Kirche, Rathaus, hinten ein tempel-
förmiges Thor, dem Schlosse gegenüber,
nach dem alle Straßen sich hinlenken, so
daß die Stadt einem Fächer gleicht. Winzi-
ge Pyramide, unter welcher der Gründer
der Stadt ruht. Die vorzüglichsten Gebäude von Weinbrenner, der in der kathol.
Kirche die römische Rotunte [sic!] schlecht
nachgeahmt hat, Alles im sogenannten antiken Styl.«[1]
In seinem Urteil über die Bauten des badischen Klassizisten Friedrich Weinbrenner
(1766–1826)[2] stimmte Müller mit dessen
Bewunderern überein. Die das Karlsruher
Stadtbild prägenden Bauwerke Weinbrenners, wie das Rathaus, die protestantische
oder die katholische Stadtpfarrkirche[3],
provozierten jedoch auch, häufig schon
bevor sie errichtet waren, eine Vielzahl von
Kontroversen. So wollte Weinbrenner
beim Bau der katholischen Kirche St. Ste-
phan, deren Mittelteil dem Pantheon in
Rom (»römische Rotunte«) nachempfun-
den ist, auf einen Kirchturm verzichten.[4]
Auf hartnäckiges Drängen von seiten der
Gemeinde mußte er dem Rundbau schließlich doch einen Turm anfügen. Dieser wurde aber anders ausgeführt als in der Gouache von Johann Stanislaus Schaffroth[5]
wiedergegeben.
Schaffroths Bild entstand zwar lange nach
Fertigstellung des Baus[6], doch handelt es
sich dabei – bis auf einige Figuren im
Vordergrund – um die Kopie einer Zeichnung Weinbrenners.[7] Mit dieser setzte der
Architekt im Jahre 1808 seinen überarbei-
teten Entwurf – kurz vor der Grundstein-
legung zu dem Kirchenbau am 8. Juni 1808 –
ins Bild[8], um damit die zukünftige Gestalt
des Projektes zu veranschaulichen.
Schaffroths grau umrandete Gouache verweist mit ihrer Datierung in den März 1826
auf Weinbrenner, der zu Beginn genau
dieses Monats gestorben war. Daher ist das
Blatt wohl als eine postume Huldigung an
den berühmten Architekten zu deuten.

G. B.

1 WAHL 1931, S. 38.
2 Vgl. Arthur VALDENAIRE, Friedrich Weinbrenner: Sein Leben und seine Bauten, 2. Aufl.
Karlsruhe 1926.
3 Vgl. Manfred KLINKOTT, Friedrich Weinbrenners Monumentalbauten in Karlsruhe. Harmonie und Dissonanzen im Werk des »Klassizisten«, in: Ausst. Friedrich Weinbrenner
1766–1826, Karlsruhe, Staatliche Kunsthalle,
1977/78 (3. Aufl. Karlsruhe 1987), S. 56–65.
4 Vgl. ebd., S. 64; VALDENAIRE 1926 (s.
Anm. 2), S. 278.
5 Vgl. Ausst. Johann Stanislaus Schaffroth –
ein Baden-Badener Maler 1766–1851, Text und
Katalog v. Margot FUSS, Baden-Baden, Stadtge-
schichtliche Sammlungen, 1976 (dort wird die
Karlsruher Gouache irrtümlich als »Aquarell«
bezeichnet, S. 28, Kat. Nr. 21).
6 Die Kirche wurde am 26. 12. 1814 eingeweiht,
vgl. VALDENAIRE 1926 (s. Anm. 2), S. 278.
7 Im Besitz der Universität Karlsruhe, Institut
für Baugeschichte, Inv. Nr.: Weinbrenner 30,
vgl. Ausst. Baden und Württemberg im Zeitalter
Napoleons, Stuttgart, Württembergisches Landesmuseum, 1987, Bd. 1.2: Katalog, S. 536, Kat.
Nr. 1027 (mit Abb.).
8 Vgl. VALDENAIRE 1926 (s. Anm. 2), Abb. 222
u. 223.

140
Peter Wagner (geb. um 1795–?)
nach Eliza Hunter Blair

Ansicht von Baden-Baden, um 1831

Lithographie
35,0 x 45,5 cm
bez. unten links: Eliza Hunter Blair fecit
July 16ten 1831
bez. unten Mitte: Lith. von P. Wagner in
Carlsruhe. / Verlag der D. R. Marx'schen
Buch- und Kunsthandlung
bez. unten rechts: Auf Stein gezeichnet v.
L. Nader

Bildunterschrift links: Ansicht von Baden /
von der Socrates Hütte aus gesehen
Bildunterschrift rechts: Vue de Bade / Prise
du cabanne de Socrate
Karlsruhe, Badisches Generallandesarchiv
Inv. Nr. J-B: Baden-Baden Nr. 25 (Schefold 20377)

Die von Westen gewonnene Ansicht, wie
sie in Peter Wagners Lithographie nach der
Vorlage der sonst unbekannten Künstlerin
Eliza Hunter Blair wiedergegeben wird,
war der erste Gesamtüberblick, den Wilhelm Müller nach seiner Ankunft am
29. August über den vielbesuchten Kurort
Baden-Baden erhielt: »Wir machten uns
auf den Weg nach dem Kursaal über die auf
einer Anhöhe liegende Eremitage, von wo
man einer schönen Aussicht über die Stadt
Baden genießt, die sich nach der Anhöhe
des neuen Schlosses hinanzieht. Hinter diesem erhebt sich auf einem Waldberge mit
einzeln herausragenden Felsenklippen die
schöne Ruine des alten Schlosses. Rechts
davon [vom neuen Schloß, G. B.] zwei
kegelförmige Berge, die beiden Stauffen
oder Merkur genannt. Unten der Kursaal
mit seinen englischen Anlagen.«[1]
Mit der erwähnten »Eremitage« war vermutlich die strohgedeckte Holzhütte gemeint, von der ein Teil am linken Bildrand
zu sehen ist. Dieses kleine Bauwerk, das

139

Die Katholische Kirche in Carlsruhe

»Socrateshütte« genannt wurde, befand sich in den Parkanlagen am Friesenberg oberhalb des nach Plänen von Weinbrenner errichteten Kurgebäudes[2], das hier durch ein Gebüsch im Bildvordergrund dem Blick des Betrachters entzogen wird. Schon in einer Beschreibung Baden-Badens aus dem Jahre 1823[3] wurde der Platz vor dieser Hütte, die durch ein Feuer an Silvester 1836 zerstört wurde[4], als hervorragender Aussichtspunkt gelobt.

Wagners Lithographie ist ein Beispiel für die im Vormärz stark gestiegene druckgraphische Veduten-Produktion. In Baden-Baden waren diese Blätter natürlich vor allem auf Kurgäste als potentielle Käufergruppe abgestimmt. Nach Max Schefold »vermag man denn aus dem so überraschenden Anwachsen der Ansichten, insbesondere der Steindrucke [= Lithographien], der Einzelblätter wie Zyklen, zwischen 1830 und 1840 den Fremdenstrom zu ermessen, der sich allein nach Baden – Baden«[5] ergoß.

Ähnlich den Reisebildern vom Rhein dienten auch die Ansichten von Baden-Baden den Besuchern als Erinnerung an einen Ort, an dem die Alltagswelt aus dem Blick geriet und mit Spazierwegen, mit Konversationshaus und Spielbank eine Art ›ewiger Sonntag‹ inszeniert wurde.   G. B.

1 WAHL 1931, S. 39.
2 Zur Anlage rund um das sogenannte Promenadenhaus vgl. Elisabeth SZYMCZYK-EGGERT, Gartengestaltung in Württemberg und Baden um 1800, in: Ausst. Baden und Württemberg im Zeitalter Napoleons, Bd. 2: Aufsätze, Stuttgart,

Württembergisches Landesmuseum, 1987, S. 473–492, bes. S. 477–480.
3 Aloys SCHREIBER, Baden im Großherzogthum mit seinen Heilquellen und Umgebungen neu beschrieben mit ein Zusätzen und Nachträgen zu der voranstehenden Beschreibung (1822), 2. Aufl. Karlsruhe 1823, bes. Anhang von 1822, S. 12.
4 Vgl. Guillaume DE CHÉZY, Tableau de Bade-Bade et de ses environs, Karlsruhe 1839, S. 25.
5 Max SCHEFOLD, Alte Ansichten aus Baden, hg. v. der Kommission für geschichtliche Landeskunde in Baden-Württemberg, Bd. 2: Katalog, Weißenhorn 1971, S. 92.

141

J. G. Bach nach Frédéric Emil Simon (1805–1886)

Das Straßburger Münster

Stahlstich
55,3 × 42,0 cm
bez. unten links: Daguerréotypé par E. Simon
bez. unten Mitte: Rapporté, dessiné et gravé d'aprés des vues prises au Daguerréotype par J. G. Bach, sous la direction de Mr. E. Simon
bez. unten rechts: Imp. E. Simon á Strasbourg
Karlsruhe, Badisches Generallandesarchiv
Inv. Nr. J-B: Strasbourg Nr. 6

Am 1. September 1827 besuchten Adelheid und Wilhelm Müller zum zweiten Mal auf ihrer Reise ein Hauptwerk der Gotik am Rhein: nach dem Kölner Dom nun das

Straßburger Münster. Die Begeisterung für dieses Bauwerk erlebte mit Goethes Aufsatz »Von deutscher Baukunst« bereits im Jahre 1773 einen ersten Höhepunkt. Als dieser Aufsatz 1823 erneut erschien, stellte ihm Goethe ein Geleitwort[1] voran, das seinen frühen Enthusiasmus für den Straßburger Münster von der romantischen Mittelalter-Schwärmerei seiner jüngeren Zeitgenossen absetzen sollte: nicht der Stil, sondern die ausgewogene, einheitliche Gesetzmäßigkeit der baulichen Proportionen und Details des Münsters hätten sein »Entzücken« hervorgerufen.

Auf den Spuren Goethes also kamen Müller und seine Frau nach Straßburg. Am 2. September bestiegen beide den Turm der Straßburger Thomaskirche, um von dort auf das Münster hinüberzublicken. Adelheid Müller bemerkte dazu im Tagebuch: »Man sieht ihn [den Münster-Bau, G. B.] aber auch wohl nirgend so schön als von da, er steht so ganz frei und erhaben über alles irdische da.«[2]

Diese Erhabenheit im Bild festzuhalten, war offensichtlich auch das Anliegen, das der Stecher des ausgestellten Blattes verfolgte. Dieser erhielt von dem Straßburger Lithographen Frédéric Emil Simon[3] den Auftrag, eine Ansicht des Münsters nach einer von Simon selbst – vermutlich in den 1840er Jahren, spätestens aber im Jahre 1852[4] – aufgenommenen Daguerreotypie zu stechen. Durch den relativ niedrig angesetzten Betrachterstandpunkt wird auf diesem Bild insbesondere die Ansicht der imposanten Westfassade mit ihrem hoch in

140

Der Friedrichs Platz in Stuttgart,
an einem Markt-Tage.

142

den Himmel ragenden Turm ins Monumentale gesteigert.

Zwar wurde mit dem Hinweis auf die photographische Vorlage dem Betrachter suggeriert, der Stich sei eine naturalistische Wiedergabe der baulichen und topographischen Gegebenheiten vor Ort. Doch entsprach der im Bild festgehaltene, weite westliche Vorplatz des Münsters keineswegs der Wirklichkeit. Er entsprang stattdessen eher der bildkompositorischen Phantasie des Stechers, der dem Betrachter das unterste Geschoß der Münsterkirche ebenso »frei« zugänglich wie den oberen, die Dächer der Stadt »erhaben« überragenden Teil vorführen wollte.   G. B.

1 Das Geleitwort erschien unter dem Titel »Von deutscher Baukunst« 1823«, in: Über Kunst und Altertum, Bd. 4, H. 2, 1823, vgl. Johann Wolfgang von GOETHE, Kunsttheoretische Schriften und Übersetzungen. Schriften zur bildenden Kunst II, Berlin 1974, S. 335–340 sowie S. 698–701 (Anmerkungen).
2 WAHL 1931, S. 42.
3 Vgl. Art. »Simon, Frédéric Emil«, in: THIEME-BECKER, Bd. 31, S. 54.
4 Der terminus post quem der photographischen Vorlage liegt um 1840, da die Methode der Daguerrotypie Ende der 1830er Jahre bekannt wurde. Als terminus ante quem ist das Jahr 1852 zu nennen, weil in diesem Jahr der Telegraph über der Vierung des Domes entfernt wurde, vgl. Gustav KLOTZ, Über die Bedachung der Vierungskuppel am Münster zu Strassburg (1. Bericht), Straßburg 1875, S. 2.

142
Franz Schnorr (?–?)

Der Friedrichs Platz in Stuttgart, an einem Markt-Tage

Lithographie
40 x 54 cm
bez.: Nach der Natur gezeichnet und gedruckt von Franz Schnorr, Stuttgart 1827
Ludwigsburg, Städtisches Museum
Inv. Nr. 1663

1827, während seines mehrtägigen Aufenthaltes in Stuttgart hat Wilhelm Müller sicherlich das geschäftige Treiben innerhalb der Stadt registriert. Ein Mittelpunkt war damals der Friedrichsplatz, an Markttagen dicht bevölkert von Buden und Ständen. Interessanterweise hat Franz Schnorr das dortige Geschehen im gleichen Jahr unter Nutzung einer Camera obscura mit fast fotografischer Genauigkeit abgebildet. Durch Perspektive und Gegenstand bietet

Schnorrs Lithographie ein Beispiel für das Beschreiten neuer Wege. Waren bislang ausschließlich Außenansichten von Städten und Dörfern üblich, entdeckte das 19. Jahrhundert die städtischen Innenansichten, zugleich ist es die Lebenswelt des Bürgertums, kein Schloß, keine Residenz, die als Motiv gewählt wurde. Vom Standort des Künstlers, der Stiftskirche, schweift der Blick über Hunderte von Menschen, teils bürgerlich gekleidet, teils in der Tracht des Landvolkes. Handel bestimmt die Szene und zeugt vom gewachsenen Selbstbewußtsein der noch relativ jungen Gesellschaftsschicht. [1]   A. K.

1 Max SCHEFOLD, Alte Ansichten aus Württemberg, Stuttgart 1956, S. 74 sowie Das alte Württemberg. 30 Stahlstiche und Lithographien des 19. Jahrhunderts, hg. v. Max SCHEFOLD, Frankfurt/M. 1969, S. 14.

143
Kaspar Obach (1807–1868)

Stuttgart von der Reinsburg, um 1830

Lithographie
53,6 x 73,6 cm
Ludwigsburg, Städtisches Museum
Inv. Nr. 1331

Stuttgart, seit 1805 zur Hauptstadt des neuen Königreichs Württemberg erhoben, war in den folgenden Jahrzehnten zweifelsohne politischer und geistig-kultureller Mittelpunkt des Landes und wurde durch die württembergischen Monarchen großzügig ausgebaut. Dennoch, das zeigen alle Ansichten der Stadt aus der ersten Hälfte des 19. Jahrhunderts, blieb es auf den Talkessel beschränkt. Auch bei Kaspar Obach, einem der produktivsten Vedutenmaler in Württemberg und seit 1825 als Lehrer am lithographischen Institut in Stuttgart beschäftigt, eröffnet sich ein realistisch ungekünsteltes Panorama der Stadt mit ihrer angrenzenden, noch unbebauten, sanft ansteigenden Umgebung, so, wie sie Müller bei seiner Ankunft 1827 wohl entgegengetreten sein mag. Um bei aller topographischen Exaktheit nicht zu nüchtern auf den Betrachter zu wirken, nutzte der Maler im Vordergrund die Staffage, der die Aufgabe zufällt, die Landschaft zu beleben und deren Stimmung zu betonen. Auffällig sind besonders die hohen Randbäume und die an Hirtenidyllen vorangegangener Jahrhunderte erinnernde, nun ins Bürgerliche

gewendete Gruppe der mit Hasen spielenden Kinder. Die anderen Stände wurden dabei aber nicht vergessen. Ein Leiterwagengespann (Vordergrundmitte) fehlt ebensowenig wie, mit großer Detailliebe ausgeführt, eine Gruppe von Holzsammlern (rechts). Geschickt erhöht sich damit zugleich die Tiefenwirkung der Gesamtkomposition. [1]   A. K.

1 Vgl. Max SCHEFOLD, Alte Ansichten aus Württemberg, Stuttgart 1956, S. 67ff.

144
Christiane Luise Duttenhofer (1776–1829)

Friedrich von Matthisson, 1805

Scherenschnitt
21,3 x 17,6 cm
Marbach, Schiller-Nationalmuseum
Inv. Nr. 1508

145

Eintragung Wilhelm Müllers in das Stammbuch Friedrich von Matthissons

Dessau, Anhaltische Landesbücherei
Matthisson-Nachlaß, Karton IV, Stammbuch, Nr. 207, Bl. 163

Schiller, Goethe, Uhland, Dannecker und andere berühmte Zeitgenossen, denen sie vor allem in Stuttgart nähertrat, sind von der Künstlerin, die hauptsächlich als Miniaturmalerin und Silhouettenschneiderin hervortrat, zum Teil ganzfigurig in Scherenschnitten dargestellt worden. [1] Beim Abbild Matthissons zeigt sich ihr feiner Sinn für das Charakteristische und satirischen Humor, indem sie nicht vergaß, dessen Spitz aufzunehmen, ein Geschenk der Fürstin Luise von Anhalt-Dessau [2], mit der er seit 1795 durch Österreich, die Schweiz und Italien reiste.
Der Lyriker und Prosaist Matthisson wurde 1761 in Hohendodeleben bei Magdeburg geboren. Im Anschluß an sein Theologie- und Philologiestudium in Halle war er 1781 bis 1784 Lehrer am Philanthropinum in Dessau und verdingte sich nach Schließung der Anstalt bei verschiedenen Herren als Hauslehrer und Reisebegleiter. Später war er im Dienste des Herzogs von Württemberg Oberbibliothekar in Stuttgart. Seine letzten Lebensjahre verbrachte Matthisson in Wörlitz, wo er 1831 starb.

143

144

Matthisson.   1805.

145

Schon frühzeitig im Bemühen um eine feste Anstellung bei Hofe erfolgreich, prägte der eingeschlagene Weg sowohl den Menschen wie den Dichter, der ein loyaler, weltabgewandter Untertan seiner Herren war. Matthissons Lyrik, in der Tradition Klopstocks und des Göttinger Hainbundes stehend, war bei den Zeitgenossen außerordentlich beliebt, wenngleich bereits die jungen Romantiker eine ablehnende Haltung einnahmen. Sentimentale Stimmungen und leise Töne bestimmen die klassizistischen Landschafts- und Freundschaftsgedichte, die heute weitgehend vergessen sind.

Müllers Verbindungen zu Matthisson lassen sich bis in das Jahr 1821 zurückverfolgen. Matthisson verfaßte damals eine wohlwollende Rezension zum ersten Teil der Waldhornisten-Gedichte. Müller bedankte sich schriftlich, äußerte sich aber im gleichen Jahr distanziert über seinen Kollegen. Er urteilte: »[...] er ist ein Höfling.«[3] Die spätere Begegnung beider in Stuttgart im September 1827 findet nur knappe Erwähnung im Tagebuch.[4] Der von Müller am 21. Mai 1826 im Luisium geschriebene Eintrag in Matthissons Stammbuch verhehlt jedoch die distanzierte Haltung gegenüber dem eine Generation älteren Dichter und Bibliothekarskollegen. A. K.

1 Vgl. Thieme-Becker, Bd. 10, S. 237.
2 Fürstin Luise schrieb am 23. 1. 1798: »Ich schenkte Matthisson einen schönen weißen Spitz«, in: Tagebuch der Fürstin Luise, Landesarchiv Oranienbaum, A9E, Nr. 15.
3 Brief an Atterbom vom 24. 8. 1821, abgedruckt in: Lohre 1927, S. 306.
4 Vgl. die Eintragungen vom 6., 13. und 14. 9. 1827, in: Wahl 1931, S. 44 ff.

146
Anonym
nach Karl Jakob Theodor Leybold

Gustav Schwab

Öl auf Leinwand
66,0 x 55,5 cm
Marbach, Schiller-Nationalmuseum
Inv. Nr. B 94.60

Freundliche Offenheit, ein gewisser Drang zu Behaglichkeit und Bequemlichkeit und überhaupt ein Stück gelebten Biedermeiers, fernab vom heroischen Künstlerimpetus (man vergleiche Hauffs Büste, die 60 Jahre später entstand) – all diese Attribute könnte das 1825 geschaffene, realisti-

sche Porträt nach Leybolds Vorlage auf sich vereinen und kommt somit nach allem, was man über Gustav Schwab weiß, den Müller in ähnlicher Weise erlebt haben muß, dem Dargestellten tatsächlich sehr nahe.

Wer war Schwab? Geboren 1792 in Stuttgart, gestorben 1850 ebenda, wurde er als Lyriker, hauptsächlich aber als Nachdichter, Sagensammler und Publizist bekannt. Nach dem Studium der Theologie, Philologie und Philosophie in Tübingen (1809–1814), wo er mit Uhland und Kerner befreundet war, gab Schwab von 1833 bis 1836 zusammen mit Chamisso den »Deutschen Musenalmanach« heraus und erwarb sich bleibende Verdienste mit der Nacherzählung der »Deutschen Volksbücher« und der »Schönsten Sagen des klassischen Altertums«. Er war – gemeinsam mit Uhland – verantwortlich für die Erstausgabe der Gedichte Hölderlins[1] (1826) und später Herausgeber der Werke Hauffs (1830).

Auch die Verbreitung des Lebenswerkes von Wilhelm Müller ist wesentlich Gustav Schwab zu danken. Unmittelbar nach dem Tod des Dessauers bemühte er sich um eine Ausgabe von dessen Schriften: »Kann und darf ich in der Zusammenordnung der Gedichte Ihres theuren Mannes zu einer Gesammtausgabe, die doch in jedem Falle unter Rücksprache mit den Verlegern seiner verschiedenen Sammlungen veranstaltet werden wird, in der Abfassung seines Lebens und einer Charakteristik Müllers als Dichter ... nicht thätig seyn?«[1] Sie erschien 1830 in fünf Bänden, ergänzt um die erwähnte Biographie »Wilhelm Müllers Leben«, und ist bis heute die umfangreichste Ausgabe geblieben.[2]

Schwab ehrte mit dieser Veröffentlichung einen Freund. Bereits im Sommer 1815 hatten sich die jungen Dichter in Berlin kennengelernt. Müller schätzte Schwabs Gedichte: »... Schwabs Verse kommen von Herzen und gehen zu Herzen.«[3] Ähnliche Interessen verbanden die beiden: das Altertum, das deutsche Mittelalter und die Literatur des 17. Jahrhunderts. Später rezensierte man wechselseitig die Arbeiten des anderen. Müller besprach zum Beispiel Schwabs Fleming-Ausgabe, und jener schrieb 1821/22 über die »Lieder der Griechen« und 1824 über die Gedichte des »Waldhornisten.«[4] Erst 1827 jedoch konnte Müller im Rahmen der lange verfolgten, jedoch aufgrund seiner Krankheit[5], aber auch finanzieller Nöte mehrfach verscho-

146

benen Reise nach Süddeutschland endlich dem Freund Schwab einen Besuch abstatten: »Wie sehr ich mich auf unser Beisammensein freue, kann ich Ihnen nicht sagen.«[6] Der Eindruck, den die Begegnungen wenige Wochen später selbst hinterließen, war bleibend; herzlich und intensiv verbrachte man mehrere gemeinsame Tage in Stuttgart, und bei der Abreise wurde Brüderschaft getrunken. A. K.

1 Brief Schwabs an Adelheid Müller vom 29. 10. 1827, abgedruckt in: Wahl 1931, S. 88f.
2 Schwab 1830.
3 Tagebucheintrag vom 16. 10. 1815, in: Müller 1903, S. 12.
4 Vgl. Maria-Verena Leistner, »Der Weg ... führte uns durch das Neckartal.« Wilhelm Müllers Schwabenreise 1827 (erscheint 1994 als Nr. 26 der Reihe SPUREN des Schiller-Nationalmuseums Marbach/N.).
5 Vgl. den Brief Müllers an Schwab vom 12. 8. 1826, Original in der Universitätsbibliothek Tübingen, wo es heißt: »Meine Rheinreise [...] war entworfen, vorbereitet, festgesetzt, da tritt zweierlei dazwischen, erstens eine Wohnungsveränderung, zweitens ein ärztlicher Befehl.«
6 Müller an Schwab am 21. 7. 1827, zit. nach Leistner (s. Anm. 4).

147
Wilhelm Rösch (1850–1893)

Wilhelm Hauff, 1882

Gipsbüste
Höhe 55,0 cm
Marbach, Schiller-Nationalmuseum

Obwohl früh vollendet, genoß das Werk
Wilhelm Hauffs durchaus eine größere Beachtung, die sich auch in Röschs Büste
widerspiegelt. Im Rückgriff auf die Gepflo-
genheit der Antike, bedeutende Männer
und Frauen in Porträtbüsten darzustellen,
um sie damit über den Zeitgeist hinweg der
Nachwelt zu überliefern, hat der Künstler
in neoklassizistischer Manier, dabei in
manchem an Danneckers beispielhafte
Schiller-Büste erinnernd, einen idealisierten Habitus Hauffs entworfen. [1]
Der Erzähler, Märchendichter und Lyriker
wurde 1802 in Stuttgart geboren. Ab 1820
am Tübinger Stift, studierte er bis 1824
Theologie und Philosophie. 1821/22 war er
Mitglied der verbotenen Burschenschaft.
Später wurde er Erzieher bei einer adligen
Familie und Leiter des belletristischen Teils
von Cottas »Morgenblatt für gebildete
Stände« in Stuttgart, wo er, knapp fünf-
undzwanzigjährig, starb. Hauffs literarischer Ruf wurde begründet durch die Ver-
mischung von phantastischen und realistischen Elementen. Sehr humorvoll und
weinselig gibt sich sein wohl reifstes Werk,
die »Phantasien im Bremer Ratskeller«
(1827). Nachhaltiger gewirkt haben bis
heute seine populären Märchenerzählun-
gen: »Kalif Storch«, »Die Geschichte vom
kleinen Muck« oder »Das kalte Herz«.
Nachdem im Frühjahr 1827 geschäftliche
Kontakte angebahnt worden waren (Wilhelm Hauff hatte den Dessauer zur Mitarbeit am »Taschenbuch für Damen« aufgefordert), machte Wilhelm Müller im
Herbst in Stuttgart mit Hauff Bekanntschaft. Es ist zu vermuten, daß sich beide
geistig nahestanden, denn hatte der eine
seine Gesinnung mit den Liedern der Griechen hinreichend zum Ausdruck gebracht,
war der andere – nicht nur während seiner
Zeit als Burschenschaftler – als Patriot und
Einforderer liberaler Verhältnisse aufge-
treten. Müller fühlte sich in jedem Falle
angezogen: »Ein junger Mann von einneh-
mendem Äußern und feiner Form; der sich
meines Besuchs herzlich zu erfreuen
schien.« [2] Daß diese Freude von seiten
Hauffs wirklich tiefere Züge besaß, zeigte
sich unter unglücklichen Umständen wenig

später. Kurz vorm Tod stehend, soll jener
in Fieberphantasien sehr oft von Müller
gesprochen haben. [3]   A. K.

1 Vgl. Belser Stilgeschichte, hg. v. Christoph
WETZEL, Bd. 6, Stuttgart/Zürich 1993, S. 127.
2 Reisetagebucheintragung vom 8. 9. 1827, in:
WAHL 1931, S. 45.
3 Brief von Sophie Schwab an Adelheid Müller
vom 16. 12. 1827, in: ebd., S. 91. Dort heißt es
unter anderem: »Du wirst dich noch erinnern,
daß Dein 1. Mann sich von Hauff sehr angezogen fühlte und dieses muß gegenseitig gewesen
seyn. Hauff hat in seinen Fieberphantasien sehr
oft seiner gedacht [...].«

147

148
Wilhelm Müller

*Ueber die neuste lyrische Poesie
der Deutschen. Ludwig Uhland und
Justinus Kerner*

in: Hermes oder Kritisches Jahrbuch der
Literatur, Bd. 28, Leipzig 1827, S. 94–129
aufgeschlagen: Titelblatt

Der umfangreichste literaturkritische Aufsatz Müllers zur deutschen Lyrik ist ein
wichtiges Beispiel für die bedeutende,
wenngleich bislang vielfach vernachlässig-
te Rolle von Kritik und Publizistik im
Gesamtwerk des Dichters.
Müller hat mehr Zeit und Sorgfalt als
üblich (häufig war bei permanentem Geld-
mangel die Rezensententätigkeit nur ein
dringend notwendiger Broterwerb) in dieses Unternehmen investiert. Im breitange-
legten Text fand der Autor Raum für die
Darlegung grundlegender Entwicklungsli-
nien der deutschen Lyrik seiner Zeit, verband die Untersuchung der Genesis der
Gattung mit detaillierten Analysen einzelner Gedichte und dokumentierte sein persönliches Verständnis von lyrischer Poesie.
Dennoch besitzt ihre Vorgehensweise es-
sayistische Qualität und offenbart ihre
Vorbilder in den englischen Journalen
»Edinburgh Review« und »Quarterly
Review.« [1]
Der dreigliedrige Aufsatz beginnt mit einer
Rückschau auf die Lyrikentwicklung seit
Klopstock und widmet sich in den anschlie-
ßenden Abschnitten ausführlich den geistig
verwandten Spätromantikern Uhland und
Kerner. Zentrale Bedeutung auch für Müllers eigenes Schaffen besitzen die Ausfüh-
rungen zur volkstümlichen Lyrik, begrüßt
der Dichter doch enthusiastisch die Rück-

besinnung auf das Volkslied und stellt sich selbst in die Tradition Gottfried August Bürgers, Goethes, Herders und des »Wunderhorns«. A. K.

1 Vgl. LOHRE 1927, S. 55.

149
Anonym

Ludwig Uhland

Lithographie
33,1 x 25,6 cm
Marbach, Schiller-Nationalmuseum
Inv. Nr. 6675

Erst spät, 1827, lernte Müller in Stuttgart einen der anerkanntesten Dichter seiner Zeit persönlich kennen: Ludwig Uhland. Der Eindruck, den Müller dabei von seinem Gegenüber gewann, ähnelte vielen Beschreibungen anderer Zeitgenossen. Das etwas Harte, Starre, Unbewegliche wurde immer wieder erwähnt und kommt auch in der anonymen Lithographie zum Ausdruck. Müller selbst notierte:»Das Porträt in den Moosrosen ist ihm sehr ähnlich, nur sieht er kräftiger und munterer aus [...]. Er ist in seinem Wesen als starr und kalt verrufen, erschien uns aber nicht so; zwar spricht er nicht viel, ist wenig beweglich, aber was er giebt, ist tüchtig, wahr und ächt.«[1]
Ludwig Uhland, die Zentralfigur der Schwäbischen Romantik, 1787 geboren in Tübingen und dort 1862 auch gestorben, war Lyriker, Dramatiker, Publizist, Jurist und einer der frühen Wegbereiter der Germanistik in einer Person. Der Dichter, dem Tübinger Bildungsbürgertum entstammend, studierte seit 1805 in seiner Vaterstadt Jura und Philologie. Erste ernstzunehmende poetische Versuche fallen in diese Zeit. Das Erscheinen des »Wunderhorns« beeinflußte nachhaltig seine Lyrik, die sich fortan eng an den Volksliedton anlehnte. 1815 erschien die erste Ausgabe der Uhland-Gedichte bei Cotta, die in den folgenden Jahrzehnten ca. 60 Auflagen erlebte und damit zu den erfolgreichsten Lyriksammlungen des vergangenen Jahrhunderts zählte. Durch sein beharrliches Eintreten für das »Alte Recht« der Stände im württembergischen Verfassungsstreit nach 1815 wurde er eine Leitfigur der bürgerlichen Opposition. 1819 bis 1826 und 1832 bis 1838 Abgeordneter im dortigen Landtag, 1848 im Frankfurter Paulskir-

149

Johann Ludwig Uhland.

Sohn des Universitäts-Secretärs Uhland zu Tübingen geboren am 20. April 1787. Mit der Reserve zu Tübingen. Gleich ausgezeichnet als Dichter, Kenner und Forscher der Geschichte, der Sprache und Sitte seines Volkes.

chenparlament Vertreter der liberalen Linken, trugen Uhlands integre Persönlichkeit und das unbeirrte Eintreten für demokratische Ideale wesentlich zu seiner großen Popularität bei, und der Schwabe zählte bis zur Jahrhundertwende neben Goethe und Schiller zu den Großen der deutschen Literatur.
Mit Uhland verband Wilhelm Müller ungeachtet deutlicher qualitativer und semantischer Unterschiede die Ähnlichkeit ihrer Vorstellungen von volksliednaher Lyrik; Heine schrieb hierzu:»In der Nachbildung des deutschen Volkslieds klingt er [= W. Müller] ganz zusammen mit Herren Uhland [...].«[2] Der Dessauer war bereits als Student mit den Arbeiten des älteren Süddeutschen vertraut und hatte daraus Anregungen für das eigene Schaffen gewonnen. Im Tagebuch heißt es zum Beispiel, Uhlands Romanzen seien »in ächtdeutschem Volkstone«[3] geschrieben, und der Titel der »Winterreise« ist auf ein Uhlandsches Wanderlied zurückzuführen. Auch im großangelegten Essay:»Ueber die neueste Lyrische Poesie der Deutschen«[4] (vgl. Kat. Nr. 148) nimmt der Schwabe zusammen mit Kerner einen wichtigen Platz ein. Müller, gewisser Ähnlichkeiten durchaus bewußt, verdeutlichte an ihm wesentliche Konturen seiner eigenen Poesieauffassungen. A. K.

1 Reisetagebucheintrag vom 5. 9. 1827, in: WAHL 1931, S. 43.

2 Heinrich HEINE, Die romantische Schule, in: Heines Werke in fünf Bänden, Bd. 4, Weimar 1961, S. 319.
3 Tagebucheintrag vom 14. 12. 1815, in: MÜLLER 1903, S. 61.
4 MÜLLER 1827.

150
Carl Doerr (1777–1842)

Kernerhaus mit Weibertreu, um 1826

Tusche, Vorstudie zur Radierung
22,0 x 28,0 cm
Marbach, Schiller-Nationalmuseum
Inv. Nr. 1896

»Ein abgeplatteter einzeln stehender Weinberg trägt die Ruine der Frauentreue, und an dessen Fuße liegt die Stadt. In der Vorstadt die Traube, dicht dabei am Fuße der Frauentreue. J. Kerner's Haus mit einem alten Thurme, worauf sein Laboratorium.«[1] Carl Doerrs Zeichnung – ihren Urheber verrät Kerners handschriftliche Notiz am oberen, rechten Bildrand: »Zeichnung v. Landschaftsmaler Dörr«[2] – gibt ziemlich exakt den Eindruck wieder, den Müller und seine Frau gehabt haben müssen, als sie am 15. September 1827 Weinsberg erreichten.
Die Gastfreundschaft des Kernerhauses, der Müller teilhaftig wurde, war über Jahrzehnte hinweg sprichwörtlich. Nachdem

sich der schwäbische Dichter und Arzt in
Weinsberg niedergelassen hatte, entwickel-
te sich sein 1822 neuerbauter Wohnsitz zu
einem kulturellen Treffpunkt erster Güte.
Unüberschaubar ist die Zahl der promi-
nenten Gäste, unter ihnen Rahel von Varn-
hagen, Uhland, Schwab, Tieck, Mörike,
Brentano, Arnim, Lenau, Fouqué, Hauff,
List, Pückler-Muskau, Schleiermacher,
Freiligrath. [3]   A. K.

1 Reisetagebucheintrag vom 15. 9. 1827, in:
WAHL 1931, S. 47.
2 Vgl. Max SCHEFOLD, Alte Ansichten aus
Württemberg, Bd. 2, Stuttgart 1957.
3 Vgl. Theobald KERNER, Das Kernerhaus und
seine Gäste, Stuttgart 1894.

151
Anonym

Friederike Hauffe

Scherenschnitt
Marbach, Schiller-Nationalmuseum

Kerner, der durch seine umstrittenen, in
den zwanziger Jahren intensivierten para-
psychologischen Studien berühmt geworden war, führte Müller in Weinsberg auch
zur »Seherin von Prevorst«, Friederike
Hauffe (1801–1829). Durch die detaillierte
Aufzeichnung ihrer Krankengeschichte
und viele Experimente wurde die junge
Frau seine wohl bekannteste Patientin. [1]
Auch Müller zeigte sich beeindruckt: »Sie
soll schon als Kind Geister gesehn; auch
sehr empfindlich für metallische Einflüsse
gewesen sein, die Wünschelruthe geführt
haben pp Krank wurde sie nach langer
Weigerung von seiner Seite zu ihm [= Kerner, A. K.] gebracht, und hat seitdem wun-
derbare Erfahrungen gegeben. Eigene
Sprache und Schrift, orientalisch ausse-
hend, Empfindlichkeit für fremde Leiden,
die sie gleich selbst empfindet, Verkehr mit
Geistern, Entzückungen, Gedichte pp Die
Geister machen sich im Hause durch Ge-
räusch bemerklich pp. Schutzgeister pp
Second Sight pp Ich [...] fand sie im
Starrkrampf, worauf K. [Kerner, A. K.]
ihr in's Gesicht blies, dann raffte sie sich
auf und führte mit uns vernünftig ein
gleichgültiges Gespräch.« [2]   A. K.

1 Justinus KERNER, Die Seherin von Prevorst,
Stuttgart 1846.
2 Reisetagebucheintrag vom 15. 9. 1827, in:
WAHL 1931, S. 47.

152
Emil Orth (1814–1876)

Justinus Kerner

Lithographie
29,3 x 24,4 cm
Marbach, Schiller-Nationalmuseum
Inv. Nr. 1308

Neben Ludwig Uhland, mit dem er eng
befreundet war, galt Justinus Kerner als
Hauptvertreter der Schwäbischen Romantik. Geboren 1786 in Ludwigsburg, gestorben 1862 in Weinsberg, war Kerner während des Medizinstudiums (1804–1808)
geistiger Mittelpunkt des jungen Tübinger
Kreises. Auch Kerner, hauptsächlich als
Lyriker auftretend, ist in seinem volkstümlichen Stil wesentlich durch das »Wunderhorn« beeinflußt worden. Sein interessan-
testes Werk sind die »Reiseschatten«
(1811). Schön umschreibt Orths an damalige Sammelbilder erinnernde Lithographie
mit ihren das Porträt umfassenden Vignet-
ten Kerners Lebensleistung und Lebens-
auffassung. Die Lyra (links oben) weist auf
den Dichter, der Namenszug des Hippo-
krates (links unten) auf den Arzt. Die mitt-
lere Abbildung links zeigt das für seine
Gastlichkeit berühmte Weinsberger Wohn-
haus und oben eröffnet sich eine Perspektive zur Burg Weibertreu, für deren Rekonstruktion sich Kerner engagierte. Schließlich deuten das Kerner-Zitat von der Trias
Raupe – Puppe – Schmetterling sowie das
Bild unten rechts auf die religiöse Vorstel-
lungswelt und die Experimente des Litera-
ten, der sich, von Zeitgenossen vielfach
verspottet, seit den zwanziger Jahren intensiv spiritistischen Untersuchungen auf den
Gebieten des Mesmerismus und des »tieri-
schen Magnetismus« widmete.
Wilhelm Müller hat Kerners literarisches
Werk frühzeitig kennengelernt. Bekannt
waren ihm auch die von Kerner herausgegebenen Romantiker-Anthologien [1]
(»Musenalmanach für 1812« und »Deutscher Dichterwald« [2]). Als Rezensent skiz-
zierte er im »Hermes« und in den »Jahrbüchern für wissenschaftliche Kritik« später
treffend den naiv-schlichten Stil des
Schwaben: »[...] naive Unschuld der Ge-
fühle kennt keine Ironie [...] Sehnsucht ist
der Grundton der Kernerschen Lieder; und
diese Sehnsucht trägt [...] den Charakter
der Kindheit [...].« [3] Während Müllers
Reise durch Württemberg lernten sich beide 1827 persönlich kennen. Kerner, auffällig durch seine offene Herzlichkeit und

151

seinen Geisterglauben, gepaart mit einer
eigenwilligen Mischung aus Ausgelassen-
heit und Melancholie, wird folgendermaßen beschrieben: »Ein wohlbeleibter Mann
mit einem runden sehr bewegten Gesicht,
lebendig und zuweilen sonderbar.«[4]
Nach der wenige Wochen später eintreffen-
den Nachricht vom plötzlichen Tod des
Dessauers verfaßte Kerner das wohl schön-
ste Nachruf-Gedicht, »Auf Wilhelm Müllers Besuch«:[5]

»Du kamst zu mir, ein Stern in stiller
Nacht,
Warst mit der Sonne Wiederkehr ver-
schwunden,
Von Liedern nicht und nicht von Hellas
Wunden
Ward da gesprochen oder still gedacht.

Nein! von des Erdentraumes kurzen
Stunden,
Vom Tag, wo unser Innerstes erwacht,
Vom Wiedersehn in bess'rer Welten
Pracht,
Hat sich hier Geist mit Geist nur eng
verbunden.

Der Morgen kam und in des Nebels
Schleier
Sah ich dein bleiches Bild nur ferne
schweben,
Die Leichenfahn vom alten Turme
wehen.[6]

Die Glocken läuteten zur Sonntagsfeier,
Und mir im Herzen fühlt' ich's mächtig
beben:
›Fahr wohl! fahr wohl! Dich werd' ich
wiedersehen!‹«   A. K.

152

1   Vgl. Maria-Verena LEISTNER, »Der Weg . . .
führte uns durch das Neckartal.« Wilhelm Müllers Schwabenreise 1827 (erscheint 1994 als
Nr. 26 der Reihe SPUREN des Schiller-Nationalmuseums Marbach/N.).
2   Letztere zusammen mit Uhland und Fouqué
herausgegeben.
3   Wilhelm MÜLLER, Rezension der Gedichte
von Schmidt von Lübeck und Justinaus Kerner,
in: Jahrbücher für wissenschaftliche Kritik,
Berlin 1827, Nr. 129/130, S. 1038.
4   Reisetagebucheintrag vom 15. 9. 1827, in:
WAHL 1931, S. 47.
5   Justinus Kerners sämtliche poetische Werke
in vier Bänden, hg. v. Josef GAISMAIER, Leipzig
1910, hier Bd. 1, S. 118.
6   Als Müller nach Weinsberg kam, hatte Kerner zur Begrüßung des Verfassers der Griechenlieder eine griechische Fahne gehißt. Durch
Regenfälle ausgewaschen, erschien diese eher
weiß mit einem schwarzen Kreuz. Nach Müllers
Tod empfand Kerner, seiner okkulten Neigung
gemäß, jenes Ereignis nachträglich als Omen
und verarbeitete es im Gedicht.

Zeittafel

zu Wilhelm Müllers Leben und seinen wichtigsten Veröffentlichungen

zusammengestellt von Maria-Verena Leistner

1794	7. Oktober	Geburt von Johann Ludwig Wilhelm Müller in Dessau Vater: Christian Leopold Müller (1752–1820), Schneidermeister Mutter: Marie Leopoldine, geb. Cellarius (1751–1808) sechs Geschwister starben im Kindesalter
1800–1812		Besuch der Dessauer Hauptschule
1809		zweite Heirat des Vaters mit Marie verw. Seelmann, geb. Gödel (1769–1853)
1812		Abitur
	3. Juli	Einschreibung an der Philosophischen Fakultät der Universität Berlin; die wichtigsten Studienfächer: klassische Philologie, Germanistik, modernes Englisch
1813	16. Februar	als freiwilliger Garde-Jäger Eintritt in das preußische Heer; Teilnahme an den Schlachten von Groß-Görschen b. Lützen (2. Mai), Hainau b. Liegnitz (26. Mai), Bautzen (20./21. Mai), Kulm in Böhmen (30. August)
	Oktober	Dienst im Depot zu Prag
1814		Dienst im Kommandantenbüro in Brüssel; Ernennung zum Leutnant
	18. November	Abreise von Brüssel, über Dessau Rückkehr nach Berlin; Fortsetzung des Studiums
1815	26. Juli	Aufnahme in die »Berlinische Gesellschaft für deutsche Sprache«; Besuch der Sitzungen bis Juli 1817
1816	Januar	Erscheinen der Gedichtsammlung *Bundesblüthen* bei Maurer in Berlin
	März	Erscheinen der *Blumenlese aus den Minnesingern. Erste Sammlung* bei Maurer in Berlin
	ab Mai	Mitglied des geselligen Kreises im Hause des Staatsrats Friedrich August von Stägemann
1817	August	Auftrag der Königlich Preußischen Akademie für Philosophie und Wissenschaften zur Begleitung des Barons Albert von Sack auf einer Reise nach Griechenland und Kleinasien
	20. August	Abreise aus Berlin
	September/Oktober	Aufenthalt in Wien
	6. November	Abreise aus Wien nach Italien; Stationen: Triest, Venedig, Ferrara, Bologna, Florenz
		Gedichte in der Anthologie *Die Sängerfahrt. Eine Neujahrsgabe für Freunde der Dichtkunst und Mahlerey,* gesammelt von Friedrich Förster, Berlin 1818, in der Maurerschen Buchhandlung
1818	4. Januar	Ankunft in Rom
	April	Trennung von Baron von Sack
	Mitte April–Mai	Aufenthalt in Neapel, Ausflüge nach Pompeji und Paestum
	30. Mai	Rückkehr nach Rom
	Ende Juni–Mitte August	Aufenthalt in Albano; Freundschaft mit Per Daniel Amadeus Atterbom
	30. August	Abreise aus Rom
	September	Aufenthalt in Florenz

	November	Aufenthalt in München
	Dezember	einige Tage Aufenthalt in Dresden; Weiterreise nach Dessau
	28. Dezember	Anstellungsgesuch beim Herzoglichen Konsistorium von Anhalt-Dessau
		Erscheinen der Übersetzung von Christopher Marlowes Tragödie *Doktor Faustus* bei Maurer in Berlin
1819	5. Januar	Angebot einer Anstellung als Kollaborator an der Herzoglichen Gelehrtenschule in Dessau
	April	Beginn der Tätigkeit als Lehrer, gleichzeitig Arbeiten zur Einrichtung der Herzoglichen Bibliothek
	20. Dezember	Beginn der Zusammenarbeit mit dem Verleger Friedrich Arnold Brockhaus in Leipzig
1820	Januar–Juni	Herausgabe der *Askania. Zeitschrift für Leben, Litteratur und Kunst* bei Ackermann in Dessau, 1. bis 6. Heft erschienen
	17. Januar	Ernennung zum Herzoglichen Bibliothekar; Reduzierung der Unterrichtsstunden
	11. April	Antrag auf Aufnahme in die Freimaurerloge »Minerva zu den drei Palmen« in Leipzig; die Einführung erfolgte am 6. Juli
	Juni	*Rom, Römer und Römerinnen*, 2 Bände, bei Maurer in Berlin erschienen
	Juli–August	etwa vier Wochen in Dresden
	November	*Sieben und siebzig Gedichte aus den hinterlassenen Papieren eines reisenden Waldhornisten* bei Ackermann in Dessau erschienen
		Verlobung mit Adelheid Basedow (1800–1883)
1821	2. Mai	Heirat
	Juli–August	zusammen mit seiner Frau in Dresden und Leipzig
	Oktober	*Lieder der Griechen* bei Ackermann in Dessau erschienen
1822	März	*Bibliothek deutscher Dichter des siebzehnten Jahrhunderts* beginnt bei Brockhaus in Leipzig zu erscheinen (bis 1827 zehn Bände, bis 1838 von Karl Förster fortgesetzt)
		Lieder der Griechen, Zweites Heft erschienen
	20. April	Geburt der Tochter Auguste, gest. 1868
	Juli/August	drei Wochen in Dresden, auf der Rückreise in Leipzig
	7.–15. Oktober	Teilnahme am Musikfest in Magdeburg
		Neue Lieder der Griechen bei Brockhaus in Leipzig erschienen
1823	22.–23. Januar	mit der Dessauer Liedertafel zu Gast bei der Leipziger Buchmesse
		Neue Lieder der Griechen, zweites Heft erschienen
		Beginn der Zusammenarbeit mit dem Verlag Johann Friedrich Cotta in Stuttgart
	6. Dezember	Geburt des Sohnes Friedrich Maximilian, gest. 1901
		Bearbeitung der Posse *Herr Peter Squenz oder die Komödie zu Rumpelskirch*, im »Jahrbuch deutscher Nachspiele«, 2. Jg., 1823 erschienen
1824	März	*Neueste Lieder der Griechen* bei Voß in Leipzig erschienen
	29. Mai–13. Juni	Reise über Leipzig nach Dresden, Aufenthalt in der Villa Grassi im Plauenschen Grunde
		Homerische Vorschule bei Brockhaus in Leipzig erschienen
	Juli	Reise nach Quedlinburg zur Feier des 100. Geburtstages von Friedrich Gottlieb Klopstock
	August	Ernennug zum Hofrat
		Gedichte aus den hinterlassenen Papieren eines reisenden Waldhornisten, Zweites Bändchen, bei Ackermann in Dessau erschienen
1825	Mai	Biographie *Lord Byron* in »Zeitgenossen. Biographien und Charakteristiken«, Neue Reihe, Heft XVII erschienen

	28. Juli–22. August	Besuch bei Adolph Friedrich Furchau: Wanderung auf der Insel Rügen, Aufenthalte in Putbus, Stralsund, Rostock; auf der Rückreise in Berlin *Neugriechische Volkslieder,* gesammelt und herausgegeben von C. Fauriel, übersetzt und mit des französischen Herausgebers und eigenen Erläuterungen versehen, zwei Theile, bei Voß in Leipzig erschienen
	Dezember	zusammen mit Georg Hassel Übernahme der Redaktion für die II. Sektion der »Allgemeinen Enzyklopädie der Wissenschaften und Künste« *Lieder der Griechen,* Erstes Heft, 2. Auflage, bei Ackermann in Dessau erschienen
1826	Mai–Juni	mit der Familie Aufenthalt im Herzoglichen Lustschloß Luisium bei Dessau
	Juni	*Missolunghi* bei Ackermann in Dessau erschienen; ein zweiter Druck im August bei Walther in Dresden
	20. Juli–15. August	zusammen mit Alexander Baron von Simolin zur Kur in Franzensbad
	Oktober	*Gedichte aus den hinterlassenen Papieren eines reisenden Waldhornisten,* Erstes Bändchen, 2. Auflage, bei Ackermann in Dessau erschienen
	30. Oktober	Einzug in die neue Dienstwohnung im Bibliotheksgebäude Novelle *Der Dreizehnte* in »Urania. Taschenbuch auf das Jahr 1827« erschienen
	Dezember	Übernahme der Regietätigkeit am Herzoglichen Schloßtheater Griechenlieder in der Sammlung *Griechisches Feuer auf dem Altare edler Frauen,* Erstes Heft, in Berlin erschienen
1827	15./16. Juni	Teilnahme am Elbmusikfest in Zerbst
	Ende Juni	Krankheit (etwa zwei Wochen) bis Michaelis Beurlaubung von allen Amtsgeschäften
	Juli	*Lyrische Reise und epigrammatische Spaziergänge* bei Voß in Leipzig erschienen
	31. Juli–25. September	Reise zusammen mit seiner Frau an den Rhein, nach Baden, nach Stuttgart und Weinsberg Novelle *Debora* in »Urania. Taschenbuch auf das Jahr 1828« erschienen
	30. September	in der Nacht Tod infolge eines Herzinfarkts

Abgekürzt zitierte Literatur

Häufig zitierte Literatur wird mit folgenden Abkürzungen verwendet:

ADB
Allgemeine Deutsche Biographie, 56 Bde., Leipzig 1875 ff.

ALZ
Allgemeine Literatur-Zeitung, Halle/S. (Schwetschke) 1785–1849.

Arnold 1896
Robert F. ARNOLD, Der deutsche Philhellenismus. Kultur- und literaturhistorische Untersuchungen, in: Euphorion 2 (1896), Ergänzungsheft, S. 71–181.

Askania
Askania. Zeitschrift für Leben, Litteratur und Kunst, Dessau (Ackermann) 1820.

BAUMANN 1981
Cecilia C. BAUMANN, Wilhelm Müller – The Poet of the Schubert Song Cycles. His life and works, Pennsylvania 1981.

BflU
Blätter für literarische Unterhaltung, Leipzig (Brockhaus) 1826–1898.

BRÜCKNER 1975 ff.
Franz BRÜCKNER, Häuserbuch der Stadt Dessau, hg. v. Stadtarchiv Dessau, Dessau 1975 ff.

Der Gesellschafter
Der Gesellschafter oder Blätter für Geist und Herz, Berlin (Maurer) 1817–1848.

EILERT 1991
Hildegard EILERT, Georg Philipp Harsdörffer bei Wilhelm Müller, in: Georg Philipp Harsdörffer. Ein deutscher Dichter und europäischer Gelehrter, hg. v. Italo Michele BATTAFARANO, Bern 1991 (Iris 1), S. 333–363.

GAD 1989
Gernot GAD, Wilhelm Müller. Selbstbehauptung und Selbstverleugnung, Diss. Berlin 1989.

HARTUNG 1977
Günter HARTUNG, Wilhelm Müller und das deutsche Volkslied, in: Weimarer Beiträge 23 (1977), H. 5, S. 46–85.

HATFIELD 1906
Wilhelm Müller, Gedichte. Vollständige kritische Ausgabe, bearb. v. James Taft HATFIELD, Berlin 1906 (Reprint Nendeln/Liechtenstein 1968).

HAUSER 1990
Christoph HAUSER, Anfänge bürgerlicher Organisation. Philhellenismus und Frühliberalismus in Südwestdeutschland, Göttingen 1990 (Kritische Studien zur Geschichtswissenschaft 87).

Hermes
Hermes oder kritisches Jahrbuch der Literatur, Leipzig (Brockhaus) 1819–1831.

IRMSCHER 1966
Johannes IRMSCHER, Wilhelm Müller und das Corpus Inscriptionum Graecarum, in: Studia Byzantina. Wissenschaftliche Beiträge der Martin-Luther-Universität Halle-Wittenberg 23 (1966), S. 49–55.

KIRSTEN 1983
Wilhelm Müller, Rom, Römer und Römerinnen, hg. u. mit einem Nachwort versehen v. Wulf KIRSTEN, 2. Aufl. Berlin (Rütten und Loening) 1983.

LCB
Literarisches Conversations-Blatt, Leipzig (Brockhaus) 1820–1826.

LEISTNER 1994
Maria-Verena LEISTNER, Wilhelm Müller – Bürger von Dessau und Weltbürger, in: Dessauer Kalender 1994, S. 52–57.

LOHRE 1927
Wilhelm Müller als Kritiker und Erzähler. Ein Lebensbild mit Briefen an F. A. Brockhaus und anderen Schriftstücken, hg. v. Heinrich LOHRE, Leipzig 1927.

LW
Literarisches Wochenblatt, Leipzig (Brockhaus) 1818–1820.

Morgenblatt
Morgenblatt für gebildete Stände, Stuttgart/Tübingen (Cotta) 1807–1837 (fortgesetzt bis 1865 als: Morgenblatt für gebildete Leser).

MÜLLER 1820
Wilhelm MÜLLER, Rom, Römer und Römerinnen. Eine Sammlung vertrauter Briefe aus Rom und Albano mit einigen späteren Zusätzen und Belegen, 2 Bde., Berlin (Duncker und Humblot) 1820.

MÜLLER 1827
Wilhelm MÜLLER, Ueber die neueste lyrische Poesie der Deutschen. Ludwig Uhland und Justinus Kerner, in: Hermes oder kritisches Jahrbuch der Literatur 28 (1827), S. 94–129.

MÜLLER 1903
Wilhelm MÜLLER, Diary and Letters of Wilhelm Müller, ed. by Philip Schuyler Allen and James Taft Hatfield, Chicago 1903.

OSWALD 1985
Stefan OSWALD, Italienbilder. Beiträge zur Wandlung der deutschen Italienauffassung 1770–1840, Heidelberg 1985.

SCHWAB 1830
Wilhelm Muller, Vermischte Schriften, hg. u. mit einer Biographie Müllers begleitet v. Gustav SCHWAB, 5 Bde., Leipzig (Brockhaus) 1830.

THIEME-BECKER
Allgemeines Lexikon der bildenden Künstler von der Antike bis zur Gegenwart, begr. v. Ulrich THIEME u. Felix BECKER, 37 Bde., Leipzig 1907 ff.

TISCHLER 1981
Andreas TISCHLER, Die philhellenische Bewegung der 1820er Jahre in den preußischen Westprovinzen, Diss. Köln 1981.

VOLLMANN 1975
Rolf VOLLMANN, Wilhelm Müller und die Romantik, in: Arnold Feil, Franz Schubert: Die schöne Müllerin / Die Winterreise, Stuttgart 1975, S. 173–184.

WAHL 1931
Wilhelm Müllers Rheinreise von 1827 sowie Gedichte und Briefe, hg. v. Paul WAHL, Dessau 1931.

WERNER 1972
Hans-Georg WERNER, Geschichte des politischen Gedichts in Deutschland 1815–1840, 2. Aufl. Berlin 1972.

Bildnachweis

Schwarzweiß:

Staatsbibliothek zu Berlin, Preußischer Kulturbesitz – Abteilung Historische Drucke: Kat.Nr. 39, 43, 48 – Mendelssohn-Archiv: Abb. S. 56

Staatliche Museen zu Berlin, Preußischer Kulturbesitz, Kupferstichkabinett: Kat.Nr. 1, 35–38, 60 (rechts), 100 (Jörg P. Anders)

Archiv für Kunst und Geschichte, Berlin: Abb. S. 76

Berlin Museum, Berlin: Kat.Nr. 32, 33

Anhaltische Gemäldegalerie Dessau: Kat.Nr. 3, 4, 9, 9a (oben), 25, 27, 28, 30, 31, 40, 50, 52, 58, 59, 67 (links), 81, 86, 93, 119, 120, 122, 138 (Heinz Fräßdorf)

Anhaltische Landesbücherei Dessau: Abb. S. 10 und Kat.Nr. 2, S. 40, 46, 49 (rechts), 96. Kat.Nr. 2b, 9 (unten), 41, 42, 45, 47, 73, 77, 126, 130–132, 134, 145 (Heinz Fräßdorf)

Museum für Stadtgeschichte Dessau: Kat.Nr. 7, 65a und b

Stadtarchiv Dessau: Abb. S. 32, Kat.Nr. 8, 15, 20

Sebastian Kaps, Dessau: Kat.Nr. 2c

Staatliche Kunstsammlungen Dresden, Kupferstichkabinett: Kat.Nr. 106

Stadtmuseum Dresden: Kat.Nr. 96, 98, 99, 101, 103–105, 110–112

Sächsische Landesbibliothek, Dresden: Kat.Nr. 60 (links), 102

Martin-Luther-Universität Halle-Wittenberg, Universitäts- und Landesbibliothek Sachsen-Anhalt, Abteilung Sondersammlungen: S. 49 (links), Kat.Nr. 67 (rechts)

Generallandesarchiv Karlsruhe: Kat.Nr. 140

Stadtarchiv Karlsruhe: Kat.Nr. 139

Prof. Dr. Lothar Schuckert, Leimen: Kat.Nr. 5

Universität Leipzig, Universitätsbibliothek: Kat.Nr. 74, 89a–c

Städtisches Museum Ludwigsburg: Abb. S. 70, Kat.Nr. 142, 143

Schiller Nationalmuseum, Deutsches Literaturarchiv, Marbach am Neckar: Kat.Nr. 144, 146, 147, 149, 151, 152

Bayerische Staatsbibliothek, München: Kat.Nr. 69, 106 (S. 185)

Privatsammlung Norddeutschland: Kat.Nr. 97

Landesarchiv Oranienbaum: Abb. S. 21 (Heinz Fräßdorf)

Graphische Sammlung am Kunsthistorischen Institut, Universität Tübingen: Abb. S. 84, Kat.Nr. 79, 92, 94

Kat.Nr. 2a aus: Trost, A., Das römische Porträtbuch Julius Schnorrs von Carolsfeld in der Bibliothek der K. K. Akademie der bildenden Künste zu Wien, Wien 1914 (Die graphischen Künste. Jg. 37, Taf. III)

Farbe:

Anhaltische Gemäldegalerie Dessau: Abb. 2, 3, 11, 16 (Sebastian Kaps), Abb. 6–8, 10 (Heinz Fräßdorf)

Anhaltische Landesbücherei Dessau: Abb. 5, 12 (Heinz Fräßdorf)

Bibliotheken der Stadt Dortmund, Handschriftenabteilung: Abb. 9

Sammlung Georg Schäfer: Euerbach: Abb. 18

Museum für Kunst und Kulturgeschichte, Dortmund: Abb. 17

Haus der Heimat, Freital: Abb. 13, 14 (Heinz Fräßdorf)

Museum für Kunsthandwerk, Frankfurt am Main: Abb. 4

Staatliche Museen Kassel, Neue Galerie: Abb. 15

Landesarchiv Oranienbaum: Abb. 1 (Heinz Fräßdorf)